山东高青陈庄遗址出土青铜器的保护修复

中国社会科学院考古研究所
山东省文物考古研究院 编

故宫出版社

《山东高青陈庄遗址出土青铜器的保护修复》编委会

前　言

2008 年 10 月至 2010 年 2 月，山东省文物考古研究院对高青县陈庄遗址的贵族墓葬进行考古发掘，出土了一批带铭文、规格很高、具有重要意义的青铜器。这批青铜器大多破碎严重、腐蚀矿化问题凸显，急需保护修复处理。

2011 年至 2016 年，中国社会科学院考古研究所文化遗产保护研究中心承担了该批青铜器的保护修复。保护修复工作分两批进行。2011 年 4 月至 2014 年 4 月，首批保护修复高青陈庄遗址出土青铜器 12 件（套）。2015 年 11 月至 2016 年 5 月，第二批保护修复的青铜器约有 54 件（套）。为了更好地保护该批珍贵文物，我们在保护修复工作前期对文物的保存状况进行了系统的调查研究，如进行 X 射线探伤分析、能量色散 X 荧光原位分析，以及进一步采集样品进行理化分析，梳理和记录青铜器的保存状况和病害情况等。在调查研究基础上确定了保护修复方案并对其进行保护修复处理。在保护修复实施过程中，做好了每一件文物的保护修复记录，使每一件文物的保护修复过程做到有案可查，努力形成科学、规范的保护工作流程。

此次保护修复工作，使尽可能多的青铜器恢复了完整外观，残缺过于严重的器物也得到了有效的保护，器物内潜在有害物隐患得以遏制，器物的强度得以加固，使得该批珍贵青铜器便于更好地保存和展示。同时本次工作采集的大量基础资料，可供相关学者进行更深一步的学术研究。

目 录

第一章 文物基本信息与价值评估

一、发掘背景

2003年秋，山东省文物考古研究院调查发现高青陈庄遗址。2008年10月至2010年2月，为配合南水北调建设工程，山东省文物考古研究院组队对其进行勘探和发掘，历经17个月，分5批次，揭露面积近9000平方米，取得了重大收获。该遗址被确认为西周城址及东周时期的环壕聚落，发现了大量灰坑、窖穴及房基、道路、水井、陶窑等生活遗迹，以及西周时期的贵族墓葬、车马坑、祭祀台基等重要遗迹。出土了大量陶器及较多的骨器、铜器、玉器等珍贵文物，另外还出土有刻辞卜甲。特别是从祭坛和贵族墓葬出土了一批带有铭文的青铜器，引起了学术界的广泛关注。2010年1月，在由中国社会科学院主办的“中国社会科学院考古学论坛——2009年中国考古新发现”活动中，该发掘项目被列为“2009年度中国考古六大新发现”。高青陈庄遗址出土的青铜器规格高，带铭文器物数量多，具有重要的科学、历史、艺术价值[1]。

高青陈庄遗址位于鲁北平原的小清河北岸，隶属于山东省高青县花沟镇。北距黄河约18千米，东北距高青县城约12千米。遗址坐落于陈庄村和唐口村之间。该区域属黄河冲积平原，地势低平（图1-1）。遗址中部被一条南北向的水渠破坏，将遗址分成东、西两部分（图1-2）。遗址的南部被小清河北堤所压。经考古勘探得知，该遗址总面积约9万平方米，东西长约350米，南北宽约300米；遗址上部普遍被晚期的淤积层覆压，大部分文化层距地表0.5 ~ 1.5米，厚达2 ~ 3米。遗址周缘文化层堆积较薄、埋藏较深，被大水冲积破坏严重，文化层距地表1.8 ~ 2.8米。遗址内的文化内涵以周代遗存最为丰富，其中发现西周时期的遗迹也最为重要，其次为春秋、战国时期的文化遗存，另外也有少量的唐、宋、金时期的文化遗存[2]。

在陈庄遗址发现城址，并在城内清理了墓葬等遗迹。城址近方形，城内东西、南北间距各180多米，城内面积不足4万平方米。墙体四周有壕沟环绕，与城墙间距2 ~ 4米。

---

1. 郑同修，高明奎，魏成敏，等．山东高青陈庄西周遗址考古发掘获重大成果 [N]. 中国文物报，2010-2-5(9).
2. 山东省文物考古研究所．山东高青县陈庄西周遗址 [J]. 考古，2010(8):27-34.

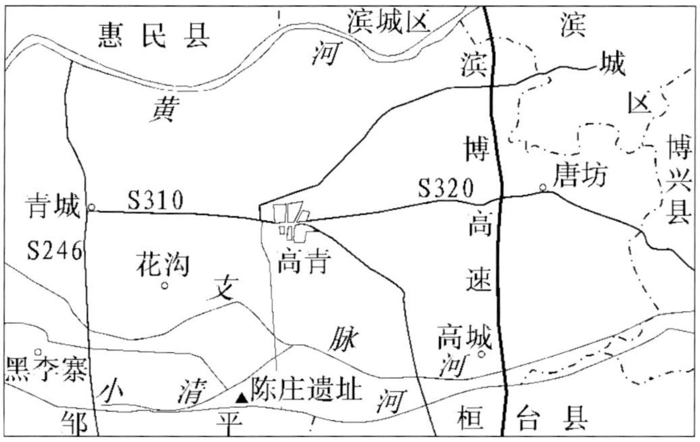

图1-1 陈庄遗址位置示意图

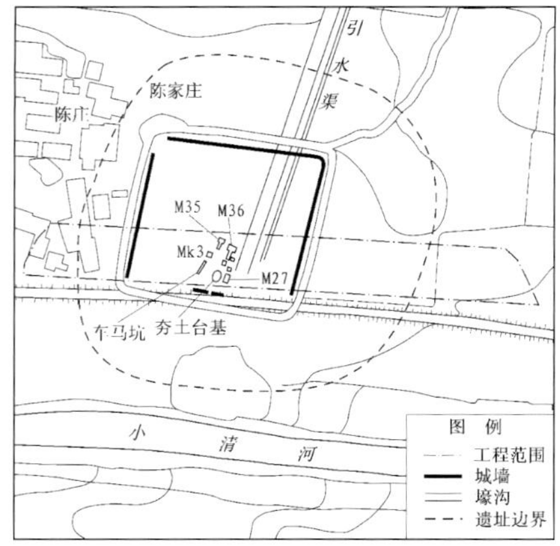

图1-2 陈庄遗址主要遗迹分布示意图

西北角有小块低洼地，可能为积水区，东北角壕沟向东北方向延伸，应为城外排水沟。墓葬共 14 座，位于城内中部偏南和东南部。长方形竖穴土坑墓 9 座、“甲”字形大墓 2 座、小型瓮棺葬 3 座，其中 6 座为出有青铜器的贵族墓葬。墓圹长多在 3.5 ~ 5 米，宽 2.5 ~ 3.5 米，深 5 ~ 8 米不等。大多一棺一椁。随葬陶器、铜器多在头端的棺椁之间或棺外的器物箱内。个别棺内有少量玉器或贝、蚌串饰[1]。

墓葬规模最大者当为 M35 和 M36。两墓都是带一条墓道的“甲”字形大墓，位于夯土台基的北侧，东西并列，之间相距 10 米，墓室在北，墓道在南，坐北朝南，两者方向一致，结构基本相同。M36 规模最大，位于 M35 东侧偏南，墓室南北长 6.2 米，东西宽 5 米；墓道南北长 15.7 米，宽 2.2（南）~ 3.6（北）米。M35 墓道南端距夯土台基的东北边缘约 6 米，比 M36 略小，墓室南北长 5.2 米，东西宽 4.2 米；墓道南北长 10.5 米，宽 2.75（南）~ 3.2（北）米。葬具都是一棺一椁。棺内骨骼散乱，保存不好，但可确认头向都朝北。两墓各有一个器物箱，都位于墓主人头部的棺椁之间。M35 器物箱内放置铜鼎、铜簋、铜壶、铜盘、铜匜、铜戈、铜矛等（图 1–3），M36 器物箱内放置铜方壶、铜盨、铜盘、铜戈等（图 1–4）。墓道内都随葬两辆车舆。从墓葬的形制、布局、随葬品看，两墓似为夫妇并穴墓，M36 为男性，M35 为女性[2]。

M17、M18 和 M27 三座墓葬是这次发掘中较为重要的墓葬，都随葬有青铜器，其规模都小于 M35、M36，均为长方形竖穴土坑墓。

M18 开口距地表约 1.3 米，长方形竖穴墓圹，墓壁微内收，长 3.4 米，宽 1.8 米，深 5.4 米。内填黄褐色花土，主要为粉沙土，夹杂较多的褐色黏土块和少量灰褐土斑及料姜石，

1. 山东省文物考古研究所 . 山东高青县陈庄西周遗存发掘简报 [J]. 考古 ,2011(2):3-21.
2. 郑同修，高明奎，魏成敏，等 . 山东高青陈庄西周遗址考古发掘获重大成果 [N]. 中国文物报 ,2010-2-5(9).

图1-3　M35青铜器出土情况

图1-4　M36青铜器出土情况

1. 铜觯 2.铜爵 3.铜觥 4.铜卣 5.铜鼎 6.铜簋 7.铜尊 8.铜甗 9.铜斗 10～15.陶罐 16. 陶鬲 17、18.铜戈

图1-5 M18平面图

结构略松，未经过加工。棺内皆为较细腻的灰黑色粉沙土，较纯净、松软。葬具为一木棺，已朽成灰痕。棺内有一具人骨。在头端的棺外放置长方形的木器物箱。箱体已朽。成灰痕，箱内随葬青铜器 9 件、陶器 7 件。青铜器均严重锈蚀，器类有鼎、簋、爵、觯、觥、甗、尊、卣、斗，除斗和爵外，其他 7 件皆有铭文，内容有“丰启作厥祖甲齐公宝尊彝”“丰启作文祖齐公尊彝”“丰作厥祖齐公尊彝”“丰启作祖甲宝尊彝”等。陶器有鬲 1 件、罐 6 件。棺内随葬铜戈 2 件，1 件在头部的左侧，1 件在右手下，均锈蚀严重（图 1–5）[1]。

M27 墓圹为长方形竖穴土坑，坑壁斜直内收，平底，剖面呈口大底小的倒梯形。口距地表约 1.5 米，墓圹上口长 5.7 ～ 6 米，宽 3.6 ～ 3.7 米；下口长 4.24 ～ 4.38 米，宽 2.4 米，深 5.9 米。墓圹北部内填土质较硬的花土，为黄土与少量灰褐土粒、红黏土颗粒（块）的混合物，南部灰褐土较多，含少许烧土颗粒及较多的草木灰，结构略松散，夹杂零星的鬲、罐等陶器残片及蚌壳等。而棺椁内填土皆为灰黑色粉沙土，较松软、细腻，沿木椁边框有薄层的青色淤泥。木棺均已朽成板灰痕。人骨保存较差，头骨碎裂，上肢及躯干基本无存，

1. 山东省文物考古研究所 . 山东高青县陈庄西周遗存发掘简报 [J]. 考古 ,2011(2):3-21.

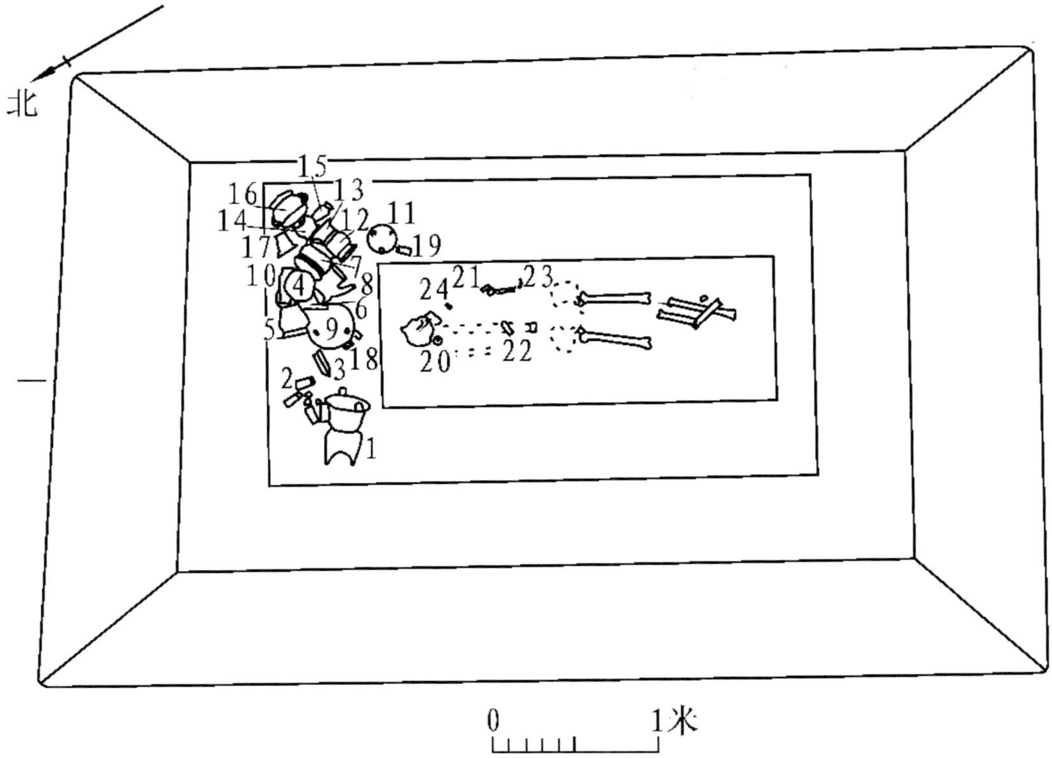

1.铜甗 2.铜车軎、铜车辖 3、18.玉片 4.陶罐 5.铜壶 6.铜爵 7、16.铜簋 8.铜盉 9.铜盘 10.铜卣 11.铜鼎 12.角器 13.铜尊 14.陶鬲 15.铜觯 17.残铜片 19、21.长方形玉牌饰 20.玉坠 22.玉柄形器 23.玛瑙珠 24.残玉器

图1-6 M27平面图

仅存凌乱的下肢。随葬品有青铜器、陶器、玉器、骨器等。陶器和青铜器集中置于头端的棺椁之间，均倾倒，大多侧卧，个别倒扣，因棺椁坍塌，少量铜器变形或断裂。陶器有鬲、罐各 1 件。铜容器有簋 2 件和鼎、壶、盉、尊、盘、甗、卣、爵、觯各 1 件。铜车马器有軎、辖 5 件。还出土有玉器（图 1–6、图 1–7）[1]。

二、基本信息

2011 年至 2016 年，中国社会科学院考古研究所文化遗产保护研究中心对高青陈庄遗址 M17、M18、M27、M35、M36 墓葬出土的青铜器进行了保护修复。

待保护修复的青铜器共计66件（套），器型有簋、鼎、觚、爵、觥、卣、尊、甗、匜、盘、壶、斗、戈、箭头、矛、节约、钟、銮铃、軎、辖、马镳、马衔、环、车马器、车马饰等。保护修复工作分两批进行。第一批保护修复的青铜器12件（套），序号1–01 ~ 1–12。

1. 山东省文物考古研究所．山东高青县陈庄西周遗存发掘简报 [J]. 考古 ,2011(2):3-21.

图1-7 M27青铜器出土情况

第二批待保护修复青铜器54件（套），序号2-01～2-55（有两个序号为同一件器物）。青铜器分别出土于高青陈庄遗址的M17、M18、M27、M35、M36墓葬中，其中M17共计2件（套），M18共计10件（套），M27共计4件（套），M35共计38件（套），M36共计13件（套），出土的青铜器大部分锈蚀、破碎严重。因很多器物残缺十分严重，最后共修复出30余件（套）完整器物。青铜器保护修复前基本信息详见表1-1。

表 1-1 待保护修复青铜器基本信息

序号	名称	编号	照片	时代	数量	尺寸 /cm	重量 /g	出土地点	备注
1-01	铜簋	M17：1		周	1 套	高约 26.6，径约 21，腹壁厚约 0.1	3498	M17	含盖 1 套，器内有铭文。残缺
1-02	铜鼎	M17：2		周	1	高约 21.5，腹径约 16.5，足高约 8.5	1902	M17	断裂
1-03	铜觚	M18：1		周	1	残长约 18，腹径约 4，壁厚不足 2	250	M18	内底有 2 字“祖甲”。残破
1-04	铜爵	M18：2		周	1 套	残高 16.5	628	M18	破碎严重。部分残片不属于该器
1-05	铜觥	M18：3		周	1 套	高约 24，长约 25，宽约 11，壁厚约 0.2	1614	M18	含盖 1 套。器底内侧有铭文。器盖内侧兽颈部处有铭文。破碎严重

续表

1-06	铜提梁卣	M18：4		周	1 套		3106	M18	有盖。盖内及器底内侧有铭文。破碎严重
1-07	铜鼎	M18：5		周		厚 0.15	2300	M18	器壁有铭文。部分残片不属于该器。破碎严重
1-08	铜簋	M18：6		周	1 套	盖外径 20.3	3710	M18	器盖、器底有铭文。破碎严重
1-09	铜尊形器	M18：7		周	1		2848	M18	器内底有铭文。破碎严重
1-10	铜甗	M18：8		周	1		3102	M18	有铭文。破碎严重
1-11	铜簋	M35：35、M35：38		周	1 套		4760	M35	1 套。器盖内及簋内有多字铭文。破碎

续表

1-12	铜簋	M35：51、 M35：71		周	1 套		4384	M35	含盖 1 套。盖内及器底有多字铭文。破碎
2-01	铜斗	M18：9		周	1	长 15	75	M18	外形完整
2-02	铜戈	M18：?		周	3	①长 14.5，宽 6.5 ②残长 9.7，宽 5.7 ③长 8，宽 4.2	① 89 ② 64.2 ③ 58	M18	三件器物
2-03	铜甗	M27：1		周	1	高 35.5	3558	M27	破碎
2-04	铜鼎	M27：5		周	1	高 16.7， 宽 16， 口径 15.9	1234	M27	残缺
2-05	铜提梁卣	M27：10		周	1	口径 8.6， 腹径 14.6， 高 21.4	1684	M27	残缺

续表

2–06	铜簋	M27：16		周	1	高 11.8， 宽 27.8， 口径 18.4	2284	M27	断裂
2–07	铜戈	M35：33		周	1	9.1 × 6	58	M35	残缺较多，器形尚可辨认
2–08	铜鼎	M35：34		周	1			M35	破损严重，残缺严重
2–09	铜马衔	M35：36		周	1	长 18.3	68	M35	基本完整
2–10	铜矛	M35：37		周	1	残长 36	88	M35	残缺
2–11	铜车軎、 铜车辖	M35：40		周	2	軎：长 11， 直径 5.5	軎：390 辖：116	M35	车軎缺失一半。辖完整

续表

2–12	铜车軎、 铜车辖	M35：41		周	2	軎：长 11 辖：残长 11.5	軎：306 辖：166	M35	基本完整，车軎微残
2–13	铜件	M35：42		周	1		70	M35	严重残缺。器物已不成形
2–14	铜銮铃	M35：43		周	1	高 18.5，宽 8.6	842	M35	残
2–15	铜匜	M35：44		周	1		3900	M35	质地脆弱，残破，内部泥土未清理以作支撑
2–16	铜车軎	M35：45		周	1		87	M35	严重残缺。器物外形难辨，仅剩几块残片
2–17	铜戈	M35：46		周	1	长 17	323	M35	残断

续表

2–18	铜钟	M35：47		周	1	残高 16.3	572	M35	部分残缺
2–19	铜銮铃	M35：48		周	1	残高 18.5，宽 10.5	628	M35	外形基本完整
2–20	铜銮铃	M35：49		周	1	残高 19	674	M35	残缺
2–21	铜件	M35：50		周	1	残长 5	13	M35	残缺
2–22	铜器盖	M35：52		周	1	最大径 13.5，高 6.5	380	M35	残破
2–23	铜銮铃	M35：55		周	1	残高 18.3	664	M35	残断

续表

2-24	铜矛	M35：56		周	1	残长 13.9	70	M35	残缺、矿化严重
2-25	铜构件	M35：59		周	1	长约 5	6	M35	残缺
2-26	铜车马器	M35：61		周	1		34	M35	严重残缺
2-27	铜马衔	M35：62		周	1	总长 18	57	M35	残缺
2-28	铜鼎	M35：63		周	1		158	M35	严重残缺，矿化严重
2-29	铜鼎残片	M35：63		周	1		178	M35	与 2-28 为同一器物，残片保存状况极差

续表

2–30	铜盘	M35：64		周	1		600	M35	破碎严重。残缺
2–31	铜节约	M35：65		周	1	最大径约 4.5	14	M35	严重残缺
2–32	铜车马器	M35：67		周	1	长 5.2	33	M35	基本完整
2–33	铜提梁卣	M35：68		周	1			M35	质地脆弱，保存状况很差，因其内部淤泥才得以支撑外形，口沿及颈部残缺
2–34	铜车马饰	M35：69		周	1		134	M35	严重残缺
2–35	铜鸟首器盖	M35：70		周	1		296	M35	严重残缺。无法辨认器物外形

续表

2–48	铜簋	M36：9		周	1	高 10.4， 宽 33.7， 最大口径 21.5	2124	M36	残缺，质地脆弱
2–49	铜簋盖	M36：11		周	1		1160	M36	严重残缺。器物外形尚可辨认。器物内外均有银灰色点状结晶物
2–50	铜环	M36：12		周	1	外径 6.3，内径 4	56	M36	残断
2–51	铜件	M36：13		周	1		130	M36	不成形，破碎，残缺
2–52	铜马衔	M36：14		周	1		256	M36	严重残缺。器物呈碎块状，外形很难辨认
2–53	铜銮铃 （4 件）	M36：15、 M36：16、 M36：17、 M36：18		周	4			M36	4 件器物残片混杂在一起。可辨出器物外形

续表

2–54	铜盘	M36：19		周	1	口径 30.8，高 14.4	4408	M36	残缺约五分之二，剩残片若干，其中部分残片为其他器物混入
2–55	铜壶盖	M36：20		周	1	长 14.5，宽 9.5，高 8.5	969	M36	残缺

三、价值评估

高青陈庄遗址的发掘取得了十分重要的成果，使半个世纪以来山东地区的周代考古取得了突破性进展，在许多方面填补了山东地区西周考古的空白，特别是城址位于齐国近畿之地，无疑与齐国有直接的关系，对研究早期齐国的历史具有十分重要的意义。

该遗址出土的青铜器规格高，带铭文器物数量多，从一方面体现了山东在商周时期的历史地位，同时也是这段辉煌历史的最好见证，具有极高的历史、科学和艺术价值。现已知出土青铜器中有 10 件带有铭文，内容有“丰启作厥祖甲齐公宝尊彝”“丰启作文祖齐公宝尊彝”等，还有带有长达 70 余字铭文的青铜器。带有“齐公”字样的铭文在山东地区属于首次发现，铭文内容表明与姜太公有直接关系（图 1–8、图 1–9）。这些铭文对解读山东地区齐国早期历史具有重要研究价值。

该批青铜器造型特异、器型丰富，为研究周代的冶金以及铸造学提供了重要的基础资料，具有极高的科学价值。其纹饰不仅是分期断代的重要依据，而且具有重要的艺术价值（图 1–10）。

图1-8　M18：6铜提梁卣底部铭文

图1-9　M35：71铜簋盖

图1-10　M18：3觥

第二章 文物保存状况与病害分析

一、出土前埋藏环境

高青县位于山东省淄博市北端，鲁北平原南部，黄河下游的冲积平原上。地理坐标为北纬 37°04′ 至 37°19′ ，东经 117°33′ 至 118°04′。县内地势低平，西北高东南低，呈岗、坡、洼相间地形，平均海拔 12 米。

境内主要河流有三条，皆单独向东入海。遗址位于小清河北岸，北距支脉河约 3 千米，距黄河约 18 千米。现今黄河为古济水水道，故史料多以济水相称。清咸丰五年（1855 年），黄河改道北侵济水，故形成今日河道。小清河发端于趵突泉，为流经山东的主要水系。源于济南西郊睦里闸，纳玉符河下游分流之水，东西向流至济南北园，又汇于市内诸泉，流经历城、章丘，邹平等地，由羊角沟入海。该河唐以前为济水残渠，金时刘豫疏导入海。县内水资源丰富，河流密集，北部为黄河灌溉区，中部有大芦湖水库，南部为小清河，支脉沟（今称支脉河）灌溉区。支脉河开凿于清朝康熙年间，经多年改造，现已成为高青县主要泄洪及灌溉水渠。县内建有引黄闸两座，年引黄河水 5 亿立方米。

高青遗址被一条西南至东北向的引水渠贯穿，分成东、西两部分，南部压于小清河北大堤下。遗址周缘文化堆积薄、埋藏深，被水冲积破坏严重，普遍覆盖厚 1.8 ~ 2.8 米不等的沙土、黏土层及二者的混合层，其下有灰黑色堆积，包含少量陶片、炭屑、烧土颗粒等杂物。综合钻探资料，遗址原应坐落于中部高、四周低洼的高地上，周围可能有大范围的积水[1]。

引水渠东、西两侧发掘区的地层堆积状况不尽一致。东区的地层堆积可分为 8 层。以 T7522 北壁剖面为例。第 1 层：现代耕土层，厚 0.15 ~ 0.2 米。第 2 层：主要分布于东部的几排探方内，黄褐色粉沙土，厚 0.1 ~ 0.2 米，时代约属清代。第 3 层：遍布整个发掘区，浅灰褐色粉沙土，厚 0.15 ~ 0.23 米，约属明清时期。第 4 层：主要分布于发掘区的东部，黄褐色粉沙黏土，厚约 0.15 ~ 0.25 米，时代约属金元时期。第 5 层：分布于整个发掘区，东部薄、西部厚，灰白色粉沙淤土，质地疏松，较纯净，厚 0.06 ~ 0.25 米，见有零星黑釉

1. 山东省文物考古研究所．山东高青县陈庄西周遗存发掘简报 [J]. 考古 ,2011(2):3-21.

瓷片、蚌壳等，时代约属宋金时期。第6层：主要分布于东城墙外侧，叠压第7层，红褐色黏淤土，厚0.05 ~ 0.4米，时代约属唐宋时期。第7层：主要分布于东城墙外侧，叠压城墙顶部及壕沟，黑灰色粉沙土，厚0.1 ~ 0.5米，约属唐代。第8层：分布于整个发掘区，主要在城内，灰褐色粉沙土，结构松软，含有较多的烧土颗粒、炭屑，厚0.15 ~ 0.2米，出有大量灰色、灰褐色绳纹陶片，时代约属东周时期。第8层下开口的遗迹除少量东周灰坑、井、窖穴外，主要为西周时期的遗迹，如与居住有关的垫土、灰坑、窖穴等。但西周时期垫土范围较小，不连续分布。灰坑间叠压、打破关系也较复杂。西周城墙所叠压的堆积为黄褐色粉沙土，土质较纯净、细密、松散。西周城址及西周时期最早的遗迹单位皆以黄褐色粉沙土堆积为依托面。该堆积距地表最浅处仅1.8米，深处达3米多，厚0.8 ~ 1.2米。整个发掘区皆有分布，城墙外侧普遍埋藏深。

西区的地层堆积可分为8层。以T5522 ~ T5523东壁剖面为例。第1层：现代耕土层，厚0.2 ~ 0.25米。第2层：红褐色黏土层，土质较黏、纯净，厚薄不均，向南、向西堆积变厚，厚0.2 ~ 0.3米；东部变薄，厚约0.1米。第3层：浅灰色粉沙淤土，厚0.1 ~ 0.15米，时代约属金元时期。第4层：黑灰色粉沙土，厚0.2 ~ 0.36米，时代约属宋金时期。第5层：灰褐色粉沙土，厚0.1 ~ 0.3米，时代约属唐宋时期。第6层：主要分布于T5218 ~ T5818以北的诸探方内，灰褐色粉沙土，由北向南倾斜，厚0.03 ~ 0.4米，大量东周遗迹及西周遗迹开口于该层下，西周遗迹均被东周的遗迹打破或叠压，时代约属东周时期。第7层：仅分布于T5322、T5323、T5522、T5523、T5623、T5624等探方内，深褐色粉沙土，质地略紧密，厚0.1 ~ 0.3米，时代属东周时期。第8层：整个发掘区皆有分布，北部高、南部低，黄褐色粉沙冲积土，绝大部分被破坏，现存厚度及距地表深浅不一，距地表深约2.3 ~ 3.2米，厚约0.4 ~ 1米。城内最早的夯土台基及活动面皆直接叠压该层堆积。经解剖，第8层下叠压厚2.8米的水成自然堆积，可分为8层。在这8层堆积下，有一层黑褐色的粉沙堆积，土质细腻、松软，略有黏性，含零星的炭屑，夹杂几块火候较低的夹砂素面红褐陶片，时代约属后李文化时期。该层堆积厚0.1 ~ 0.2米，距地表约6.4米。经钻探，该层下2米多，仍为较厚的自然堆积，不见文化堆积[1]。

二、出土后保存环境

青铜器出土后，保存至山东省文物考古研究院库房，无恒温恒湿控制，受自然环境影响较大。该区域属温带季风性气候，四季分明，气候温和，春秋短而冬夏长，光照充足，无霜期长，年平均气温13.1℃，夏季多雨，冬春多旱。

1. 山东省文物考古研究所. 山东高青县陈庄西周遗址[J]. 考古, 2010(8):27-34.

三、青铜器分类与现状描述

整体上看，这五个墓出土的青铜器腐蚀现象和保存状况不尽相同，其中 M17、M18 类似，M35、M36 类似，M27 又与它们都不相同。因此，大致将该遗址出土的青铜器分为三类。

第一类青铜器，出土于高青陈庄遗址 M17、M18，外观多呈浅绿色，共 12 件（套）。青铜器颜色绿中多泛白，绝大部分都带有黄绿色光亮致密的漆古。在修复之前大部分破碎严重，局部矿化严重，膨胀变厚，质地酥脆。

第二类青铜器，出土于高青陈庄遗址 M27，其外观基本呈暗土红色，共 4 件（套）。

第三类青铜器，出土于高青陈庄遗址 M35、M36，青铜器基体表面多为一层暗淡的灰绿色或黄白色的锈蚀物，其上常覆盖较厚的黑、棕、红色疏松锈，共 51 件（套）。

每件待保护修复青铜器的现状分析见表 2-1 至表 2-5。

四、第一类青铜器

1. 现状描述

第一类青铜器，出土于高青陈庄遗址 M17、M18 两个墓葬，保护修复前的照片见图 2-1 ~图 2-12。

器物腐蚀相对较轻的部位，锈蚀层较薄，表面保存较好，常形成漆古，其上有绿色、蓝色、红色等坚硬粗糙的堆积锈。腐蚀相对较重的部位，锈蚀层堆积得较厚，或表面遍布瘤状物。在锈蚀矿化非常严重的部位形成发锈，器壁严重膨胀、开裂，撑破表面层，并导致表面层脱落，纹饰或铭文受损，器壁质地脆弱。

图2-1　铜簋（M17：1）

图2-2　铜鼎（M17：2）

图2-3　铜觚（M18：1）

图2-4　铜爵（M18：2）

图2-5　铜觥（M18：3）

图2-6　铜提梁卣（M18：4）

图2-7　铜鼎（M18：5）

图2-8　铜簋（M18：6）

图2-9　铜尊形器（M18：7）

图2-10　铜甗(M18：8)

图2-11　铜斗(M18：9)

图2-12　铜戈(M18：？)

M17、M18 出土的青铜器表面普遍带有黄绿色光亮致密的漆古（图 2–13），带有漆古的青铜器数量达到 83%。有些漆古较暗淡，光亮致密度较差，颜色泛白，多呈白绿色、黄白色等。有些表面虽未形成光亮的漆古，但表面锈蚀层平整致密，呈白绿、黄绿、灰绿、绿、暗红等色。漆古是器物表面很薄的一层。从残片断面看，漆古处的金属质地通常较好，漆古层紧贴基体表面，但有的部位也可见漆古与基体之间有一层白绿色粉状夹层（图 2–14）。也有腐蚀较重的部位残留少量漆古，多重锈层发生膨胀，表面漆古层被撑破甚至脱落（图 2–15）。

器物平整表面层之上常存在有坚硬粗糙的蓝色、绿色、深绿色等凸出的锈块堆积（图 2–16）。部分青铜器表面有红色、暗红、红棕、黄褐等粗糙的锈蚀产物，有的明显呈层状堆积在器物表面。这些蓝、绿、红、棕、黄等色锈蚀层也常相互交叠在一起，并杂有白、白绿等锈蚀物。

青铜器几乎全部带有粉状锈，粉状锈松软细腻，呈白、绿、白绿、灰白等色，存在于器壁夹层之间，或外凸于器表之外，或内包于瘤状物之内。

表面粉化的现象：①表层个别点出现点腐蚀粉状锈；②表层局部粉化，粉状锈呈片状凸出于器表，有的表面开裂（图 2–17）；③表层完全粉化，基体表层膨胀变厚呈现出松

图2-13　光亮致密的黄绿色漆古

图2-14　残片断面（表层为黄绿色漆古）

图2-15 被发锈撑破的漆古、纹饰和层状剥离

图2-16 器物表层绿色的堆积锈

软的粉化状态，有的表层因粉化膨胀出现垂直于器表的纵向开裂，有的沿器表方向呈横向分层堆积，有的兼而有之；④存在于器表瘤状锈内部，瘤状锈外壁破裂后可见内层中的粉状锈。

该类青铜器几乎都带有粉状锈的夹层，在表面锈蚀层之下或两层器壁之间多有一层白色（或浅绿色）松软状粉状锈夹层。其表现：①器壁矿化但未膨胀，器表层之下或器壁内部粉化（图 2–18 ~ 图 2–20），有的器物表层局部脱落，露出其下的粉状夹层锈（见图 2–19）；②器壁矿化膨胀，器壁尚有红色基体层，红色基体层与粉状锈层相互层叠堆积；③器壁完全矿化，膨胀开裂，质地酥松脆弱，器壁内全部为粉状锈，且器壁的粉状锈平行于器表方向，形成层叠堆积的结构。

有些器物有补铸痕迹，补铸部位矿化严重，膨胀变厚，比原器壁厚很多，腐蚀分层，呈现多重粉状锈夹层结构（图 2–21、图 2–22）。

该 12 件（套）青铜器中有 8 件（套）都带有铭文。有些铭文清晰，有些被堆积的锈蚀层覆盖，有些因腐蚀严重而模糊，有些因器壁的断裂而有缺失。

有些器物表面有黑色的沉积物（图 2–23），黑色沉积物上还有锈蚀层，可知器物黑色

图2-17 凸出的粉状锈表面开裂

图2-18 表面锈蚀之下粉状锈夹层

图2-19　两壁之间的粉状夹层锈

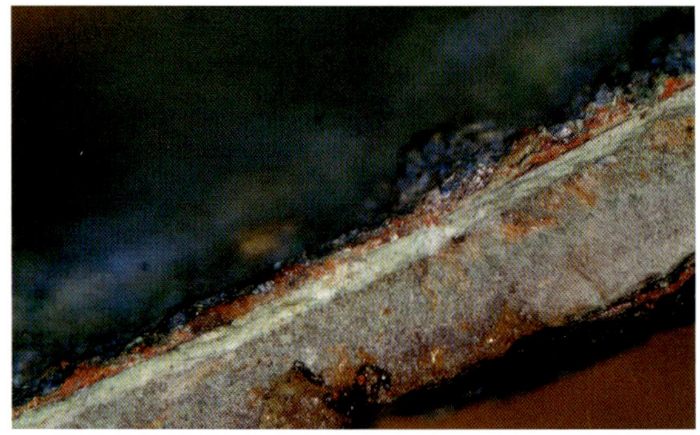

图2-20　器表之下的粉状夹层

图2-21　补铸痕迹

图2-22　器底残片断面分层（疑似补铸痕迹）

图2-23　表面黑色沉积物

图2-24　席纹痕迹

沉积物形成于埋藏之前，可能为炭烧使用痕迹。有些器物锈蚀表面有席纹包裹痕迹、稻草痕迹（图 2–24、图 2–25）。部分器物带有范土（图 2–26 ~ 图 2–28）。

在器物锈蚀层下的缝隙内、器壁夹层内、器壁铸造缩孔中、瘤状物脱落的凹坑内常可见到一些闪闪发光、密集排列在一起的黑色闪亮颗粒（图 2–29 ~ 图 2–33）。在很多器壁脱落处露出的白绿色夹层之上也常常可见（见图 2–32）。在器物一些空心的部位内也常见，如有的鼎耳内部空心，其内表面密密麻麻平整堆积了一层闪亮的颗粒物（见图 2–33）。疑为腐蚀过程中，器物内部的析出物。

图2-25　稻草痕迹

图2-26　底部范土

图2-27　耳内范土

图2-28　耳内范土

图2-29　夹层内的黑色闪亮颗粒

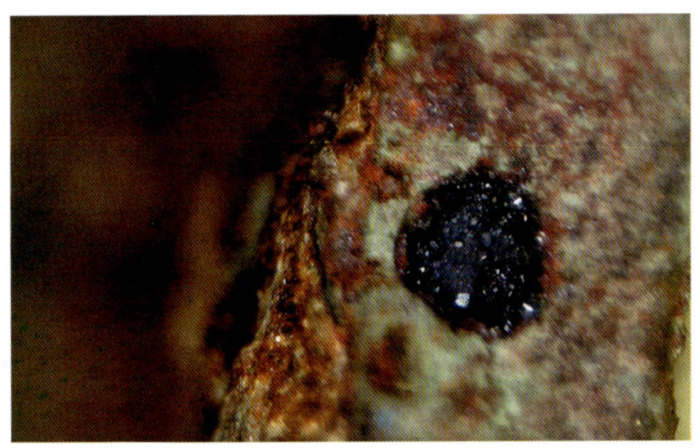

图2-30　断面孔隙内的黑色闪亮颗粒

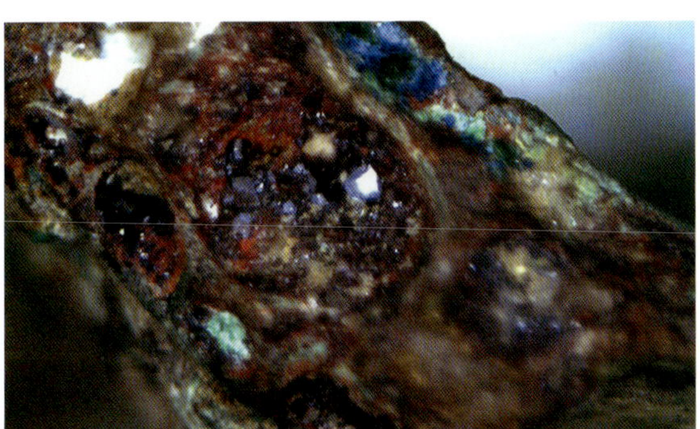

图2-31　断面孔隙内的黑色闪亮颗粒

图2-32　白色夹层上的黑色闪亮颗粒

图2-33　耳内空心，内有黑色闪亮析晶颗粒

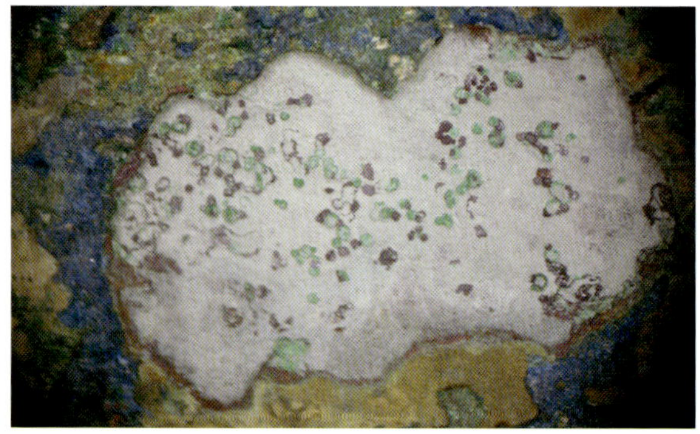

图2-34　白色夹层上的绿色星点锈

图2-35　除锈部位出现的绿色星点锈

有些器物表面层脱落后露出之下的白绿色粉状夹层锈。在白绿色锈之上，除了可见黑色闪亮颗粒物外，还可见到一些星星点点的绿色颗粒状锈（图 2–34）。这些绿色颗粒状锈有时存在于曾经除过锈的部位上（图 2–35），应为近期长出。

每件器物具体状况见表 2–1、表 2–2。

表 2-1 第一类青铜器保存现状与病害分析

序号	名称	编号	照片	现状分析	病害分析	原保护修复情况
1-01	铜簋	M17：1		器物外形基本完整，器盖因锈蚀与器身无法分离。后侧下腹部残缺较大，缺口一端有一条长裂纹。腹部左前侧有两个小圆洞。前侧盖残缺一近长方形孔，缺口两端有裂纹。后侧盖上有一很小残洞。矿化较严重。局部残留少量土垢表面硬结物。器物底子色为黄绿色光亮致密漆古，局部有一层深绿色锈层堆积。局部呈暗红色。局部有席纹包裹痕迹。圈足底边缘有范土残留，局部被锈蚀层覆盖。两耳内侧亦有范土残留。X 光探伤显示器内有铭文	残缺、裂隙、孔洞、表面硬结物、层状堆积、全面腐蚀	曾保护修复
1-02	铜鼎	M17：2		器物通体锈蚀，外形基本完整，略有残缺，除器身主体外，另有 5 块残片。后足从器身脱落，足很重。右耳部位的口沿及上腹部有残缺。此残缺仍存 4 块残片，1 个完整器耳。腹部缺口处有裂隙。此器矿化严重，表面锈层多呈绿色，坚硬、锈层较厚而疏松，瘤状鼓泡凸起锈遍布，并且层状剥落严重。左侧和前侧的腹部和口沿及双耳有较多红色锈蚀。从器壁断面看已无金属基体，局部分层，多夹有浅绿色层。有黑色闪亮的颗粒状物	断裂、残缺、裂隙、瘤状物、层状堆积、层状剥离、全面腐蚀、局部矿化	曾保护修复
1-03	铜觚	M18：1		器物口部、腹部、圈足破碎，残缺变形。除器身主体外，另有 5 块残片。口沿残存 1/4，觚下腹部近底处有一不规则形残缺，底部残缺变形严重，圈足残存部分，底部有一三角形缺失。腹部不规则形缺口处有 6 条裂纹在周围分布，最下面裂纹与底部缺口相连。底部另有 2 条裂纹，交错呈“Y”字形。口部缺口有 5 条裂纹分布。颈部有横向裂纹。该器锈层很薄，底子色为黄绿色光亮致密漆古。有蓝色、深绿色、浅绿色锈蚀层堆积。腹底部矿化较重。从断面看，两壁之间有白绿色锈蚀夹层，可见黑色闪亮晶体颗粒。颈部中间 1 块垫片凹陷，露出孔洞。器底有铭文	断裂、残缺、变形、裂隙、全面腐蚀、局部矿化、层状剥离、孔洞	曾保护修复
1-04	铜爵	M18：2		器物破碎严重，残缺，残片约有 9 块，原有几块残片不属于该器物。三足、鋬手部分可直接粘接。腹部破碎成若干块。器物通体锈蚀，锈蚀层较薄，底子色为光亮致密的黄绿色漆古，上有绿色、蓝色、红色锈蚀层堆积，有少量土质表面硬接物。外壁局部漆古呈层状剥落。内壁漆古较暗，有红色锈蚀层堆积。从断腿截面看，器壁有很多铸造缩孔，孔内常有黑色闪亮颗粒析出。从鋬手残片断面看，红色基体有分层，有白绿色夹层。鋬手内侧有范土。腹部大缺口处有两条长约 2 厘米的裂缝	断裂、残缺、表面硬结物、层状剥离、层状堆积、裂隙、全面腐蚀	曾保护修复
1-05	铜觥	M18：3		器物破碎严重。器物基本能看出外形。器身有一侧破碎，残缺约 1/2，通体锈蚀，整体颜色呈浅绿色。锈蚀较轻处较平整，基体表层被较薄绿色、蓝色、土等锈层覆盖，在器盖头部、器身、把手部有致密光亮黄色漆古。锈蚀严重处在基体表层之下有白绿色夹层，矿化严重处有多重夹层，多有瘤状突起，锈蚀层较厚而脆弱，锈蚀层堆积得很厚、膨胀、开裂。可见到黑色闪亮析晶颗粒。器盖头部的基体表层有多处脱落。器盖疑有较大一块补铸痕迹，补铸部位矿化严重，锈层疏松而厚，呈多重层状堆积。器盖从铭文及补铸痕迹处断裂。 器底（有铭文）内侧、器身内侧，有鼓泡状瘤状物堆积，有些锈泡破裂，露出浅绿色粉状锈夹层。器底内侧个别铭文被腐蚀。器身破损的一侧矿化较严重，多有很厚的层状堆积物，结构疏松，锈蚀层有很多层，有些层状堆积层膨胀、开裂。器把兽头处锈蚀严重，锈层很厚、膨胀、开裂	断裂、残缺、全面腐蚀、表面硬结物、层状堆积、瘤状物、裂隙、局部矿化、层状剥离	曾保护修复

续表

1–06	铜提梁卣	M18：4		器物破碎严重（有 7 大块残片，30 余块小片及残渣），变形。盖保留有一半，内有铭文。器物底内有铭文，有一铭文已经穿孔。器物整体锈蚀较严重。器物锈蚀色有绿色、浅绿色、深绿色、蓝色等。盖及器物颈部腐蚀较轻处呈黄绿色光亮致密漆古，局部覆有较薄绿锈、蓝锈。腐蚀较重处器壁之间有白色夹层。多处有基体表层脱落留下的凹坑，露出白色夹层。局部有点腐蚀、穿孔和发锈的鼓泡痕迹，发锈膨胀、破损，破坏了原基体表层和纹饰。局部金属基体丧失严重。提梁残断。提梁有多处坑洼不平，器壁基体表层有多处受损丧失，花纹受损严重。器底底部带铭文残片，带铭文的一面，一半锈蚀较平整，另一半则有凸出泡状发锈堆积，有些发锈破损，发锈使得个别字体模糊。圈足部位矿化严重，基体铜质严重丧失，器壁疏松、脆弱、分层，锈蚀层堆积得很厚，呈多重层状结构，膨胀、开裂，破坏了基体表面	断裂、变形、残缺、裂隙、全面腐蚀、点腐蚀、孔洞、瘤状物、层状堆积、局部矿化、层状剥离	曾保护修复
1–07	铜鼎	M18：5		器物残破严重，约有 6 大块残片，7 小块残片。残片局部变形。器物底部有炭火黑色痕迹。鼎腹部有铭文，铭文部位断裂、变形，铭文清晰，字迹呈黑色。器壁较薄，鼎腿较重。器物基体表层保存较好处呈黄绿色致密光亮漆古；在覆有一层绿色、蓝色层状锈的部位（如器壁内底）基体表层多呈浅绿色而无光泽；有些部位有较厚的绿色发锈。断腿部浅绿发锈有开裂现象。器底有几处点腐蚀粉状锈	断裂、残缺、变形、层状堆积、全面腐蚀、裂隙、层状剥离、点腐蚀	曾保护修复
1–08	铜簋	M18：6		器物破碎严重，残缺。局部变形、开裂。盖口沿部位残缺约 1/5，内有铭文。器身残破，有 2 大块，10 余小块，一足完整，一足残断，一足脱落，三足可粘接完整。腹部残缺严重，缺失一半以上。器底内部有铭文。器盖铜质较完好。外壁基体表层锈蚀，呈黄绿色致密光亮漆古，其上有少量绿锈、土锈覆盖。内壁基体表层致密，呈深红色，覆有较疏松的绿锈。器盖破损边缘开裂、变形。 器身腐蚀矿化较严重。口沿处多有红色锈蚀及少量土质硬结物。基体表层有土锈、绿锈、蓝锈等覆盖。鼎身局部较完好处有黄绿色漆古表层。多处器壁基体之间有白绿色夹层，锈蚀严重处夹层有很多层。有些夹层很厚，浅绿锈蚀物膨胀、开裂、撑破外壁，形成很厚的疏松浅绿色锈蚀，已看不清楚基体表层。器壁局部基体表层呈层状剥离，多重锈蚀层也不断剥离，纹饰也随之脱落。器底有几处点腐蚀粉状锈	断裂、残缺、变形、裂隙、表面硬结物、全面腐蚀、局部矿化、层状堆积、层状剥离、点腐蚀	曾保护修复
1–09	尊形器	M18：7		器物破碎严重。有些残片上有裂隙。口沿、颈部铜质整体保存较好，基体表层呈光滑致密的黄绿色漆古，其上有绿色、蓝色等锈蚀堆积。局部点腐蚀较重，其上堆积有很厚的瘤状锈或该处基体表层脱落，露出了白色夹层。 腹部矿化严重，基体铜质丧失严重，发锈很厚，约 1~2 厘米，多重分层，并有大量瘤状锈，也分层。而该处发锈很厚的部位也有分层，疑似补铸痕迹。发锈严重膨胀、开裂、分层，向器壁外凸，将器壁漆古撑破，破坏了表面纹饰。纹饰凸起，其下也是多重分层。器壁强度很差。夹层颜色:红色、白色、浅绿色、鲜绿色、蓝色等。底部有一块开裂向下凸起，留一孔洞，上部被瘤状锈覆盖，可能是埋藏之前的破坏	断裂、残缺、裂隙、层状堆积、瘤状物、点腐蚀、层状剥离、局部矿化、孔洞、全面腐蚀	曾保护修复
1–10	铜甗	M18：8		器物破碎严重，残损严重，剩两足（一足鬲部残缺），双耳尚在，口沿残缺 2/5，腹部残碎成若干块且残缺严重，内有箅子残存 1/2。铜质略好。夹层、分层情况不明显。个别残片周边有小裂隙。基体表层锈蚀为平整的黄绿色，器外壁局部呈光亮的漆古，基体表层锈蚀之上常有蓝色、绿色、红色等锈蚀层堆积。局部附着土锈。器壁铭文、纹饰常被堆积的锈蚀层覆盖。堆积的锈蚀层较易于从器表剥落。器物腹部、腿部等有黑色沉积物，而黑色层在基体表层之上，锈蚀层堆积之下	断裂、残缺、层状堆积、表面硬结物、层状剥离、全面腐蚀、裂隙	曾保护修复

续表

2-01	铜斗	M18：9		器物外形完整，器表附着土锈，局部锈蚀堆积较厚、膨胀、开裂，局部点腐蚀，原除锈后表层有脱落	点腐蚀、表面硬结物、裂隙、层状堆积、层状剥离、全面腐蚀	曾保护修复
2-02	铜戈	M18：?		器物破碎呈残块状，矿化无铜芯，其中 2 块粉状锈严重。另外两块较小，外表有锈。锈层堆积较厚，局部锈层脱落堆积，从残块来看应是 3 件器物。 ①铜戈缺尖，表面绿色锈蚀严重，很厚、矿化。②铜戈缘无尖，绿色锈蚀较厚、矿化。③仅存戈身一部分，表面有较厚绿锈、矿化	断裂、残缺、层状堆积、层状剥离、全面腐蚀、通体矿化、点腐蚀	曾保护修复

表 2-2 第一类青铜器病害及铸造信息统计表

序号	名称	编号	破碎严重	断裂	残缺	变形	孔洞	裂隙	层状堆积	层状剥离	局部矿化	点腐蚀	瘤状物	表面硬结物	全面腐蚀	粉状锈夹层	器壁多重夹层	锈蚀膨胀开裂	锈蚀黏连	补铸痕迹	范土残留	铭文
1-01	铜簋	M17：1			√		√	√	√					√	√				√		√	√
1-02	铜鼎	M17：2		√	√			√	√	√	√		√		√	√						
1-03	铜觚	M18：1		√	√	√	√	√		√	√				√	√						√
1-04	铜爵	M18：2	√	√	√			√	√	√				√	√	√					√	
1-05	铜觥	M18：3	√	√	√			√	√	√	√		√	√	√	√	√	√		√	√	√
1-06	铜提梁卣	M18：4	√	√	√	√	√	√	√	√	√	√	√		√	√	√	√			√	√
1-07	铜鼎	M18：5	√	√	√	√		√	√	√		√			√	√		√				√
1-08	铜簋	M18：6	√	√	√	√		√	√	√	√	√		√	√	√	√	√			√	√
1-09	铜尊形器	M18：7	√	√	√		√	√	√	√	√	√	√		√	√	√	√		√		√
1-10	铜甗	M18：8	√	√	√			√	√	√				√	√							√
2-01	铜斗	M18：9						√	√	√		√		√	√	√		√				
2-02	铜戈	M18：?		√	√				√	√	√	√			√	√		√				

图2-36 大面积残缺

图2-37 边缘残缺

图2-38 残缺、裂隙、变形

图2-39 裂隙、层状剥离

2. 病害分析

参考《馆藏青铜器病害与图示》[1]，该类青铜器可观测到的病害有断裂、残缺、裂隙、变形、孔洞、层状堆积、层状剥离、点腐蚀、瘤状物、表面硬结物、全面腐蚀、局部或通体矿化等多种（见表 2–2）。

断裂：青铜器大部分都破碎非常严重，每件青铜器常破碎成几十片不等，断裂现象非常普遍（见图 2–4 ~ 图 2–10）。

残缺:除了一件铜斗之外，其他青铜器全部残缺。除了较完整器物上的残缺（图 2–36），破碎器物经拼合后，也都是残缺不全的。另外，有的器物表层或边缘位置矿化严重、脱落，纹饰受损，残缺不全（图 2–37）。

裂隙:几乎所有的青铜器都有裂隙病害。裂隙常出现在器身缺口周围（图 2–38、图 2–39），或残片边缘处（图 2–40）。矿化严重的部位，开裂现象非常普遍（图 2–41 ~ 图 2–45）。除了以上垂直于器表的纵向裂隙，在有些锈蚀产物膨胀处，出现平行于器表的横向裂隙（图 2–46），

1. 中华人民共和国国家文物局．中华人民共和国文物保护行业标准：馆藏青铜器病害与图示（WW\T0004-2007）[M]．北京：文物出版社，2008.

图2-40　裂隙

图2-41　矿化严重、开裂

图2-42　矿化严重、开裂

图2-43　矿化严重、开裂

图2-44　矿化严重、膨胀开裂

图2-45　矿化严重、膨胀开裂

图2-46　平行于器表的横向裂隙

裂隙存在于锈蚀表面或锈蚀层与基体层之间（图 2-47）。由于该类器物腐蚀多有分层，因而层与层之间的横向裂隙也很普遍。

层状堆积：M17、M18 出土的青铜器，非常显著的一个特点就是腐蚀产物的层状结构。几乎全部的器物都有层状堆积现象。基体表面常有多种颜色的锈蚀层附着堆积（见图 2-16），在腐蚀矿化严重处，腐蚀产物有很多层，堆积得非常厚（图 2-48），甚至出现垂直于器表的纵向开裂（图 2-49）。器物表层之下或基体内部普遍存在白绿色、灰白色粉状夹层，也呈现出层状结构（见图 2-18 ~ 图 2-20、图 2-50、图 2-51）。有些器壁基体矿化严重，器壁膨胀，内部有白色、浅绿色、绿色、鲜绿色、蓝色、红色、黑色、黄色等锈蚀物相互叠压形成平行于器表方向的多重夹层，层与层之间常有很多缝隙，有的红色层上可见残余金属（图 2-52 ~ 图 2-56）。在腐蚀矿化非常严重处，器壁严重膨胀，红色基体层剩余很少或已完全丧失，膨胀的器壁断面多由绿、白等粉状锈蚀组成，每层锈蚀物都较薄但层数非常多，层状结构在接近器表处尤为明显，器表纹饰下可见到多重锈蚀层（图 2-57、图 2-58）。另外，很多瘤状锈也呈现出多重层状结构（图 2-59 ~ 图 2-61）。

层状剥离：由于器壁之间常有粉状锈夹层的存在，夹层两侧的器壁基体容易分离脱落（见图 2-19、图 2-51）。多重锈蚀层之间因有缝隙的存在，器物外表的锈蚀层常有脱落，出现层状剥离的现象（图 2-62 ~ 图 2-68）。层状剥离导致器壁表面漆古，甚至纹饰受到了严重的破坏损坏。

矿化：很多青铜器的局部腐蚀矿化非常严重，铜质基体基本丧失，呈酥松发脆状态，器壁内部粉化严重，器壁膨胀变得很厚，同时伴有很深的裂隙和层状剥离（见图 2-42 ~ 图 2-45、图 2-62 ~ 图 2-68）。垂直于器表方向的裂隙很深（见图 2-42 ~ 图 2-44）。平行于器表方向的层状结构之间因有缝隙，器物表层容易层层脱落，呈现层状剥离现象（见图 2-62 ~ 图 2-68）。漆古等表面层，以及纹饰被撑破、层层脱落，遭受了严重的破坏（见图 2-15、图 2-64、图 2-65）。补铸部位常常腐蚀矿化非常严重，形成很厚的发锈及瘤状物（见图 2-22）。

图2-47　锈蚀与基体之间的横向裂隙

图2-48　锈蚀堆积层

图2-49　垂直于器表的纵向开裂

图2-50　绿色夹层

图2-51　白色夹层，两侧器壁易分离

图2-52　多重夹层

图2-53　多重夹层

图2-54　多重夹层

图2-55　多重夹层

图2-56　膨胀严重、多重夹层

图2-57　膨胀严重、多重夹层

图2-58　纹饰下的多重锈蚀层

图2-59　瘤状锈呈多重层状结构

图2-60　瘤状锈块的多重锈蚀层

图2-61　瘤状锈的层状堆积结构

图2-62　矿化严重、层状剥离

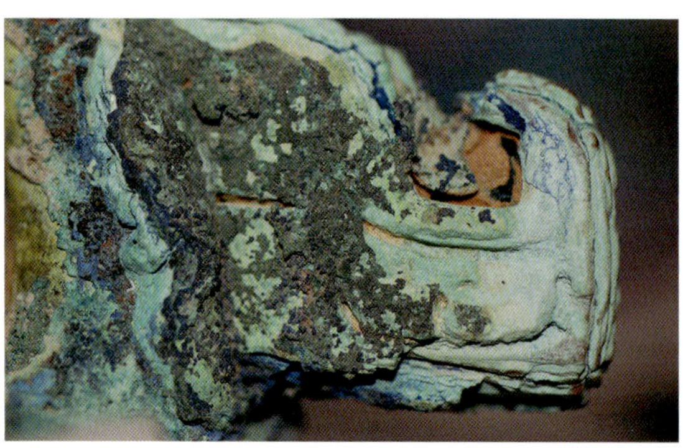

图2-63　矿化严重、层状剥离

图2-64　被发锈撑破的漆古、纹饰和层状剥离

图2-65　被发锈撑破的漆古和纹饰

图2-66　矿化严重、层状剥离

图2-67　矿化严重、层状剥离

图2-68　矿化严重、层状剥离

图2-69　表面点腐蚀

图2-70　点腐蚀粉状锈

点腐蚀：受电化学腐蚀的影响，有些器物局部出现点腐蚀，在器物表面形成点腐蚀粉状锈或瘤状锈（图 2–69、图 2–70），在器壁断面有时也可见点腐蚀形成的浅绿色粉状锈坑（图 2–71）。有些点腐蚀瘤状物脱落后在器物表面留下腐蚀坑（图 2–72）。有些点腐蚀将器壁锈透，形成孔洞（图 2–73）。

瘤状物：有些器物表面腐蚀严重，已不是局部个别点的腐蚀，而是较大面积的连成一片，形成密集排列的鼓泡状疱疹锈，或较大的外凸鼓包状锈，或较大的瘤状锈块连接成一片使整个器壁都变得很厚（图 2–74 ～图 2–77）。这些疱疹状锈、鼓包锈有的膨胀、破裂，破坏了器物表面的纹饰甚至铭文（图 2–75、图 2–76）。

图2–71　器壁断面上的点腐蚀

图2–72　点腐蚀凹坑（器壁断面）

图2–73　点腐蚀孔洞

图2–74　鼓泡状疱疹锈

图2–75　鼓泡状疱疹锈破坏了铭文

图2–76　外凸鼓包状锈，铭文受损

图2–77　瘤状物

图2–78　变形

图2–79　表面硬结物

变形：部分器物及残片边缘出现变形（见图 2–38、图 2–78）。

孔洞：部分器物存在孔洞（见图 2–73）。

表面硬结物：因这些青铜器曾被保护修复过，因此表面硬结物的存在一般较少。但仍有个别器物局部覆盖有较厚的表面硬结物（图 2–79）。

全面腐蚀：青铜器整体全面腐蚀。

另外，M17：1铜簋，器身和器盖两个部分锈蚀在一起无法分离。

青铜器的病害分析及统计见表 2–1、表 2–2。各器物病害示意图见器物保护修复记录部分。

3. 原保护修复情况

高青陈庄遗址因地下水位高，器物锈蚀矿化严重，出土现场未做具体清理工作，出土文物多采用套箱整体包装搬运至文物保护修复室。M17、M18 出土的第一类青铜器，在此次保护修复之前，山东省文物考古研究院都曾对其进行过保护处理。主要方法是先将其在表面活性剂中浸泡、清洗，再在酒石酸钾钠溶液中浸泡、清洗，清洗后用倍半碳酸钠溶液浸泡（加入几滴过氧化氢），机械除锈，之后用蒸馏水浸泡，烘干。

五、第二类青铜器

1. 现状描述

高青陈庄遗址 M27 出土的 4 件（套）器物，相对比较完整，其特点是铜质保存都较好，表面有较多暗红色锈蚀。器物表面锈蚀有红、黑、白、绿、黄等多种，其中暗红色的锈蚀很多，加之器表多附着一层较薄的土锈，使器物整体来看呈暗土红色。表面锈蚀层较薄、粗糙、暗淡无光泽（图 2-80 ~图 2-83）。每件器物的详细状况见表 2-3、表 2-4。

图2-80　铜甗 M27：1

图2-81　铜鼎 M27：5

图2-82　铜提梁卣 M27：10

图2-83　铜簋 M27：16

表 2-3 第二类青铜器保存现状与病害分析

序号	名称	编号	照片	现状分析	病害分析	原保护修复情况
2-03	铜甗	M27：1		器物一面口沿至腹部残破较为严重，另一面从口沿至腹部开裂，一足残断。器物呈暗褐色，黑中带红。表面锈薄，较光滑。器壁有少量土锈附着。铜质保存较好。器物有变形	断裂、残缺、裂隙、表面硬结物、全面腐蚀、变形	茬口有胶粘修复痕迹
2-04	铜鼎	M27：5		器物残缺一耳和两足，一耳根部开裂。器物壁较厚，铜质保存较好。锈蚀较薄，有黑、红、黄、白、绿等几种颜色，表面粗糙，暗淡无光泽，整体因通体土锈而成呈暗土红色。器物内部有较多红色锈蚀及白色沉积物	残缺、裂隙、表面硬结物、全面腐蚀	无
2-05	铜提梁卣	M27：10		器腹下部有一面积较大的残缺，缺口周边裂隙较多，有一大裂隙延伸至口沿处。口沿及圈足均有一处残缺。一耳部有残缺，残缺处露出耳内范土。器身有多处孔洞及小缺口，有的缺口周边小残片变形，尚连接在器身上。圈足内有较多硬质泥土。器身锈蚀较薄，粗糙，暗淡无光泽，有红、黑、黄、白、绿等多种颜色，其中暗红色锈蚀及土锈较多，整体呈暗土红色。铜质保存尚可	残缺、裂隙、变形、孔洞、表面硬结物、全面腐蚀	无
2-06	铜簋	M27：16		器物口沿至腹部有面积较大残缺，残缺处有两块残片可拼对上。残缺口下端有一小裂隙。残缺对面口沿处有较大裂隙，一耳部处口沿有一小裂隙。两耳均有一处裂隙。圈足处略残缺，有小裂隙。两块残片上也有裂隙。器身锈蚀较薄，粗糙，暗淡无光泽，有红、黑、黄、白、绿等多种颜色，其中暗红色锈蚀及土锈较多，整体呈暗土红色。器物内部有较多黑色锈蚀及沉积物。铜质保存较好	断裂、残缺、裂隙、表面硬结物、全面腐蚀、变形	无

表 2-4 第二类青铜器病害统计

序号	名称	编号	断裂	残缺	裂隙	变形	孔洞	表面硬结物	全面腐蚀
2-03	铜甗	M27：1	√	√	√	√		√	√
2-04	铜鼎	M27：5		√	√			√	√
2-05	铜提梁卣	M27：10		√	√	√	√	√	√
2-06	铜簋	M27：16	√	√	√	√		√	√

图2-84　裂隙

图2-85　孔洞

图2-86　变形

2. 病害分析

参考《馆藏青铜器病害与图示》[1]，该类青铜器可观测到的病害有断裂、残缺、裂隙、变形、孔洞、表面硬结物、全面腐蚀。

该类 4 件（套）青铜器铜质保存较好，病害类型相对较少，但都存在不同程度的残缺、裂隙（图 2–84）。有的器物存在孔洞（图 2–85）；有的器物在残缺口周围有较多裂隙及局部变形（图 2–86）。器物都遍布一层较薄的土垢，多呈土黄色、白色等。

青铜器的病害分析及统计见表 2–3、表 2–4。各器物病害示意图见器物保护修复记录部分。

3. 原保护修复情况

在本次保护修复之前，有 1 件器物有粘接痕迹，其他几件铜器未经过保护修复处理。

六、第三类青铜器

1. 现状描述

高青陈庄遗址 M35、M36 出土的青铜器大部分破碎、残缺严重，很多器物严重酥脆，力学强度很差。青铜基体表层多为一层暗淡的灰绿色或黄白色的锈蚀物，其上常覆盖较厚的黑、棕、红色疏松锈（图 2–87、图 2–88）。疏松锈较脆弱，易脱落。常见到红色锈位于黑色疏松锈和基体表层之间。

黑色锈蚀是 M35、M36 出土青铜器最为显著的特点。基本每件器物都或多或少带有黑色疏松锈。M35 出土的青铜器约 20% 带有大面积的黑色（图 2–89、图 2–90）。M36 出土青铜器的黑色锈蚀比 M35 出土的更为严重，带有大面积黑色的器物占比高达 80% 以上，甚至有些

1. 中华人民共和国国家文物局．中华人民共和国文物保护行业标准：馆藏青铜器病害与图示（WW\T0004-2007）[M]．北京：文物出版社，2008.

部位器壁内外完全锈蚀为黑色，不见灰绿或黄白色表层（图 2–91、图 2–92）。黑色锈蚀严重的器物，在黑色锈蚀物中常见大量的灰黑色闪亮颗粒，有些颗粒泛蓝、紫色调（图 2–93）；黑色锈蚀层表面或锈蚀层之间常有金黄色颗粒层或金黄色带镜面光泽的片状物（图 2–94）；局部片状物或颗粒泛暗红色。

除了通常的基体表层暗淡灰绿色锈蚀，有的器物表面还出现一些相对较鲜艳的蓝、绿锈（图 2–95）。

个别器物存在有大量铭文（图 2–96、图 2–97）。

每件器物具体情况见表 2–5、表 2–6。

图2–87　铜簋M35：35、M35：38

图2–88　铜簋 M35：51、M35：71

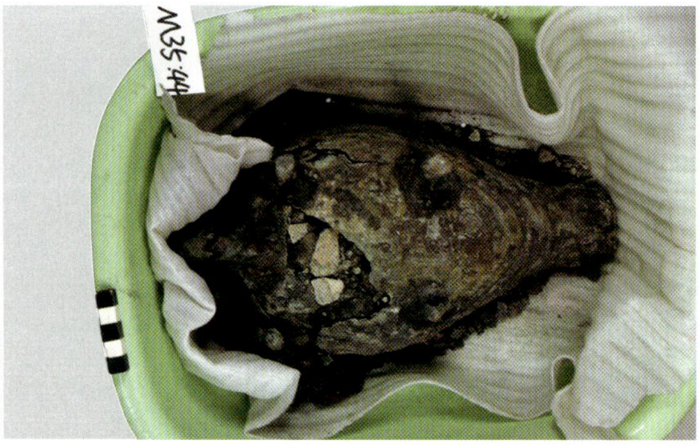

图2–89　铜匜M35：44

图2–90　铜提梁卣M35：68

图2–91　铜簋M36：5

图2–92　铜方壶M36：7

图2-93 黑色锈蚀物中带蓝色调的闪亮颗粒

图2-94 金黄色片状物

图2-95 銮铃（4件）M36：15～M36：18

图2-96 铜簋盖内铭文（M35：51、M35：71）

图2-97 铜簋器底铭文（M35：51、M35：71）

表 2–5 第三类青铜器保存状况与病害分析

序号	名称	编号	照片	现状分析	病害分析	原保护修复
2–07	铜戈	M35：33		灰绿色基体表面上有较多红褐色、黑色疏松锈蚀，疏松锈上带有大量灰黑色闪亮颗粒。残缺较多，器形尚可辨认，另有两小块残片，内部残缺一块，边缘残缺。残片上有裂隙。有土锈附着，矿化严重	断裂、残缺、裂隙、层状堆积、表面硬结物、矿化、全面腐蚀	无
2–08	铜鼎	M35：34		黄白色基体表面带有大量黑色疏松锈及部分红色锈蚀。局部黑色锈上可见灰黑色闪亮颗粒。基体表面微泛绿色调。器物破碎严重，残缺严重，呈碎片状，最大残片面积约 30 平方厘米。局部有土锈附着。一足缺失，残留两足有较多黑色锈蚀，两耳尚存	断裂、残缺、层状堆积、表面硬结物、矿化、全面腐蚀	无
1–11	铜簋	M35：35、M35：38		器物通体覆盖土锈，整体呈灰黑色，强度较差，多残片、残渣。紧贴器物表面的较致密黄白色锈蚀上附着有大量疏松的黑色锈蚀，黑色锈蚀之下还有较多疏松的红褐色锈。器身外形尚存，整体残缺约 1/3。簋座一面完整，一面断裂，另两面残缺严重。簋身残碎严重，残片若干。簋盖捉手处残缺，簋盖边缘残缺约 1/6。簋盖内壁及器底内壁有大量铭文，铭文部分因锈蚀物掩盖而不清晰	断裂、残缺、裂隙、层状堆积、表面硬结物、矿化、全面腐蚀	无
2–09	铜马衔	M35：36		灰绿色基体表面上有较多黑色锈蚀，附着土锈。器形基本完整，略有矿化	层状堆积、表面硬结物、矿化、全面腐蚀	无
2–10	铜矛	M35：37		灰绿色基体表面局部附着较厚的黑色疏松锈蚀，黑色锈蚀上可见较多的灰黑色闪亮颗粒。器物断裂，内部可见范土。局部残缺，矿化严重	断裂、残缺、层状堆积、矿化、全面腐蚀	无

续表

2-11	铜车軎、铜车辖	M35：40		灰绿色基体表面上有较多黑色及少量暗红色疏松锈，局部疏松锈处可见灰黑色闪亮颗粒。器表附着土锈。车軎缺失一半，辖完整。局部矿化	残缺、层状堆积、表面硬结物、矿化、全面腐蚀	无
2-12	铜车軎、铜车辖	M35：41		黄绿色基体表面附着较多黑色及少量暗红色疏松锈蚀，局部疏松锈处可见灰黑色闪亮颗粒。表面附着土锈。器物基本完整，车軎粗端微残	残缺、裂隙、层状堆积、表面硬结物、全面腐蚀	无
2-13	铜件	M35：42		灰绿色基体表面附着有大量黑色疏松锈蚀。局部有少量鲜艳蓝绿色锈蚀。多个小件锈蚀黏连成一团。有硬质土锈覆盖。局部残缺。局部矿化严重	残缺、断裂、层状堆积、表面硬结物、矿化、全面腐蚀	无
2-14	铜銮铃	M35：43		黄绿色基体表面附着较多黑色及少量暗红色疏松锈蚀，以及大量土锈。带有白色沉积物。器物残断	残缺、断裂、层状堆积、表面硬结物、全面腐蚀	无
2-15	铜匜	M35：44		器物通体包裹硬质土锈，黄绿色基体表面上附着大量黑色、暗红色锈蚀。质地非常脆弱，强度低，呈酥烂状，内部未清理，由泥土支撑。腹部破碎、断裂、残缺，有非常多的残片残渣。鋬断裂，一足残断	断裂、裂隙、残缺、表面硬结物、层状堆积、通体矿化、全面腐蚀	无
2-16	铜车軎	M35：45		严重残缺。器物外形难辨，仅剩几块残片。黄绿色基体表面上附着大量黑色锈蚀，且包裹较厚的土锈	断裂、残缺、层状堆积、表面硬结物、矿化、全面腐蚀	无

续表

2-17	铜戈	M35：46		黄绿色基体表面上附着大量黑色、暗红色锈蚀，包裹土锈及白色沉积物。局部疏松锈处可见灰黑色闪亮颗粒。器物残断，有微裂隙，一残片上有暗裂。局部矿化	断裂、裂隙、残缺、表面硬结物、层状堆积、矿化、全面腐蚀	无
2-18	铜钟	M35：47		黄绿色基体表面上附着大量黑色、暗红色锈蚀。器壁较薄，下部残缺，内外均有较厚泥土，有矿化现象。铜锈之下有大量裂隙、微裂隙，整体脆弱	残缺、裂隙、层状堆积、表面硬结物、通体矿化、全面腐蚀	无
2-19	铜銮铃	M35：48		黄绿色基体表面上附着大量黑色、暗红色锈蚀。局部疏松锈处可见灰黑色闪亮颗粒。闪亮颗粒泛蓝紫色。器物外形基本完整，断为两块，铃部有裂隙。通体有泥土及土锈包裹，断茬处可见矿化严重	断裂、裂隙、层状堆积、表面硬结物、矿化、全面腐蚀	无
2-20	铜銮铃	M35：49		黄白色基体表面附着大量黑色、红色、暗红色疏松锈蚀。局部可见灰黑色闪亮颗粒。基体表面微泛绿色调。器物断裂、残缺，顶部有暗裂。外表有少量泥土，铃内部有较多土垢	残缺、断裂、裂隙、层状堆积、表面硬结物、全面腐蚀	无
2-21	铜件	M35：50		黄绿色基体表面上附着大量黑色、暗红色锈蚀。局部疏松锈处可见灰黑色闪亮颗粒。器物残缺，通体包裹泥土	残缺、层状堆积、表面硬结物、全面腐蚀	无
1-12	铜簋	M35：51、M35：71		器物整体呈黑色，通体覆盖土锈及黑色、褐色等疏松且厚的附着物，附着锈触手即落。器物强度较差。残块、残渣多。紧贴器物表面的锈呈较致密的黄白色。器盖基本完整，盖口部有5处微残，内部铭文处因锈掩盖不清，器盖黏着另外一件车马器。器身腹部破碎严重，器口沿至腹部大面积残缺，一耳残缺，另一个残断。四方簋坐一面残缺严重，另一面中部断裂，并有少量残缺。簋内壁底部有铭文	断裂、残缺、裂隙、层状堆积、表面硬结物、矿化、全面腐蚀	无

续表

2-22	铜器盖	M35：52		黄白色基体表面微泛绿色，其上有较多的黑色、暗红色疏松锈蚀堆积。盖内壁黑色锈蚀较多，盖捉手处暗红色、红色锈蚀较多。局部可见灰黑色闪亮颗粒。器物残破、断裂、残缺、开裂。器壁有孔洞。通体有土锈附着。腐蚀矿化严重、脆弱	断裂、残缺、裂隙、孔洞、层状堆积、表面硬结物、通体矿化、全面腐蚀	无
2-23	铜銮铃	M35：55		器物表面覆盖大面积黑色锈蚀，局部露出黑色锈蚀下的黄绿色基体表层。局部有暗红、砖红色锈蚀。器物残断为 3 块，内外均有土锈，局部矿化较重，铃部锈蚀之下有暗裂	断裂、残缺、裂隙、层状堆积、表面硬结物、矿化、全面腐蚀	无
2-24	铜矛	M35：56		黄绿色基体表面上附着较多的黑色疏松锈蚀，黑色锈上可见灰黑色闪亮颗粒。表面局部可见鲜绿色锈蚀点。器物残缺、矿化严重，质地脆弱，断裂。表面有泥浆包裹，腔内残留木块	断裂、残缺、裂隙、层状堆积、表面硬结物、通体矿化、全面腐蚀	无
2-25	铜构件	M35：59		器物呈哑铃形，黑褐色，外表包裹较厚土锈	层状堆积、表面硬结物、全面腐蚀	无
2-26	铜车马器	M35：61		黄绿色基体表面上附着黑色疏松锈蚀，黑色锈上可见灰黑色闪亮颗粒，尤其内壁黑色锈蚀非常多。器物严重残缺，仅剩 3 片残块，矿化严重。表面少量土垢。残片上有小裂隙	断裂、裂隙、残缺、层状堆积、表面硬结物、通体矿化、全面腐蚀	无
2-27	铜马衔	M35：62		黄绿色基体表面附着较多黑色、暗红色锈蚀，局部黑色锈上可见灰黑色闪亮颗粒。表面包裹泥垢。器物一端残缺。通体有腐蚀迹象	残缺、层状堆积、表面硬结物、矿化、全面腐蚀	无

续表

2-28	铜鼎	M35：63		两个号为同一件器物残片。黄绿色基体表面附着较多黑色、暗红色疏松锈蚀。器物表面有较鲜艳的蓝色、绿色锈蚀。器物严重残缺，只余腹部残块、一耳及一堆锈蚀的残块。保存状况极差。泥土较多，矿化严重	断裂、残缺、层状堆积、表面硬结物、通体矿化、全面腐蚀	无
2-29	铜鼎	M35：63				
2-30	铜盘	M35：64		黄白色基体表面附着较多黑色、暗红色锈蚀。器物破碎严重，残缺。最大残片上有裂隙。本体较薄，外表有土锈附着。腐蚀矿化严重	断裂、残缺、裂隙、层状堆积、表面硬结物、通体矿化、全面腐蚀	无
2-31	铜节约	M35：65		灰绿色基体表面有较多黑色锈蚀。外表局部及内壁有较鲜艳的蓝绿色锈蚀。器物严重残缺。表面有较多泥土	残缺、层状堆积、表面硬结物、全面腐蚀	无
2-32	铜车马器	M35：67		灰绿色基体表面有较多黑色锈蚀及土垢。器表有较鲜艳的蓝绿色锈蚀。器表锈蚀有剥离现象。器形基本完整，外表泥土较多，孔内有木材痕迹	层状堆积、层状剥离、表面硬结物、全面腐蚀	无
2-33	铜提梁卣	M35：68		器物质地脆弱，保存状况极差，因其内部淤泥才得以支撑外形，口沿及颈部断裂、残缺严重，圈足断裂、残缺。通体包裹土锈，矿化严重。基体呈黄白色，其上附着黑色、暗红色锈蚀，局部有较鲜艳蓝绿色锈蚀	断裂、残缺、裂隙、层状堆积、表面硬结物、通体矿化、全面腐蚀	无

续表

2-34	铜车马饰	M35：69		严重残缺。器物只剩 5 块残片，残片上多裂隙，腐蚀矿化严重。外壁有较多泥土。基体黄绿色，其外附着较多黑色锈蚀物。局部有鲜艳的蓝绿色锈蚀	断裂、残缺、裂隙、层状堆积、表面硬结物、通体矿化、全面腐蚀	无
2-35	铜鸟首器盖	M35：70		严重残缺，只残留 4 块残片，其中 3 块带有鸟首形状，但无法辨认器物外形。残片有暗裂，已完全矿化，质地脆弱，触之成末。外表尚有大量钙化土锈。基体表面黄白色，其上附着大量黑色、暗红色疏松锈蚀。局部有少量较鲜艳蓝绿色锈蚀	残缺、断裂、裂隙、层状堆积、表面硬结物、通体矿化、全面腐蚀	经过清洗
2-36	铜器盖	M35：72		器物外形较完整，口沿微残。黄绿色基体表面附着大量黑色、红色、暗红色锈蚀。黑色锈上可见灰黑色闪亮颗粒。局部还附着较鲜艳的蓝绿色锈蚀。局部有较厚重的土块锈。局部腐蚀较重	残缺、裂隙、层状堆积、表面硬结物、矿化、全面腐蚀	无
2-37	铜戈	M35：74		黄绿色基体表面附着黑色或砖红色锈蚀层。基体表面有粉化脱落现象，还附着有一层薄薄的较鲜艳蓝绿粉末锈。器物较完整，边缘微残。局部矿化较重，有断裂风险	残缺、层状堆积、层状剥离、矿化、全面腐蚀	无
2-38	铜环	M35：75		器物残缺一半，表面有裂隙。包裹土锈，呈灰绿色，带少量黑色锈。矿化严重	残缺、裂隙、表面硬结物、矿化、全面腐蚀	无
2-39	铜残件	M35：76		残缺。此器物为某些器物上的残构件，共 9 块。残件中空，表面灰绿色，有较鲜艳的蓝绿色锈蚀附着，部分残件上还有较多黑色锈蚀附着。有泥土包裹	残缺、层状堆积、表面硬结物、全面腐蚀	无

续表

2-40	铜节约	M35：77		包裹硬质土锈，灰绿色表面上附着较多黑色锈蚀。表面有较多的鲜艳蓝绿色锈。有的节约相互之间锈蚀黏连，有的节约残缺	残缺、表面硬结物、层状堆积、全面腐蚀。	无
2-41	铜马镳	M35：78		器物残缺，外形不完整。灰绿色基体表面上有很多黑色锈蚀。局部有较鲜艳的蓝绿色锈蚀。包裹有较多土垢。边缘有微裂隙	残缺、裂隙、层状堆积、表面硬结物、全面腐蚀	无
2-42	铜提梁卣	M35：79		灰绿色基体表面有较多黑色锈蚀，局部带少量较鲜艳蓝绿色锈蚀。器物外壁较薄，质地脆弱，残片断裂，残片连接不紧密，器物内部有泥土支撑以保持器形。口沿和足均有残缺、开裂。底部被泥土包裹并有大量裂隙。整体矿化严重	残缺、断裂、裂隙、层状堆积、表面硬结物、通体矿化、全面腐蚀	无
2-43	铜戈	M36：4		器物断裂，部分缺失。基本锈蚀成黑色，锈蚀膨胀，已有层状剥离，矿化严重，脆弱。残片边缘有裂隙。残片局部带有少量较鲜艳蓝绿色锈	断裂、裂隙、残缺、层状剥离、通体矿化、全面腐蚀	无
2-44	铜簋	M36：5		器物破碎，残缺约 2/5，矿化严重，呈黑色，锈蚀疏松较厚，外表有泥土及大量灰黑色闪亮颗粒。残片边缘多微裂隙	断裂、裂隙、残缺、层状堆积、表面硬结物、通体矿化、全面腐蚀	无
2-45	铜方壶	M36：6		器物外形尚存，整体残缺约 1/3，残片若干，矿化严重，横断面出现分层现象。基本无铜质，器物表面包裹硬质锈块，基本腐蚀矿化成黑色，锈蚀疏松较厚，表面带有大量灰黑色闪亮颗粒，可见金黄色片状物	断裂、残缺、裂隙、层状剥离、表面硬结物、通体矿化、全面腐蚀、变形	无

续表

2-46	铜方壶	M36：7		器物破碎，底部残破。残片边缘多裂隙。矿化严重，基本无铜质，通体包裹硬质较厚土锈，基本腐蚀矿化成黑色，锈蚀疏松较厚，表面带有大量灰黑色闪亮颗粒，器表局部残留有似“金箔”状的贴片	断裂、裂隙、残缺、层状堆积、层状剥离、变形、表面硬结物、通体矿化、全面腐蚀	无
2-47	铜环	M36：8		器物外形完整。外表带有较厚的黑色、褐色、绿色锈蚀，锈蚀较厚，凹凸不平，有开裂	裂隙、层状堆积、全面腐蚀	无
2-48	铜簋	M36：9		器物腹部及底部残缺，底部有开裂。器物基本呈黑色，锈蚀疏松较厚，表面带有大量灰黑色闪亮颗粒。部分残片上有较鲜艳的蓝绿色锈蚀。器物通体包裹硬质土锈，局部有白色腐蚀物附着。腐蚀矿化非常严重，基本无铜本体，质地脆弱	残缺、断裂、裂隙、层状堆积、表面硬结物、通体矿化、全面腐蚀	无
2-49	铜簋盖	M36：11		严重残缺。破碎严重。矿化严重，质地脆弱。外形尚可辨认，残留碎片若干，且本体矿化严重，已无铜质存在。残片多微裂隙。基体表面黄绿色，其上为大量黑色疏松锈蚀物。黑色锈上有银灰色亮点状结晶物。闪亮颗粒泛蓝紫色。部分残片上有泥土	残缺、断裂、裂隙、层状堆积、层状剥离、表面硬结物、通体矿化、全面腐蚀	经清洗
2-50	铜环	M36：12		器物残断，外表有大量黑色、砖红色疏松锈蚀。铜环上有微裂隙，小残块腐蚀较重	断裂、裂隙、层状堆积、矿化、全面腐蚀	无
2-51	铜件	M36：13		器物破碎、残缺，包裹较厚土锈，质地较硬。表面多绿色锈蚀。带少量黑色、红色锈	断裂、残缺、裂隙、表面硬结物、层状堆积、矿化、全面腐蚀	无

续表

2–52	铜马衔	M36：14		严重残缺。器物呈碎块状，外形难辨。表面多为绿色锈蚀，部分残片上有黑色、褐色锈蚀。锈蚀疏松较厚。残片上有裂隙。腐蚀较重	断裂、残缺、裂隙、层状堆积、矿化、全面腐蚀、表面硬结物	无
2–53	铜銮铃（4 件）	M36：15 ~M36：18		4 件器物残片混杂在一起。质地脆弱，保存状况差，只可辨出器物外形，通体包裹较厚的土锈和淤泥。基体表面灰绿色，其上有大量黑色锈蚀。部分残片上有较鲜艳的蓝绿色锈蚀。矿化严重，多裂隙	断裂、残缺、裂隙、层状堆积、层状剥离、表面硬结物、通体矿化、全面腐蚀	无
2–54	铜盘	M36：19		器物破碎，残缺约 2/5，开裂。裂隙周边残片略错位。腐蚀矿化严重，多残片、残渣。基本呈黑色，锈蚀疏松。其上有大量银灰色闪亮颗粒。外表有较多泥土。口沿局部略泛绿色	断裂、残缺、裂隙、变形、层状堆积、表面硬结物、矿化、全面腐蚀	无
2–55	铜壶盖	M36：20		器物破碎、断裂、残缺、开裂，开裂的残片错位变形。器物底部边缘变形，顶部周围有一半残缺。腐蚀矿化非常严重，裂隙遍布，极其脆弱。器物通体包裹硬质土锈。基本呈黑色，锈蚀疏松。其上有大量银灰色闪亮颗粒。局部带有较鲜艳蓝绿色锈	断裂、残缺、裂隙、变形、层状堆积、层状剥离、表面硬结物、通体矿化、全面腐蚀	无

表 2-6 第三类青铜器病害统计

序号	名称	编号	严重破碎	残缺	断裂	裂隙	层状堆积	表面硬结物	矿化	全面腐蚀	变形	孔洞	层状剥离	锈蚀黏连	混杂
2-07	铜戈	M35：33		√	√	√	√	√	√	√					
2-08	铜鼎	M35：34	√	严重	√		√	√	√	√					
1-11	铜簋	M35：35、M35：38	√	√	√	√	√	√	√	√					
2-09	铜马衔	M35：36					√	√	√	√					
2-10	铜矛	M35：37		√	√		√		√	√					
2-11	铜车軎、铜车辖	M35：40		√			√	√	√	√					
2-12	铜车軎、铜车辖	M35：41		√		√	√	√		√					
2-13	铜件	M35：42		√	√		√	√	√	√				√	
2-14	铜銮铃	M35：43		√	√		√	√		√					
2-15	铜匜	M35：44		√	√	√	√	√	通体	√					
2-16	铜车軎	M35：45	√	严重	√		√	√	√	√					
2-17	铜戈	M35：46		√	√	√	√	√	√	√					
2-18	铜钟	M35：47		√		√	√	√	通体	√					
2-19	铜銮铃	M35：48			√	√	√	√	√	√					
2-20	铜銮铃	M35：49		√	√	√	√	√		√					
2-21	铜件	M35：50		√			√	√		√					
1-12	铜簋	M35：51、M35：71	√	√	√	√	√	√	√	√				√	
2-22	铜器盖	M35：52		√	√	√	√	√	通体	√		√			
2-23	铜銮铃	M35：55		√	√	√	√	√	√	√					
2-24	铜矛	M35：56		√	√	√	√	√	通体	√					
2-25	铜构件	M35：59					√	√		√					
2-26	铜车马器	M35：61		√	√		√	√	通体	√					
2-27 2-28	铜马衔	M35：62		√			√	√	√	√					
2-29	铜鼎	M35：63	√	严重	√		√	√	通体	√					
2-30	铜盘	M35：64	√	√	√	√	√	√	通体	√					
2-31	铜节约	M35：65		√			√	√		√					
2-32	铜车马器	M35：67					√	√		√			√		

续表

2–33	铜提梁卣	M35：68	√	√	√	√	√	√	通体	√					
2–34	铜车马饰	M35：69	√	严重	√	√	√	√	通体	√					
2–35	铜鸟首器盖	M35：70		严重	√	√	√	√	通体	√					
2–36	铜器盖	M35：72		√			√	√	√	√					
2–37	铜戈	M35：74		√			√		√	√			√		
2–38	铜环	M35：75		√		√		√	√	√					
2–39	铜残件	M35：76		严重			√	√		√					
2–40	铜节约	M35：77		√			√	√		√				√	
2–41	铜马镳	M35：78		√		√	√	√		√					
2–42	铜提梁卣	M35：79		√	√	√	√	√	通体	√					
2–43	铜戈	M36：4		√	√	√			通体	√			√		
2–44	铜簋	M36：5	√	√	√	√	√	√	通体	√					
2–45	铜方壶	M36：6		√	√	√		√	通体	√			√		
2–46	铜方壶	M36：7		√	√	√	√	√	通体	√					
2–47	铜环	M36：8				√	√			√					
2–48	铜簋	M36：9		√	√	√	√	√	通体	√					
2–49	铜簋盖	M36：11	√	严重	√	√	√	√	通体	√					
2–50	铜环	M36：12			√	√	√		√	√					
2–51	铜马衔	M36：13		√	√		√	√	√	√					
2–52	铜马衔	M36：14	√	严重	√	√	√		√	√					
2–53	铜銮铃（4 件）	M36：15~M36：18		√	√	√	√	√	通体	√					√
2–54	铜盘	M36：19	√	√	√	√	√	√	√	√	√				
2–55	铜壶盖	M36：20	√	√	√	√	√	√	通体	√	√				

图2-98　残缺、破碎严重

图2-99　残缺、表面硬结物、层状堆积

图2-100　M35：79裂隙、脆弱

图2-101　泥土支撑

2. 病害分析

该类青铜器腐蚀现象比较特殊，参考《馆藏青铜器病害与图示》[1]，病害主要有残缺、裂隙、层状堆积、表面硬结物、矿化、全面腐蚀、变形、孔洞、层状剥离。

该类器物很多都破碎、残缺非常严重（图 2-98）。有些器物残缺面积非常大，仅剩很少的残片，拼不出外形。绝大部分青铜器都有断裂、裂隙、残缺病害（图 2-99）。

绝大部分青铜器有层状堆积现象，在基体表面附着有黑色、红色等锈蚀物。绝大部分青铜器都带有土垢（图 2-100），有些器物因过于脆弱未完全清理出来，器内壁有大量泥土支撑器形（图 2-101）。

绝大部分青铜器都有矿化现象，其中很大一部分通体矿化，腐蚀矿化非常严重，质地非常脆弱，强度很差。

少量器物存在孔洞（图 2-102）、变形（图 2-103）、层状剥离病害。

1. 中华人民共和国国家文物局．中华人民共和国文物保护行业标准：馆藏青铜器病害与图示（WW\T0004-2007）[M]．北京：文物出版社，2008.

图2-102　孔洞

图2-103　变形

图2-104　锈蚀黏连、层状堆积

有的器物残片混杂在一起（见图 2-95）。有的器物锈蚀而相互黏连，或黏连有其他青铜器的部件（图 2-104）。

青铜器的病害分析及统计见表 2-5、表 2-6。各器物病害示意图见器物保护修复记录部分。

3. 原保护修复情况

出土后有的经过清洗，未经过保护修复。

第三章 前期研究

为了综合了解和把握器物的病害、工艺信息，为文物的保护修复提供依据，在文物保护前，工作人员对高青陈庄遗址墓葬中出土的青铜器做了一系列理化分析，包括：微区形貌观察、硝酸银定性分析、离子色谱分析、能量色谱 X 荧光分析、X 射线衍射分析、拉曼光谱分析、扫描电镜分析、金相分析、X 光探伤透视分析等。

其中便携式能量色散 X 荧光分析、X 光探伤透视分析、微区形貌观察，是在文物原位上进行的分析。显微式能量色散 X 荧光分析、X 射线衍射分析、拉曼光谱分析、扫描电镜分析、金相分析、离子色谱分析、氯离子硝酸银定性分析，是在器物上采集了具有代表性的样品，进行的分析。

在文物保护修复中、修复后，也进行了 X 光探伤拍摄，以显示器物内部的信息。

分析仪器：便携式能量色散 X 荧光分析仪（NITON XLt3-800DPW）、能量色散 X 荧光分析仪（HORIBA XGT-7000V）、X 射线衍射仪（Dmax 12kW）、拉曼光谱仪（Thermo Nicolet Almega）、单晶 X 射线衍射仪（Bruker SMART APEX）、扫描电镜（HITACHI TM3030）、三维视频显微镜（DVM6A）等。仪器分析条件见附录Ⅰ，分析谱图见附录Ⅱ。

能量色散 X 荧光分析和扫描电镜成分分析为无标样半定量分析。X 射线衍射分析也是半定量分析，所分析的样品量又很少，故检测出主要物质的大致含量，含量少的或结晶不好的物质并未完全给出。

下面仍以文物类别汇总前期分析结果[1、2]。

1. 胡东波．文物的 X 射线成像 [M]．北京：科学出版社，2012.
2. 张红燕，吕淑贤，胡东波，王浩天．高青陈庄遗址 M17、M18 出土青铜器腐蚀现象及产物分析 [J]. 南方文物，2018(1):261-286.

一、第一类青铜器

1. 仪器分析

用便携式能量色散 X 荧光分析仪对青铜器不同部位进行的原位成分分析见表 3–1。在器物上采集样品，用显微式能量色散 X 荧光分析仪、扫描电镜、X 射线衍射分析仪、拉曼光谱仪、金相显微镜对其进行分析（见表 3–2~ 表 3–5）。X 射线单晶衍射分析结果见图 3–5、图 3–6。每件器物保护修复前后的 X 光探伤透视分析详见器物 X 光探伤部分。

表 3–1 便携式能量色散 X 荧光分析仪原位分析结果

器　物	检测部位	图示	主要成分含量 /wt%				备注	分析结果
			Cu	Sn	Pb	Fe		
铜簋 M17：1	簋盖红色锈蚀		69.89	0.86	24.23	4.45		①主要成分:铜、锡、铅。②光亮漆古处锡含量非常高,铅含量也很高。③平整灰绿锈蚀处锡、铅含量很高，但低于光亮漆古处。④表面粗糙红锈部位铅含量非常高。⑤器物表面铅含量普遍很高
	簋盖浅绿色光亮漆古		23.71	41.83	20.61	10.58		
	簋身红色锈蚀		56.45	1.31	40.90	0.63		
	底部灰绿色较平整锈	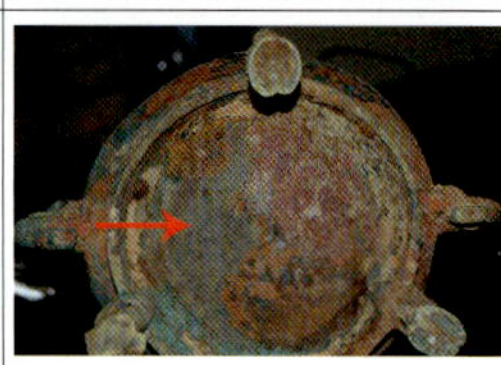	37.46	34.66	17.47	7.44		

续表

<table>
<tr><td rowspan="5">铜鼎
M17：2</td><td>腹部绿色鼓泡状锈</td><td></td><td>89.47</td><td>8.32</td><td>0.84</td><td>0.65</td><td></td><td rowspan="5">①主要成分：铜、锡，含少量铅。②表面鼓泡状锈主要含铜、锡。③表面褐红色锈蚀处含较高的铅和铁。④浅绿色粉状锈处锡含量高，铅含量也相对其他部位高</td></tr>
<tr><td>腹部褐红色锈</td><td>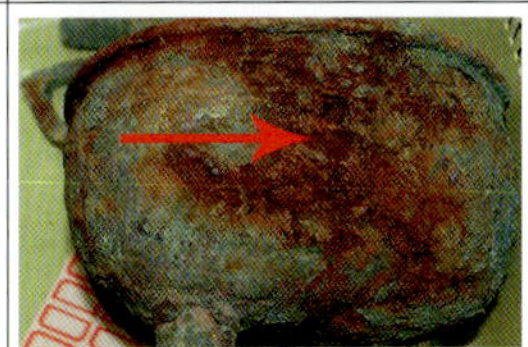</td><td>56.90</td><td>0.32</td><td>12.14</td><td>29.86</td><td></td></tr>
<tr><td>底部断腿周围浅绿色锈</td><td></td><td>57.02</td><td>37.54</td><td>2.59</td><td>1.49</td><td></td></tr>
<tr><td>底部断腿坑内</td><td></td><td>80.06</td><td>17.81</td><td>0.73</td><td>0.49</td><td>较能反映基体成分</td></tr>
<tr><td>腿部与底部连接面</td><td></td><td>42.92</td><td>50.55</td><td>2.81</td><td>1.97</td><td></td></tr>
<tr><td rowspan="3">铜觚
M18：1</td><td>器物表面黄绿漆古</td><td></td><td>34.27</td><td>52.85</td><td>2.6</td><td>8.63</td><td></td><td rowspan="3">①主要成分:铜、锡、铅。②光亮漆古处锡含量非常高。③灰白色粉状夹层锈处锡含量非常高</td></tr>
<tr><td>残洞周围灰白色夹层锈</td><td>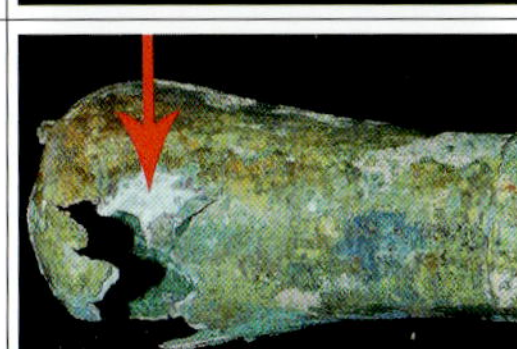</td><td>37.70</td><td>57.73</td><td>3.01</td><td>0.32</td><td></td></tr>
<tr><td>底部蓝绿色锈蚀</td><td>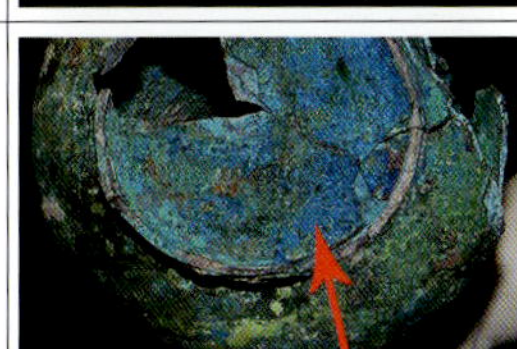</td><td>75.28</td><td>19.74</td><td>1.83</td><td>0.60</td><td>较能反映基体成分</td></tr>
</table>

续表

<table>
<tr><td rowspan="2">铜爵
M18：2</td><td>腹部漆古</td><td>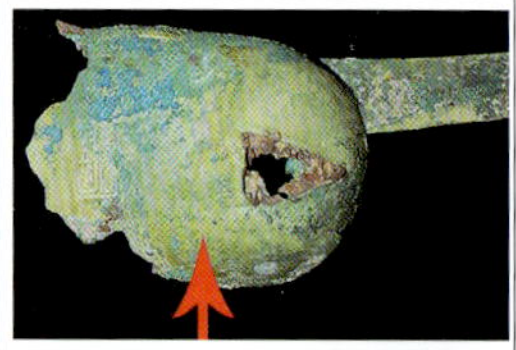</td><td>22.07</td><td>42.18</td><td>27.03</td><td>7.17</td><td></td><td rowspan="2">①主要成分:铜、锡、铅。②漆古处锡含量非常高，铅含量也较高。③表面所测的两个部位铅含量都较高</td></tr>
<tr><td>腿部断腿处</td><td></td><td>70.30</td><td>10.33</td><td>18.27</td><td>0.55</td><td></td></tr>
<tr><td rowspan="3">铜觚
M18：3</td><td>腹部外侧</td><td></td><td>95.90</td><td>2.157</td><td>0.48</td><td>0.93</td><td></td><td rowspan="3">①主要成分：铜、锡。②光亮漆古处锡含量很高。③表面暗红色基体上平整绿色锈蚀处主要为含铜的矿物</td></tr>
<tr><td>口沿残片断面</td><td></td><td>78.71</td><td>19.51</td><td>0.93</td><td>0.27</td><td>较能反映基体成分</td></tr>
<tr><td>头部光亮黄绿漆古</td><td></td><td>67.49</td><td>27.43</td><td>0.64</td><td>3.62</td><td></td></tr>
<tr><td rowspan="4">铜提梁卣
M18：4</td><td>底部铭文侧平整绿锈</td><td>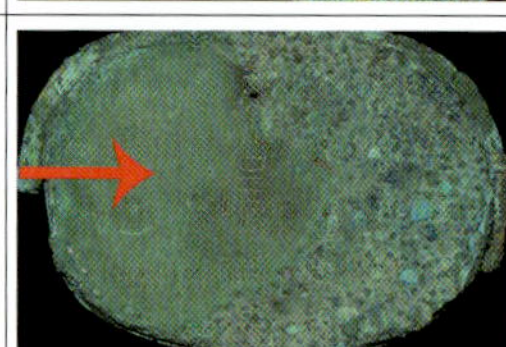</td><td>79.05</td><td>17.18</td><td>0.39</td><td>2.55</td><td>较能反映基体成分</td><td rowspan="4">①主要成分：铜、锡。②光亮漆古处锡含量非常高。③绿色片状锈处含铜的矿物较多，也包含一定量含锡的矿物</td></tr>
<tr><td>口沿露基体处</td><td></td><td>59.47</td><td>35.45</td><td>1.13</td><td>2.59</td><td></td></tr>
<tr><td>提梁残断面</td><td>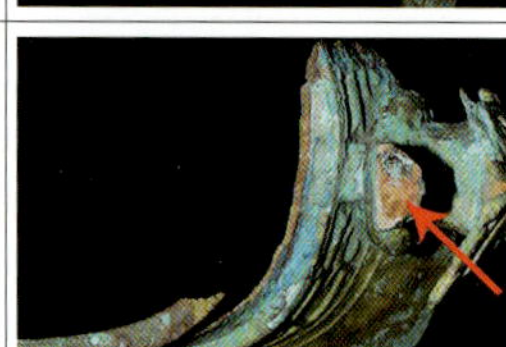</td><td>74.79</td><td>22.62</td><td>0.39</td><td>1.06</td><td></td></tr>
<tr><td>颈部黄绿漆古</td><td></td><td>51.50</td><td>38.00</td><td>0.79</td><td>8.01</td><td></td></tr>
</table>

续表

	盖外部黄绿漆古		56.40	35.69	0.30	6.30		
	盖内侧绿色锈		86.03	13.03	0.25	0.26		
铜鼎 M18：5	底部黑点	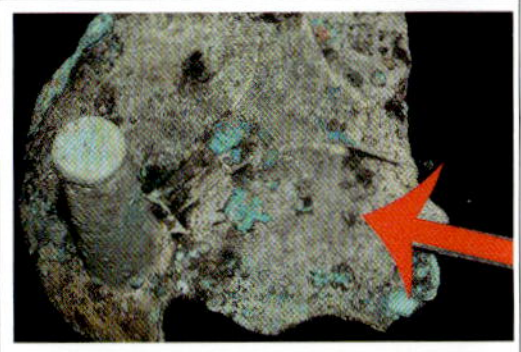	37.83	35.48	22.58	1.70		①主要成分:铜、锡、铅。②红色片状锈处含有较高的铅。③漆古光泽暗淡，锡、铅含量富集。④蓝色锈蚀层下的白色粉化层处，锡含量非常高，铅含量也很高。⑤腿部表面膨胀凸出的白色粉状锈处含有较高的锡、铅。⑥器物表面铅含量普遍较高
	内侧发白处		19.39	50.56	24.85	2.89		
	口沿残片铭文处		25.48	41.58	28.90	1.74		
	口沿残片断茬处		79.34	15.30	3.92	0.45	较能反映基体成分	
	腿部灰白色粉状锈裂缝处	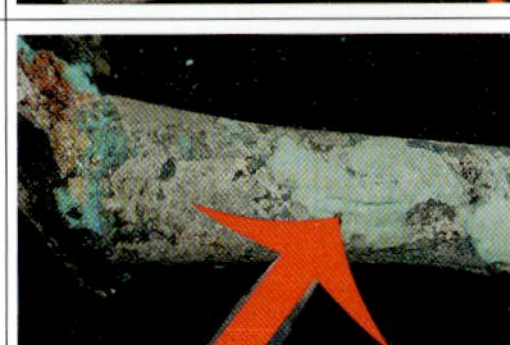	32.37	45.67	18.77	1.32		
	腿残片外壁红色	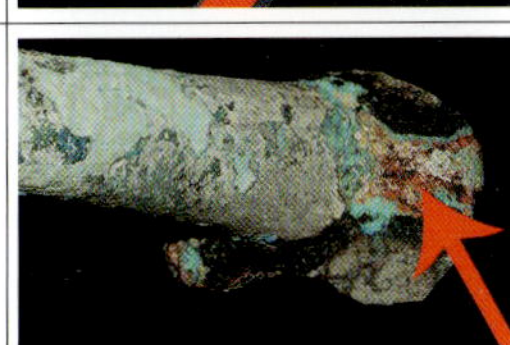	63.80	18.08	17.00	0.40		
铜簋 M18：6	盖外表面漆古		31.69	37.48	22.01	6.97		

续表

铜簋 M18：6	盖口沿深红色处	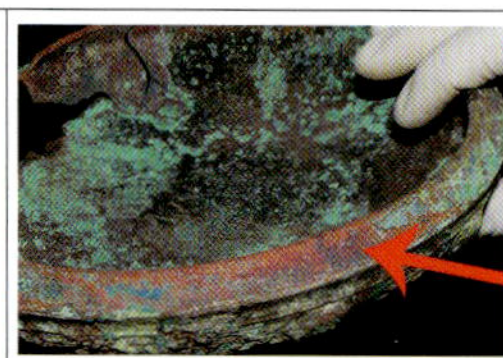	61.08	3.51	34.82	0.17		①主要成分，铜、锡、铅。②有光泽的和暗淡的漆古处锡、铅含量都很高，有光泽的漆古处锡、铅含量更高一些。③表面粗糙红色锈蚀处铅含量很高。④暗红色致密的基体表层中含铜高。⑤器表层下白色夹层中的粉状锈处锡含量非常高，铅也较高。⑥膨胀凸出器表的浅绿色粉状锈中锡、铅含量很高。⑦浅绿色粉状锈中的铜高于灰白色粉状锈，灰白色粉状锈中的锡高于浅绿色粉状锈，器表粉状锈中的铅高于内部夹层中的粉状锈。⑧器物表面铅含量普遍较高
	盖外表面去锈后的发红部位		37.64	29.78	29.90	1.17		
	口沿内侧红色	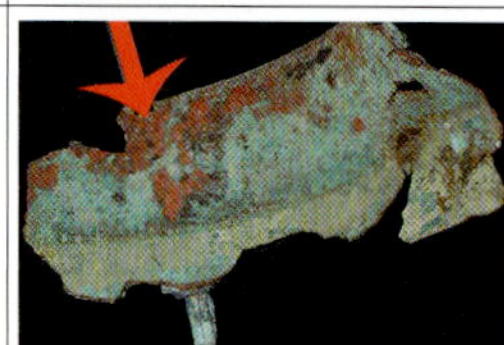	68.68	8.84	21.64	0.42		
	柄，露灰白色粉状夹层锈处	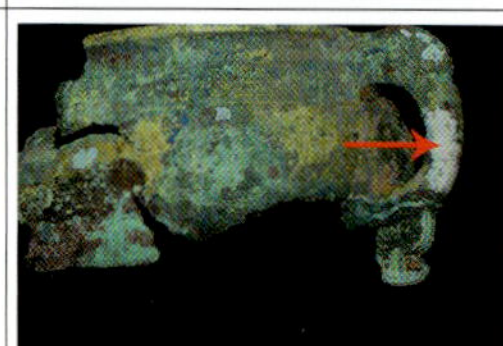	12.71	71.79	13.44	0.66		
	外壁绿色粉状锈处		36.02	34.34	28.27	0.53		
	底内铭文处黄绿色漆古	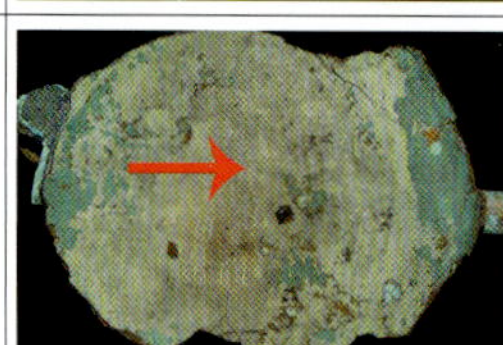	50.97	26.69	18.61	2.47		
	底外红色锈	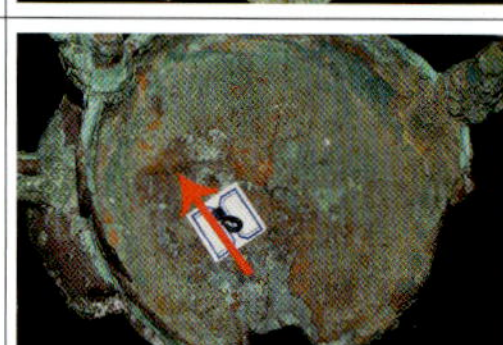	41.73	36.63	18.91	1.72		
	盖内铭文周围暗红色致密锈	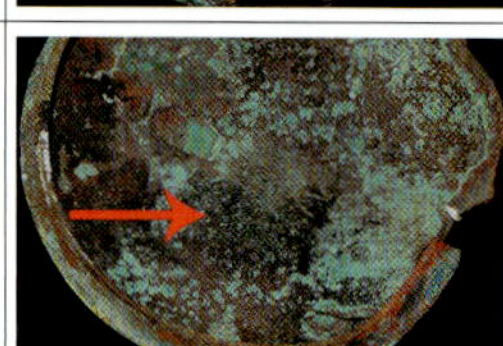	81.08	8.249	9.71	0.47		
铜尊形器 M18：7	外表面漆古处		61.45	31.20	0.65	5.09		

续表

铜尊形器 M18：7	内表面平整绿色锈		81.46	16.61	0.16	1.25		①主要成分：铜、锡。②漆古处锡含量很高。③很厚的器壁夹层之中膨胀的粉状锈主要为含铜、锡的矿物
	器壁粉状锈夹层断面		82.94	15.84	0.42	0.25		
	残片内部的粉状锈	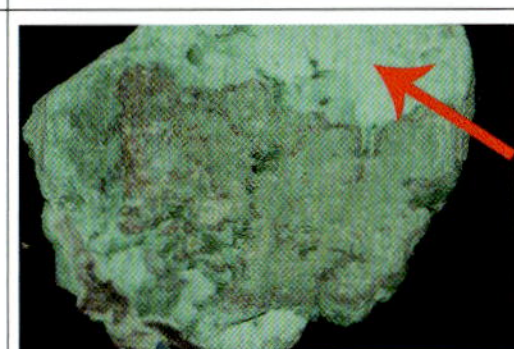	83.51	15.24	0.40	0.21		
	器底残片基体断面		82.60	15.32	0.31	0.58	较能反映基体成分	
铜甗 M18：8	外壁表面黄色漆古		34.55	31.21	21.28	11.37		①主要成分:铜、锡、铅。②漆古处锡含量很高，铅含量也很高。③表面上红色锈蚀层中含有很高的铅。④器物表面普遍含有较高的铅
	外壁表面垫片		35.56	38.68	12.84	10.36		
	残片断面红色基体		61.69	9.87	27.08	0.60		
	箅子表面红色层状锈		16.14	0.84	82.18	0.17		
	腿内侧黑色部位		56.74	14.93	20.99	6.14		

续表

	耳断面红色基体	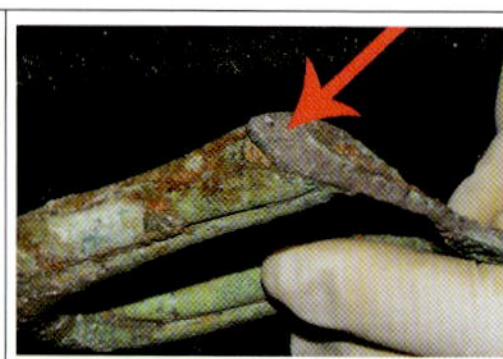	75.50	2.47	15.08	6.01		
铜斗 M18：9	斗勺表面（带薄锈）	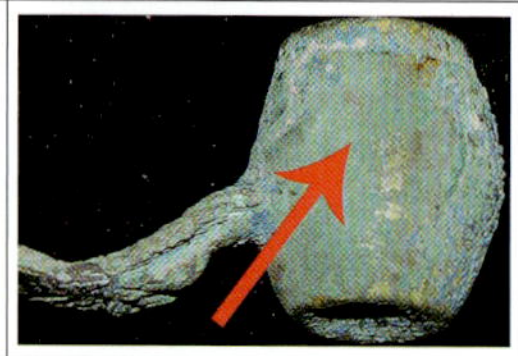	34.11	53.97	3.33	7.23		①主要成分：铜、锡、铅。 ②器物表面锡含量很高
铜戈 M18：?	表面锈蚀		78.29	3.35	17.12	0.61		①主要成分：铜、锡、铅。 ②铅在器表富集
	断面露红色基体处	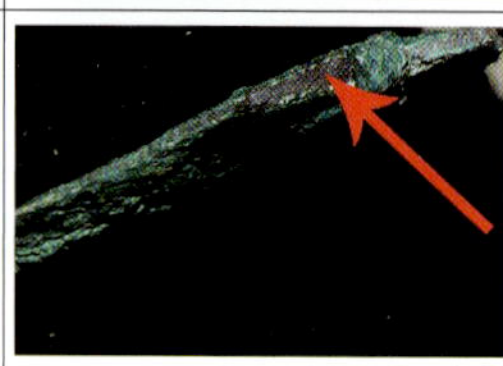	79.98	7.21	11.56	0.35		

注：仪器型号：NITON XLt3-800DPW。测试条件：最大电压 50kV；电流：40uA。测试模式：合金模式。所得数据只针对测试点。能谱分析为无标样半定量检测，数据仅供参考。

表 3-2 扫描电镜分析和显微式能量色散 X 荧光分析

器　物	样品编号	样品说明	分析部位	分析点	分析结果 /wt%				分析方法
					Cu	Sn	Pb	Fe	
铜簋 M17：1	M17：1-8	腹部残片	残片表面漆古		9.80	56.36	22.46	11.38	扫描电镜
			残片断面金属基体	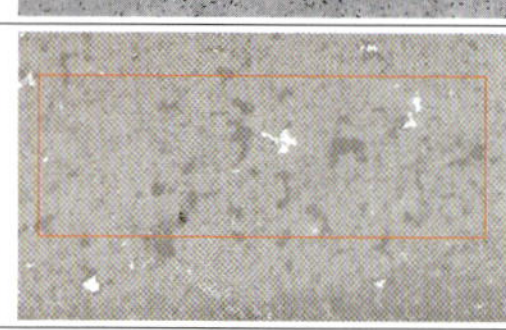	74.44	18.00	6.71	0.85	扫描电镜
				金属基体	77.83	14.78	6.67	0.73	显微能谱
铜提梁卣 M18：4	M18：4-3	器身残块上的少量残余金属基体	残块断面金属基体	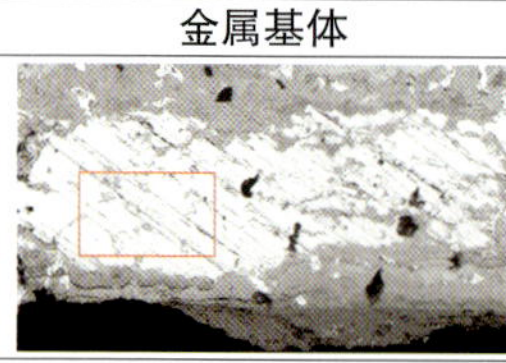	80.11	19.81	0.08	0.00	扫描电镜
				金属基体	79.56	19.86	0.42	0.17	显微能谱
铜簋 M18：6	M18：6-4	器身残块	残块断面金属基体	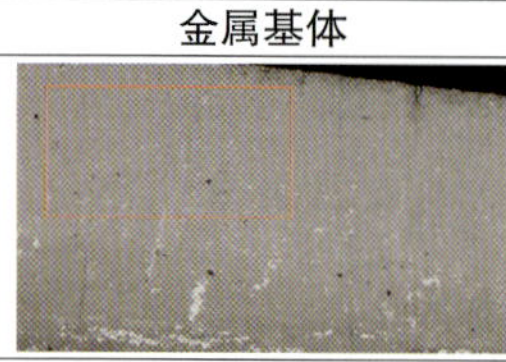	78.54	16.20	5.27	0.00	扫描电镜
				金属基体	79.78	14.77	5.31	0.14	显微能谱

表 3–3 显微能量色散 X 荧光分析和 X 射线衍射分析结果

器 物	样品编号	取样位置	样品描述	样品照片	测试点	显微能谱分析 /wt%					X 射线衍射分析
						Cu	Sn	Pb	Fe	Cl	主要物相
铜簋 M17：1	M17：1–1	 盖捉手顶部浅绿色平整光亮漆古处	浅绿色粉末		整体粉末	20.75	46.06	23.61	7.94	0	
	M17：1–2	 足部浅绿色粉状锈	白、黄、绿颗粒组成的粉末，夹有红色颗粒		整体粉末	11.4	35.98	43.93	7.32	0	石英：14%；斜长石：35%；白铅矿：51%；含少量孔雀石
	M17：1–3	腹部背面大缺口上侧深绿色凸起锈	绿色粉末，夹有黄、白、红、黑等多色颗粒		整体粉末	81.94		15.93	2.13	0	石英：29%；斜长石：40%；白铅矿：5%；孔雀石：26%
	M17：1–4	腹部背面大缺口上侧深绿色锈层之下的红色锈	红、黄、白、绿、黑等多色颗粒组成的粉末		整体粉末	46.31	0.76	50.34	2.58	0	赤铜矿：31%；石英：6%；微斜长石：9%；云母：5%；白铅矿：50%
	M17：1–6	 腹底部圈内侧绿色锈	块状，由绿、红、黑、白等多色矿物组成		整体锈块	93.52		4.14	2.34	0	赤铜矿：19%；石英：5%；孔雀石：76%

续表

铜簋 M17：1	M17：1–10	 盖捉手处红色锈（很薄一层）	鲜红色粉末		整体粉末	57.86	3.85	36.71	1.57	0	
铜觥 M18：3	（M18：3–1）–2	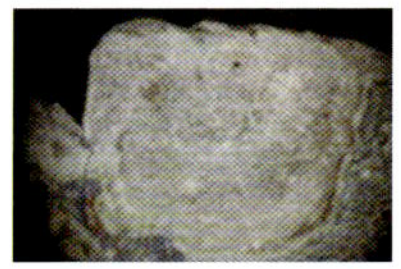 凸出表面的松软浅绿色锈蚀层	浅绿色粉末，含白色、绿色颗粒		整体粉末						锡石：15%； 孔雀石：85%
铜提梁卣 M18：4	M18：4–1	 提梁卣盖捉手上坚硬蓝绿色锈	由蓝、绿、红色颗粒组成的粉末		整体粉末	99.82	0	0	0.18	0	
	M18：4–2	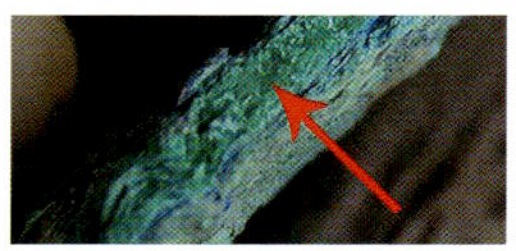 残片断面夹层内松软鲜绿色锈	绿色粉末，夹有少量蓝、红颗粒		整体粉末	98.78	0.84	0	0.18	0	
铜尊形器 M18：7	M18：7–1	 底部的瘤状锈块	绿色块状，多层重叠结构		整体锈块	81.98	16.29	0.38	0.88	0	
	M18：7–2	 残片夹层内侧松软浅绿色锈	浅绿色粉末，主要由白色、绿色组成		整体粉末	86.34	12.88	0.33	0.27	0	主要为孔雀石，含少量锡石

续表

铜甗 M18：8	M18：8–2	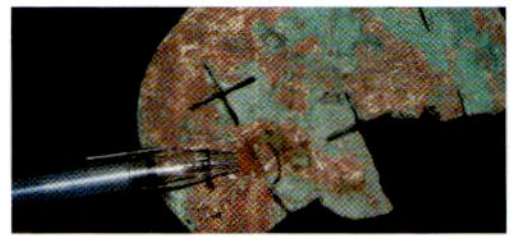 篦子表面上褐红色片状锈	片状，一面主要由黄、褐色组成，一面主要由红、白色组成		红	84.9	2.1	12.78	0.22	0	白铅矿：51%；赤铜矿：49%
					暗红	52.66	0	47.29	0.05	0	
					鲜红	84.89	0	14.96	0.15	0	
	M18：8–3a	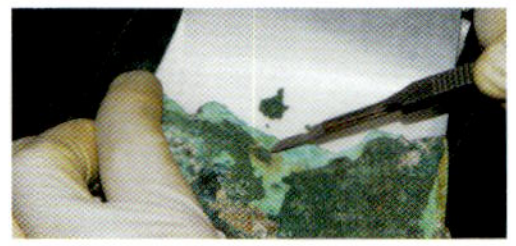 器口沿残片外表面暗绿色锈层	绿色片状，含土壤颗粒		整体锈片	92.84	0	4.4	2.76	0	孔雀石：40%；石英26%；斜长石：20%；微斜长石 14%
	M18：8–3b	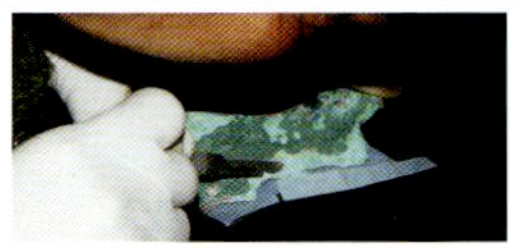 器口沿残片3a处内层松软浅绿色锈	浅绿锈粉末，主要由白、绿、黄色组成		整体粉末	24.42	33.9	40.21	0.94	0	孔雀石：42%；石英13%；斜长石：10%；微斜长石:7%;白铅矿：28%
	M18：8–4	 铜甗残片表面坚硬蓝色锈	蓝色片状，一面主要由蓝、绿色组成，一面主要由红、白色组成		整体锈片	94.75	0	4.27	0.98	0	
铜斗 M18：9	M18：9–1	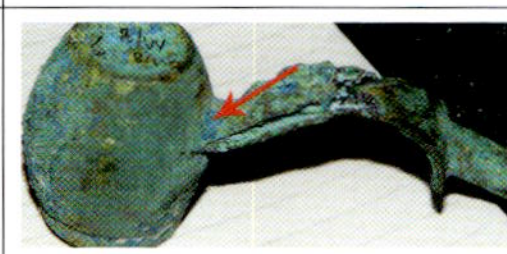 斗柄根处蓝色锈	蓝色颗粒，含红、绿、黄色		整体粉末	92.29	6.47	0.52	0.72	0	
	M18：9–2	 斗柄近根处绿色锈	绿色颗粒，含红、白、蓝色		整体粉末						赤铜矿：46%；孔雀石：54%

续表

铜斗 M18：9	M18：9–3	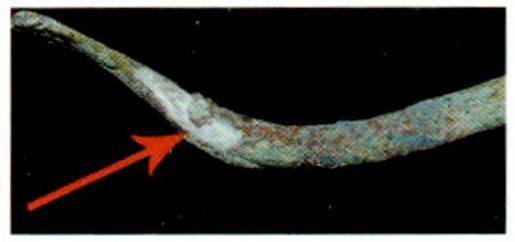 斗柄把头处夹层内松软白绿色锈	白色稍带绿色颗粒，夹杂有红色颗粒		整体粉末	10.39	89.61	0	0	0	赤铜矿：44%； 锡石：56%
铜戈 M18：?	M18：?–2	 戈脊蓝绿色锈	片状，含蓝、绿、白、红、黑等多色，绿色锈下有较多红色锈		整体锈块						白铅矿：<1%；赤铜矿：99%；孔雀石：1%

注：显微能谱分析为无标样半定量检测，数据仅供参考。能谱所测数据为除去土壤杂质的常见元素后所得的结果。X 射线衍射分析也是半定量分析，所分析的样品量又很少，故检测出主要物质的大致含量，含量少的或结晶不好的物质并未完全给出，衍射分析所给出的各成分含量仅供参考。很多样品中锡元素含量很高，但因样品量很少，含锡矿物的结晶度又不好（微晶锡石），衍射分析未给出结果。

表 3-4 拉曼光谱分析结果

器 物	分析部位	样品性状	分析点	分析结果
铜觥 M18：3	（M18：3-1）-3处 凹坑内蓝色锈蚀层下的松软浅绿色层	浅绿色粉末，由绿色颗粒与白色颗粒组成	绿色	$CuCO_3$·Cu（OH）$_2$（孔雀石）
			白色	纳米级微晶 SnO_2（锡石）
铜鼎 M18：5	（M18：5-1）-2处 致密凸起锈蚀层的蓝色锈蚀	蓝色粉末	蓝色	$2CuCO_3$·Cu（OH）$_2$（蓝铜矿）
	鼎（M18：5-1）-3处 致密坚硬锈层，蓝、绿、棕、黄色锈蚀层层交叠	砖红色锈蚀层之上有绿色、蓝色、深蓝（蓝黑）色锈蚀	绿色	$CuCO_3$·Cu（OH）$_2$（孔雀石）
			蓝色	$2CuCO_3$·Cu（OH）$_2$（蓝铜矿）
			蓝黑色 蓝色	$2CuCO_3$·Cu（OH）$_2$（蓝铜矿）
			蓝黑色 黑色	C（碳黑）
	（M18：5-1）-4处 夹层内松软灰白色锈蚀层，灰白色锈蚀上有绿色点和黑褐色点	灰白色锈蚀上有绿色星点锈和黑褐色颗粒锈	灰白锈蚀	纳米级微晶 SnO_2（锡石）
			绿色颗粒	$CuCO_3$·Cu（OH）$_2$（孔雀石）
			黑褐色颗粒	Cu_2O（赤铜矿）
	鼎（M18：5-1）-6 夹层内松软灰白色锈蚀层	灰白粉末	灰白锈蚀	纳米级微晶 SnO_2（锡石）
铜簋 M18：6	（M18：6-1）-2处 残块表面绿色锈蚀	绿色粉末夹杂白色颗粒	绿色	$CuCO_3$·Cu（OH）$_2$（孔雀石）
			白色	$PbCO_3$（白铅矿）
铜甗 M18：8	（M18：8-1）-2处 致密坚硬锈层，蓝、绿、棕、黄色锈蚀层层交叠处的黄色锈蚀	黄色锈蚀实际由白色颗粒与黄色颗粒混合组成	白色	$PbCO_3$（白铅矿）
			黄色	β-PbO（密陀僧）
	（M18：8-1）3处 松软浅绿色层	浅绿色粉末，由绿色颗粒与白色颗粒组成	绿色	$CuCO_3$·Cu（OH）$_2$（孔雀石）
			白色	纳米级微晶 SnO_2（锡石）
	（M18：8-3）-1 红棕色锈蚀	红棕色锈蚀实际由白色颗粒、红色颗粒与黄色颗粒混合组成	白色	$PbCO_3$（白铅矿）
			红色	Cu_2O（赤铜矿）
			黄色	β-PbO（密陀僧）

表 3–5 铜鼎（M18 ： 5）残片样亮区与暗区金相对比

残片编号	分析部位	金相照片	分析结果
M18：5–1	鼎（M18：5–1）亮区	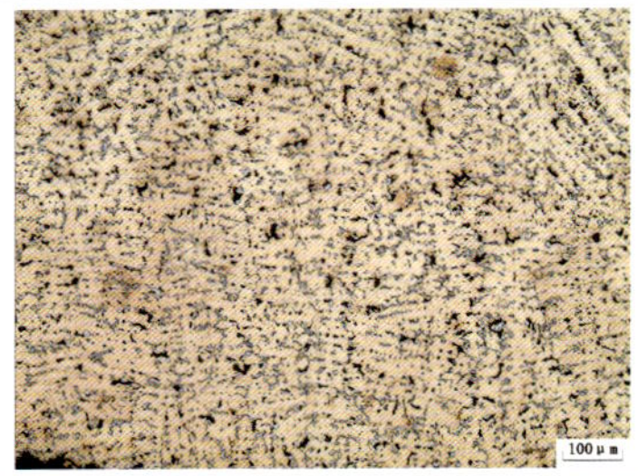 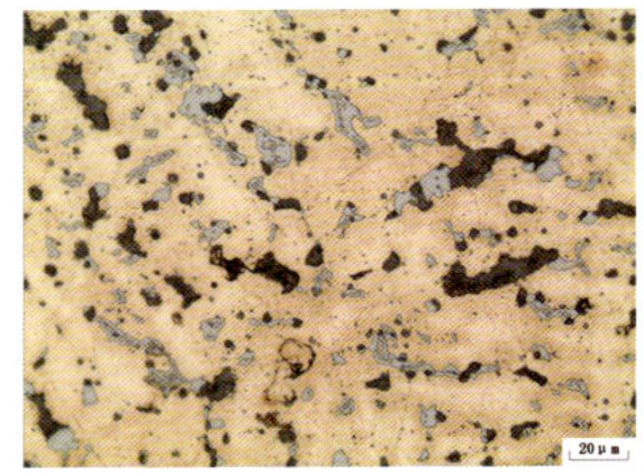	α 固溶体树枝晶，（α+δ）共析体岛屿状弥散分布。大量铅颗粒弥散分布。部分区域共析体先蚀，有自由铜沉积。铸造组织
	鼎（M18：5–1）暗区	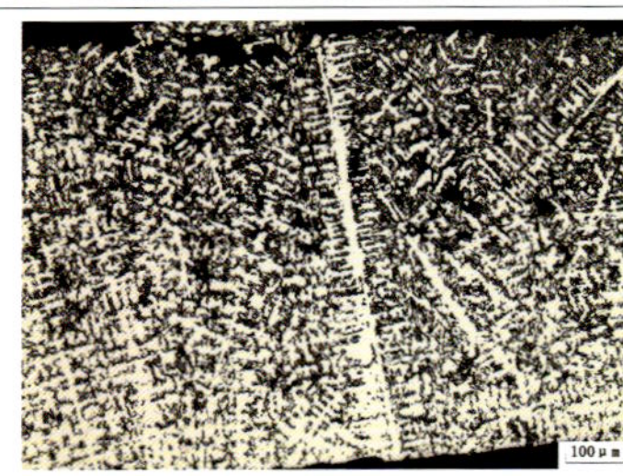 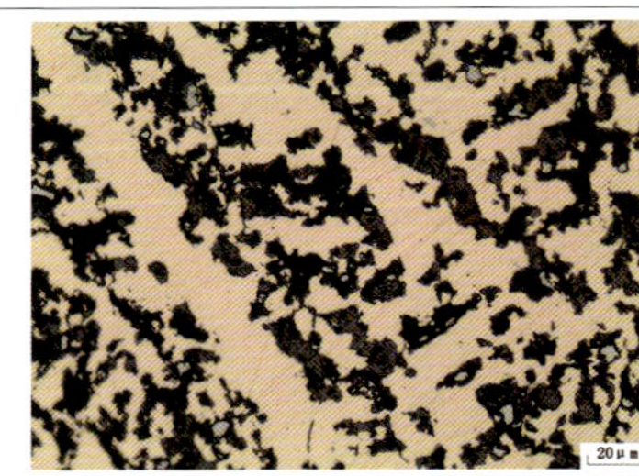	α 固溶体树枝晶，（α+δ）共析体严重锈蚀，少量铅颗粒弥散分布。铸造组织
M18：5–2	鼎（M18：5–2）亮区	 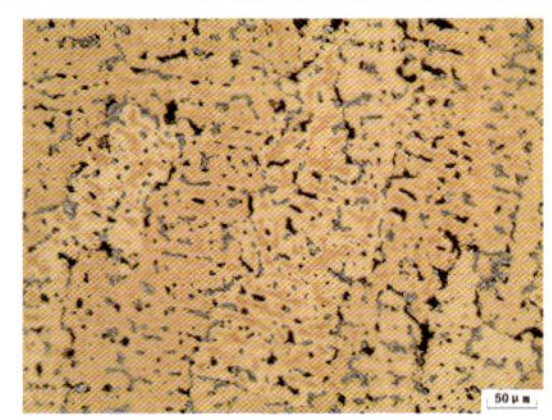 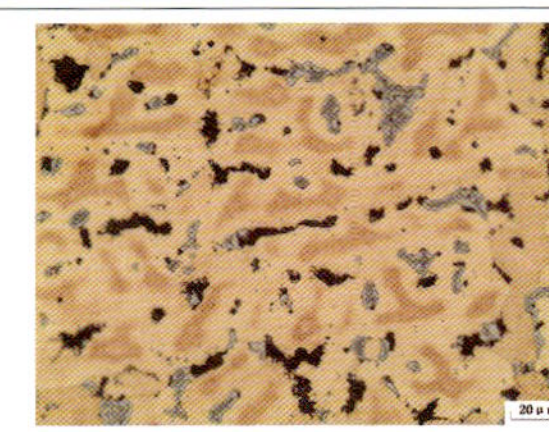	α 固溶体树枝晶，（α+δ）共析体岛屿状弥散分布。大量铅颗粒弥散分布。共析体先蚀。铸造组织
	鼎（M18：5–2）暗区	 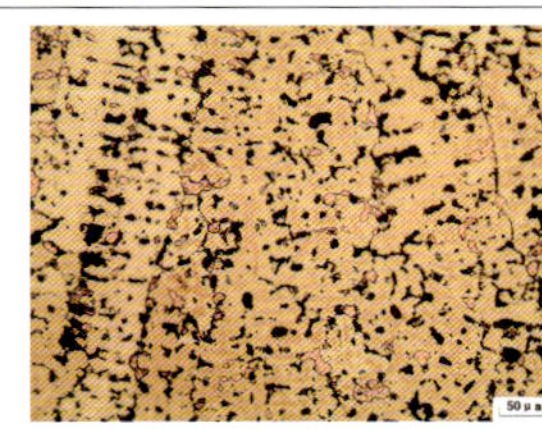 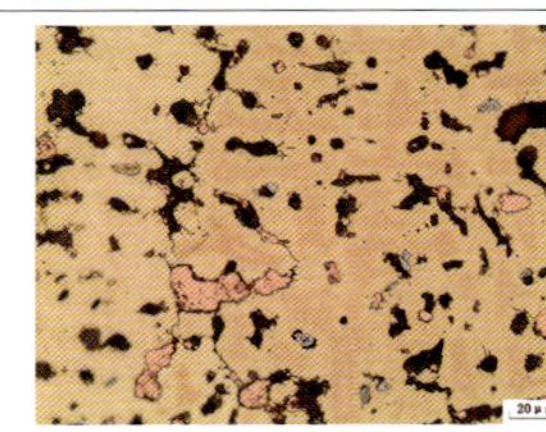	α 固溶体树枝晶，（α+δ）共析体岛屿状弥散分布。共析体完全锈蚀，有自由铜沉积。铸造组织

注：亮区为 X 探伤影视图上较为明亮的部分，暗区为 X 探伤影视图上较为暗淡的部分。对较亮的区域腐蚀较轻而相对较暗的区域腐蚀较严重。

2. 分析结果

（1）铜器主要成分

该批器物锡（Sn）含量都很高。约有3件（铜觥M18：3、铜提梁卣M18：4、铜尊形器M18：7）含铅（Pb）较少，为铜锡合金，金属基体中Sn含量15%～20%。其他几件器物含Pb都较高，为铜锡铅三元合金，金属基体中Sn含量14%～18%，Pb含量2%~7%。

（2）漆古与平整的表面层

器物表面光亮致密的漆古处 Sn 含量都非常高，含 Pb 多的器物在漆古中富集有很高的 Pb。漆古处 Fe 的含量常常也较高。便携能谱在器物表面进行的原位分析显示漆古处 Sn 含量常可达到 30% 以上，显微能谱显示同样结果。扫描电镜对一漆古处进行成分分析显示：Cu：9.8%，Sn：56.36%，Pb：22.46%，Fe：11.38%。

器物表面绿色、灰绿色、白绿色、黄白色致密平整无光泽的基体表层或光泽暗淡的漆古处通常也富集有很高的 Sn 及 Pb，但 Sn、Pb 含量比同器物光亮致密的漆古处要低一些。

（3）表面坚硬粗糙的蓝色锈、绿色锈

显微镜下观测，采集的蓝色、绿色样品并非单一纯净，除土壤杂质外，蓝色锈中夹杂有绿、白、红等色，绿色锈中也夹杂有白、蓝、红等其他颜色的物质。显微能谱分析绿色、蓝色锈中主要含铜（Cu），杂有少量的 Sn、Pb（除去土壤杂质后），X 射线衍射分析显示绿色锈主要为孔雀石 [$CuCO_3 \cdot Cu(OH)_2$]，夹有少量白铅矿（$PbCO_3$）、赤铜矿（见表 3–3）。拉曼光谱分析其中的绿色点为 $CuCO_3 \cdot Cu(OH)_2$（图 3–1），蓝色点为蓝铜矿 [$2CuCO_3 \cdot Cu(OH)_2$]

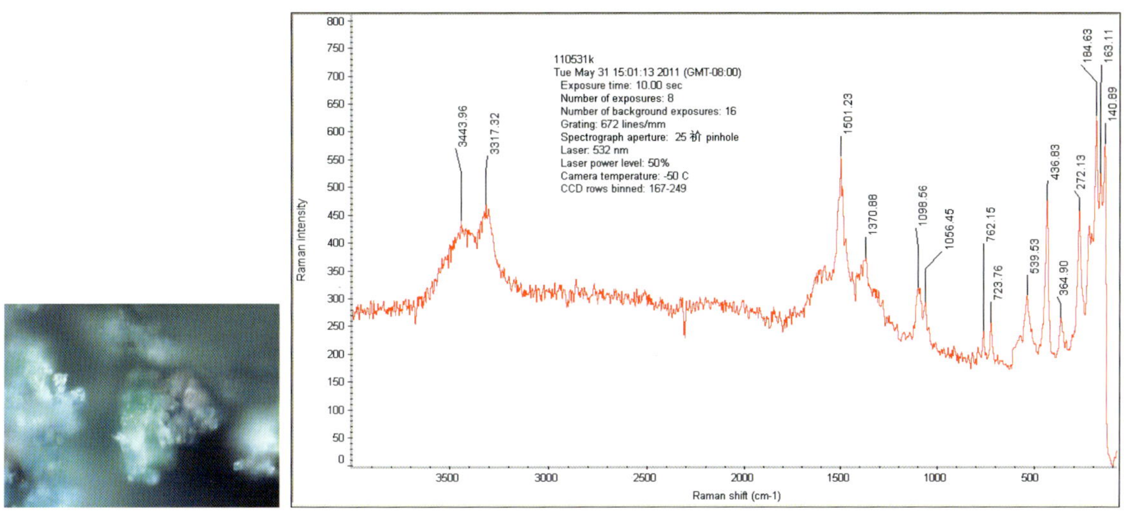

图3–1　铜鼎（M18：5–1）第3处的绿色锈蚀微观形态及拉曼光谱图[1]（分析结果：孔雀石）

1. 胡东波. 文物的 X 射线成像 [M]. 北京：科学出版社,2012.

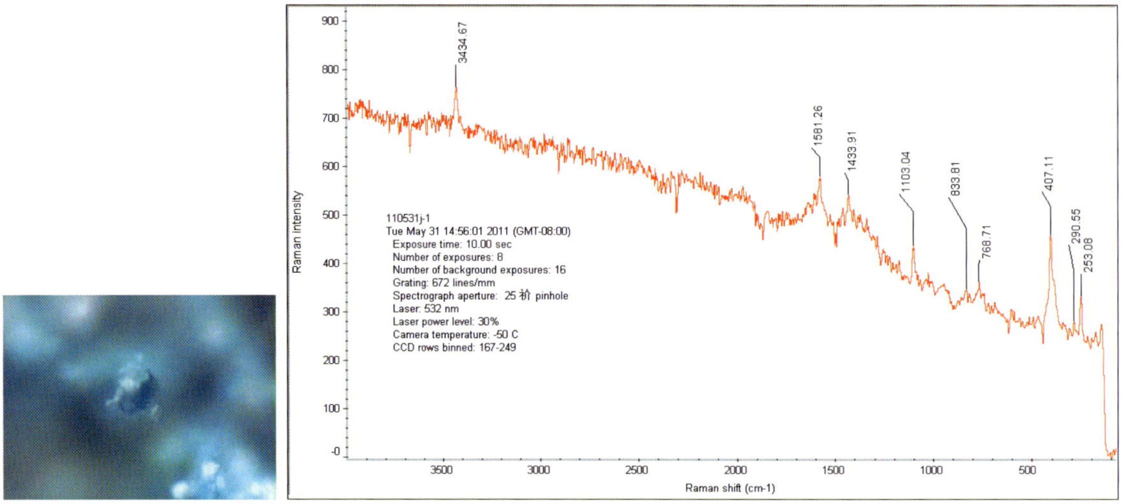

图3-2 鼎（M18：5-1）第3处的蓝色锈蚀微观形态及拉曼光谱图[1]（分析结果：蓝铜矿）

（图 3-2），夹杂的白色点为纳米级微晶 SnO_2 或 $PbCO_3$，夹杂有黑色的碳黑（见表 3-4）。

三维视频显微镜下还观测到该批青铜器蓝色、绿色锈蚀上有一特殊现象，即在蓝色、绿色锈块中析出有条索状弯弯曲曲并带有丝绢光泽的晶体，呈白绿色、白色、绿色（图 3-3、图 3-4、图 3-5）。扫描电镜显示这种弯曲晶体中主要含 Cu、C、O（Cu：53.46%、O：30.11%、C：13.84%、Si：1.39%、Al：1.21%）（图 3-6）。单晶 X 射线衍射分析其成分为孔雀石（见图 3-4、图 3-5）。其形成机理有待进一步研究。

图3-3 样品M17：1-3绿锈上的弯曲晶体

1. 胡东波．文物的 X 射线成像 [M]．北京：科学出版社，2012．

图3-4　样品M18：8-4 蓝锈上的弯曲晶体，单晶衍射分析为孔雀石

图3-5　铜簋（M18：6）绿锈中的弯曲晶体，单晶衍射分析为孔雀石

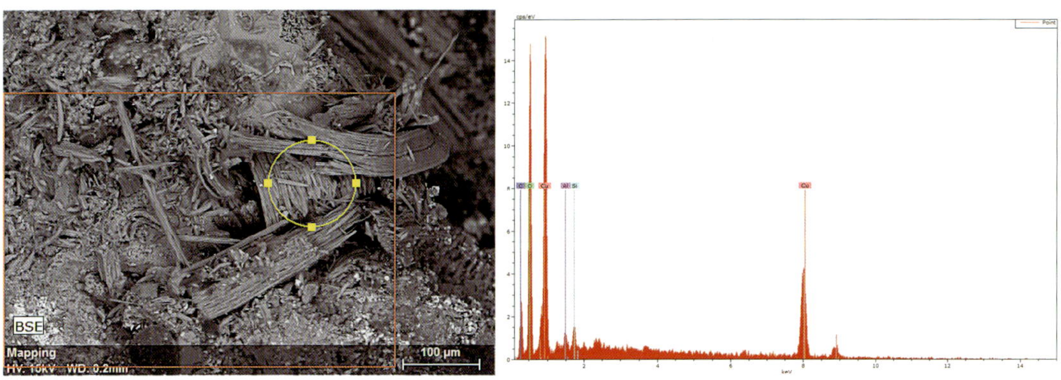

图3-6　样品M17：1-3弯曲晶体的扫描电镜分析

（4）器表粗糙的红色锈、黄褐锈

铜器表面红色、暗红、红棕、黄褐等粗糙的锈蚀产物中主要含Cu、Pb，Pb的含量非常高。衍射分析显示该处主要含白铅矿（$PbCO_3$）和赤铜矿（Cu_2O）。显微镜下看红色锈蚀层通常是由红、黄、棕、白等多种颜色锈蚀物相互夹杂堆叠而成（图3-7、图3-8）。单晶X射线衍射分析显示红色锈蚀为赤铜矿（Cu_2O）（图3-9）。拉曼光谱分析显示，红色物为赤铜矿（Cu_2O）（图3-10），白色物为白铅矿（$PbCO_3$）（图3-11），黄色物为密陀僧（β-PbO）（图3-12，见表3-4）。赤铜矿、白铅矿、密陀僧通常同时存在。

图3-7　残片断面，表面红锈夹有黄、白、棕等色

图3-8　红色锈蚀层

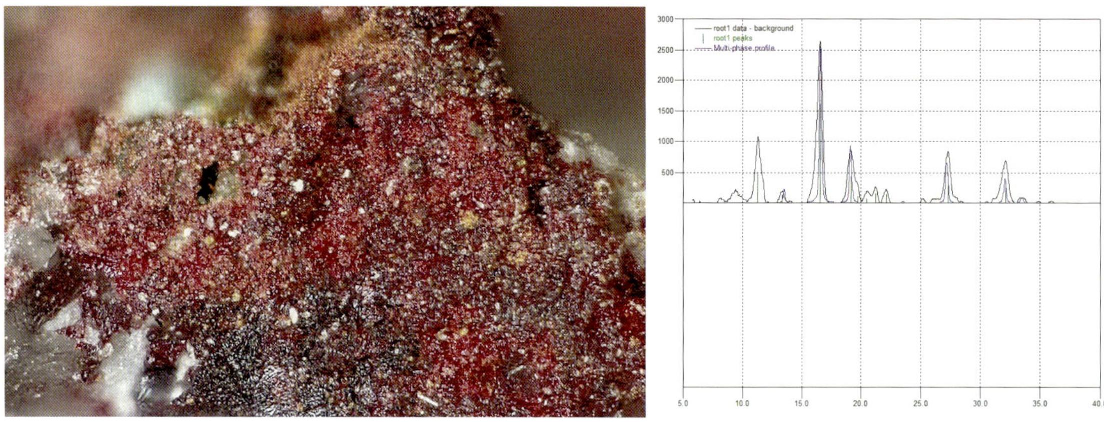

图3-9　样品M18：8-2 单晶衍射分析红色锈蚀为赤铜矿（Cu_2O）

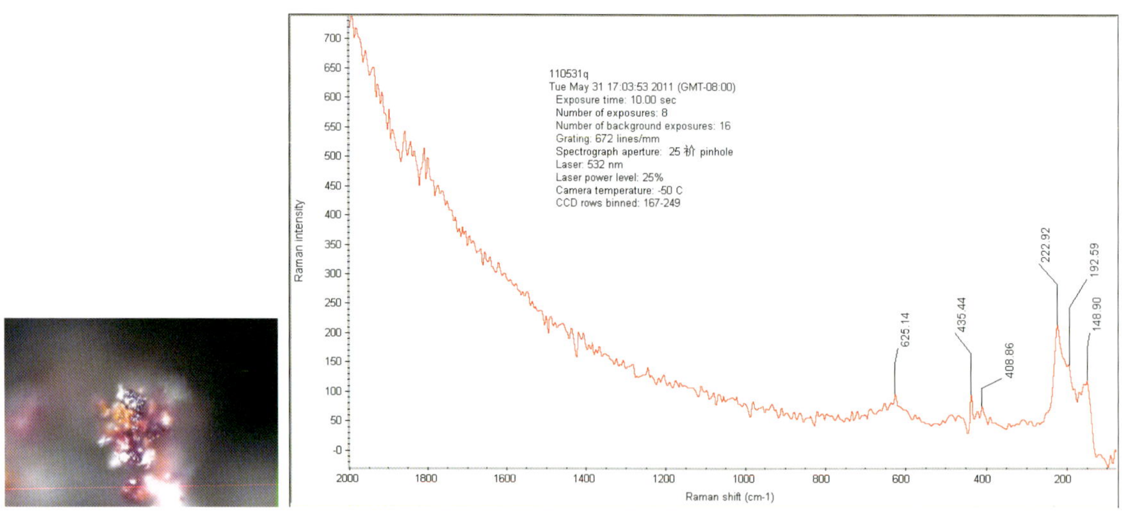

图3-10　铜甗（M18：8-3）第1处红棕色锈蚀微观形态及红色颗粒拉曼光谱图[1]（分析结果：赤铜矿）

1. 胡东波．文物的X射线成像[M]．北京：科学出版社，2012．

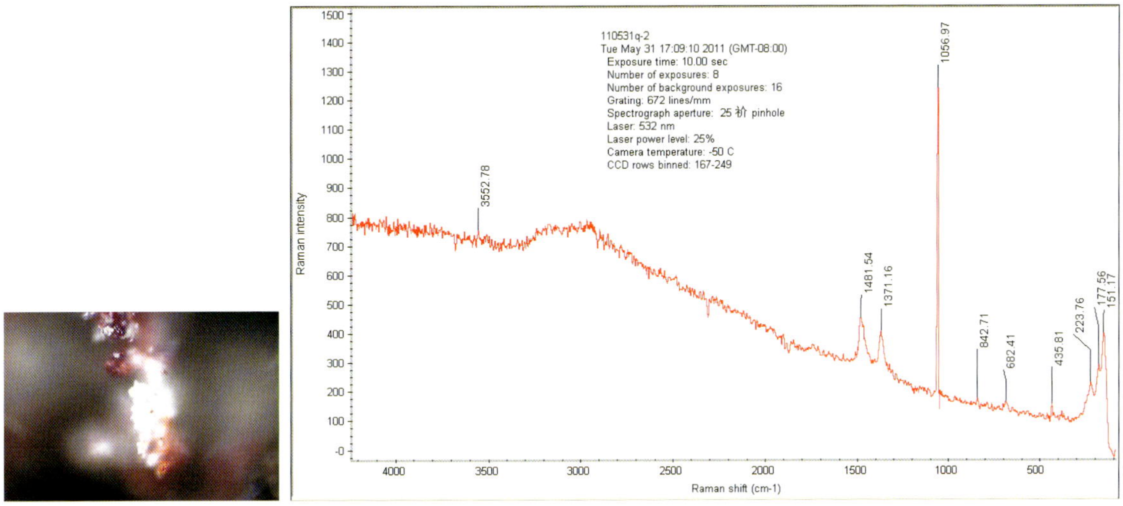

图3-11　铜瓿（M18：8-3）第1处红棕色锈蚀微观形态及白色颗粒拉曼光谱图[1]（分析结果：白铅矿）

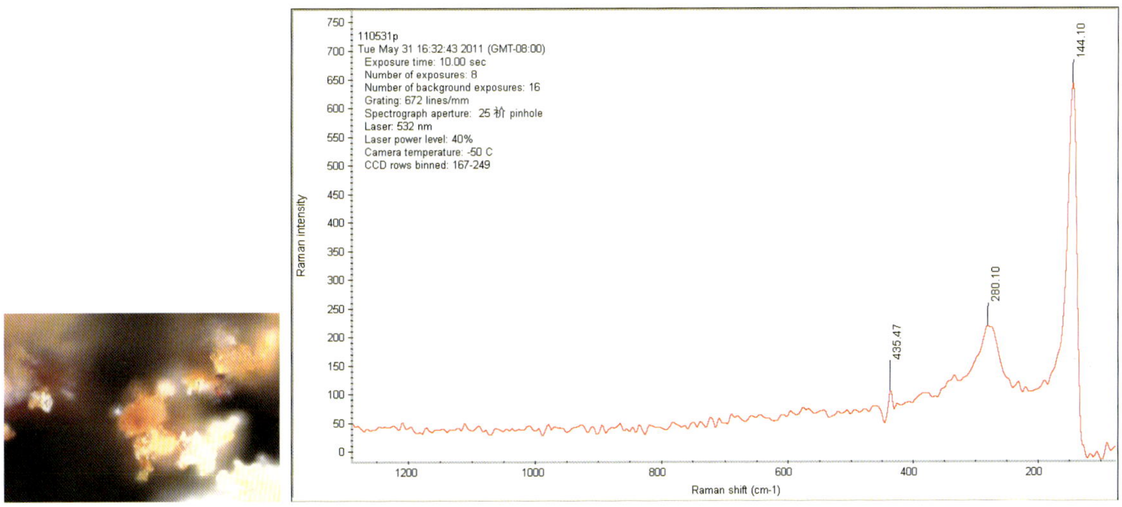

图3-12　铜瓿（M18：8-1）第2处黄色锈蚀中黄色颗粒微观形态及拉曼光谱图[2]（分析结果：密陀僧）

（5）松软细腻的粉状锈

无论存在于器表还是器物内部夹层中的粉状锈，主要含 Cu、Sn，含 Pb 较多的器物在粉状锈中也含有大量 Pb。器表粉状锈中的 Pb 高于内部夹层中的粉状锈。粉状锈颜色越绿含 Cu 越高，颜色越白含 Cu 越低而含 Sn（及 Pb）则越高，鲜绿色夹层中的粉状锈几乎全为 Cu，而灰白色粉状锈夹层中的 Sn 含量尤其特别高。X 射线衍射分析显示粉状锈中含孔雀石 [$CuCO_3$·Cu（OH）$_2$]、锡石（SnO_2）、白铅矿（$PbCO_3$）（见表 3-3，图 3-13）。显微分析显示，粉状锈主要由白色、绿色颗粒组成，颜色越白则白色颗粒越多而绿色颗粒越少。拉曼光谱分析纯白色颗粒为纳米级微晶 SnO_2（图 3-14），绿色颗粒为 $CuCO_3$ · Cu（OH）$_2$（图 3-15，

1. 胡东波．文物的 X 射线成像 [M]．北京：科学出版社，2012．
2. 同注 1．

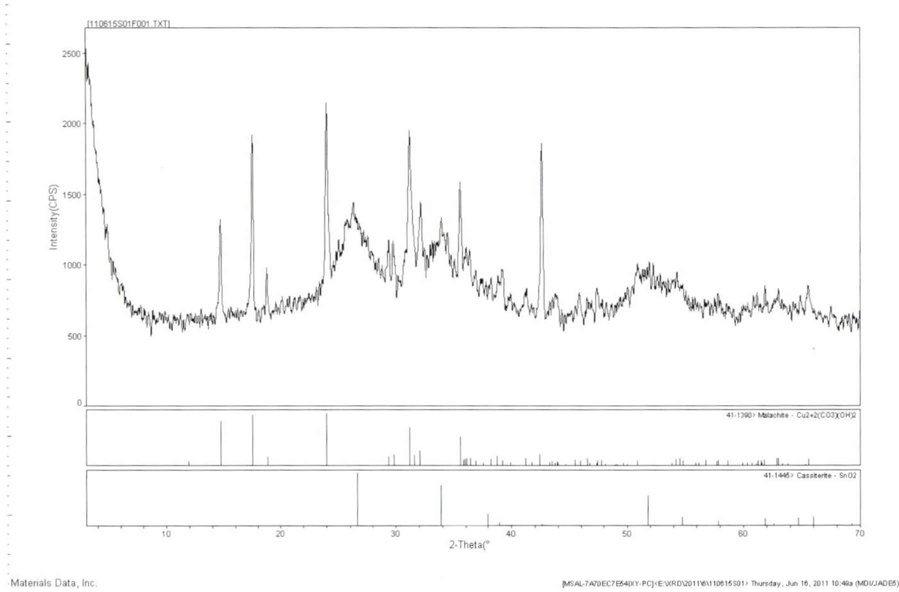

图3-13　铜觚（M18：3-1）第2处浅绿色锈蚀XRD图谱[1]（分析结果：锡石占15%，孔雀石占85%）

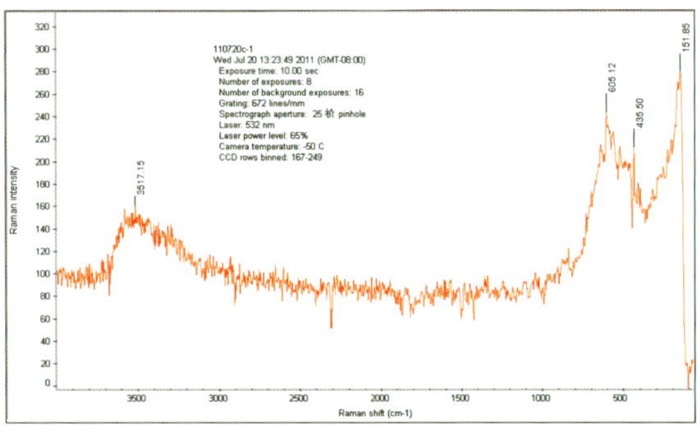

图3-14　铜甗（M18：8-1）第3处浅绿色锈蚀粉末中白色颗粒拉曼光谱图[2]（分析结果：纳米级微晶锡石）

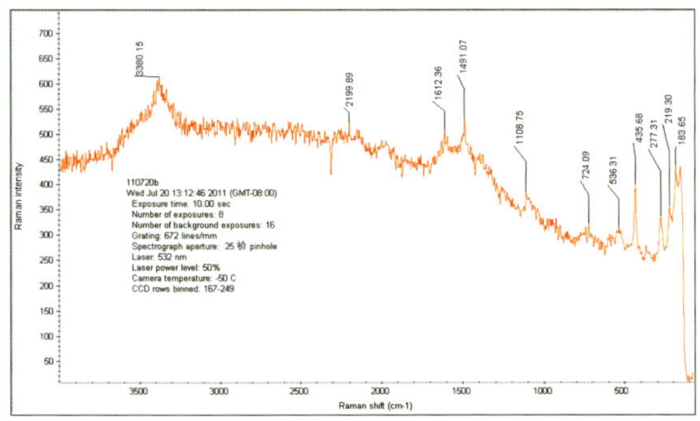

图3-15　铜觚（M18：3-1）第3处浅绿色锈蚀粉末中绿色颗粒拉曼光谱图[3]（分析结果：孔雀石）

图3-16　样品M18：7-2，Cu：86.34%，Sn：12.88%，Pb：0.33%

图3-17　样品M18：9-3，Cu：10.39%，Sn：89.61%

1. 胡东波．文物的X射线成像[M]．北京：科学出版社，2012．
2. 同注1．
3. 同注1．

图3-18　样品M17：1-2，Cu：11.4%，Sn：35.98%，Pb：43.93%，含大量白铅矿

图3-19　样品M18：8-3b，Cu：24.42%，Sn：33.9%，Pb：40.21%，含大量白铅矿

见表 3-4）。三维视频显微分析结合能谱分析、X 射线衍射分析及拉曼光谱分析结果可知，含 Sn 但不含 Pb 的粉状锈中的白色颗粒仅有纯白色一种，为纳米级微晶锡石；而含 Sn 但也检测出白铅矿的粉状锈所含的白色颗粒除纯白色的以外，还有大量白色微发黄的颗粒，推测其为白铅矿（图 3-16 ~ 图 3-19）。器壁灰白色夹层中的粉状锈几乎全部为纳米级微晶锡石。

（6）闪亮颗粒物

器身上黑色、暗褐色等闪闪发光的颗粒物，在显微镜下看，实际为暗红色、几何形状，结晶良好的晶体，呈四方块状、多面球状、扁片状（图 3-20 ~ 图 3-22），尺寸在几十至几百微米不等，相互聚集在一起。因光滑的几何平面对光的反射作用而发光。有些晶体还带一定金属光泽（图 3-23）。拉曼光谱、单晶衍射分析其成分为赤铜矿（Cu_2O）（图 3-24）。金属光泽是晶体表面的锖色，稍微擦拭就会丧失。赤铜矿晶体一般存在于器物上相对密闭的空间内，它的析出应与还原环境有关。

图3-20　四方块状晶体

图3-21　多面球状晶体

图3-22　扁片状晶体

图3-23　片状带金属光泽晶体

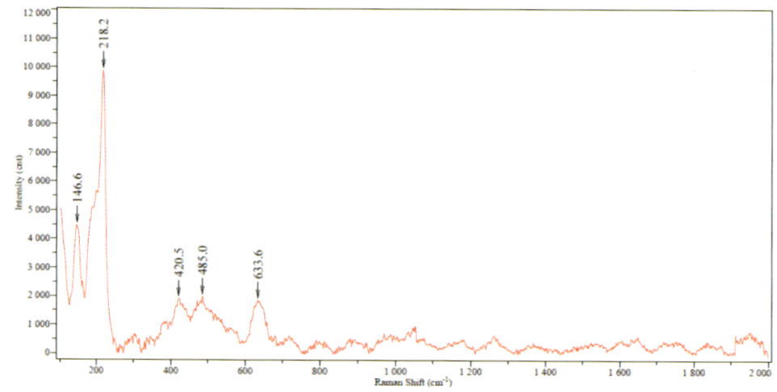

图3-24　拉曼光谱分析结果为赤铜矿

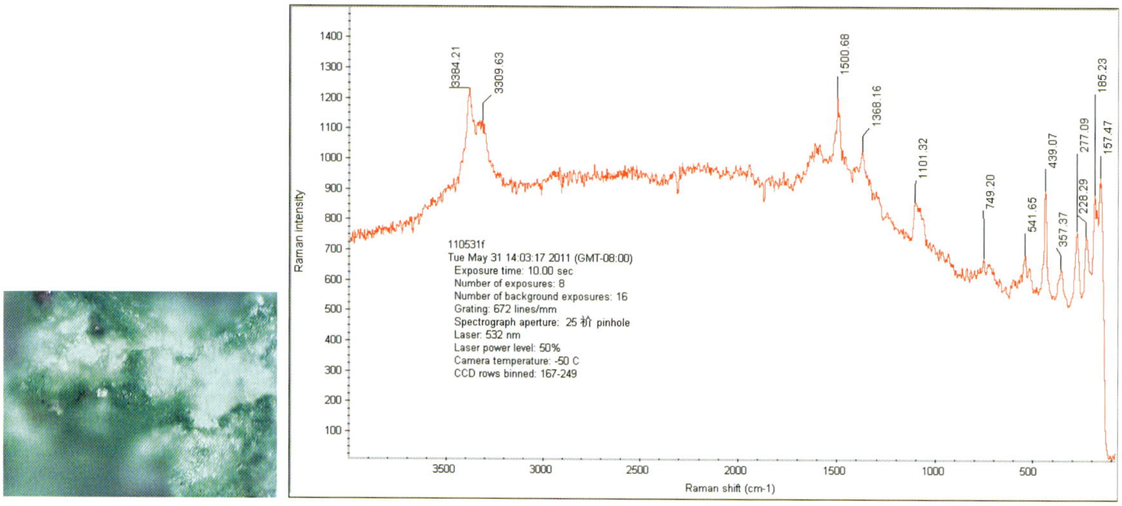

图3-25　铜鼎（M18：5-1）-4处灰白色锈蚀坑中的绿色颗粒拉曼光谱图[1]（分析结果：孔雀石）

（7）绿色颗粒状锈

存在于粉状夹层锈上星星点点的颗粒状绿锈，拉曼光谱分析其成分为孔雀石[$CuCO_3 \cdot Cu(OH)_2$]（图3-25）。

（8）工艺信息

铜鼎M18：5金相分析显示，该器为铸造。α固溶体树枝晶，（α+δ）共析体岛屿状弥散分布。大量铅颗粒弥散分布。有自由铜沉积。共析体先蚀。矿化严重部位，共析体锈蚀严重。

（9）X光探伤

X光探伤照片见X光探伤部分。

结果显示：除铜鼎（M17：2）、铜甗（M18：8）外，其他青铜器的铸造缩孔很少；器身常见铜质芯撑。腐蚀严重的部位可见边界模糊的点腐蚀暗斑或暗裂。青铜残片X光探伤的进一步深入分析可参考胡东波的《文物的X射线成像》[2]。

1. 胡东波．文物的X射线成像[M]．北京：科学出版社，2012.
2. 同注1.

3. 化学分析

以上仪器分析该批器物及样品，未检测出氯元素及含氯的矿物。为了解青铜器中氯离子的存在状况，又对各青铜器的不同部位进行采样，进行硝酸银定性分析，结果见表 3–6。分析方法：将样品置入试管，加入 2 ~ 3ml 6mol/L HON_3。样品酸化十几小时后，将溶液过滤。加入 0.1mol/L $AgNO_3$2~3 滴后，观察反应现象。

表 3–6 硝酸银定性分析结果

器　物	检测部位	样品描述	滴定现象	氯离子存在情况	分析结果
铜簋 M17：1	簋身内侧	绿色块状锈	溶液清澈	无	在表面硬结物和泡状锈处有少量氯离子存在。其他部位基本不含氯离子
	簋身内侧	红色块状锈	溶液清澈	无	
	簋底	表面硬结物	溶液很轻微浑浊	很少	
	簋身外侧腹部	绿色层状锈	溶液清澈	无	
	簋底	土质硬结物	溶液很轻微浑浊	很少	
	簋盖边缘与器身锈蚀在一起的部位	绿色块状锈	溶液清澈	无	
	簋盖内侧	绿色水泡状锈	溶液很轻微浑浊	很少	
	簋盖内侧	红色水泡状锈	溶液轻很微浑浊	很少	
铜鼎 M17：2	腹部外侧	鼓泡状绿色锈	溶液轻微浑浊	很少	含氯离子很少
	腹部外侧	红色片状锈	溶液极轻微浑浊	极少	
	残片断面绿锈之下	一层白色锈	溶液极轻微浑浊	极少	
	腹部内侧底部	堆积蓝色厚锈	溶液极轻微浑浊	极少	
	腹部内侧底部	堆积绿色厚锈	溶液极轻微浑浊	极少	
	左足	绿色杂锈	溶液极轻微浑浊	极少	
铜觚 M18：1	腹部缺口夹层内	白绿色粉状锈	溶液极轻微浑浊	很少	含氯离子很少
	腹部缺口夹层断面	绿色星点锈	溶液极轻微浑浊	极少	
	圈足	绿色堆积锈	溶液极轻微浑浊	极少	
	腹部内壁	堆积杂锈	溶液极轻微浑浊	极少	
铜爵 M18：2	侧腹壁内侧	红色片状堆积	溶液浑浊	较多	整体含氯离子较少，个别部位较多
	鋬手残片内壁	较厚浅绿色粉末状锈蚀物	溶液很轻微浑浊	很少	
	口沿残片内壁	绿色片状堆积锈蚀	溶液很轻微浑浊	很少	
	腹外壁	蓝色堆积锈蚀	溶液很轻微浑浊	很少量	
	带柱残片口沿外壁	土质硬接物	溶液清澈	无	
	口沿外壁	较疏松表面硬接物（含土、红锈、绿锈）	溶液轻微浑浊	少量	
铜觥 M18：3	兽头部表层基体脱落后的凹坑	白色夹层	溶液混浊，有白色絮状物生成	较多	含有氯离子，白色粉状夹层处氯离子含量较多
	兽头部表层基体脱落后的凹坑	白色层上的绿色锈蚀	溶液略混浊	少量	
	器身内侧瘤状锈	鼓泡状发锈	溶液略混浊	少量	
	器盖补铸处	层状堆积厚锈	溶液略混浊	少量	
	器身口沿残片	硬结物、堆积厚锈、及白色夹层	溶液略混浊	少量	
	瘤状物残渣	疏松脆弱	溶液混浊	少量	

铜提梁卣 M18：4	系除锈凹坑处	白色夹层	溶液略混浊	有	含有氯离子，局部粉状锈处较多
	系除锈凹坑处	浅绿色锈蚀	溶液混浊	较多	
	系耳处	浅绿色锈蚀	溶液很轻微混浊	很少	
	另一侧系耳	疏松蓝色锈蚀	溶液很轻微混浊	很少	
	器底带铭文一面	凸起瘤泡状锈	溶液很轻微混浊	很少	
	残渣	多重层状锈	溶液很轻微混浊	很少	
	圈足处残渣	矿化严重，层状堆积	溶液很轻微混浊	很少	
	土块及铜渣		溶液极轻微混浊	很少	
铜鼎 M18：5	带耳小残片器壁	泡状绿锈	溶液混浊，有白色絮状物生成	有	含有氯离子，局部含量较多
	带耳小残片器壁	较疏松的浅绿色、蓝色层状堆积	溶液混浊，有白色絮状物生成	有	
	带耳大残片	除锈后露出的白色夹层	溶液轻微混浊	少量	
	器底残片内侧底部	绿色层状堆积及其下浅绿基体表层	溶液混浊，有大量白色絮状物生成	较多	
	器底残片外侧底部	较厚的浅绿锈蚀堆积	溶液混浊，有白色絮状物生成	有	
	鼎腿表面	较厚的浅绿粉状锈	溶液轻微混浊	少量	
铜簋 M18：6	耳部表层脱落后露出的白色夹层	白色粉末状	溶液轻微混浊	有	整体含氯离子较多，尤其在疏松膨胀、开裂的厚锈中及硬结物、附着土中含量较多
	器腹残片外壁	疏松膨胀绿锈	溶液混浊	较多	
	足部	绿色硬结物	溶液混浊	较多	
	底外侧	浅绿色开裂厚锈	溶液混浊	较多	
	底内壁	鼓泡状锈瘤	溶液轻微混浊	有	
	盖内壁	绿锈	溶液混浊	较多	
	土块及铜渣		溶液极混浊	大量	
铜尊形器 M18：7	杂锈		溶液混浊	有	含有氯离子，局部较多。瘤状厚锈处有较多氯离子
	口沿残片	锈瘤	溶液混浊，有白色絮状物生成	较多	
	口沿残片层状剥离处	白色夹层	溶液混浊	有	
	残渣	浅绿厚锈	溶液混浊	有	
	发锈夹层内	鲜绿色	溶液轻微混浊	少量	
	口沿残片腐蚀较重	堆积较厚的绿锈、蓝锈	溶液轻微混浊	少量	
	底部发锈	锈瘤	溶液混浊	有	
	口沿残片	堆积蓝锈层及其下浅绿夹层	溶液混浊	有	
铜甗 M18：8	带鬲腿部外壁	黑色附着物	溶液略混浊	少量	整体含氯离子较多，尤其在表面硬结物、附着土中含量较多
	器身内壁	土质硬结锈蚀层	溶液混浊，有白色絮状沉淀	较多	
	外壁口沿	蓝色锈蚀层	溶液略混浊	少量	
	口沿残片外壁	蓝色表面硬结物	溶液混浊	有	
	口沿残片内壁	蓝色表面硬结物	溶液混浊，有白色絮状沉淀	较多	
	带耳残片耳根周围	绿色锈	溶液略混浊	少量	
	箅子残片	浅绿色锈蚀	溶液混浊，有白色絮状沉淀	较多	
	断腿残块表面	较厚的硬结物	溶液混浊	有	

分析结果显示：所有器物均检测出有氯离子存在，有几件器物局部含有较多氯离子。铜器表面硬结物、土壤附着物、膨胀开裂的厚锈、瘤状锈中的氯离子含量通常较多一点。

4. 小结

山东高青陈庄遗址 M17、M18 出土的青铜器，典型的腐蚀特点是外观颜色普遍较浅，普遍带有光亮的漆古，层状腐蚀现象十分显著。

器物 Sn 含量都很高，Sn 含量约在 14% ~ 20% 之间，为铜锡铅三元合金或铜锡合金。

铜器的主要腐蚀产物有赤铜矿、孔雀石、蓝铜矿、微晶锡石、白铅矿、密陀僧。赤铜矿主要存在形式为：器物表层及内部的红色基体、片状的表面锈、密闭孔隙内的闪亮晶体等。孔雀石主要存在形式为：表面上的无定形锈、表面锈中的弯曲晶体、表面及内部粉状锈内的微颗粒等。蓝铜矿主要为：表面及内部的蓝色锈。微晶锡石与白铅矿颗粒存在于表面及内部的粉状锈中、表面漆古内、表面锈内。黄色密陀僧颗粒通常在表面锈中与赤铜矿、白铅矿伴生。

铜器中的 Sn、Pb 成分趋于在器物表面富集，其腐蚀产物微晶锡石和白铅矿颜色均发白，应是铜器外观颜色普遍较浅的主要原因。多种锈蚀层之间都有粉状夹层。器表和器壁内部粉状锈主要成分为微晶锡石、孔雀石及白铅矿，未发现氯铜矿、副氯铜矿等含氯的矿物，但器物中仍有氯离子存在。铜器表面硬结物及土壤附着物中氯离子相对较多，青铜器受埋藏环境的影响，腐蚀矿化较重。

二、第二类青铜器

第二类青铜器分析内容相对较少，目前已对部分器物的锈蚀产物进行了 X 射线衍射分析（表 3-7）、金属基体金相分析（表 3-8）、金属基体扫描电镜分析（图 3-26）。各件器物的 X 光探伤透视分析见 X 光探伤部分。

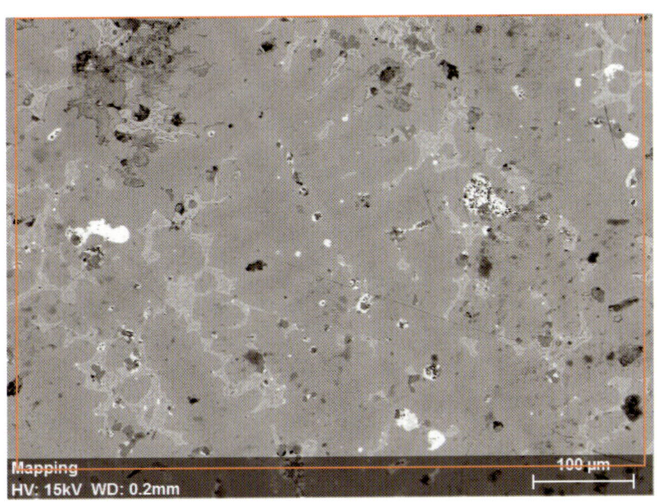

图3-26 铜甗M27：1扫描电镜分析图（分析结果：Cu:79.79%，Sn:14.65%，Pb:4.65%，Fe:0.91%）

表 3-7 XRD 锈蚀结构分析结果

器　物	样品编号	取样位置	样品描述	主要物相
铜鼎M27：5	M27：5	鼎底内部锈片	红褐色片状	白铅矿：2%；赤铜矿：84%；铜：13%

注：X 射线衍射分析为半定量分析。

表 3-8 金相分析结果

器　物	样品编号	金相分析结果	
铜甗M27：1	M27：1 铜甗腰上部	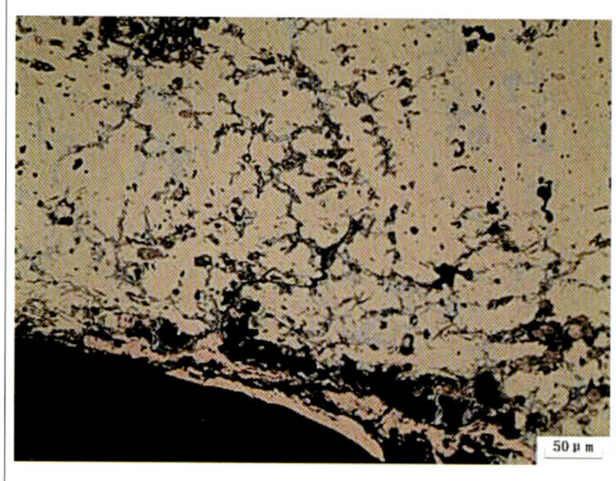	基体保存较完好的样品。此状态未经浸蚀。 可分辨出粗大的 α 固溶体树枝晶，据此可推测铸造时冷却速度较慢。（α+δ）共析组织已有部分发生腐蚀。 可以看到弥散分布的铅颗粒以及硫化物颗粒
			经浸蚀后的样品 α 固溶体树枝晶较粗且偏析明显。 可以看到弥散其中的铅颗粒，能分辨出硫化物夹杂
		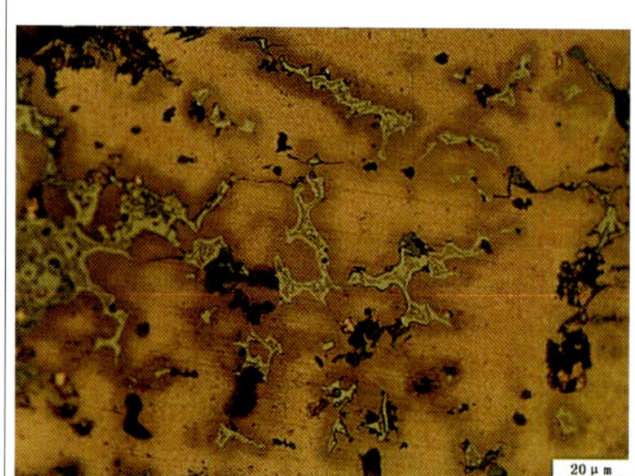	放大至 500 倍后观察，可以看到明显的硫化物夹杂

X射线衍射分析结果显示：铜鼎（M27：5）红褐色锈蚀物中含有大量“铜”矿相。

金相分析结果显示：铜甗（M27：1）金属基体内α固溶体树枝晶较粗且偏析明显，推测铸造时冷却速度较慢；（α+δ）共析组织已有部分发生腐蚀；有弥散分布的铅颗粒以及硫化物夹杂。

扫描电镜分析结果显示：铜甗（M27：1）为铜锡铅三元合金，Cu:79.79%，Sn:14.65%，Pb:4.65%，Fe:0.91%。

X 光探伤分析结果显示：M27 出土的第二类青铜器铜质的整体保存状况较好，器身常见多枚铜质芯撑，未见铭文，器身铸造缩孔多于第一类青铜器。

三、第三类青铜器

1. 仪器分析

对部分器物金属基体用扫描电镜分析其成分（表 3-9），金相显微镜分析其结构（表 3-10）。对铜器锈蚀物，应用显微式能量色散 X 荧光仪分析其成分，X 衍射分析仪分析其物相结构（表 3-11）。各器物的 X 光探伤透视分析见 X 光探伤部分。

表 3-9 金属基体扫描电镜分析

器　物	样品编号	样品说明	分析点	分析结果 /wt%						
				Cu	Sn	Pb	Fe	S	Cl	P
铜鼎 M35：34	M35：34	鼎底残片	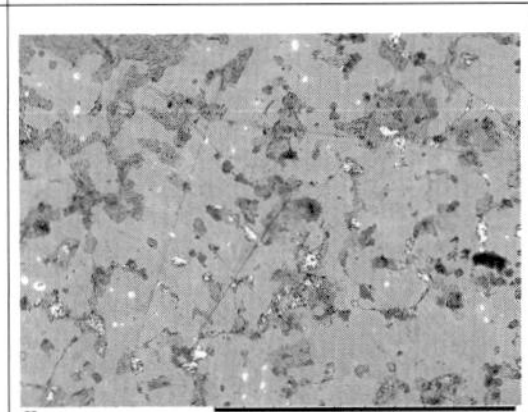	88.68	5.53	2.94	0.35	1.44	1.06	
铜车軎、铜车辖M35：40	M35：40-2	残渣	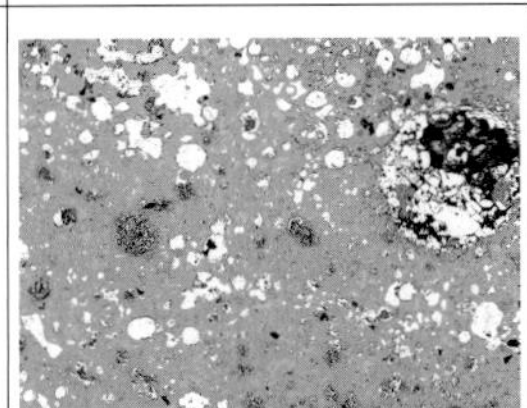	60.31	9.01	25.42	2.06	3.00	0.19	
铜钟 M35：47	M35：47	器身残块	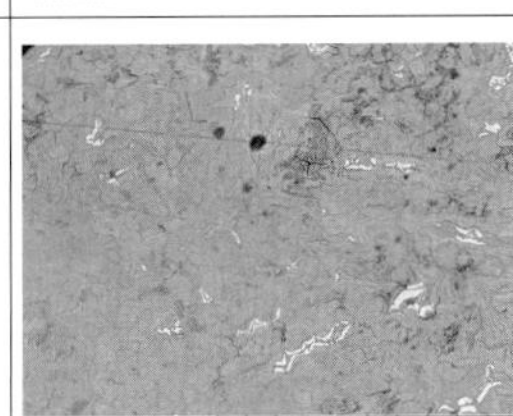	49.65	33.69		2.60	10.50		3.56

续表

<table>
<tr><td>铜銮铃
M35：49</td><td>M35：49-2</td><td>外圈部分</td><td>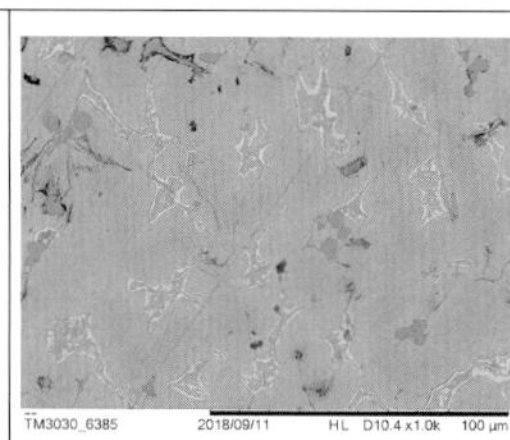</td><td>81.57</td><td>17.93</td><td></td><td></td><td>0.50</td><td></td><td></td></tr>
<tr><td>铜簋
M35：51、
M35：71</td><td>M35：51、
M35：71</td><td>残片</td><td>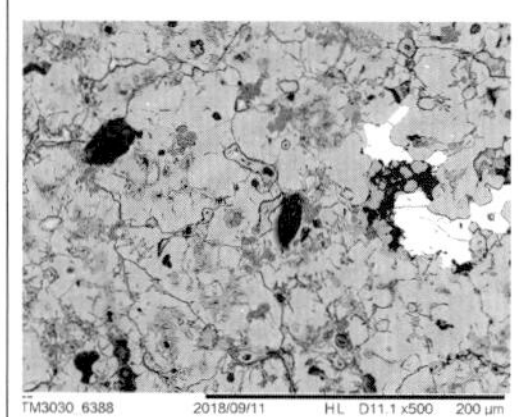</td><td>81.45</td><td>13.53</td><td>4.14</td><td></td><td>0.87</td><td></td><td></td></tr>
<tr><td>铜盘
M35：64</td><td>M35：64</td><td>盘身圈足</td><td>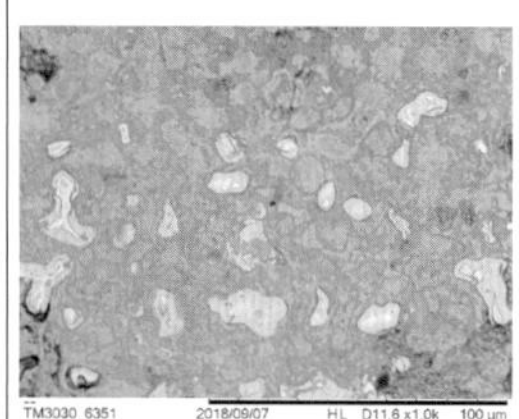</td><td>74.34</td><td>21.03</td><td>3.36</td><td>1.28</td><td></td><td></td><td></td></tr>
<tr><td>铜提梁卣
M35：79</td><td>M35：79-1</td><td>基体残块</td><td>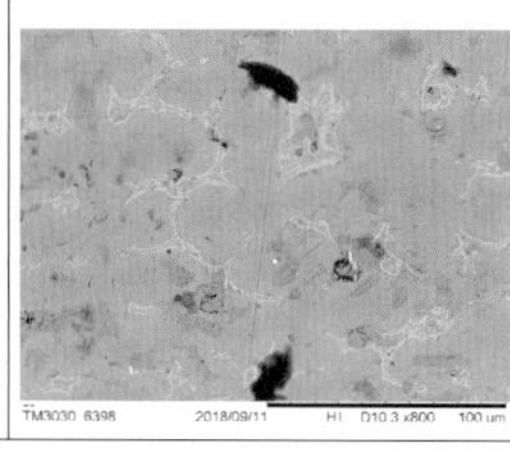</td><td>82.54</td><td>16.53</td><td>0.59</td><td></td><td>0.33</td><td></td><td></td></tr>
</table>

表 3-10 金相分析结果

<table>
<tr><th>器 物</th><th>样品编号</th><th>金相分析结果</th><th></th></tr>
<tr><td rowspan="2">铜鼎
M35：34</td><td rowspan="2">M35：34 铜鼎底部</td><td></td><td>此为样品浸蚀前。可看出较粗大的 α 固溶体树枝晶，据此可推测铸造时冷却速度较慢。(α+δ) 共析组织已有部分发生腐蚀。可以看到弥散分布的铅颗粒以及硫化物颗粒</td></tr>
<tr><td></td><td>经三氯化铁溶液浸蚀后。可观察到明显的 α 固溶体树枝晶，且晶内偏析明显。晶界处有大量的硫化物夹杂</td></tr>
<tr><td>铜簋
M35：35、
M35：38</td><td>M35：35、M35：38
器身残片</td><td></td><td>青铜基体主要由 α 等轴晶和少量未分解的 α+δ 共析体组成，晶粒间界处锈蚀严重，局部有纯铜颗粒，大量硫化亚铜夹杂物弥散分布，未发现铅颗粒。本件样品由锡青铜铸造后经退火而成，但退火不完全，可能为样品受过热所致</td></tr>
</table>

续表

<table>
<tr>
<td>铜簋
M35：35、
M35：38</td>
<td></td>
<td>

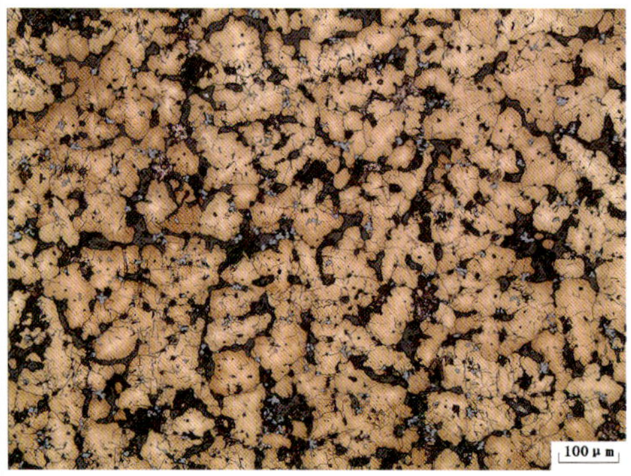

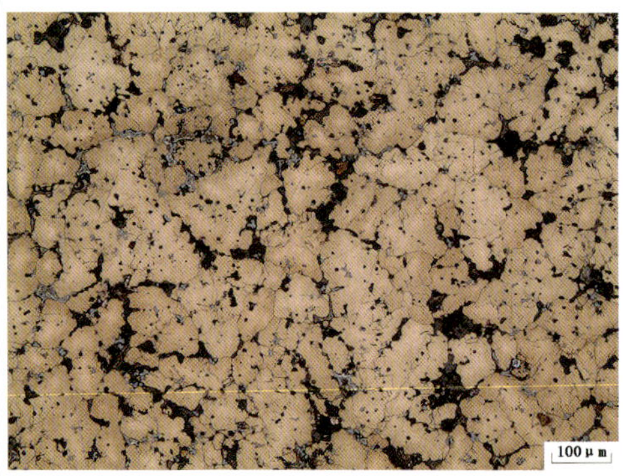
</td>
<td></td>
</tr>
</table>

表 3-11 铜器锈蚀产物的显微式能量色散 X 荧光分析和 X 射线衍射分析结果

器 物	样品编号	样品描述	显微式能量色散 X 荧光分析（XRF）/wt%							X 射线衍射分析（XRD）	备注
			Cu	Sn	Pb	Fe	S	P	Mn		
铜簋 M35：35、M35：38	M35：35-3-a	盖顶捉手内侧，黑色块状锈	94.23		0.43	0.14	5.2			赤铜矿：15%；铜：77%；硫化亚铜：8%	样品由黑、棕黑、暗红、砖红、银灰、金属铜色等多色颗粒组成，黑、棕黑占比较大
	M35：35-3-b	盖顶捉手内侧，砖红色锈（a 之下侧）	99.01		0.3	0.12	0.57			赤铜矿：6%；铜：88%；硫化亚铜：6%	由砖红、暗红、棕黑、黑色等多色颗粒组成，夹有较多黑色颗粒。XRF 测试部位以红色颗粒为主
	M35：35-4	盖直纹下部，黄白色锈	30.81	49.01	11.53	5.19	0.94	1.49	0.4	赤铜矿：5%；铜：25%；硫化亚铜：11%；铜锡合金：22%；锡石 36%	由白、黄、棕黄、棕红、黑、灰等多色颗粒组成，以白、黄色为主。XRF 测试部位以黄白色为主。XRD 整体测试，未给出含铅的矿相
	M35：35-5	盖直纹下部，红黑相间锈蚀	96.35	0.1	0.96	0.69	1.9				黑、棕红、砖红色颗粒间杂交织组成
	M35：35-6	盖内侧边缘，黑色块状锈	96.85	0.69	0.3	0.09	2.07				以黑、棕黑颗粒为主，含银灰、棕红、红、白色等多色颗粒
	M35：38-3	耳部周围器壁表面，黑色锈蚀	81.5	5.53	5.51	3.9	1.55	1.74	0.12	赤铜矿：16%；铜：66%；硫化亚铜：6%；石英：6%；斜长石：6%	样品以黑色颗粒为主，夹有红、棕红、白、无色等色颗粒。XRF 为去除土壤主要元素的结果
	M35：38-5	带耳部残片的外壁，灰黑色掺杂有砖红色锈	92.42		1.47	2.46	2.42	1.17	0.07	赤铜矿：5%；铜：26%；硫化亚铜：3%；钠铜矾：66%	由灰、黑、黄绿、棕红、砖红，透明等多种颗粒组成，含较多透明、半透明颗粒
	M35：38-6	带耳部残片的内壁，砖红色锈蚀	96.38	1.17	0.62	0.44	1.36	0.02			红色颗粒为主，夹有黑、白、黄等多色颗粒，XRF 测试部位以砖红色为主
	M35：38-12	座下部外侧断裂部位周围有纹饰处，灰白色锈	33.18	44.68	14.12	4.96	0.74	1.44	0.26	赤铜矿：14%；铜：27%；硫化亚铜：7%；铜锡合金：34%；锡石 17%	由白、黄、棕黄、棕红、黑、灰等多色颗粒组成，以白、黄、灰色为主。XRF 测试部位以黄白色为主。XRD 整体测试，未给出含铅的矿相
铜簋 M35：51、M35：71	M35：51-2-a	耳与器身结合部位残片最外层，黑色锈	57.43	25.31	5.49	2.57	8.37	0.75	0.09	赤铜矿：15%；铜：60%；硫化亚铜：25%	黑、灰色颗粒为主，夹有白、黄、红等多色颗粒，可见黑灰色闪金属光泽的晶体。XRF 测试部位受到了白、黄色颗粒的影响
	M35：51-2-b	a 之下层，砖红色锈	86.38	5.06	4.57	1.44	1.9	0.65		赤铜矿：12%；铜：71%；硫化亚铜：17%	砖红色颗粒为主，混杂黑色锈，夹有黑、黄、白等多色颗粒
	M35：51-2-c	b 之下层，黄白色锈	23.77	39.03	27.18	7.24	0.41	1.32	0.3	赤铜矿：5%；铜：17%；锡石 18%；白铅矿：60%	白、黄色颗粒为主，夹有棕红、砖红、黑等多色颗粒
	M35：51-3	器腹外壁，砖红色锈	98.99	0.38		0.21	0.41				砖红色颗粒为主
	M35：51-5	座外侧上边，黄白色锈	42.14	33.26	15.87	5.64	0.88	1.24	0.21	赤铜矿：18%；铜：48%；硫化亚铜：5%；铜锡合金：14%；锡石 15%	由白、黄、棕黄、棕红、黑、灰等多色颗粒组成，以白、黄色为主。XRF 测试部位以黄白色为主。XRD 整体测试，未给出含铅的矿相

铜簋 M35：51、 M35：71	M35：71–4	带耳残片耳外侧，砖红色锈	93.46	2.68	1.76	0.54	1.56			赤铜矿：20%；铜：80%	砖红、暗红色颗粒为主，夹有少量白、灰、黑等色颗粒
	M35：71–5	带耳残片耳部，灰绿色锈	39.19	40.05	12.58	5.64	0.57	0.97	0.25	赤铜矿：5%；铜：16%；铜锡合金：7%；锡石 35%；微斜长石：33%；方解石：5%	由白、黄、灰绿、红、棕红、黑等多色颗粒组成。XRD 未给出含铅的矿相
铜匜 M35：44	M35：44–1	匜腹部，块状锈								赤铜矿：99%； 铜：1%；锡石：<1%	锈块，表面淡绿色，内部暗红色
	M35：44–2	残片上，黑色锈								Cu_7S_4（单斜）：67%； Cu_7S_4（斜方）：33%	黑色，夹杂其他颜色很少，带闪亮颗粒
铜车軎 M35：45	M35：45–1	残块								赤铜矿：83%；铜：2%；石英：2%；方解石：11%；斜长石：2%	锈块，表面淡绿色，内部暗红色，带白色附着层
铜器盖 M35：52	M35：52	残渣								铜：88%；赤铜矿 7%； 辉铜矿：5%	由砖红、棕红、黑色等多种颜色颗粒组成
铜提梁卣 M35：79	M35：79–1	灰绿色残块								赤铜矿：96%；铜：1%；石英：1%；斜长石：2%；铜锡合金：1%	残块基体表层灰绿色、白色，其上暗红色、黑色，其下暗红色、砖红色
铜簋 M36：5	M36：5–1	黑色锈块								方解石：45%；文石：29%； Cu_7S_4：26%	黑色锈，夹有黄褐色、白色颗粒。黑色锈中有大量黑色闪亮颗粒，部分带蓝黑色调
	M36：5–2	黑褐色泡状锈块，外褐色，内黑色								方解石：17%；文石：76%； Cu_7S_4：8%	黑色锈块上附着有白色沉积物，白色沉积物表层呈褐色
铜方壶 M36：6	M36：6–1	灰黑色片状锈								方解石：77%；Cu_9S_8：19%；方铅矿：4%	黑色锈表面附着白色、褐色沉积物，黑色锈中含大量闪亮颗粒，很多颗粒带带蓝、紫色调
铜方壶 M36：7	M36：7–4	黑色锈渣								石英：42%；Cu_7S_4：28%； Cu_9S_5：30%	夹有白色、透明杂质颗粒，黑色锈中有大量闪亮颗粒，部分颗粒带蓝色调
铜环 M36：8	M36：8–1	黑色锈渣								铜蓝：100%	黑色颗粒带闪亮晶体，带蓝、紫色调
铜簋 M36：9	M36：9–1	黑色锈块，带闪亮颗粒								Cu_7S_4：60%；Cu_9S_5：40%	黑色闪亮颗粒，部分带蓝色调
铜簋盖 M36：11	M36：11	铜簋盖残片内里，带闪亮颗粒的黑色块状物	74.7		12.05		12.94				主要为黑色闪亮颗粒，夹有黄白色颗粒
	M36：11–2	黑色锈渣，带闪亮颗粒								Cu_7S_4：37%；Cu_9S_5：63%	黑色闪亮颗粒，部分带蓝色调
铜马衔 M36：14	M36：14–1	蓝色、绿色、褐色锈渣								Cu_9S_8：23%；铜蓝：29%； 胆矾：18%；褐铜矾：30%	含蓝、绿、黄、褐、黑、白等多种颜色颗粒
铜銮铃 M36：15～ M36：18	M36：15～ M36：18–1	绿色锈块								铜蓝：24%；胆矾：7%；褐铜矾：11%；$Cu_{39}S_{28}$：17%；石膏：13%；块铜矾：28%	锈块灰黑色，表面多处带白、绿锈点

续表

铜盘 M36：19	M36：19–1	黑色锈块								石英：33%；Cu_7S_4：18%；Cu_9S_5：29%；$Cu_{39}S_{28}$：21%	黑色锈块，带闪光颗粒，部分颗粒带蓝绿色调
	M36：19–2	铜盘底内部，蓝黑色颗粒状闪亮锈渣								Cu_7S_4：29%；Cu_9S_5：71%	黑色闪光颗粒，部分颗粒带蓝、紫、金色调
	M36：19–3	铜盘内壁锈片，外土褐色，内黑色								文石：62%；铜蓝：38%	黑色锈表面附着白色沉积物，黑色闪亮颗粒，局部带蓝色调

注：某种颜色的锈蚀样品中常有多种颜色颗粒相互间杂，颜色颗粒占比不同，某种颜色颗粒较多时，样品整体呈现该色。显微能谱分析为无标样半定量检测，数据仅供参考。X射线衍射分析也是半定量分析，所分析的样品量又很少，故检测出主要物质的大致含量，含量少的或结晶不好的物质并未完全给出，数据仅供参考。

2. 分析结果

（1）金属基体

从分析的几件青铜基体可见，该类青铜器为铜锡铅三元合金或铜锡合金。所分析的铜车马器（车軎 / 车辖）中铅含量非常高，扫描电镜图中可看到大量亮白色的铅颗粒。所分析的铜钟和铜銮铃不含铅，铜钟中锡的含量非常高。所分析的样品中常含有硫（S），有的含磷（P），有的含氯（Cl）。

（2）疏松的黑、红、棕锈蚀物

由表 3–11，可知：

其一，青铜器表面疏松锈蚀物中含有大量的硫元素，尤其黑色锈蚀物中硫的含量非常高，黑色锈蚀中带有闪亮颗粒的部位硫的含量更高；

其二，青铜器锈蚀物中含有大量的辉铜矿（硫化亚铜 Cu_2S）、蓝辉铜矿（Cu_9S_5）、斜方蓝辉铜矿（Cu_7S_4）、斯硫铜矿（$Cu_{39}S_{28}$）、雅硫铜矿（Cu_9S_8）、铜蓝（CuS）等一系列的铜硫化物，尤其黑色锈蚀中铜硫化物的含量非常多，带闪亮颗粒的黑色锈块，几乎全部为铜硫化物；

其三，青铜器表面疏松锈蚀物中检测出大量金属铜（Cu）矿相，尤其砖红色锈蚀物中铜的含量非常高；

其四，青铜器表面疏松锈蚀物中还有大量赤铜矿，尤其在带有棕红、暗红锈蚀处。

黑色、红色、棕色疏松锈常错杂交织在一起，所取的样品在显微镜下看常常都是由黑、灰、棕黑、暗红、砖红、灰绿等多种颜色颗粒组成，黑色疏松锈中黑色颗粒所占比例更多，红色疏松锈蚀中砖红色颗粒更多（图 3–27 ～图 3–30）。疏松锈中常可看到金属铜色的颗粒（见图 3–27），黑色锈蚀中还常可见结晶较好的银灰色闪亮颗粒（见图 3–28）。结合显微分析、XRF 和 XRD 分析结果，知黑色颗粒为铜硫化物，闪亮晶体为结晶较好的铜硫化物，砖红色颗粒、金属铜色颗粒为铜。

（3）黑色锈蚀物中的闪亮颗粒

从显微镜下看，黑色锈蚀物中的闪亮颗粒，均为平行的板片状集合体形成的晶粒，晶粒尺寸多在几十至几百微米，板片相邻两边夹角约 120° 或 60°，发育良好的板片呈正六边形（图 3–31 ～图 3–37）。晶体的颜色多为灰黑色、银灰色，但也可见很多晶粒出现蓝、绿、红、紫、黄等彩色（见图 3–32 ～图 3–36）。黑色锈蚀严重的器物，闪亮晶粒发育尤其良好，结晶大而密。一般黑色锈蚀物中也都存在晶粒，但晶粒较小而少。

X 射线衍射分析显示带闪亮晶体的锈块，几乎均为铜硫化物（见表 3–11）。扫描电镜分析显示（图 3–37），晶体处的成分仅铜、硫两种元素（Cu:77.3%，S:22.7%），晶体为铜硫化物。

图3-27　M35：35-3-a黑色锈中的金属铜色颗粒

图3-28　M35：35表面黑色锈，可见辉铜矿的闪亮晶体

图3-29　M35：35表面棕红锈

图3-30　M35：38表面砖红色锈

图3-31　平行的板片状集合体形成的晶粒

图3-32　晶粒泛蓝、绿色

图3-33　M36：6锈蚀中的黄、红色晶粒

图3-34　晶粒上的蓝、绿、黄、紫、红色

图3-35　紫色晶粒

图3-36　晶粒上的蓝、黄色

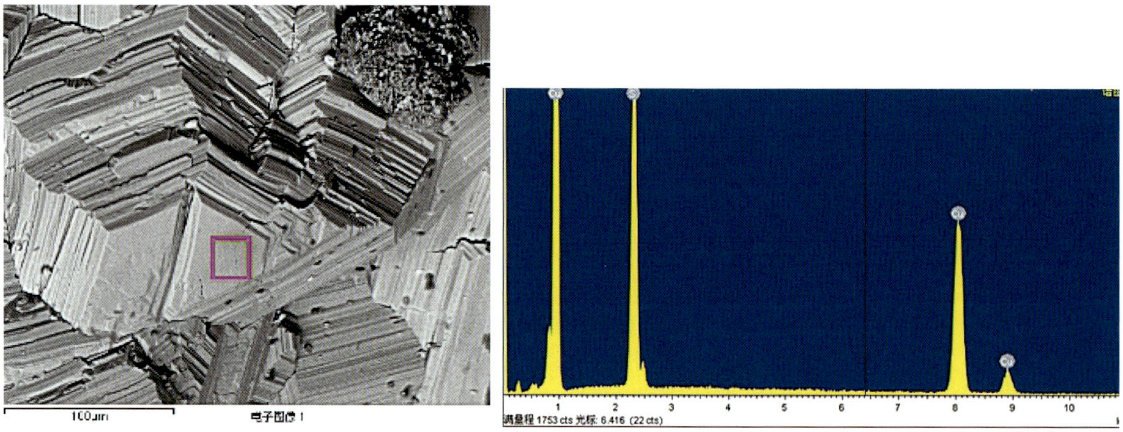

图3-37　铜方壶M36：6内壁锈块上晶体的扫面电镜分析（Cu:77.3%，S:22.7%）

（4）金色颗粒和金色片状物

疏松的锈蚀物中常见到金属铜色的颗粒（见图 3–27），有些颗粒粒度比较大（图 3–38）。黑色锈蚀严重器物，在锈蚀夹缝中常见带镜面光泽的金黄色纯铜片状层（图 3–39、图 3–40），以及无镜面光泽、比较暗淡的金色颗粒层（图 3–41）。金色颗粒层处常见间杂有暗红色，有些部位金色颗粒层边缘处出现黄、暗红、黑的颜色过渡（图 3–42），其颗粒均在同一层面上，只是颜色不同。显微镜下看，金色镜面光泽的纯铜片状层与黯淡的金色颗粒层，均为平行的板片状集合体形成的金色晶粒组成，其形貌结构与铜硫化物的晶粒完全相同。黄、暗红、黑的颜色过渡处晶粒的形貌也完全相同（图 3–43、图 3–44）。带镜面光泽的纯铜片处，晶粒生长排列方向一致，均平行于表面方向，因而带镜面光泽；因其方向一致，晶体生长空间相对较小，故而晶粒也比较小（图 3–45）。黯淡无光泽的金色颗粒层处，晶粒的生长排列方向不一致（图 3–46），故而表面光泽黯淡；因晶体生长空间相对较大，晶粒相对也比较大。另外，金色颗粒层有的部位泛暗紫红色（图 3–47），显微镜下看该处有较多的紫色颗粒，局部夹有少量绿色颗粒（图 3–48）。

对金色颗粒（见图 3–38）处用扫描电镜分析其成分，结果显示其主要为铜元素（Cu:86.69%，C:8.49%，O:4.82%），应为纯铜晶粒（图 3–49）。

图3-38　粒度较大的金色颗粒（M35：55）

图3-39　M36：7锈蚀夹层中的纯铜片

图3-40　M36：7 带镜面光泽的纯铜片

图3-41　M36：7无镜面光泽的金色颗粒层

图3-42　金色颗粒层上的颜色过渡（黄、红、黑）

图3-43　金色与暗红色颗粒的过渡

图3-44　暗红色与黑色颗粒的过渡

图3-45　金色镜面层铜晶粒排方向一致，晶体层平行于表面方向

图3-46　金色颗粒层，晶粒排列方向不一

图3-47　泛紫红色的金色层

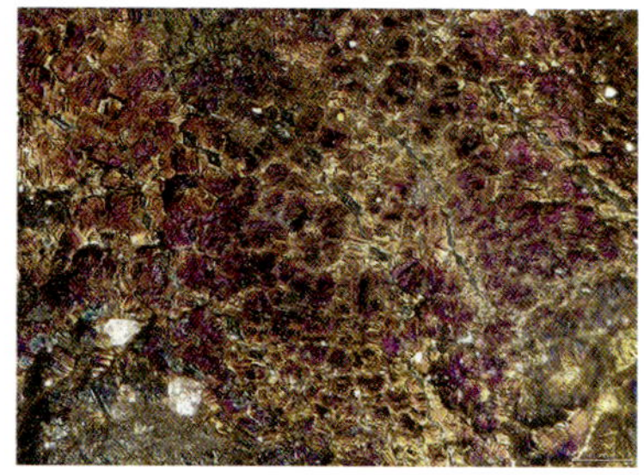

图3-48　紫色颗粒、绿色颗粒

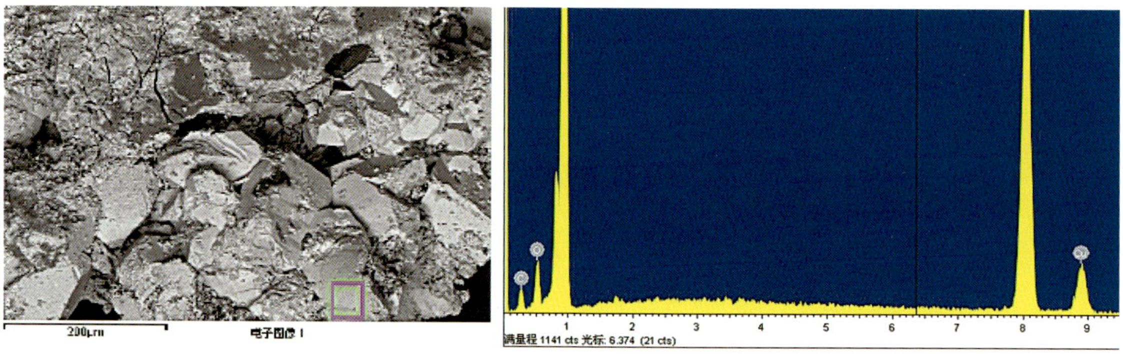

图3-49　M35：55金黄色颗粒处（M35：55-2）的扫描电镜分析

（5）黄白色基体表层

显微镜下看，基体表层黄白色锈蚀物主要由白色、黄棕色、灰白色颗粒组成，混有很多黑色、暗红色等其他颜色颗粒（图 3-50）。XRF 分析黄白、灰白色锈蚀处，除铜外，含有大量的锡、铅，含铁也普遍较高，还含有磷。XRD 检测其中主要含有锡石、白铅矿以及赤铜矿、铜，另外还检测出大量的铜锡合金。

图3-50　黄白色基体表层（M35：51、M35：71）

（6）灰绿色基体表层和较鲜艳的蓝、绿锈蚀

很多青铜器的黄白、灰白色基体表层带有一点淡淡的绿色调，多数器物表面呈现灰绿色（图 3–51）。显微镜下看，带有绿色调的器物，基体表层除了存在黄白色、灰白色锈蚀外，其上还带有少量浅淡绿色锈（图 3–52）。这层绿色锈虽然量少，但在很多器物上都存在，使得器物表面带有淡淡的绿色调。将绿色锈处用高倍显微镜观测，可见其为较鲜艳的淡绿色、淡蓝绿色半透明晶体（图 3–53、图 3–54）。在这些器物的锈蚀物中还常存在无色或淡绿色、淡蓝色条索状透明至半透明晶体，以及浅蓝色、浅绿色、淡蓝紫色、无色、白色等透明或半透明的其他形状晶体，其结晶形貌都比较好（图 3–55 ～图 3–61）。

对绿色锈较多的M36：14、M36：15～M36：18进行分析，显微镜下可见其锈蚀物中有大量淡绿色、淡蓝色、无色、白色条索状或块状透明至半透明晶体存在（见图3–58～图3–60）。XRD检测其中含有大量胆矾（$CuSO_4 \cdot 5H_2O$）、褐铜矾[$Cu_2O(SO_4)$]、块铜矾[$Cu_3(SO_4)(OH)_4$]、石膏（$CaSO_4 \cdot 2H_2O$）等硫酸盐矿物，表3–11中样品M36：14–1和M36：15～M36：18–1（图3–62、图3–63）。对样品M36：14–1中的浅蓝色晶体进行单晶衍射分析，测定其为胆矾（见图3–59，图3–64）。在M35：38锈蚀物中也检测出大量钠铜矾[$NaCu_2(OH)(SO_4)_2H_2O$]的硫酸盐矿物，表3–11中样品M35：38–5（图3–65），显微镜下可见其锈蚀物中存在很多白色半透明晶体（见图3–61）。

图3–51　M35：37 表面带有少许绿色调

图3-52　M35：37 基体表面带有少量绿色锈

图3-53　浅蓝绿色半透明晶体

图3-54　浅蓝绿色半透明晶体

图3-55　条索状半透明晶体

图3-56　浅紫色半透明晶体

图3-57　浅绿色、无色晶体

图3-58　M36：14表面绿色锈蚀处的晶体（含大量胆矾、褐铜矾）

图3-59　M36：14表面绿色锈蚀处的晶体（含大量胆矾、褐铜矾）

图3-60 M36：15～M36：18表面绿色锈蚀处的晶体（含大量块铜矾、石膏、褐铜矾、胆矾）

图3-61 M35：38锈蚀中含的白色半透明晶体（含大量钠铜矾）

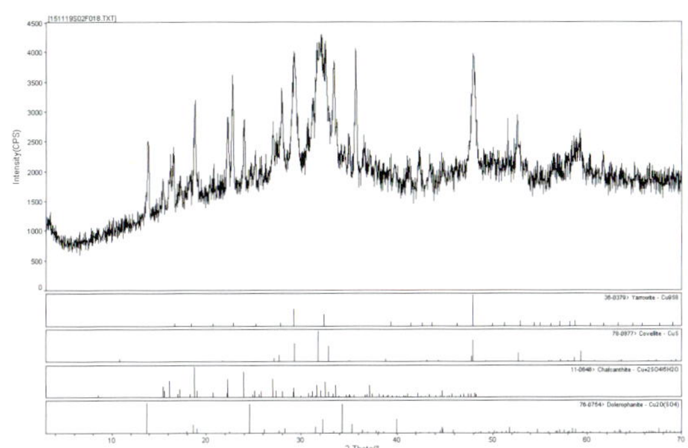

图3-62 样品M36：14-1的XRD谱图

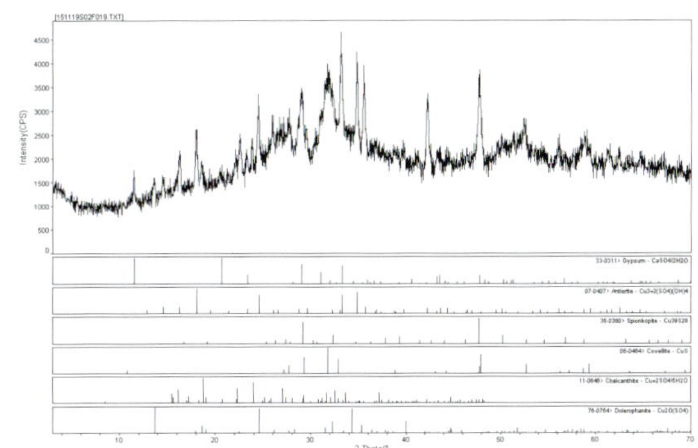

图3-63 样品M36：15～M36：18-1的XRD谱图

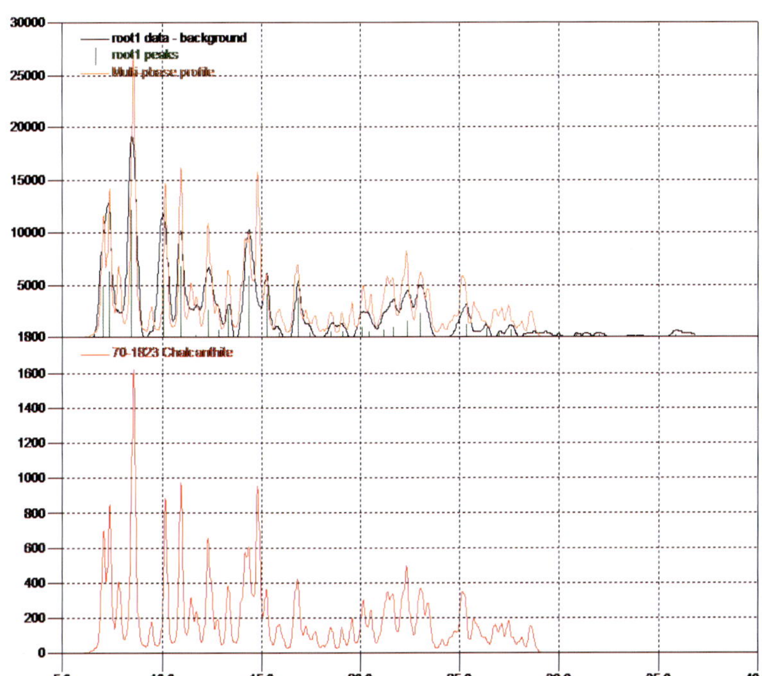

图3-64 单晶衍射分析M36：14-1中的浅蓝色晶体为胆矾

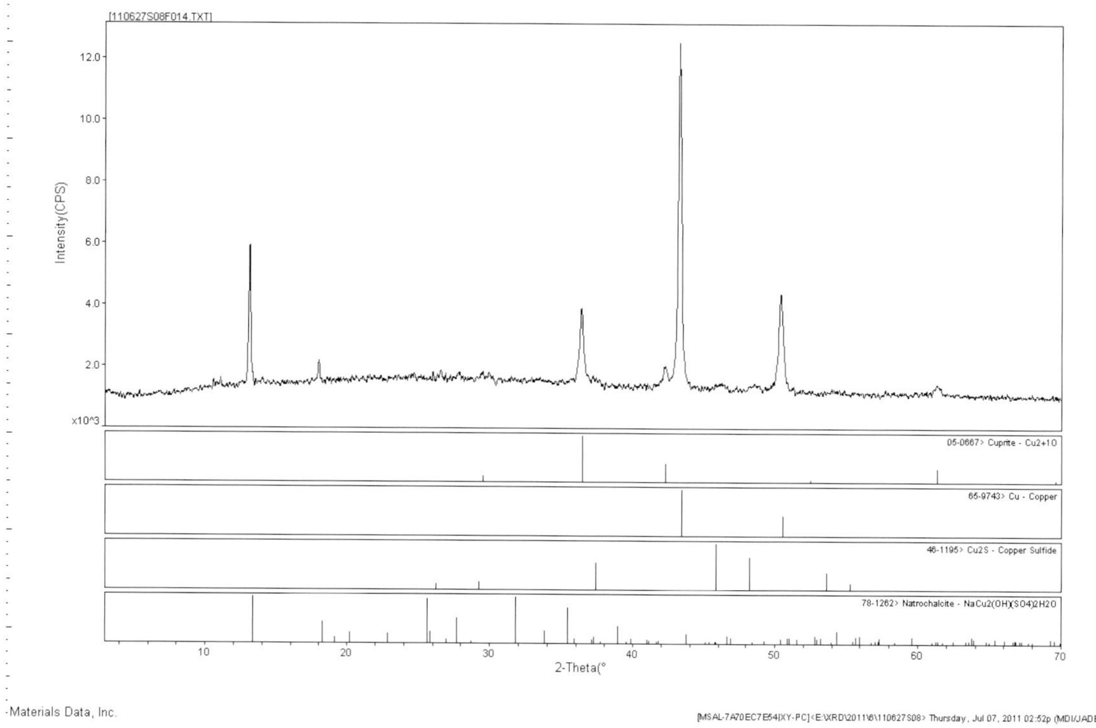

图3-65　样品M35：38-5的XRD谱图

在一些器物的黑色锈中也可见一些鲜艳的淡绿色、淡蓝绿色锈点（图 3-66、图 3-67），显微镜下看，其为淡绿色、淡蓝绿色透明至半透明晶体的聚集（图 3-68 ~ 图 3-70），有的有着非常好的结晶形貌（见图 3-69），有的与灰黑色的铜硫化物晶体伴生（见图 3-70）。这些锈点经单晶衍射分析，确定其为铅矾（$PbSO_4$）（图 3-71）。

该批铜器中带有绿色调的器物，以及带有绿色锈点的部位，均有这些透明、半透明的晶体。经分析这些晶体主要为硫酸盐矿物，可知该批铜器中含有很多的硫酸盐，其绿色调的呈色主要为蓝、绿硫酸盐矿物所致。

（7）其他

黑色锈蚀物中还检测到了方铅矿（PbS）。分析铜器表面附着白色、黄褐色沉积物，主要为方解石、文石。

（8）X 光探伤

该类青铜器较脆弱，锈蚀之下常隐藏有大量微裂隙，需做好保护处理工作。腐蚀严重残片 X 光探伤影像多絮状物，坑洼不平；或多孔隙，似蜂窝状。

图3-66 M35：44 黑色锈蚀上的绿色锈点

图3-67 M36：7-2黑色锈蚀上的绿色锈

图3-68 淡绿色析晶（M35：44）

图3-69 淡绿色析晶（M35：44）

图3-70 淡蓝绿色析晶（M36：7）

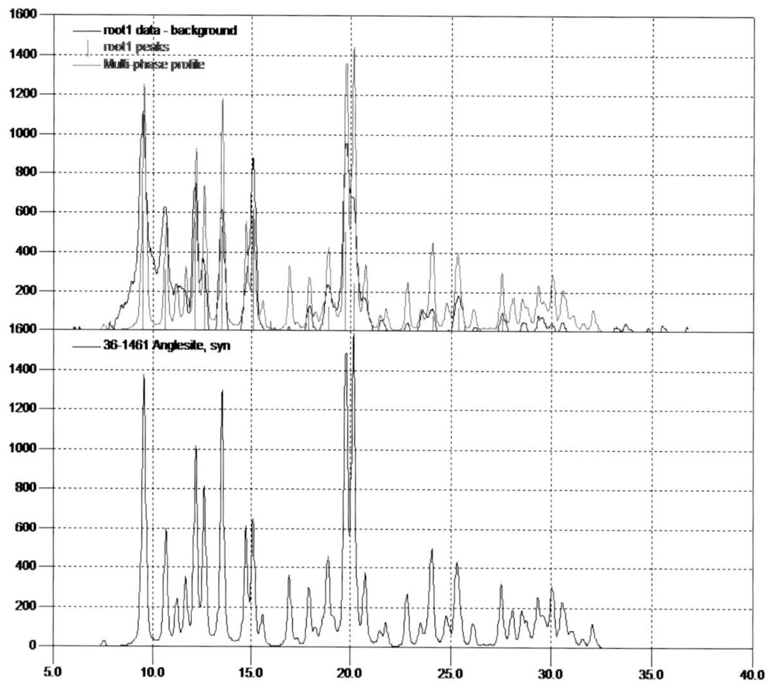

图3-71　单晶衍射分析M35：44中淡绿色析晶为铅矾（$PbSO_4$）

2. 化学分析

对两个器物的锈蚀样品进行硝酸银定性分析（表 3-12）。

检测方法：取器物不同部位的样品。将样品置入试管，加入 2~3ml 的 6mol/L HNO_3。样品酸化约十几小时后，将溶液过滤。加入 0.1mol/L $AgNO_3$ 约 2~3 滴后，观察反应现象。

该分析结果显示：这两件器物锈蚀物中不含氯离子。

表 3-12 第三类青铜器锈蚀样品硝酸银定性分析

器物名称及编号	检测部位	样品描述	检测结果
铜簠 M35：35、 M35：38	M35：35盖硬结物	棕色	溶液清澈，无氯离子
	M35：35盖外层	松散黑灰色	溶液清澈，无氯离子
	M35：38器身	红色硬结物	溶液清澈，无氯离子
	M35：38器身松散外层	黑灰色	溶液清澈，无氯离子
	杂锈		溶液清澈，无氯离子
铜簠 M35：51、 M35：71	M35：51，铜簠里	黑色	溶液清澈，无氯离子
	M35：51，簠底内部	闪亮颗粒	溶液清澈，无氯离子
	杂锈		溶液清澈，无氯离子

3. 小结

高青陈庄遗址 M35、M36 出土的青铜器，外观多呈酥粉状，力学强度差，多残片残渣，其腐蚀特征为：表面多黑、棕、红色疏松锈，基本都带有黑色锈蚀，黑色锈蚀中常见灰黑色闪亮颗粒物，基体表面多为一层暗淡的灰绿色或黄白色锈蚀物，黑色锈蚀严重的器物不见基体表层，常见纯铜颗粒或纯铜片等。

最典型的腐蚀特征是其外表的黑色锈蚀。青铜器中含有大量的硫，其黑色腐蚀产物为铜硫化物。该批青铜器中检测出的铜硫化物有辉铜矿（硫化亚铜 Cu_2S）、蓝辉铜矿（Cu_9S_5）、斜方蓝辉铜矿（Cu_7S_4）、斯硫铜矿（$Cu_{39}S_{28}$）、雅硫铜矿（Cu_9S_8）、铜蓝（CuS）等。

灰黑色或带蓝色调的闪亮颗粒，为铜硫化物析晶，为平行的板片紧密层叠排列形成的集合体，板片相邻两边夹角约 120° 或 60°，发育良好的板片呈正六边形。黑色锈蚀严重的器物，闪亮晶粒发育尤其良好，结晶大而密。

锈蚀产物中含有大量铜矿相。砖红色锈蚀物中铜的含量非常高，金色颗粒或片状物，即为纯铜颗粒或纯铜片。金色颗粒层和金色片状物均有与铜硫化物晶体完全相同的析晶结构，即由平行的板片层层排列的集合体形成的金色晶粒组成。

基体表层黄白、灰白色锈蚀中含较多的锡石、白铅矿，以及铜锡合金。

M35、M36 铜器中的 SO_4^{2-} 普遍较高。锈蚀中检测出的硫酸盐矿相有胆矾、褐铜矾、块铜矾、石膏、钠铜矾、铅矾等。

该类青铜器为铜锡铅三元合金，或铜锡合金，锡、铅含量随器物的类型不同而不尽相同。

M35、M36 出土铜器大部分样品中的氯离子含量较少，但也有部分青铜器含有一定量氯离子。

4. 讨论

第一，锈蚀呈黑色的原因应是含有大量铜硫化物所致。铜硫化物为一系列 Cu:S 原子数比不同的矿物，其中辉铜矿不含 Cu^{2+} 而呈灰黑色。铜硫化物系列除辉铜矿外，均含有一定比例蓝色调，应为黑色锈蚀层中显蓝色的原因。

第二，纯铜片状物，晶粒生长排列方向一致，均平行于表面方向，因而带镜面光泽，晶粒相对较小。纯铜颗粒层处，晶粒的生长排列方向不一致，因而表面光泽黯淡无镜面光泽，晶粒相对较大。

第三，与一般青铜器绿色的致色原因不同，该批青铜器绿色调的呈色及局部锈点主要为蓝、绿硫酸盐矿物析晶所致。

第四，这两个墓中的铜器其腐蚀主要与硫有关。铜器中又检测出大量的纯铜矿相，显示腐蚀中的还原气氛也较强。

四、土壤分析

采集青铜器上附着的土锈样品，精密天平（BSM-120.4）称重后，溶于纯净水中，水土比5：1，平移振荡器（HY-4）震动3min，离心机（LX-400）离心5min后，将清液倒出测试。用酸碱度仪（PHSJ-4F）测试pH值，电导率仪（DDS-11A）测试电导率值，双指示剂滴定法测试碳酸根-碳酸氢根，其他离子用离子色谱仪（ICS-2100 、DX-600）测试。室温下测定。

双指示剂滴定法：用 $0.02mol \cdot L^{-1}$ HCl 溶液滴定待测液；待测液中滴 2 滴酚酞试剂，无红色，待测液中无碳酸根，消耗盐酸体积 V_1=0ml；再于待测液中加 2 滴甲基橙，用 $0.02mol \cdot L^{-1}$ HCl 滴定至橘红色，消耗体积 V_2；滴定纯净水的空白溶液，消耗盐酸体积 V_0。HCO_3^-（$mg \cdot L^{-1}$）=（$V_2-V_1-V_0$）$\times C \times 61 \times 1000/V_{待}$。式中，$V_1$ 为滴定 CO_3^{2-} 时消耗的 HCl 体积（ml），V_2 为滴定 HCO_3^- 时消耗的 HCl 体积（ml），V_0 为滴定空白液时消耗 HCl 的体积（ml），C 为 HCl 标准溶液的浓度（$mol \cdot L^{-1}$），$V_{待}$为待测液体积（ml）。

可溶盐分析中，M35 的样品来自 M35 墓中出土的铜器，铜器可见黄白、灰白、灰绿等色的基体表层；M36 的样品来自 M35 墓中出土的黑色锈蚀非常严重的铜器，铜器基本不见基体表层。从所测得的几个土壤及土锈残渣样品中的可溶盐来看（表 3-13），M35、M36 铜器中的 SO_4^{2-} 普遍较高，高于该遗址 M18 中的 SO_4^{2-}，尤其 M36 出土的黑色锈蚀严重的铜器样品中 SO_4^{2-} 含量很高。M35 铜器中的样品，测试其 pH 值为 7.0 ~ 7.7，基本为中性；M36 黑色锈蚀严重的铜器中的样品 pH 值略小，在 6 以下，偏酸性。M35、M36 出土铜器大部分样品中的氯离子含量较少。

表 3-13 器物附着土壤及土锈残渣中的可溶盐分析

墓号	样品编号	样品说明	pH 值	电导率（ms/cm）	阴阳离子含量（mg/L）								
					CO_3^{2-}–HCO_3^-	Cl^-	NO_3^-	SO_4^{2-}	Na^+	NH_4–N	K+	Mg^{2+}	Ca^{2+}
M35	M35：38–11	M35：38铜簋腹部内壁附着土及锈	7.734	0.34	84.19	1.20	1.46	77.43	7.31	0.33	29.56	8.66	24.93
	M35：44–2	M35：44铜匜附着土及锈残渣	7.376	0.305	74.85	0.89	2.14	45.72	16.13	0.55	36.66	3.67	8.96
	M35：52–黑	M35：52铜器盖黑色土锈残渣	7.067	0.295	62.44	0.48	1.32	69.35	5.68	0.87	13.32	6.83	22.87
	M35：68–1	M35：68铜方壶壶口内侧土壤	7.417	1.382	76.61	0.64	1.54	528.08	17.16	2.96	83.51	26.57	160.79
	M35：79–2	M35：79铜提梁卣内部近口处土样	7.288	1.593	未测	0.68	1.18	617.97	29.49	1.31	123.01	37.39	149.09
M36	M36：7–2	M36：7铜方壶黑色土锈残渣	5.654	1.503	40.21	1.56	0.98	700.76	19.61	1.87	38.42	30.82	114.19
	M36：20–2	M36：20铜壶盖黑褐色土锈残渣	5.566	2.37	未测	12.37	1.22	1230.86	14.36	3.78	38.65	45.93	226.20
M18	M18：6–1	M18：6铜簋内土块	7.898	0.302	115.61	15.43	2.92	17.32	31.70	0.37	10.46	4.28	13.52

五、小结

高青陈庄遗址出土青铜器的分析、测试、研究，是在对青铜器的保护修复过程中开展的，本文主要是对其腐蚀特征的总结，以及相关腐蚀产物的科技测试分析。关于器物腐蚀成因、腐蚀结构、埋藏环境特征等方面问题，尚待进一步深入研究。

第四章 保护修复方案

一、保护修复原则

在这两批青铜器的保护修复中遵守“不改变文物原状”“最小干预”的原则，保护处理全过程应保证文物的真实性，尽量减少不必要的人为干预。在遵循文物保护的“可再处理性、可识别性”等基本原则和科学检测基础上，运用物理和化学方法除锈、去害，并使用成熟的传统工艺技术和材料对青铜器进行整形、连接、补配、缓蚀、封护、表面处理。通过上述的保护修复技术手段以达到恢复青铜器原状。

二、保护修复流程图

因每件青铜器状况不同，其修复步骤不尽相同。整体大致流程如图 4-1 所示。保护修复实施中根据各类青铜器具体情况再行调整。

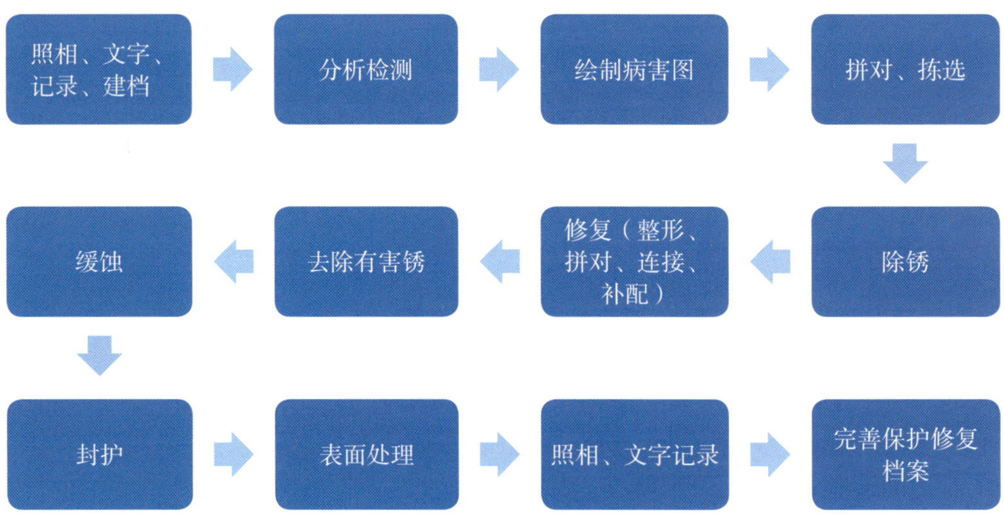

图4-1 高青陈庄遗址出土青铜器保护修复流程图

三、保护修复方法

1. 保护修复前的记录和分析检测

登记、拍照和建档。文物保护修复之前对所需要处理保护的文物先进行登记，留取修复前完整的影像和文字记录资料，全面采集青铜器修复前的信息；观查并记录文物外观、强度性能、工艺信息、病害状况、受腐蚀程度等现状，记录保护修复过程中所采用的材料、技术及分析测试结果等；建立文物保护修复档案。

分析检测。运用现代物理、化学分析方法综合了解和把握器物的病害以及工艺信息。在文物保护修复前，运用 X 光探伤技术，记录和解析器物锈蚀程度、锈蚀物之下组织结构、纹饰、文字分布情况、损伤、裂痕、锈蚀状况、铸造痕迹、修补痕迹等可能的信息，为采取物理及化学处理方法提供直观的依据；用硝酸银定性法分析有害的氯离子在青铜器中存在情况；用显微镜对青铜器的材质、构造、锈层和断面仔细观察，采集病害及工艺信息。针对青铜器具体情况，采集样品后进一步运用 X 射线衍射分析、拉曼光谱分析、能量色散 X 荧光分析、金相分析、离子色谱等多种仪器分析方法，分析锈蚀物的物相、锈蚀结构、金属基体成分、锈蚀物成分、埋藏环境中可溶盐种类和含量等多种信息，为文物的保护修复提供依据。

分别绘制每件青铜器的病害图。

依据前期调查、分析结果，针对每件器物研究并拟定出相应的具体处理保护措施。

2. 保护修复操作

拣选。该批青铜器大都破碎严重，一件器物的残片中常夹杂其他器物的残片，故在修复实施前，将所有的残片进行分类拣选。

除锈。清除青铜器表面土垢、结构疏松的锈蚀产物、粉状锈，以及其他影响器物观瞻的、不利于保存的附着物等。这些物质结构疏松、有害，具有一定的吸潮、蓄水功能，如不除去，在酸性和一定湿度条件下将继续对青铜器进行腐蚀。除锈主要采用机械和手工结合的物理方法，包括使用喷砂机、超声波去锈仪、超声波洁牙机、小电钻、手术刀等。操作应注意除锈程度，有纹饰的部位应谨慎操作。除锈同时，也结合涂覆六偏磷酸钠或 EDTA 二钠盐软化、去离子水清洗、无水乙醇擦洗等方法。

去除有害锈。先用机械方法除去表面可见的有害锈，再用化学方法去除进一步处理。粉状锈有不同的分布状况、表现形式，其粉状锈的机械去除方法视器物的保存状况进行选择操作。化学方法除去有害锈，采用倍半碳酸钠溶液浸泡，同时结合超声波去离子水清洗的方法。对于点状分布的粉状锈先用机械法剔除，再用氧化银封闭法置换去除。

缓蚀。采用苯骈三氮唑（BTA）乙醇溶液浸泡或减压渗透进行缓蚀处理。利用它能与铜器表面铜锈中的铜离子生成一种网状结构，成膜覆盖于铜器表面，使氯离子丧失原有的活性，降低氯离子对铜器本体的腐蚀。

封护。经缓蚀处理及加固、修复后，铜器整体采用丙烯酸树脂 B72（PARALOID B72）进行封护。脆弱青铜器在清洗、除锈后，即采用 B72 进行加固封护。

连接。残断、破碎、开裂部位，将碎块或缝隙进行对接，根据铜器文物腐蚀矿化程度不同采用不同的连接方法。对于部分金属性能良好的器物实施金属焊接。对腐蚀状态严重、金属成分缺失（无法焊接）的器物，使用树脂黏合剂进行合理有效粘接。

补配。对残缺部位，采取塑形翻模铸造补配法、紫铜铜板配法和树脂（铜质修补剂）进行补配，依据金属基体状况，采用焊接或粘接方法完成。局部矿化严重而面积较小处选用树脂补配。

整形。对于变形部位，如果不影响修复及器物整体稳定性，则保留原貌。对于影响器物整体修复，影响器物整体稳定性的部位，可根据变形程度和铜质的延展性、韧性、强度等情况分别采用模压、工具整形或撑位焊接等方法进行整形。若器物铜质较差，则采用锯解整形或不予以整形。

表面效果处理。铜器经修复、封护后，使用天然的矿物颜料对修复的部位进行做色、做旧，使其与周围协调一致。

3. 修复后检测和建档

拍照（彩色负片和数码照片）、拍摄 X 光片，对比修复状况。

整理各器物修复过程中的记录，按照国家文物局颁布的行业标准完善修复档案。综合比较分析，形成修复结项报告。

四、保护修复材料、工具

化学试剂：煤油、无水乙醇、丙酮、氧化银、碳酸钠、碳酸氢钠、苯骈三氮唑（BTA）、去离子水、六偏磷酸钠、EDTA 二钠盐、冰醋酸、醋酸铜、硫化钠、硝酸银、硝酸、松节油等。

材料：紫铜、青铜、铜胶棒（铜粉 + 胶，QuikCopper，美国）、AAA 环氧树脂胶、914 环氧树脂胶、硝基清漆、虫胶漆、焊锡、松香、各色矿物颜料、石蜡、蜂蜡、石膏、硅胶、502 胶、B72、水泥等。

工具：小电钻、打磨机、钢锯、錾子、锤子、刷子、锉刀、调刀、手术刀、刻刀、钳子、电烙铁、角磨机、各种磨头、砂轮片、台钳、U 型钳、各种型号砂纸、水砂纸、吹风机、热熔枪、铁丝、竹片、木棍等。

仪器：超声波洁牙机、超声波清洗仪、真空泵（型号：2XZ-2）、喷砂机、激光除锈仪、真空渗透装置、恒温箱、显微镜、101A-3 型干燥箱等。

第五章 保护修复过程

山东高青陈庄遗址出土的青铜器保护修复分两批进行。第一批 12 件（套），第二批 54 件（套）（表 5–1、表 5–2）。因每件青铜器状况不同，工艺流程步骤针对具体情况有所选择，其主要内容见图 5–1。

根据腐蚀现象和保存状况，器物大体分三类。第一类青铜器因表面硬结物很少，但普遍存在有害氯离子，一般不再需要除锈这一步，但需采用倍半碳酸钠溶液浸泡。对破碎严重、残片变形的器物，对变形残片先进行整形处理。对有铭文的器物处理时倍加注意铭文的保护。大致的保护修复流程见图 5–2。第二类青铜器锈蚀较薄，以修复为主。第三类青铜器一般都有很厚的表面疏松锈蚀层或有表面硬结物，需先进行除锈。对矿化严重的器物需做加固处理。大致的保护修复流程见图 5–3 或图 5–4。残缺严重，无法修复的残件，一般只进行了除锈、封护（加固）。

表 5–1 第一批修复的青铜器

类别	序号	编号	名称
第一类	1–01	M17：1	铜簋
	1–02	M17：2	铜鼎
	1–03	M18：1	铜觚
	1–04	M18：2	铜爵
	1–05	M18：3	铜觥
	1–06	M18：4	铜提梁卣
	1–07	M18：5	铜鼎
	1–08	M18：6	铜簋
	1–09	M18：7	铜尊形器
	1–10	M18：8	铜甗
第三类	1–11	M35：35、M35：38	铜簋
	1–12	M35：51、M35：71	铜簋

表 5-2 第二批修复的青铜器

类别	序号	编号	名称
第一类	2-01	M18：9	铜斗
	2-02	M18：?	铜戈
第二类	2-03	M27：1	铜甗
	2-04	M27：5	铜鼎
	2-05	M27：10	铜提梁卣
	2-06	M27：16	铜簋
第三类（有两个序号为同一件器物）	2-07	M35：33	铜戈
	2-08	M35：34	铜鼎
	2-09	M35：36	铜马衔
	2-10	M35：37	铜矛
	2-11	M35：40	铜车軎、铜车辖
	2-12	M35：41	铜车軎、铜车辖
	2-13	M35：42	铜件
	2-14	M35：43	铜銮铃
	2-15	M35：44	铜匜
	2-16	M35：45	铜车軎
	2-17	M35：46	铜戈
	2-18	M35：47	铜钟
	2-19	M35：48	铜銮铃
	2-20	M35：49	铜銮铃
	2-21	M35：50	铜件
	2-22	M35：52	铜器盖
	2-23	M35：55	铜銮铃
	2-24	M35：56	铜矛
	2-25	M35：59	铜构件
	2-26	M35：61	铜车马器
	2-27	M35：62	铜马衔
	2-28	M35：63	铜鼎
	2-29	M35：63	铜鼎残片
	2-30	M35：64	铜盘
	2-31	M35：65	铜节约
	2-32	M35：67	铜车马器
	2-33	M35：68	铜提梁卣
	2-34	M35：69	铜车马饰
	2-35	M35：70	铜鸟首器盖
	2-36	M35：72	铜器盖
	2-37	M35：74	铜戈
	2-38	M35：75	铜环
	2-39	M35：76	铜残件
	2-40	M35：77	铜节约
	2-41	M35：78	铜马镳
	2-42	M35：79	铜提梁卣
	2-43	M36：4	铜戈
	2-44	M36：5	铜簋

续表

	2–45	M36：6	铜方壶
	2–46	M36：7	铜方壶
	2–47	M36：8	铜环
	2–48	M36：9	铜簋
	2–49	M36：11	铜簋盖
	2–50	M36：12	铜环
	2–51	M36：13	铜件
	2–52	M36：14	铜马衔
	2–53	M36：15~M36：18	铜銮铃（4 件）
	2–54	M36：19	铜盘
	2–55	M36：20	铜壶盖

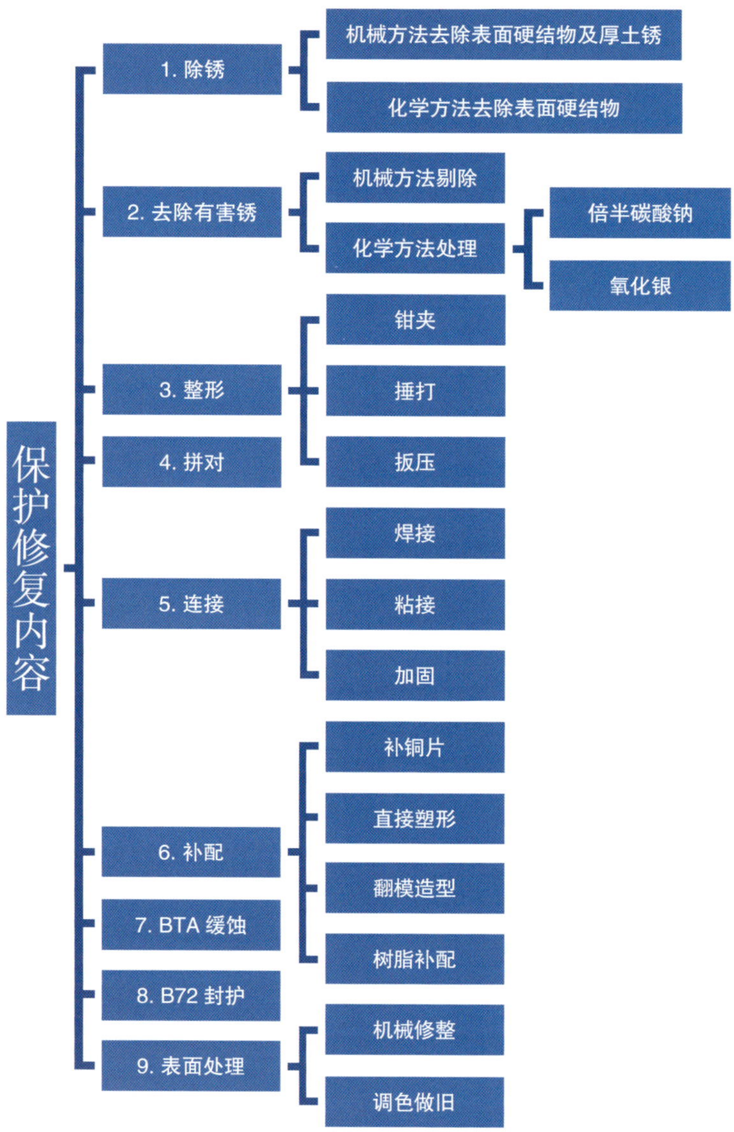

图5-1　保护修复内容

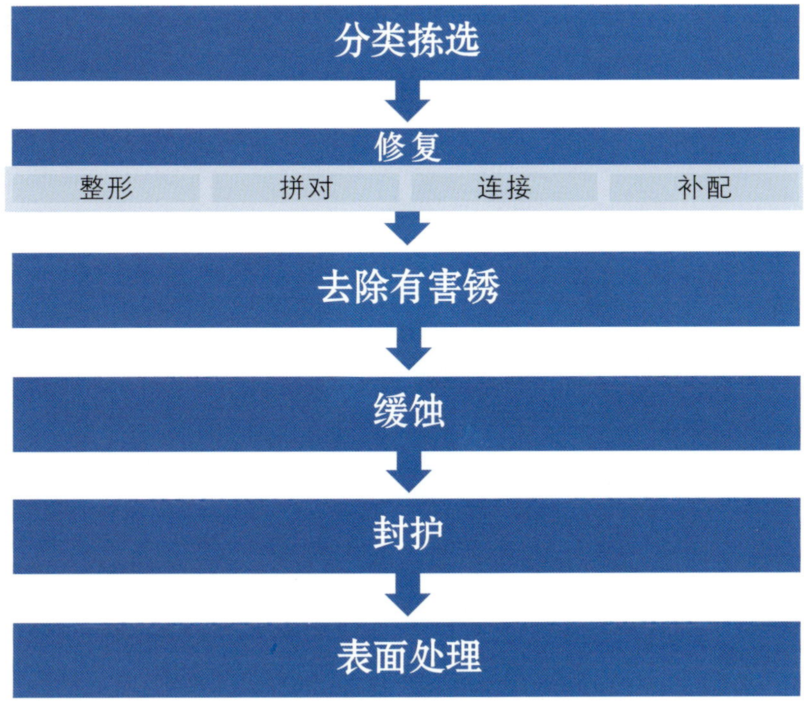

图5-2　第一类青铜器保护修复流程图

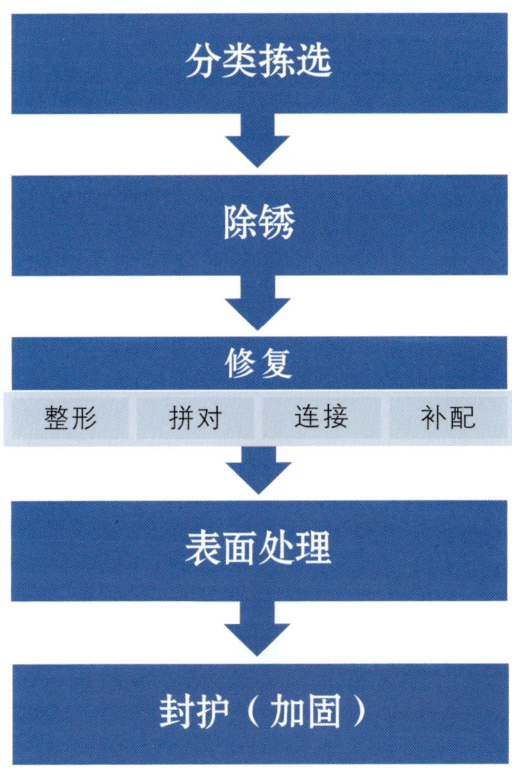

图5-3　第三类青铜器保护修复流程图

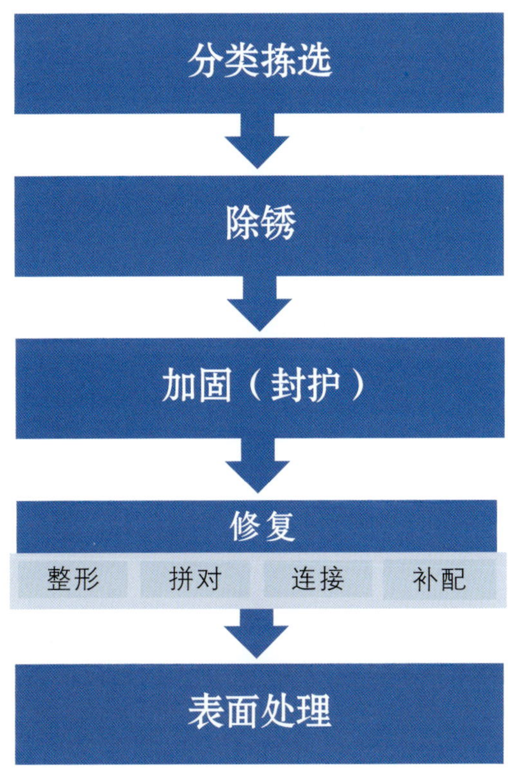

图5-4　第三类青铜器保护修复流程图

一、分类拣选

这两批青铜器大都破碎严重，一件器物的残片中常夹杂其他器物的残片，故在修复实施前，需查找相关资料，查看同类器物，将所有的残片进行拼对，重新进行拣选（图 5–5~图 5–9）。有些器物在其他器物的残片里又找到了非常重要的残块，有的两个序号为同一件器物。在所有残片中又分离出一些不属于这批高青出土青铜器记录中的器物（残片）。

图5–5　查找残片

图5–6　查找残片

图5–7　参考同类铭文

图5–8　找到相应残片

图5–9　分离出的其他器物残片

二、除锈

除锈工作主要针对第三类青铜器进行。第三类青铜器表面常有大量疏松的厚锈以及土垢附着，这些物质具有一定的吸潮、蓄水功能，如不除去，在酸性和一定湿度条件下将继续对青铜器进行腐蚀。其他青铜器，基本都经过前期修复处理，或表面锈蚀层较薄，但仍有一些易剥落的堆积锈蚀层和黑色附着物等，这些物质对青铜器的保存仍有一定危害，而且覆盖了花纹，影响整体效果，影响修复翻模，故需去除。

除锈主要采用机械和手工结合的物理方法，包括使用喷砂机、激光清洗仪、超声波去锈仪、超声波洁牙机、小电钻、打磨机、手术刀、竹刀、毛刷、牙刷等。除锈过程中，对纹饰及铭文部位谨慎操作，同时注意保护了席纹、草纹等信息。除锈过程中，同时用去离子水浸泡、清洗，或者用无水乙醇擦洗（图 5-10~ 图 5-15）。

有的表面土垢硬结物很硬，在除锈之前，在该部位涂覆了 5% EDTA 二钠盐水溶液，或者 10% 的六偏磷酸钠水溶液，软化之后再进行剔除。

图5-10　除锈

图5-11　清洗

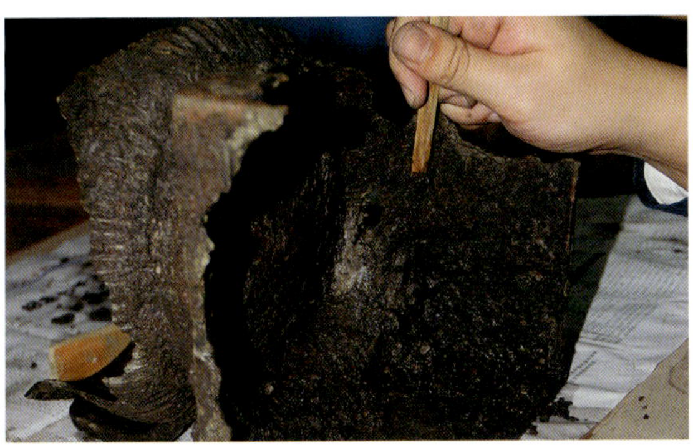

图5-12　清洗、除锈

图5-13　清洗、除锈

图5-14 去除疏松厚锈

图5-15 超声波清洗仪除锈

三、整形

变形的器物、残片，在保护修复时一般是先进行整形。若金属性能较好，则采用钳夹、捶打、扳压等方法进行整形；若铜质矿化，则采用锯解整形。整形工具有压力钳、U 型钳、G 型钳、铁丝、木块、铁卡尺等（图 5-16~ 图 5-21）。修复破碎严重的器物时，临时支撑固定残片，局部整形之后进行焊接或粘接（图 5-22），之后调整好其余残片位置，进一步整形、连接、补配。

图5-16 整形

图5-17 整形

图5-18 整形

图5-19 整形

图5-20 整形

图5-21 整形

图5-22 局部整形后焊接

四、连接

连接方法（图 5-23~ 图 5-42）：

其一，对于器物铜质保存较好的部位采用锡焊焊接的方法。

其二，对于器物铜质丧失的部位采用粘接的方法，粘接剂采用 914 胶或 AAA 胶，在粘接剂内同时也调入了适量矿物颜料。

其三，对于非常碎小的残块，采用 914 胶或 AAA 胶粘接方法。

其四，对于非常细小的缝隙，灌入 502 胶粘接加固。

其五，对于器物提梁、器耳、器足等较细长、易断的部位，连接时先在断面打眼，加入铜丝做芯加固，之后焊接或粘接残断的两部分。

其六，对于紫铜或青铜配体之间采用焊接，配体与文物衔接处若文物铜质较好则采用焊接，若文物铜质丧失则采用粘接。

其七，对于破碎严重的器物，整形、拼对、连接、补配，有的需同时进行。先将位置相邻的残片连接在一起；之后将其他残片拼对起来，用热熔胶、铁丝、竹片、木棍、牙签、木块等物品临时固定，将整个器形支撑起来；确定残片的位置、各部分残片之间的距离，必要时查资料、参考同类型器物，将整个器形调整好；若有残片变形，将残片及时整形，若有残片错位，则重新将其调整好；确定残片位置无误后，再将这些残片焊接或粘接起来，局部进行补配。有些残片是与周围残片都不相连的独立残片，不容易确定其位置，需将器形补配完整后，找到独立残片的相应位置，再调整好残片的位置，将其粘接在配体之上。最后将所有残片连接、补配完整。

图5-23　锉焊口

图5-24　焊接

图5-25　焊接

图5-26　粘接

图5-27　断耳处加铜芯

图5-28　独立残块的连接

图5-29　热熔胶临时固定

图5-30　边补配边粘接

图5-31　临时固定、支撑器体

图5-32　支撑上下部分、确定距离

图5-33　支撑

图5-34　支撑、临时固定

图5-35　支撑、临时固定

图5-36　拼对支撑耳部残块

图5-37　支撑固定

图5-38　进一步焊接

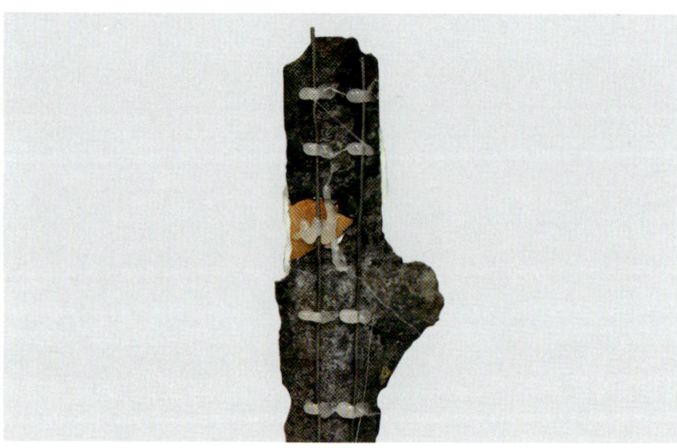

图5-39　热熔胶固定

图5-40　断面打孔

图5-41　插入铜销

图5-42　插入铜销

五、补配

所用的补配材料有紫铜片、紫铜丝、青铜铸件、锡铅铸件、铜胶棒、玻璃钢、环氧树脂胶 + 矿物颜料等。

补配方法如图 5-43 ~ 图 5-86 所示。

对于表面无花纹、形状较简单的较大面积缺损部位，采用随形的紫铜片或铜条补配。按缺口形状剪裁铜片，在器物相应的部位翻模（石膏模），在模上将铜片捶打出大致形状，再不断比对原器物缺口处，用钳子等工具进一步细修形。若缺损部位弧度较大，可分几块补配，将铜片（条）依次捶打随形，最后焊接在一起。然后将配体焊接或粘接到相应部位。为了使配体与周围高低一致，可在配体上镀一层锡或涂一层胶（调矿物颜料的 AAA 胶或 914 胶）做腻子，最后锉光磨平，调整形状，使其与周围完全一致。

对于小面积的缺损、有纹饰部位的缺损或小面积形状复杂处的缺损（如兽头），采用铜胶棒（铜质修补剂 QuikCopper）进行补配。铜胶棒主要成分是：铜粉和树脂。铜胶棒补配纹饰处或形状复杂部位，先在器物相应部位翻模，之后依模填胶补配。

对于面积非常小的缺损部位，如缝隙、孔洞、器边缘小缺口处，用 AAA 胶或 914 胶调矿物颜料之后补配。

对于缺损面积较大，形状又复杂的部位，则先对缺损部位塑泥型，对泥型翻模，依模翻制出蜡型进行修整，根据被补配器物的具体情况，再依蜡型铸出青铜配件，或熔铸锡铅合金配件进行补配，或在泥型上刷涂树脂做玻璃钢进行补配，或翻模填补铜胶棒做配件。

将配件焊接或粘接到相应部位，进一步调整形状，配体不足部分焊一层锡，或填树脂腻子，多余部分用角磨机打磨掉。铜甗（M18：8），该件器物鬲部只剩一条腿，先对该腿翻模，做出另外两条腿的石膏模型；再将石膏模型与原件拼在一起，再塑泥型调整形状，做出整体甗下部鬲的模型；然后再翻模，制缺损部位的蜡型、铸青铜配件。铜甗（M18：8）腹部缺损较多，对该器的修复，先连接、补配器物的上下两部分，之后确定上下两部分之间的距离，做好物理支撑，再继续补配器腹部分。

有的需再补配雕制残缺部分的蜡型。先翻石膏外范，浇注熔融的锡铅合金，制锡铅合金配件。再打磨修整配件，然后将配件焊接在器物上。最后打磨修整焊接处及器物外形。

对于残缺极其严重，只剩少量残片的器物，使用玻璃钢补配。用泥塑型，在泥上涂刷玻璃钢，补配器身大面积残缺。待玻璃钢干燥后进行打磨，修整形状。确定各残片位置后，将其粘接在配件上。最后打磨修整好形状。

有的在其他部位翻制石膏模，熔融锡铅合金浇注配件，将配件焊接在器身上，进一步修整打磨。

图5-43　剪裁铜片、随形

图5-44　焊接铜配体

图5-45　紫铜片补配

图5-46　分块补配

图5-47　配体表面焊锡

图5-48　配体表面施胶找平

图5-49　翻模、铜胶棒补配

图5-50　铜胶棒补配

图5-51　紫铜片、铜胶棒分块补配

图5-52　914胶填补缝隙及小缺口

图5-53　塑泥型

图5-54　翻硅胶内模

图5-55　翻石膏外模

图5-56　制蜡型

图5-57　连接青铜配件

图5-58　翻硅胶模

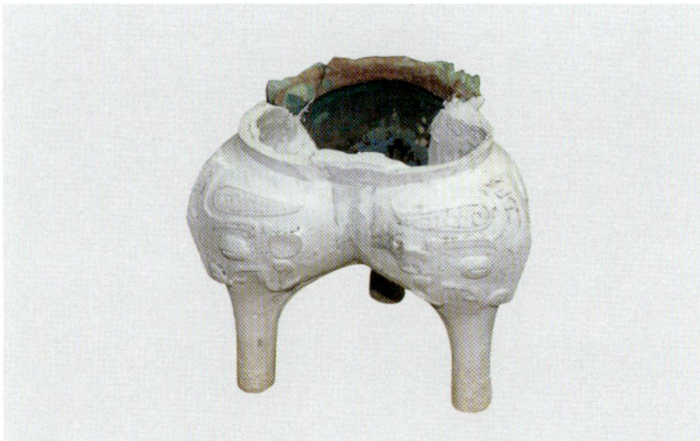

图5-59　石膏模型与原件相连

图5-60　塑泥型继续修整

图5-61　制蜡型

图5-62　支撑、连接器体部分

图5-63　补配剩余缺损

图5-64　铜胶棒补配

图5-65　铜胶棒补配

图5-66　打底找平

图5-67 粘接配件

图5-68 打磨修形

图5-69 圈足塑泥型

图5-70 泥型

图5-71 翻石膏模

图5-72 铜胶棒填补

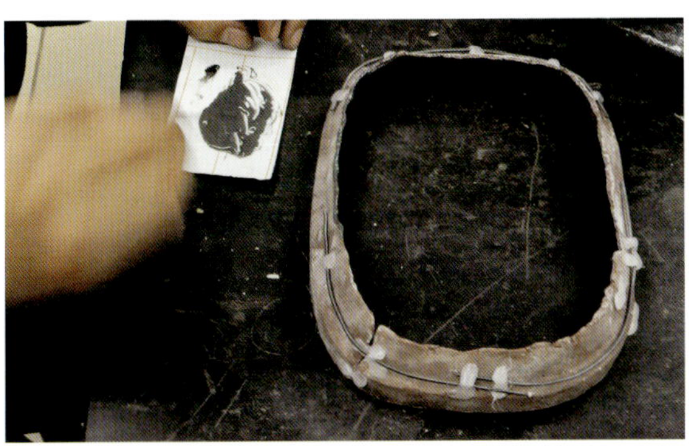

图5-73 铜胶棒配件

图5-74 与器身粘接

图5-75　雕制蜡型

图5-76　制锡铅合金配件

图5-77　焊接

图5-78　打磨修形

图5-79　泥塑内型

图5-80　玻璃钢补配

图5-81　确定残片位置

图5-82　打磨修整

图5-83　熔铸锡铅合金

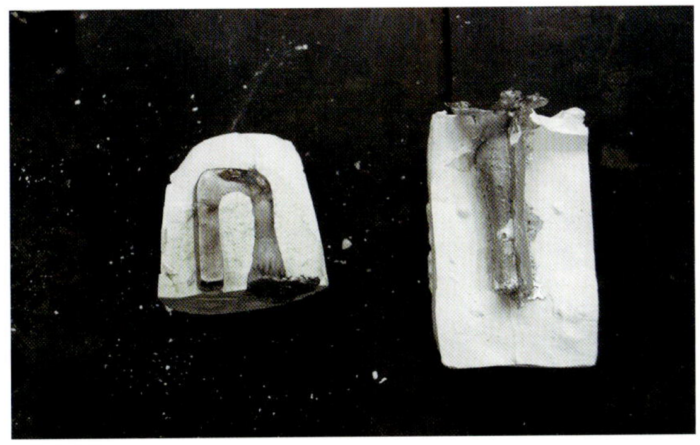

图5-84　浇注模型

图5-85　焊接在器身上

图5-86　打磨修整

六、有害锈的去除

由检测分析结果可知，高青出土的第一类浅绿色类青铜器，普遍含有有害氯离子，且氯离子分布面积较大，难以用机械的方法清除，对此采用了5%倍半碳酸钠水溶液浸泡的方法去除有害锈。浸泡后用去离子水清洗干净，入烘箱烘干。

个别有明显的点腐蚀粉状锈的器物，用手术刀、超声波洁牙机等工具将有害点腐蚀粉状锈剔除干净，之后用氧化银封闭（图5-87~图5-90）。

七、锈蚀器物的分离

铜簋M17∶1，器身与器盖锈蚀在一起无法分离。处理方法：将煤油滴渗在器身与器盖的衔接处，浸润锈蚀部位，再用锤、刻刀，将锈层敲下。反复滴渗煤油，同时用小刀、錾子剔除表层锈蚀，使煤油逐渐渗入，并用錾子渐震裂缝逐渐扩大直至最终可移动，即可开盖（图5-91、图5-92）。

图5-87 倍半碳酸钠溶液浸泡

图5-88 刷洗

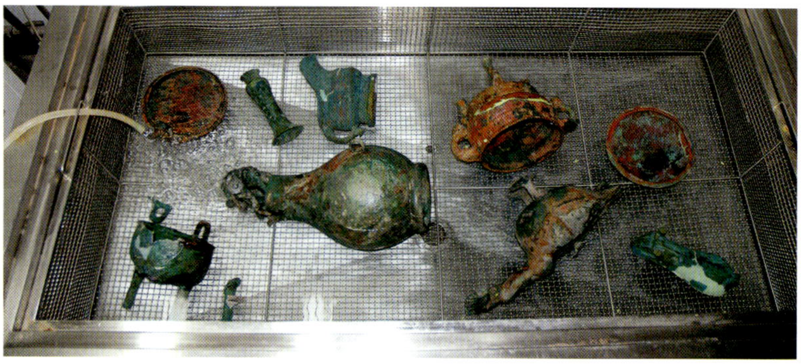

图5-89 超声波清洗仪清洗

图5-90 入恒温箱烘干

图5-91 用煤油浸润

图5-92 敲击衔接处

八、缓蚀

器物完全干燥后进行缓蚀。缓蚀用了两种方法：一种是直接将器物浸泡入5%BTA乙醇溶液，静置6小时之后取出，自然风干；另一种方法是在0.095mpa（气泵型号：2XZ-2）负压下注入5%BTA乙醇溶液，对器物进行减压渗透，恢复常压下浸泡4小时，之后取出自然风干。

九、封护（加固）

在器物表面涂刷 2%B72 丙酮溶液，之后自然风干。第三类青铜器有的矿化严重，脆弱，有些器物在除锈后即已加固（封护）。

十、表面处理

表面处理的方法如图 5–93~ 图 5–103 所示。

首先将补配、粘接之处锉平、磨细，与周围残片衔接平整后用虫胶清漆调和矿物颜料做色。

补配的紫铜或青铜配体用乙酸、乙酸铜、硫化钠等化学药品咬旧，之后用虫胶清漆调和矿物颜料做色。

用硝基清漆、AAA 胶或 914 胶调和矿物颜料在配体上打底，之后用虫胶清漆调和矿物颜料做色。

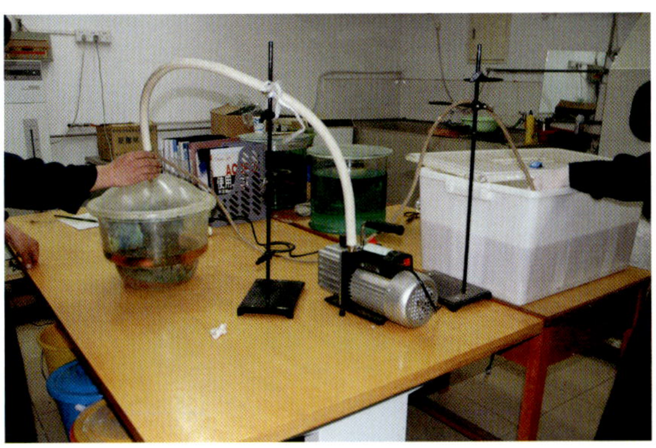

图5–93　减压渗透

图5–94　配体上涂化学药品咬旧

图5–95　咬旧紫铜片

图5–96　咬旧紫铜片

图5-97 咬旧青铜配件

图5-98 打底、随色

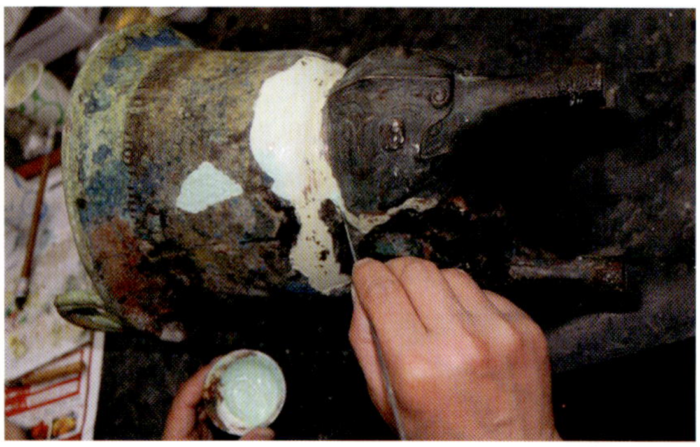
图5-99 打底、随色

图5-100 随色中

图5-101 随色后

图5-102 做色

图5-103 做旧

第六章 保护修复效果

在青铜器的保护修复过程中，遵循“修旧如旧”和“最小干预”等基本原则，依据《馆藏金属文物保护修复方案编写规范》《馆藏金属文物保护修复档案记录规范》和《馆藏青铜器文物病害与图示》等相关标准，以科学的检测为基础，制定了科学保护方法与传统修复相结合的技术路线，有效地保护修复了这批脆弱的珍贵青铜器，还原了文物的历史、艺术及研究价值。

通过此次保护修复，破碎严重的青铜器得以恢复完整外形，很多残缺青铜器也最大程度上恢复了原有的形貌，青铜器内在的裂隙等不稳定隐患得以消除，脆弱青铜器的强度在很大程度上得到了提高，青铜器内的有害物隐患得到了抑制。同时，在修复过程中，恢复器物完整形貌的同时，尊重事实，所补配、连接的部位都有依据，对没有依据的部位，不随意臆造，仍保持残缺、破碎原样。此次保护修复延长了青铜器的寿命，使得该批珍贵青铜器能够更好地进行展示、研究和长期保存。

保护修复前后照片如下。

序号：1-01　铜簋M17：1

残缺处得以补全，文物强度得以提高。锈蚀黏连在器身上的器盖得以打开，器盖与器底内侧的铭文得以显露。不稳定有害物隐患得以抑制，青铜器腐蚀速度得以降低。

图6-1-1　保护修复前

图6-1-2　保护修复后

图6-1-3　保护修复后

图6-1-4　保护修复后

序号：1-02　铜鼎M17：2

断裂脱落处得以复位，残缺处得以补全，文物强度得以提高；不稳定有害物隐患得以抑制；青铜器腐蚀速度得以降低。

图6-2-1　保护修复前

图6-2-2　保护修复后

序号：1-03　铜觯M18：1

断裂脱落处得以复位，裂隙处得以消除，残缺处得以补全，文物强度得以提高；不稳定有害物隐患得以抑制；青铜器腐蚀速度得以降低；器底铭文得以全面展示。

图6-3-1　保护修复前

图6-3-2　保护修复后

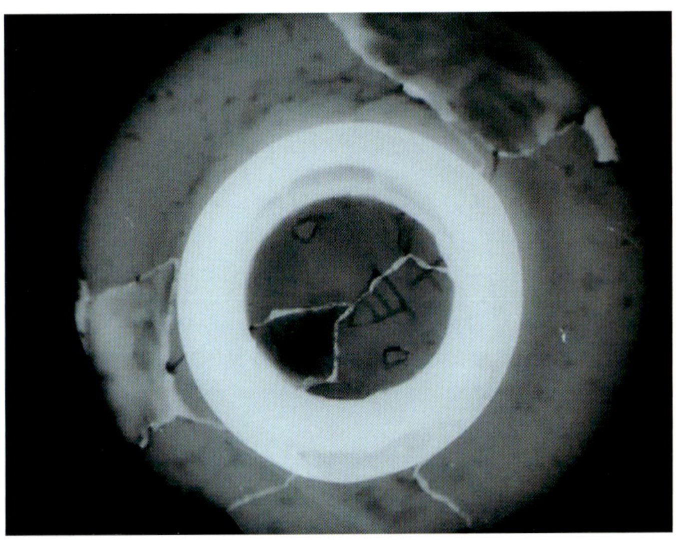

图6-3-3　修复后的器底铭文处X光探伤

序号：1-04　铜爵M18：2

破碎严重的青铜器得以恢复完整形貌。各个残片得以复位，裂隙得以连接，残缺处得以补全，文物强度得以提高。不稳定有害物隐患得以抑制，青铜器腐蚀速度得以降低。

图6-4-1　保护修复前

图6-4-2　保护修复后

序号：1-05　铜觥M18：3

破碎严重的青铜器得以恢复完整形貌。各个残片得以复位，裂隙得以连接，残缺处得以补全，文物强度得以提高。不稳定有害物隐患得以抑制，青铜器腐蚀速度得以降低。器盖铭文得以全面展示。

图6-5-1　保护修复前

图6-5-2　保护修复后

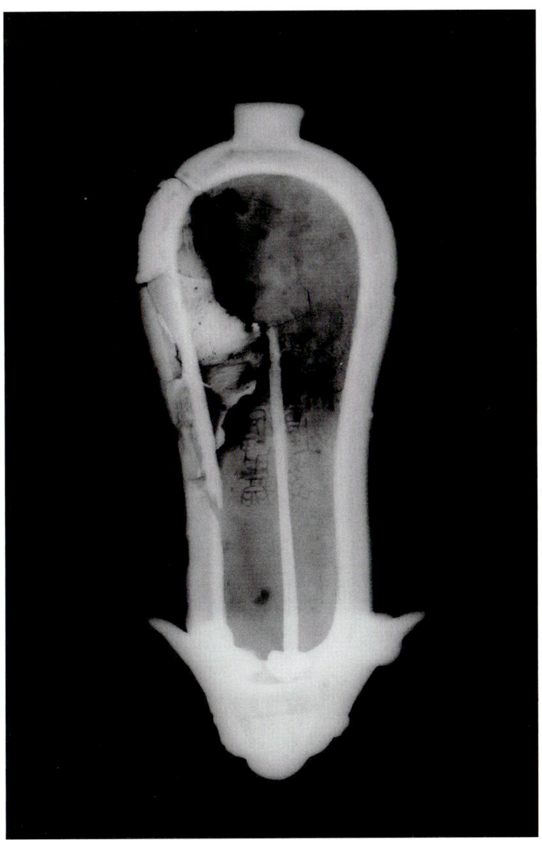

图6-5-3　保护修复后器盖X光探伤

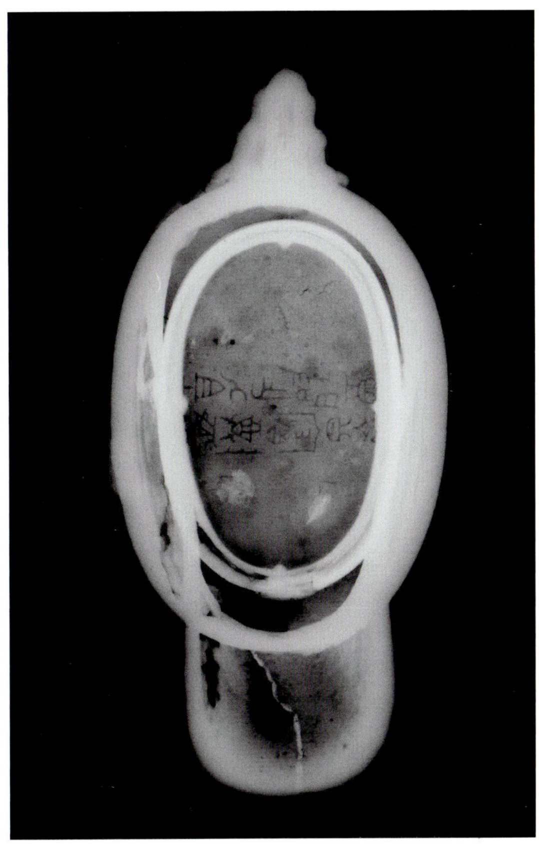

图6-5-4　保护修复后器底X光探伤

序号；1-06　铜提梁卣M18：4

破碎严重的青铜器得以恢复完整形貌。各个残片得以复位，裂隙得以连接，残缺处得以补全，文物强度得以提高。不稳定有害物隐患得以抑制，青铜器腐蚀速度得以降低。器盖铭文得以全面展示。

图6-6-1　保护修复前

图6-6-2　保护修复后

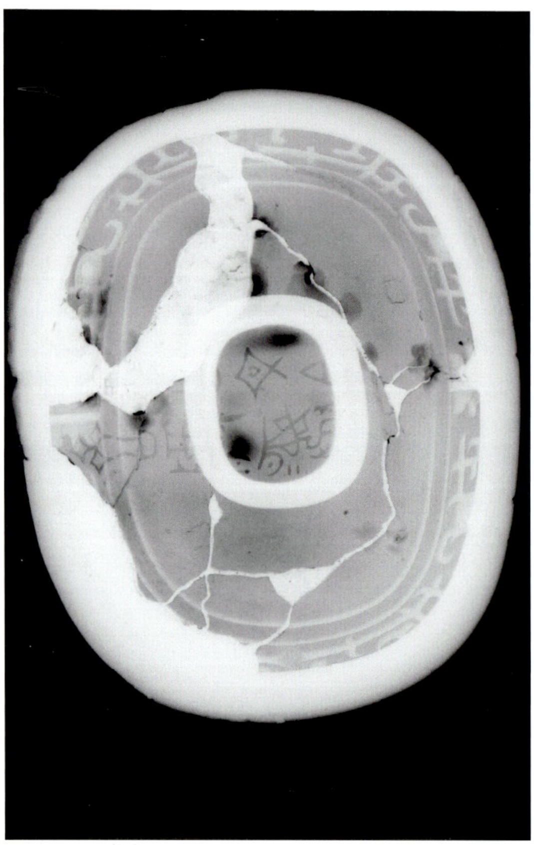

图6-6-3　保护修复后器盖X光探伤

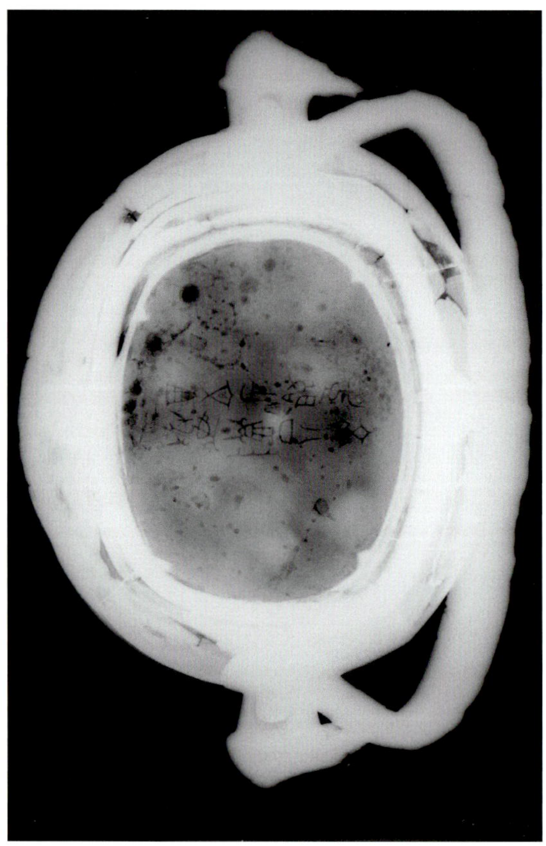

图6-6-4　保护修复后器底X光探伤

序号：1-07　铜鼎M18：5

破碎严重的青铜器得以恢复完整形貌。各个残片得以复位，裂隙得以连接，残缺处得以补全，文物强度得以提高，不稳定有害物隐患得以抑制，青铜器腐蚀速度得以降低。器壁铭文得以全面展示。

图6-7-1　保护修复前

图6-7-2　保护修复后

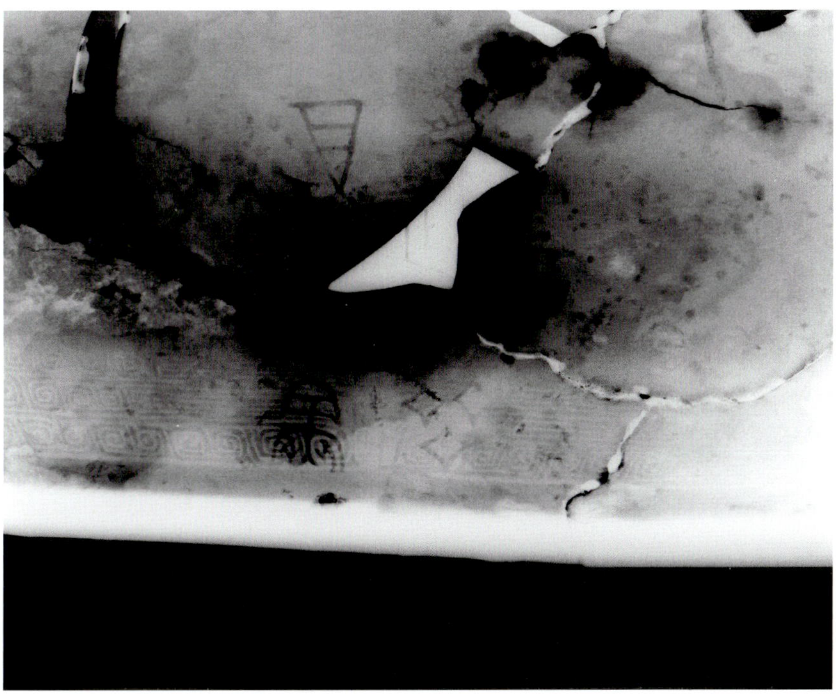

图6-7-3　保护修复后器壁铭文处X光探伤

序号：1-08　铜簋M18：6

破碎严重青铜器得以恢复完整形貌。各个残片得以复位，裂隙得以连接，残缺处得以补全，文物强度得以提高。不稳定有害物隐患得以抑制，青铜器腐蚀速度得以降低。

图6-8-1　保护修复前

图6-8-2　保护修复后

图6-8-3　保护修复后

图6-8-4　保护修复后

序号：1-09　铜尊形器M18：7

破碎严重青铜器得以恢复完整形貌。各个残片得以复位，裂隙得以连接，残缺处得以补全，文物强度得以提高。不稳定有害物隐患得以抑制，青铜器腐蚀速度得以降低。

图6-9-1　保护修复前

图6-9-2　保护修复后

序号：1-10 铜甗M18：8

破碎严重的青铜器得以恢复完整形貌。各个残片得以复位，裂隙得以连接，残缺处得以补全，文物强度得以提高。不稳定有害物隐患得以抑制，青铜器腐蚀速度得以降低。

图6-10-1 保护修复前

图6-10-2 保护修复后

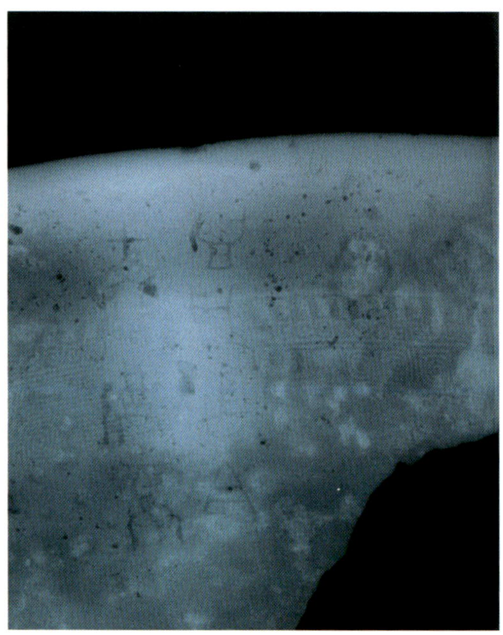

图6-10-3 铭文处X光探伤

序号：2-01　铜斗M18：9

裂隙处得以加固，点腐蚀处得以清除和封护，不稳定有害物隐患得以抑制，青铜器腐蚀速度得以降低。

图6-11-1　保护修复前

图6-11-2　保护修复后

序号：2-02　铜戈 M18：?

脆弱残件得以加固，脱落小残片得以复位。

图6-12-1　保护修复前

图6-12-2　保护修复后

序号：2-03　铜甗M27：1

断裂脱落的残片得以复位，裂隙处得以连接，残缺处得以补全，文物强度得以提高，青铜器得以恢复完整形貌。

图6-13-1　保护修复前

图6-13-2 保护修复后

序号：2-04　铜鼎M27：5

残缺处得以补全，青铜器得以恢复完整形貌。

图6-14-1　保护修复前

图6-14-2　保护修复后

序号：2-05　铜提梁卣M27：10

残缺处得以补全，青铜器得以恢复完整形貌。

图6-15-1　保护修复前

图6-15-2　保护修复后

序号：2-06　铜簋M27：16

断裂脱落的残片得以复位，裂隙处得以连接，残缺处得以补全，文物强度得以提高，青铜器得以恢复完整形貌。

图6-16-1　保护修复前

图6-16-2　保护修复后

序号：2-07　铜戈M35：33

过厚的锈蚀得以清除，锈蚀掩盖的信息得以显现，可复位的残片得以复位，文物强度得到提高。此器无法得知其原貌，不能恢复完整外观，不可复位的残片保持原样。

图6-17-1　保护修复前

图6-17-2　保护修复后

序号：2-08　铜鼎M35：34

断裂脱落的残片得以复位，裂隙处得以连接，残缺处得以补全，文物强度得以提高，青铜器得以恢复完整形貌。

图6-18-1　保护修复前

图6-18-2　保护修复后

序号：1-11　铜簋M35：35、M35：38

破碎严重的青铜器得以恢复完整形貌。各个残片得以复位，裂隙处得以连接，残缺处得以补全，文物强度得以提高。过厚的疏松锈蚀得以清除，锈蚀掩饰的信息得以显现。

图6-19-1　保护修复前

图6-19-2 保护修复后

图6-19-3 保护修复后

图6-19-4 保护修复后

序号：2-09　铜马衔M35：36

过厚锈蚀得以清除，器物强度得以提高。

图6-20-1　保护修复前

图6-20-2　保护修复后

序号：2-10　铜矛M35：37

疏松锈蚀得以清除，断裂部位得以连接，脆弱质地得以加固，器物强度得以提高。

图6-21-1　保护修复前

图6-21-2　保护修复后

序号：2-11　铜车軎、铜车辖M35：40

疏松锈蚀得以清除，锈蚀掩饰的信息得以显现，残缺处得以补全，器物强度得以提高。

图6-22-1　保护修复前

图6-22-2　保护修复后

序号：2-12　铜车軎、铜车辖M35：41

疏松锈蚀得以清除，锈蚀掩饰的信息得以显现，残缺处得以补全，器物强度得以提高。

图6-23-1　保护修复前

图6-23-2　保护修复后

序号：2-13　铜件M35：42

过厚锈蚀得到一定程度清理，强度提高。

图6-24-1　保护修复前

图6-24-2　保护修复后

序号：2-14　铜銮铃M35：43

过厚疏松锈蚀得以清除，锈蚀掩饰的信息得以显现，断裂处得以连接，残缺处得以补全，器物强度得以提高。器物恢复完整外观。

图6-25-1　保护修复前

图6-25-2　保护修复后

序号：2-15　铜匜M35：44

过厚疏松锈蚀、土垢硬结物、土壤支撑体得以清除，锈蚀掩饰的信息得以显现，断裂处得以连接，残缺处得以补全，脆弱质地得以加固，器物强度得以提高。文物原貌得以完整展示。

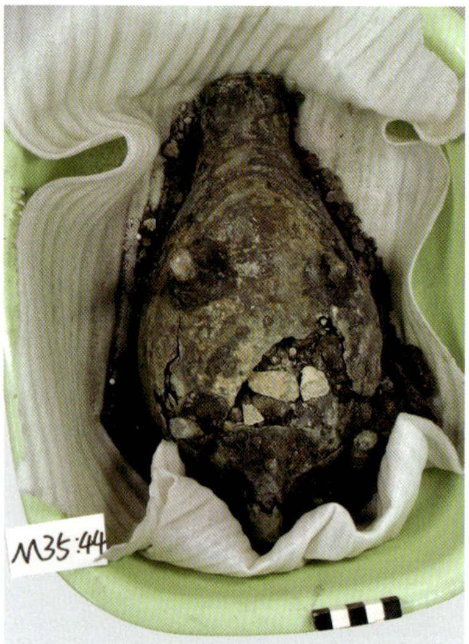

图6-26-1　保护修复前

图6-26-2　保护修复后

图6-26-3　保护修复后

序号：2-16　铜车軎M35：45

过厚疏松锈得以清除，脆弱残片得以加固。该器残缺过多，不能复原。

图6-27-1　保护修复前

图6-27-2　保护修复后

序号：2-17　铜戈M35：46

过厚的锈蚀得以清除，锈蚀掩盖的信息得以显现，可复位的残片得以复位，文物强度得到提高。此器无法得知原貌，不能恢复完整外观，保持断裂原样。

图6-28-1　保护修复前

图6-28-2　保护修复后

序号：2-18　铜钟M35：47

过厚疏松锈蚀得以清除，锈蚀掩饰的信息得以显现，残缺处得以补全，器物强度得以提高。器物恢复完整外观。

图6-29-1　保护修复前

图6-29-2　保护修复后

序号：2-19　铜銮铃M35：48

过厚疏松锈蚀得以清除，断裂处得以连接，器物强度得以提高。器物恢复完整外观。

图6-30-1　保护修复前

图6-30-2　保护修复后

序号：2–20　铜銮铃M35：49

过厚疏松锈蚀得以清除，断裂处得以连接，残缺处得以补全。器物强度得以提高。器物恢复完整外观。

图6-31-1　保护修复前

图6-31-2　保护修复后

序号：2–21　铜件M35：50

图6-32-1　保护修复前

图6-32-2　保护修复后

序号：1-12　铜簋M35：51、M35：71

破碎严重的青铜器得以恢复完整形貌；各个残片得以复位，裂隙得以连接，残缺处得以补全，文物强度得以提高。过厚的疏松锈蚀得以清除，锈蚀掩饰的信息得以显现。锈蚀粘接的其他残件得以分离。

图6-33-1　保护修复前

图6-33-2　保护修复后

图6-33-3　保护修复后

图6-33-4　保护修复后

序号：2-22　铜器盖M35：52

过厚疏松锈蚀得以清除，断裂、缝隙处得以连接，残缺处得以补全，脆弱质地得以加固，器物强度得以提高。器物恢复完整外观。

图6-34-1　保护修复前

图6-34-2　保护修复后

图6-34-3　保护修复前

图6-34-4　保护修复后

序号：2-23　铜銮铃M35：55

过厚疏松锈蚀得以清除，锈蚀掩饰的信息得以显现，断裂处得以连接，残缺处得以补全，器物强度得以提高。器物恢复完整外观。

图6-35-1　保护修复前

图6-35-2　保护修复后

序号：2-24　铜矛M35：56

疏松锈蚀得以清除，断裂部位得以连接，脆弱质地得以加固，器物强度得到提高。

图6-36-1　保护修复前

图6-36-2　保护修复后

序号：2-25　铜构件M35：59

图6-37-1　保护修复前

图6-37-2　保护修复后

序号：2-26　铜车马器M35：61

过厚疏松锈蚀得以清除，锈蚀掩饰的信息得以显现，断裂处得以连接，器物强度得以提高。

图6-38-1　保护修复前

图6-38-2　保护修复后

序号：2-27　铜马衔M35：62

过厚疏松锈蚀得以清除，残缺处得以补全。器物强度得以提高。器物恢复完整外观。

图6-39-1　保护修复前

图6-39-2　保护修复后

序号：2-28、2-29　铜鼎M35：63

过厚疏松锈得以清除，脆弱残片得以加固。可连接的部分得到了连接。两个序号的残片为同一器物编号，但仍因残缺过多，不能复原。

图6-40-1　保护修复前

图6-40-2　保护修复前

图6-40-3　保护修复后

序号：2-30　铜盘M35：64

破碎严重的青铜器得以恢复完整形貌。各个残片得以复位，裂隙得以连接，残缺处得以补全，脆弱质地得以加固，文物强度得以提高。过厚的疏松锈蚀得以清除，锈蚀掩饰的信息得以显现。

图6-41-1　保护修复前

图6-41-2　保护修复后

序号：2-31　铜节约M35：65

图6-42-1　保护修复前

图6-42-2　保护修复后

序号：2-32　铜车马器M35：67

过厚疏松锈蚀得以清除，器物强度得以提高。

图6-43-1　保护修复前

图6-43-2　保护修复后

序号：2-33　铜提梁卣M35：68

过厚疏松锈蚀、土垢硬结物、土壤支撑体得以清除，锈蚀掩饰的信息得以显现，断裂处得以连接，残缺处得以补全，脆弱质地得以加固，器物强度得以提高。文物原貌得以完整独立展示。混杂的其他残件得以分离。

图6-44-1　保护修复前

图6-44-2　保护修复后

序号：2-34　铜车马饰M35：69

过厚疏松锈得以清除，脆弱残片得以加固。因残缺过多，不能复原。

图6-45-1　保护修复前

图6-45-2　保护修复后

序号：2-35　铜鸟首器盖M35：70

过厚疏松锈得以清除，脆弱残片得以加固。可连接的残片得以连接。因残缺过多，不能复原。

图6-46-1　保护修复前

图6-46-2　保护修复后

序号：2-36　铜器盖M35：72

过厚疏松锈蚀得以清除，裂隙处得以连接，器物强度得以提高。有依据地对器物残缺部位进行补全，无法得知器物边沿的原样，没有依据，保留残缺原状。

图6-47-1　保护修复前

图6-47-2　保护修复后

序号：2–37　铜戈M35：74

过厚疏松锈蚀得以清除，器物强度得以提高。

图6–48–1　保护修复前

图6–48–2　保护修复后

序号：2–38　铜环M35：75

图6–49–1　保护修复前

图6–49–2　保护修复后

序号：2–39　铜残件M35：76

过厚疏松锈得以清除，脆弱残片得以加固。因残缺过多，不能复原。

图6–50–1　保护修复前

图6–50–2　保护修复后

序号：2-40　铜节约M35：77

过厚疏松锈得以清除，锈蚀掩饰的信息得以显现，脆弱残片得以加固。

图6-51-1　保护修复前

图6-51-2　保护修复后

序号：2-41　铜马镳M35：78

过厚疏松锈得以清除，锈蚀掩饰的信息得以显现，脆弱残片得以加固。

图6-52-1　保护修复前

图6-52-2　保护修复后

序号：2-42　铜提梁卣M35：79

过厚疏松锈蚀、土垢硬结物得以清除，锈蚀掩饰的信息得以显现，断裂处得以连接，残缺处得以补全，脆弱质地得以加固，器物强度得以提高。文物原貌得以完整独立展示。

图6-53-1　保护修复前

图6-53-2　保护修复后

序号：2-43　铜戈M36：4

过厚疏松锈蚀得以清除，锈蚀掩饰的信息得以显现，断裂处得以连接。残缺处得以补全，脆弱质地得以加固，器物强度得以提高。

图6-54-1　保护修复前

图6-54-2　保护修复后

序号：2-44　铜簋M36：5

破碎的青铜器得以恢复完整形貌。各个残片得以复位，断裂、裂隙得以连接，残缺处得以补全，脆弱质地得以加固，文物强度得以提高。过厚的疏松锈蚀得以清除，锈蚀掩饰的信息得以显现。

图6-55-1　保护修复前

图6-55-2　保护修复后

序号：2-45　铜方壶M36：6

破碎的青铜器得以恢复完整形貌。各个残片得以复位，断裂、裂隙得以连接，残缺处得以补全，脆弱质地得以加固，文物强度得以提高。过厚的疏松锈蚀得以清除，锈蚀掩饰的信息得以显现。

图6-56-1　保护修复前

图6-56-2　保护修复后

序号：2-46　铜方壶M36：7

破碎的青铜器得以恢复完整形貌。各个残片得以复位，断裂、裂隙得以连接，残缺处得以补全，脆弱质地得以加固，文物强度得以提高。过厚的疏松锈蚀得以清除，锈蚀掩饰的信息得以显现。

图6-57-1　保护修复前

图6-57-2　保护修复后

序号：2-47　铜环M36：8

过厚疏松锈得以清除，器物强度得到提高。

图6-58-1　保护修复前

图6-58-2　保护修复后

序号：2-48　铜簋M36：9

破碎青铜器得以恢复完整形貌。各个残片得以复位，断裂、裂隙得以连接，残缺处得以补全，脆弱质地得以加固，文物强度得以提高。过厚的疏松锈蚀得以清除，锈蚀掩饰的信息得以显现。

图6-59-1　保护修复前

图6-59-2　保护修复后

序号：2-49　铜簋盖M36：11

原器物破碎严重，从这些残片中修复出两件器盖。脆弱残片得到加固、复位。器物恢复完整形貌。

图6-60-1　保护修复前

图6-60-2 保护修复后

图6-60-3 保护修复后

序号：2-50　铜环M36：12

过厚疏松锈得以清除，断裂处得以连接，脆弱残片得以加固。

图6-61-1　保护修复前

图6-61-2　保护修复后

序号：2-51　铜件M36：13

图6-62-1　保护修复前

图6-62-2　保护修复后

序号：2-52　铜马衔M36：14

图6-63-1　保护修复前

图6-63-2　保护修复后

序号：2-53　铜銮铃（4件）M36：15~M36：18

严重混杂的 4 件器物得以清理，恢复完整外观，器物强度得到提高。

图6-64-1　保护修复前

图6-64-2　保护修复后

序号：2-54　铜盘M36：19

破碎的青铜器得以恢复完整形貌。各个残片得以复位，断裂、裂隙得以连接，残缺处得以补全，脆弱质地得以加固，文物强度得以提高。过厚的疏松锈蚀得以清除，锈蚀掩饰的信息得以显现。

图6-65-1　保护修复前

图6-65-2　保护修复后

序号：2-55　铜壶盖M36：20

破碎的青铜器得以恢复完整形貌。各个残片得以复位，断裂、裂隙得以连接，残缺处得以补全，严重变形部位得以矫正，脆弱质地得以加固，文物强度得以提高。过厚的疏松锈蚀得以清除，锈蚀掩饰的信息得以显现。

图6-66-1　保护修复前

图6-66-2　保护修复后

第七章 X光探伤

序号：1–01　铜簋M17：1

器盖、器底有铭文。

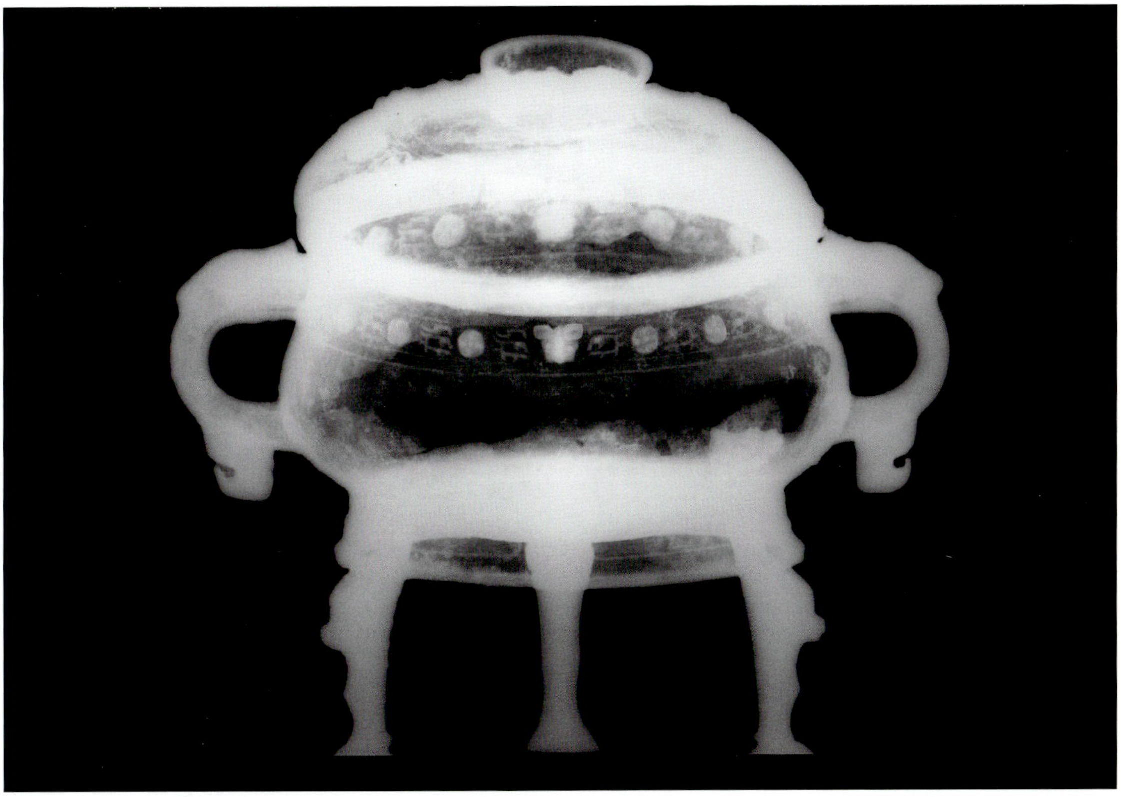

图7-1-1　保护修复前

图7-1-2　保护修复前

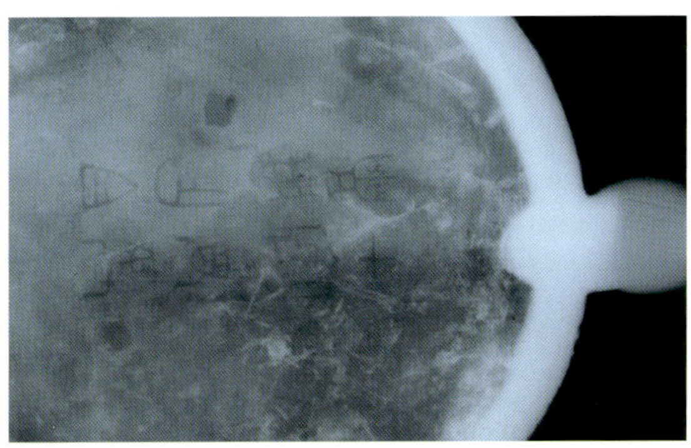

图7-1-3　保护修复前

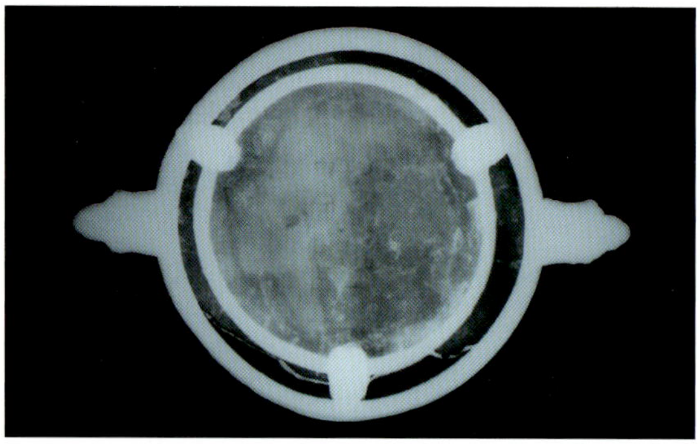

图7-1-4　保护修复中（器盖打开后）

图7-1-5　保护修复中（器盖打开后）

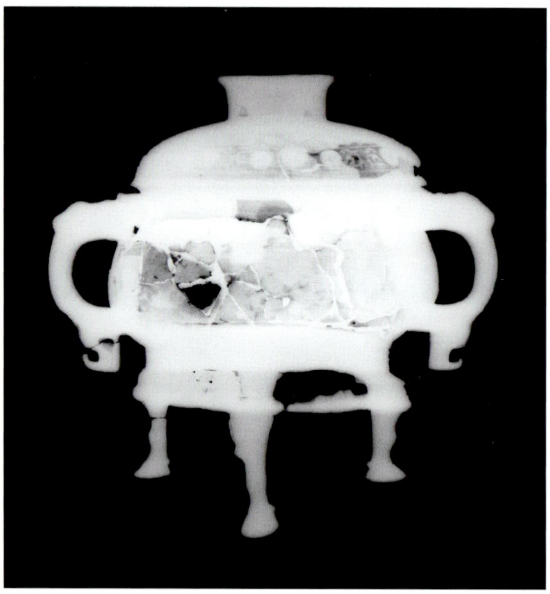

图7-1-6　保护修复后

图7-1-7　保护修复后

图7-1-8　保护修复后

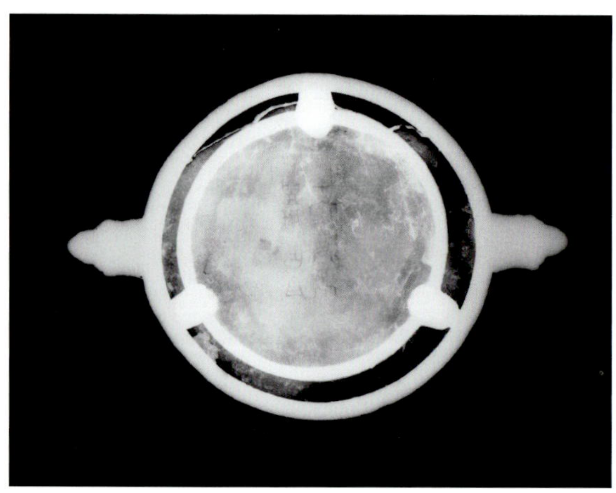

图7-1-9　保护修复后

序号：1-02　铜鼎M17：2

有较多的铸造气孔及点腐蚀暗斑。

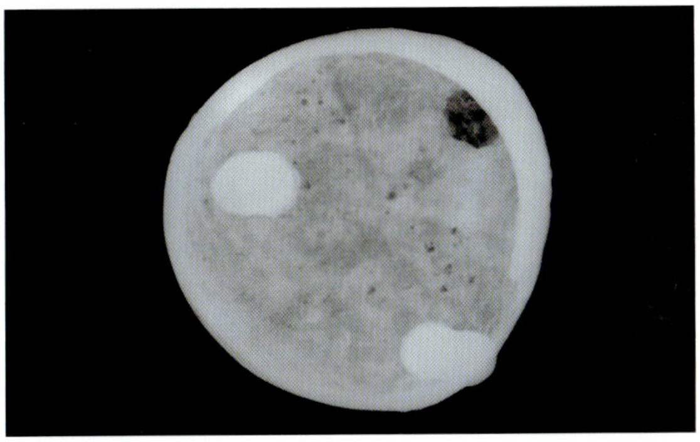

图7-2-1　保护修复前

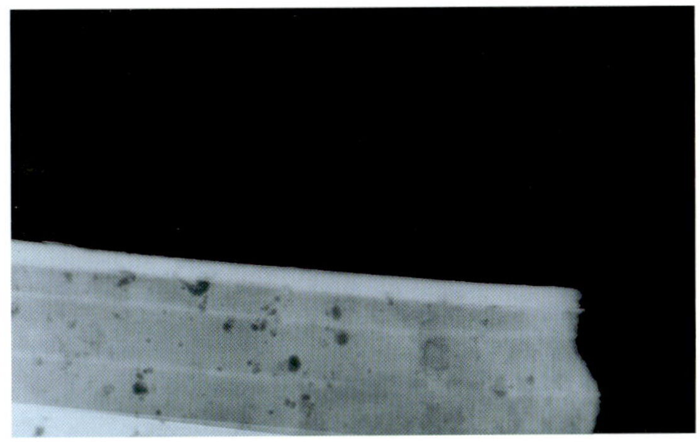

图7-2-2　保护修复后

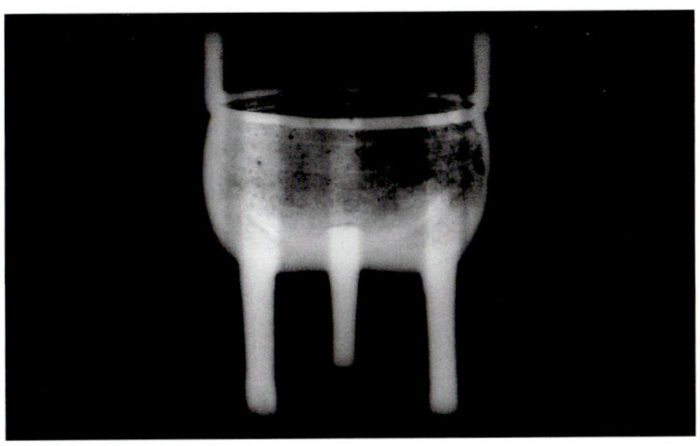

图7-2-3　保护修复后

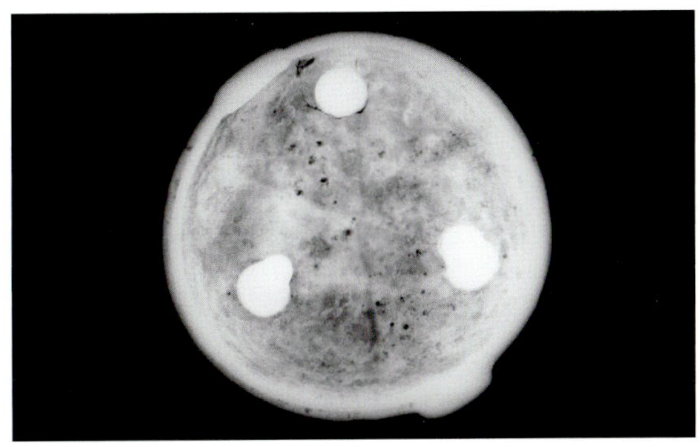

图7-2-4　保护修复后

序号：1-03　铜觯M18：1

保护修复前，可见器壁1枚金属芯撑，芯撑及缺口周围有很多裂隙，器壁亦有暗裂。修复后，器底铭文处影像完整。

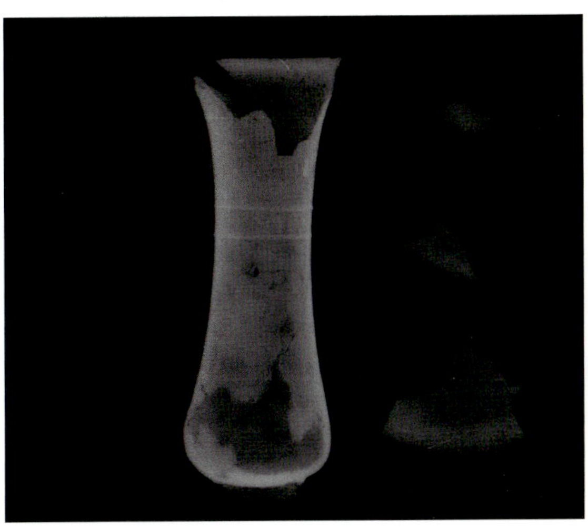

图7-3-1　保护修复前

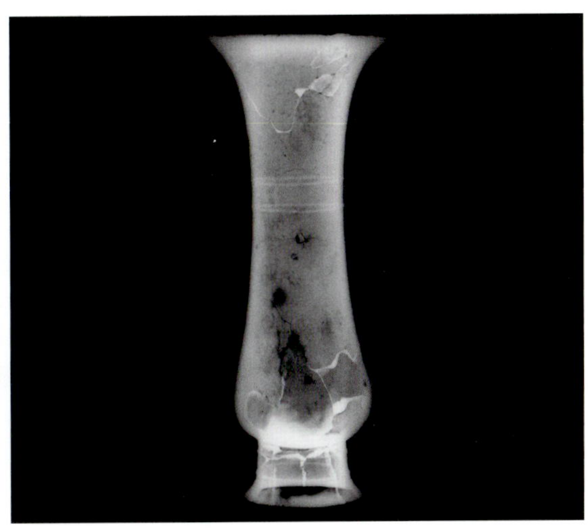

图7-3-2　保护修复后

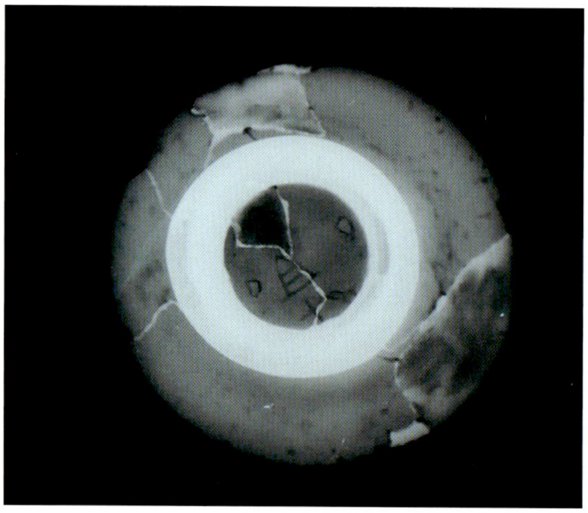

图7-3-3　保护修复中

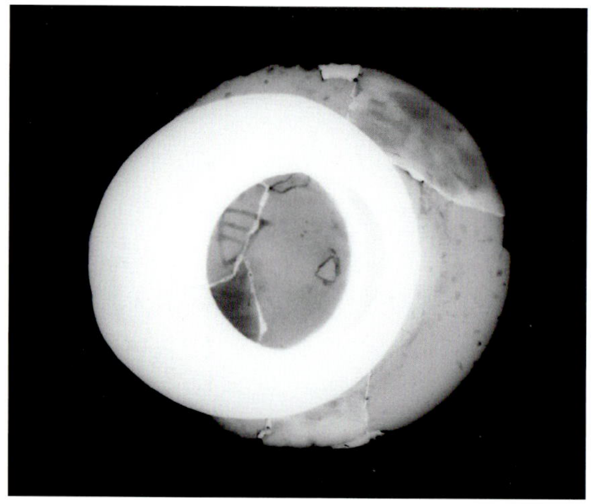

图7-3-4　保护修复后

序号：1-04　铜爵M18：2

图7-4-1　保护修复前

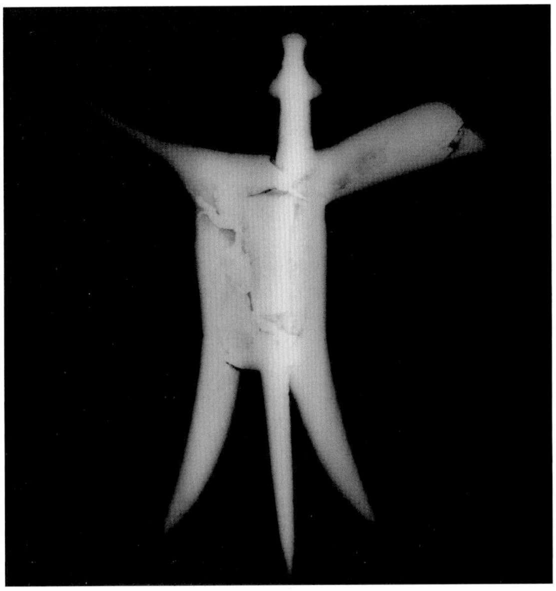

图7-4-2　保护修复后

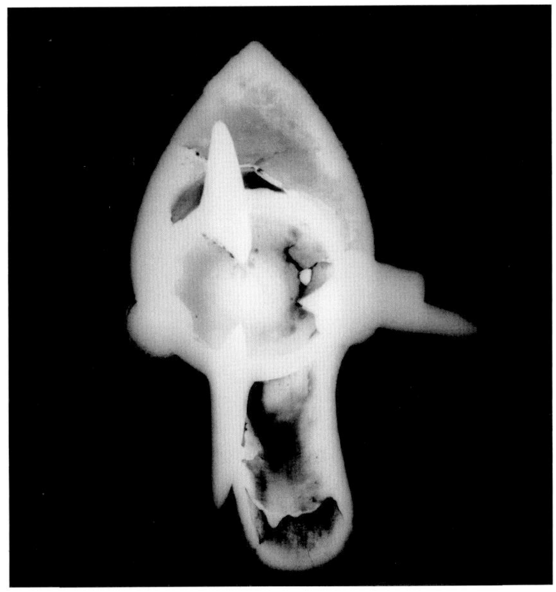

图7-4-3　保护修复后

序号：1-05　铜觥M18：3

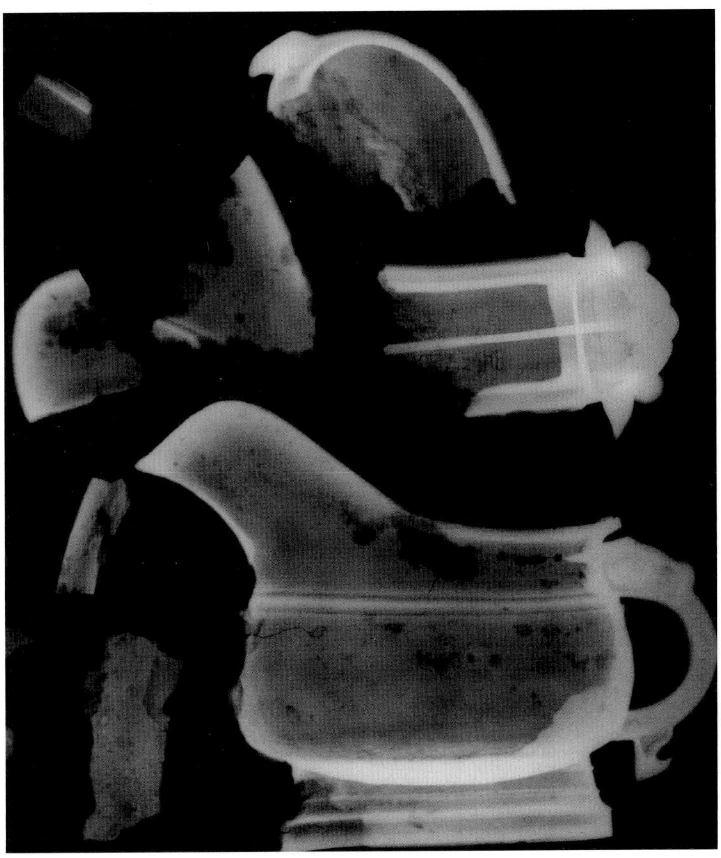

图7-5-1　保护修复前

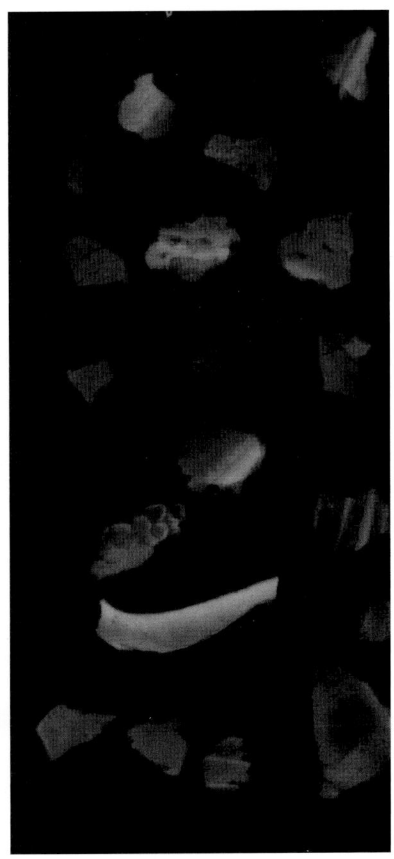

图7-5-2　保护修复前

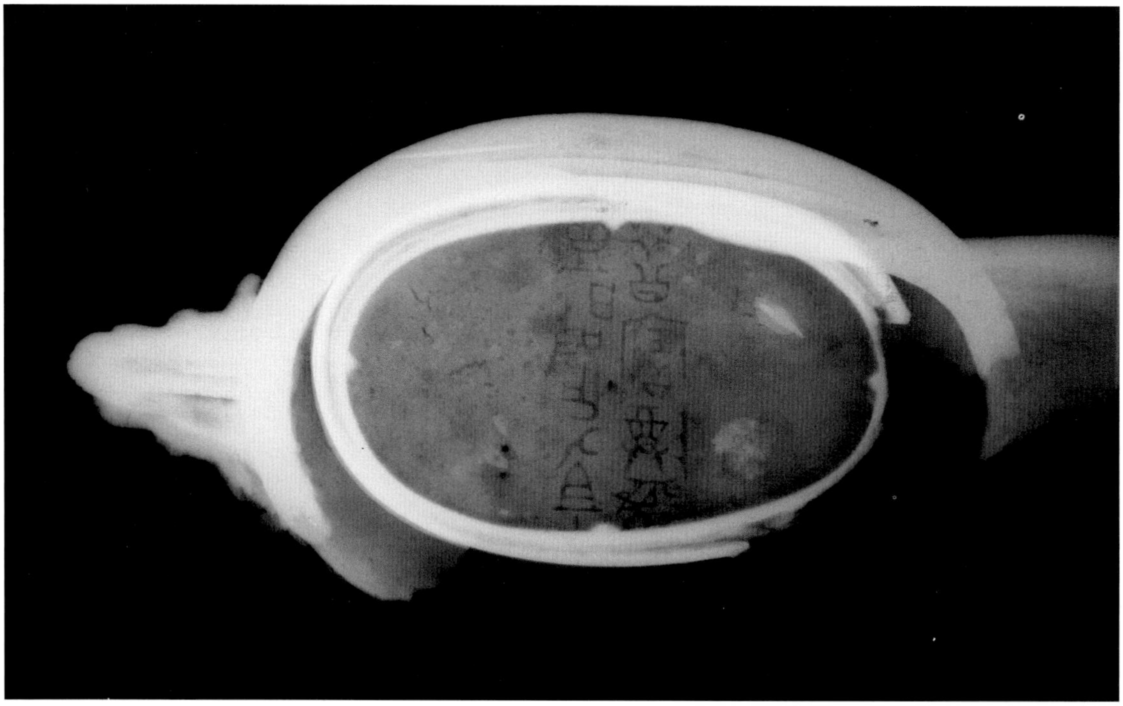

图7-5-3　保护修复前

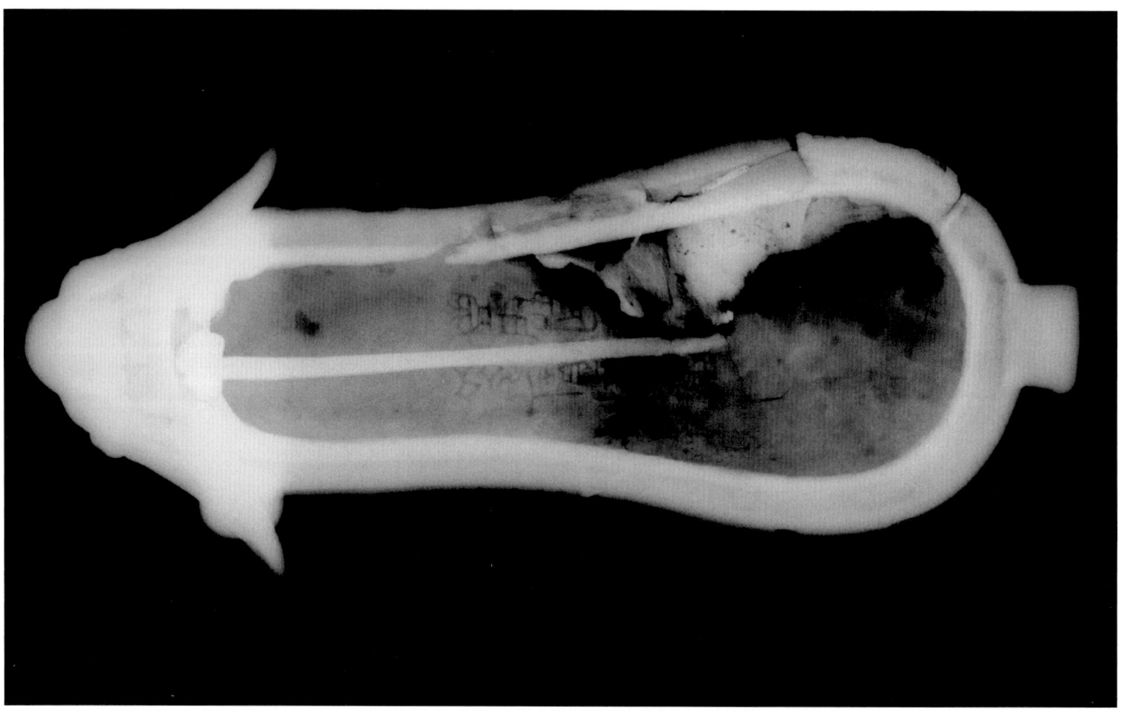

图7-5-4　保护修复前

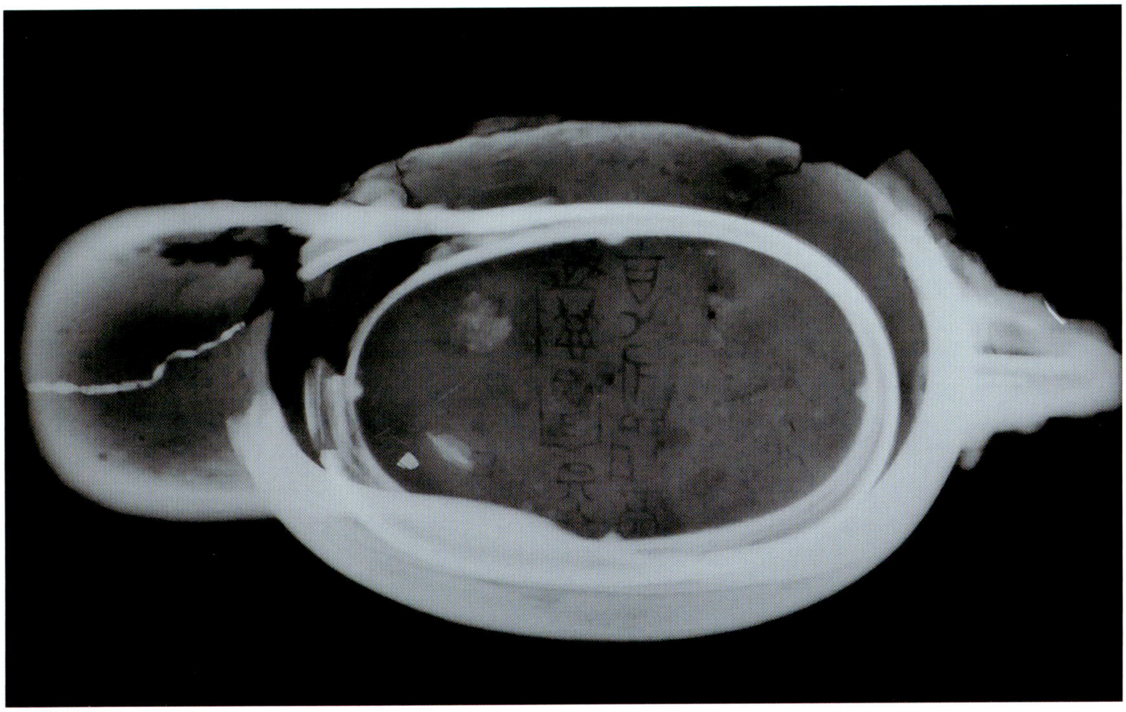

图7-5-5 保护修复中

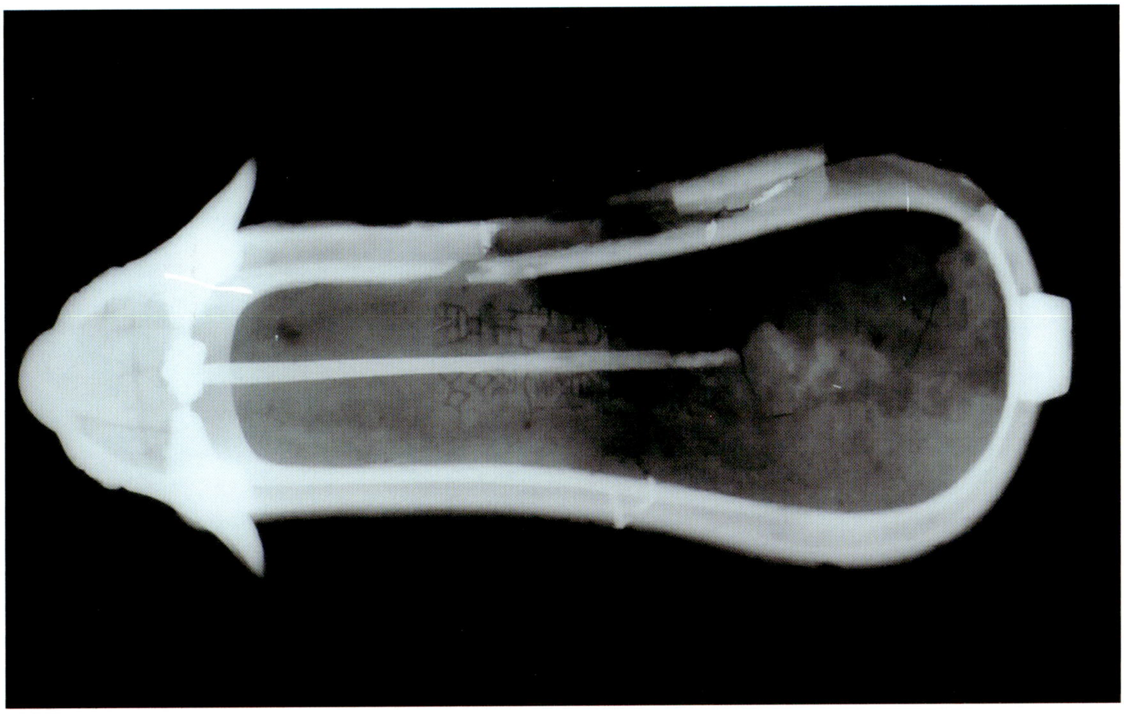

图7-5-6 保护修复中

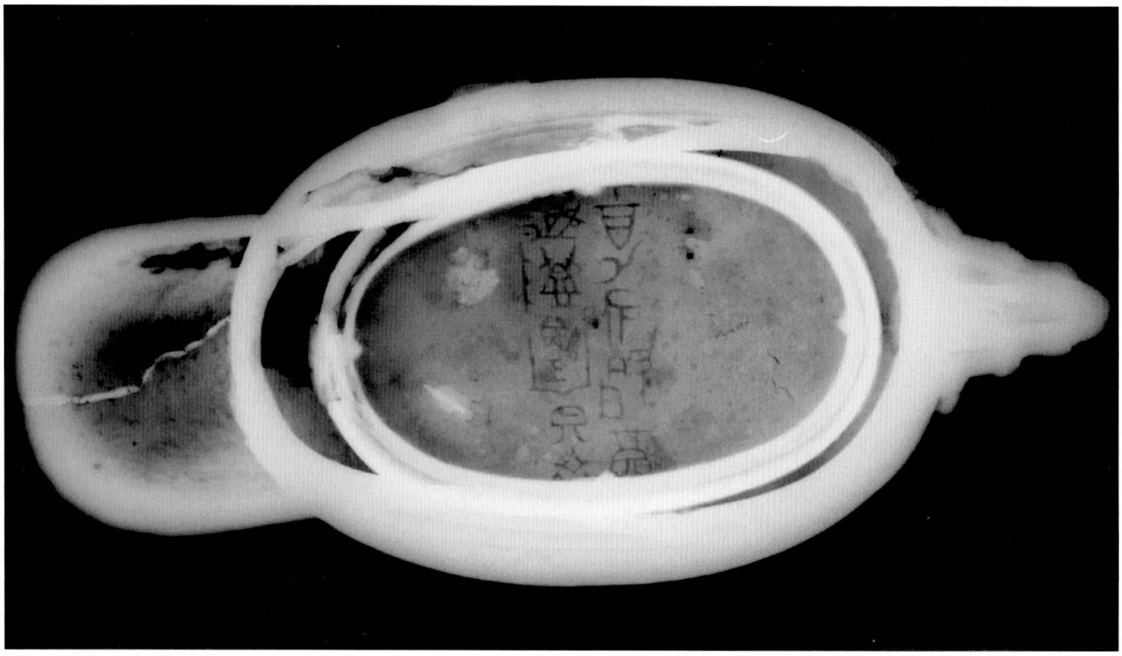

图7-5-7 保护修复后

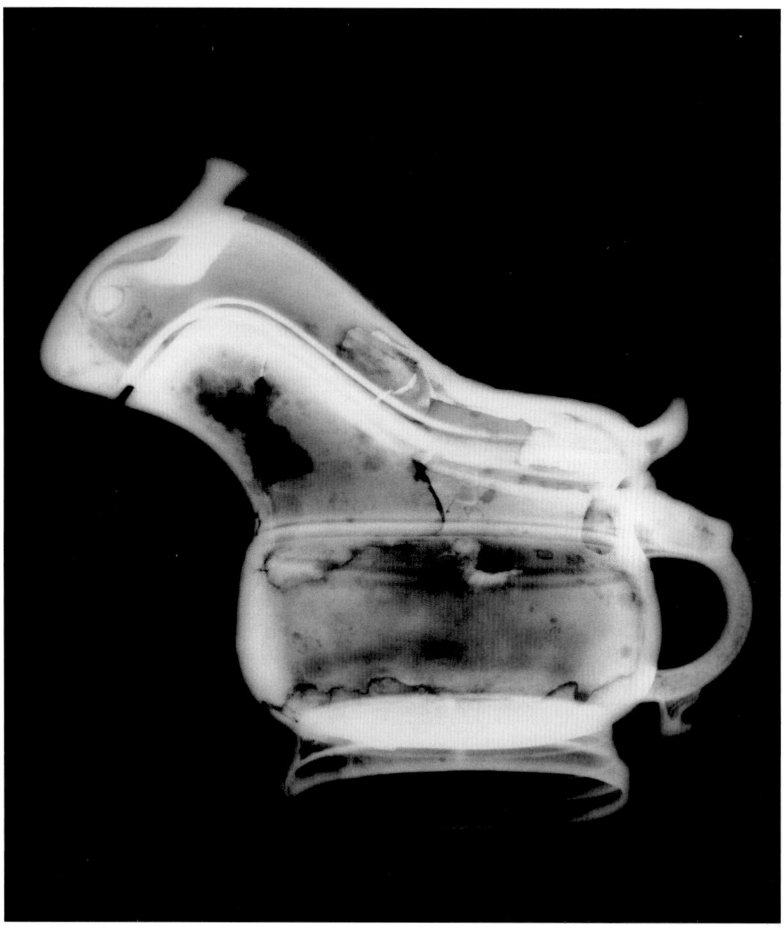

图7-5-8 保护修复后

序号：1-06　铜提梁卣M18：4

保护修复前器壁有铭文。很多残片上有裂隙及暗裂，残片明暗分区边界线较明显。有边界较模糊的点腐蚀暗斑，有些暗斑周围还有一较浅的暗斑。有些残片上有絮状亮斑，以及边界较明显的亮斑，有些亮斑周围还有一较浅的暗斑。

图7-6-1　保护修复前

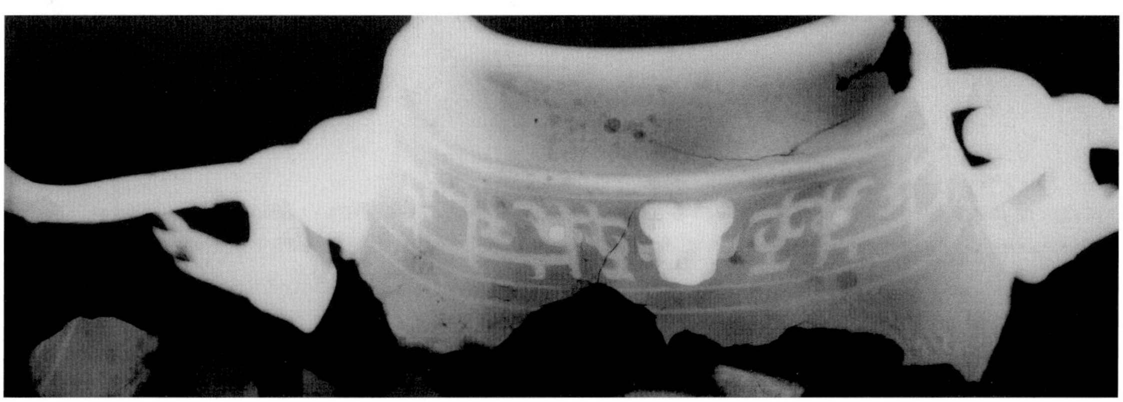

图7-6-2　保护修复前

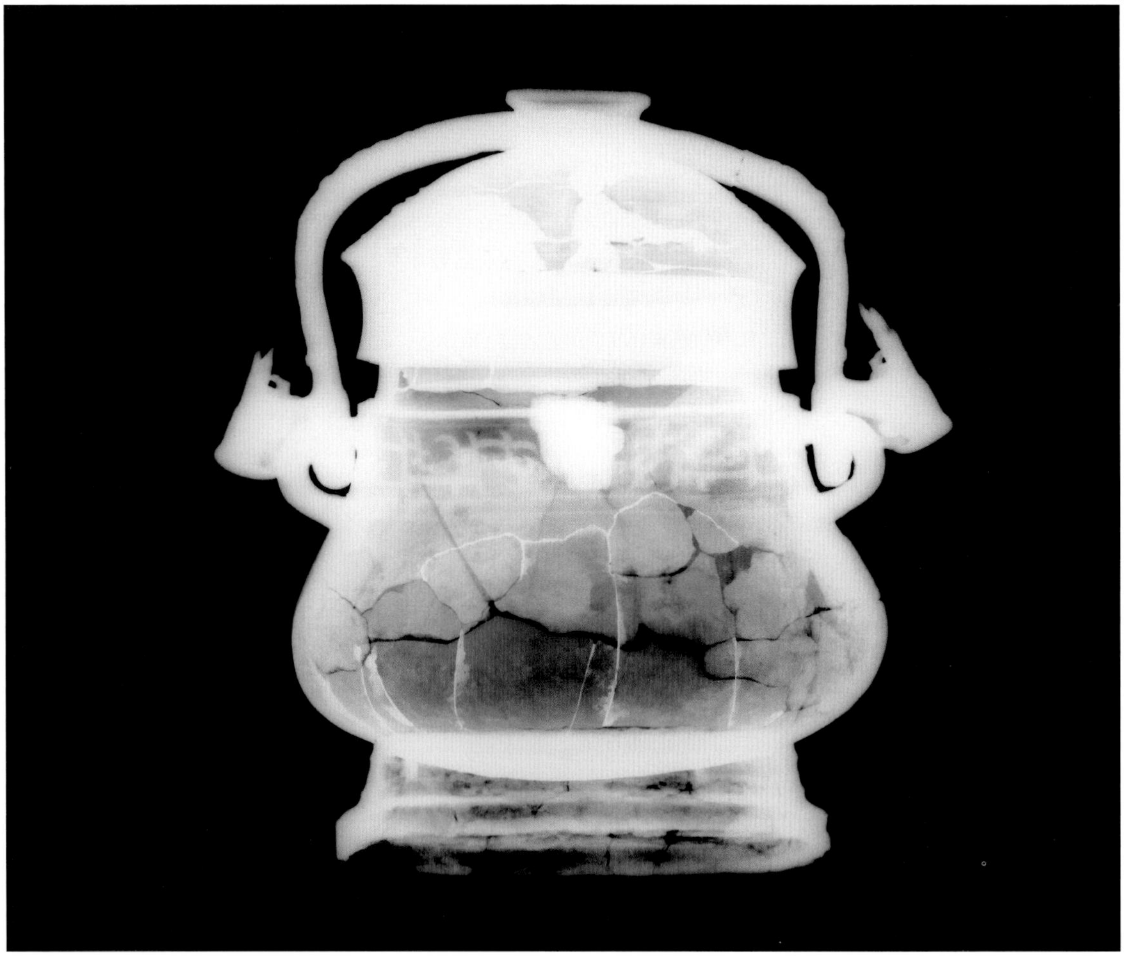

图7-6-3　保护修复后

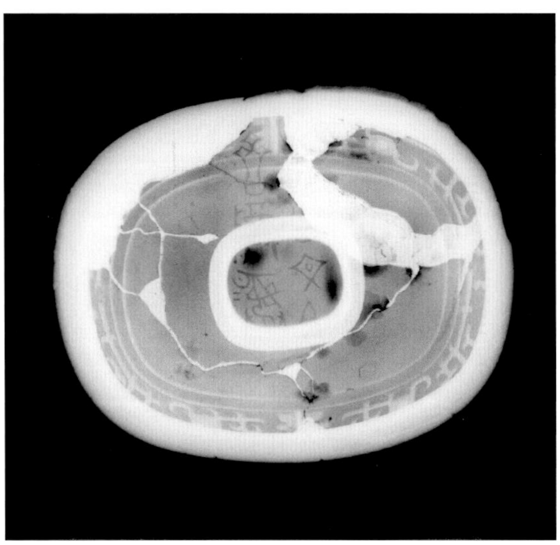

图7-6-4　保护修复后

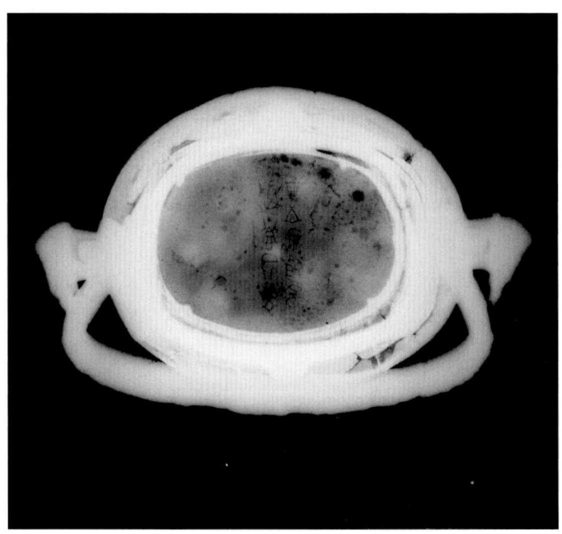

图7-6-5　保护修复后

序号：1-07　铜鼎M18：5

保护修复前，器壁有铭文，很多残片上有裂隙及暗裂，残片明暗分区边界线较明显。有边界较模糊的点腐蚀暗斑，有些暗斑周围还有一较浅的暗斑。有些残片上有絮状亮斑，以及边界较明显的亮斑，有些亮斑周围还有一较浅的暗斑。

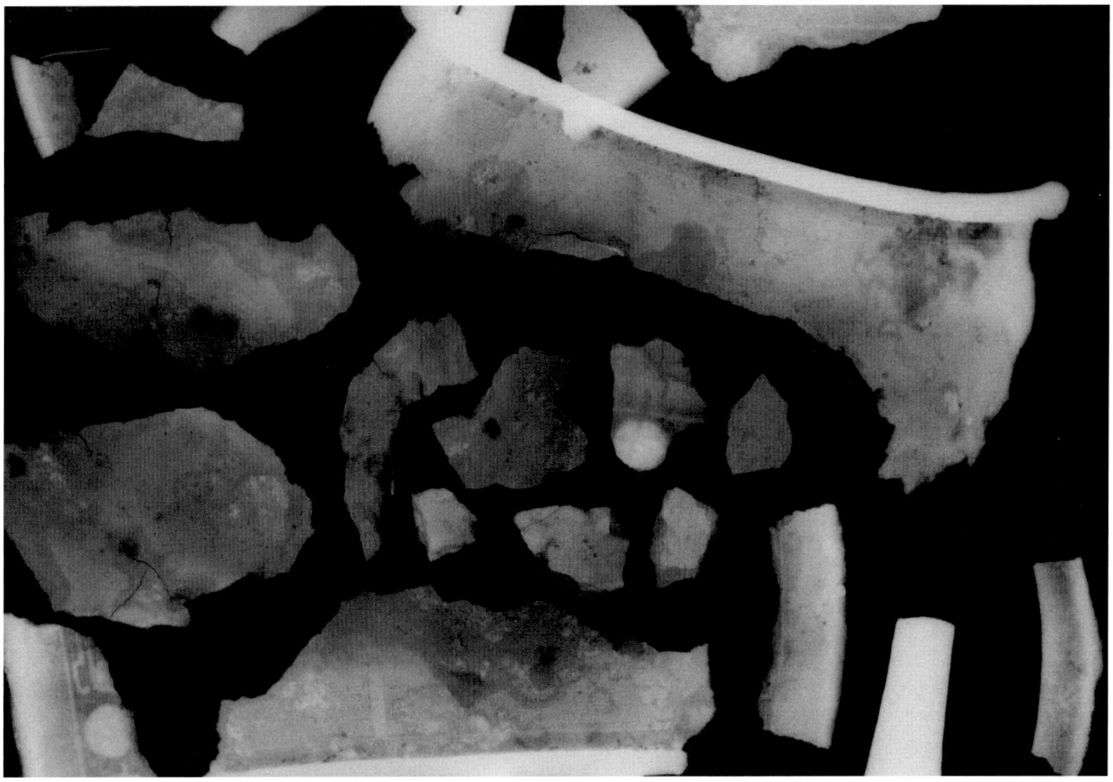

图7-7-1　保护修复前

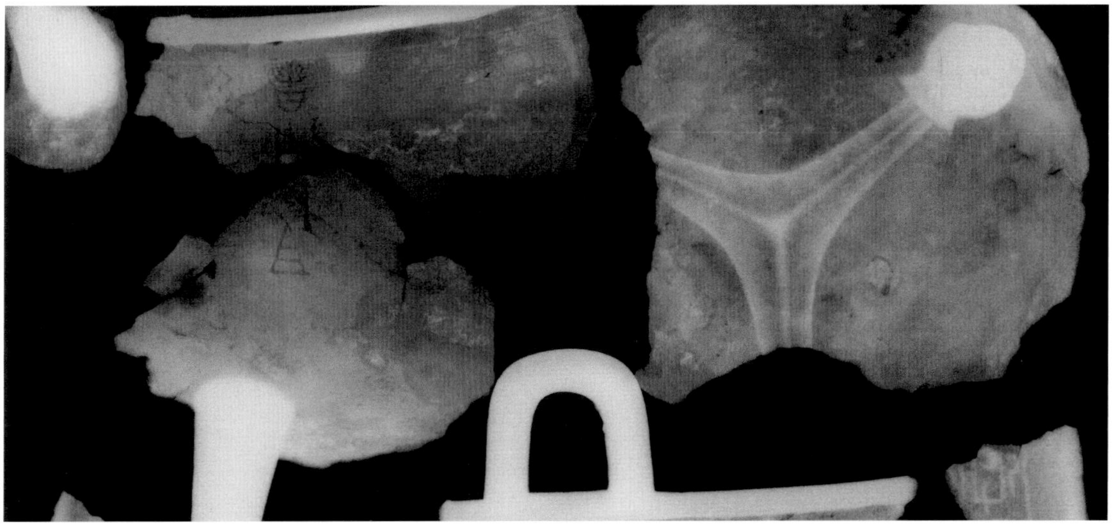

图7-7-2　保护修复前

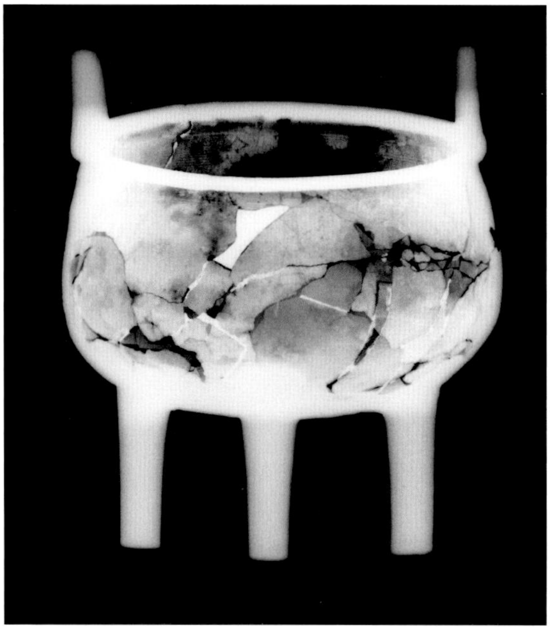

图7-7-3　保护修复后

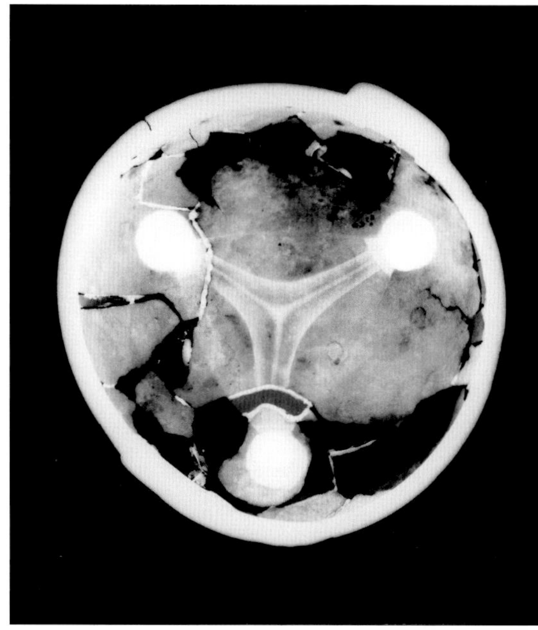

图7-7-4　保护修复后

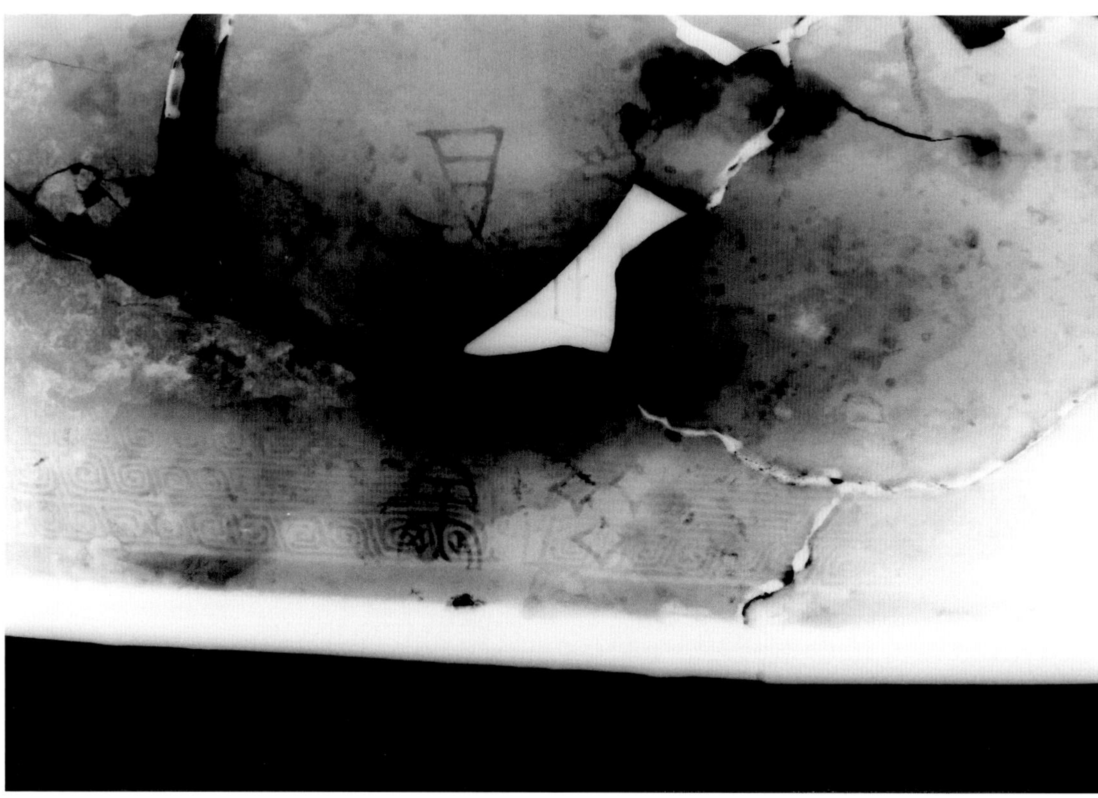

图7-7-5　保护修复后（铭文处）

序号：1-08　铜簋M18：6

保护修复前，器盖明暗区的分界线明显，可见4枚铜质芯撑，芯撑处腐蚀较重。底部可见3枚铜质芯撑，明区与暗区分界线不明显，有少量铸造孔隙及边界模糊的点腐蚀暗斑，个别孔隙边缘腐蚀较重。这些残片缺口周围有裂隙及暗裂。有些残片上有边界模糊的絮状亮区，有些残片影像模糊，有重影。

图7-8-1　保护修复前

图7-8-2　保护修复后

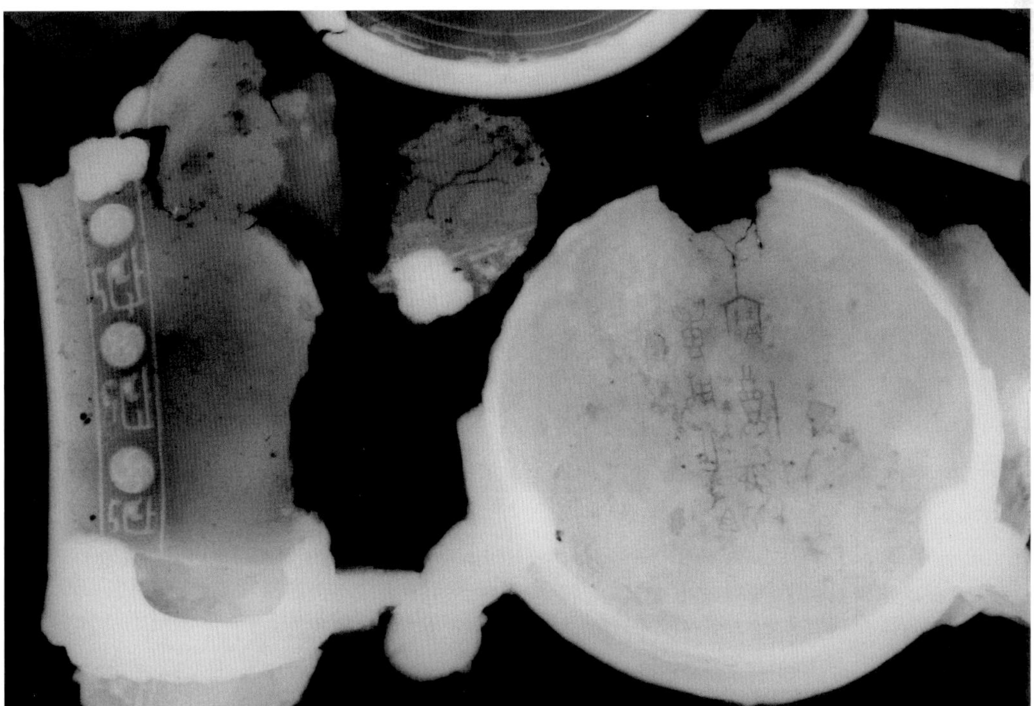

图7-8-3　保护修复前

序号：1-09　铜尊形器M18：7

保护修复前，铭文模糊，腐蚀较重。可见2枚铜质芯撑，裂隙及大面积亮斑处疑似补铸痕迹。很多残片上都有边界模糊的点腐蚀暗斑，以及边界清晰外凸的亮斑。很多残片上有暗裂，腐蚀严重的残片暗裂遍布。有些残片腐蚀严重，有多重夹层，影像模糊，有重影，纹饰也较模糊，锈蚀严重。

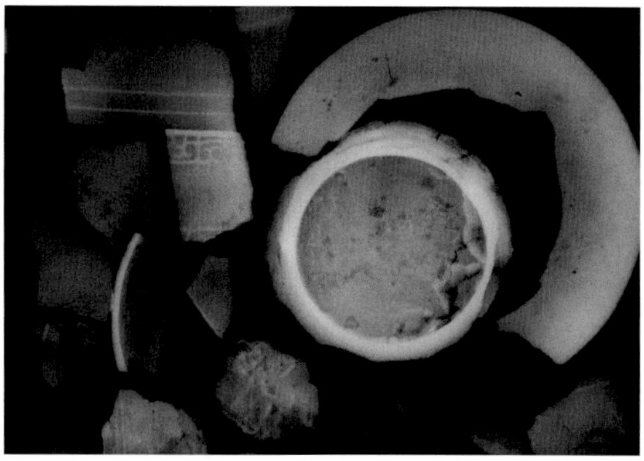

图7-9-1　保护修复前

图7-9-2　保护修复前

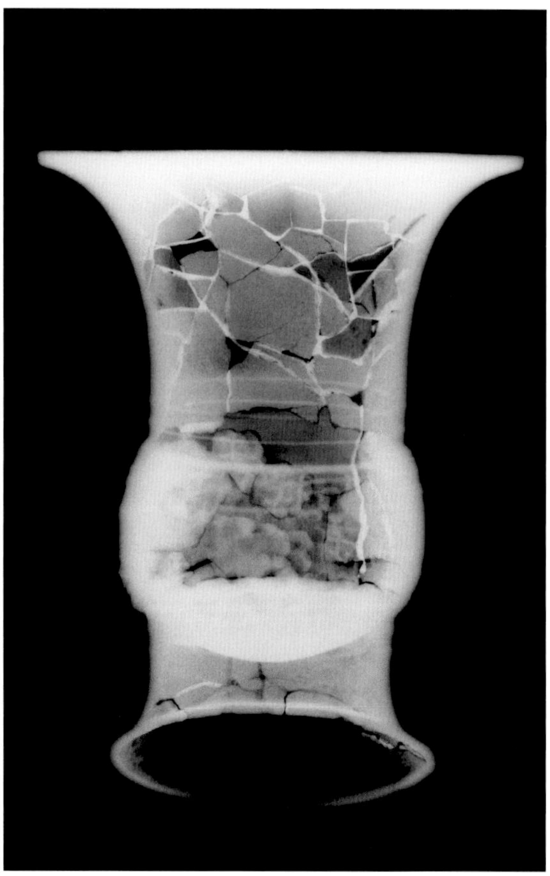

图7-9-3　保护修复后

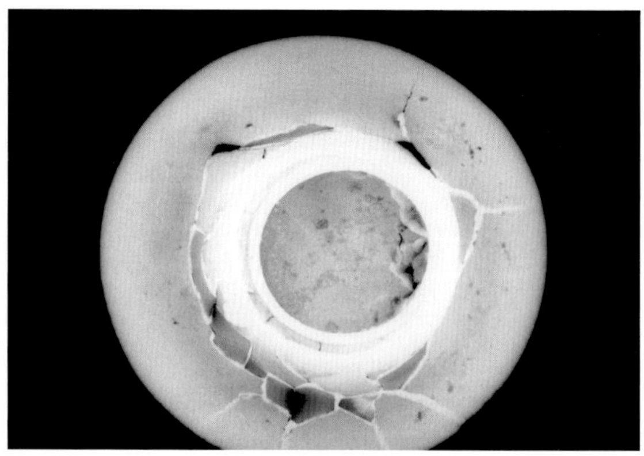

图7-9-4　保护修复后

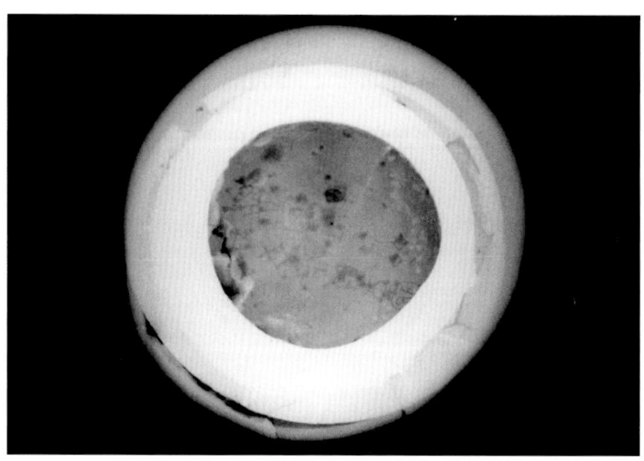

图7-9-5　保护修复后

序号：1-10　铜甗M18：8

保护修复前，很多残片上有边界模糊的絮状亮斑。有较多的铸造孔隙，在最大的一块器壁残片上可见 1 枚铜质芯撑。有边界较清晰的明区与暗区，有些亮斑周围被暗区环绕，有些铸造孔隙的暗斑内可见亮点。铭文较模糊，铭文中间可见 1 枚铜质芯撑。明暗区分界较模糊，多铸造孔隙。可见很多亮斑和边界模糊的絮状亮区。

图7-10-1　保护修复前

图7-10-2　保护修复前

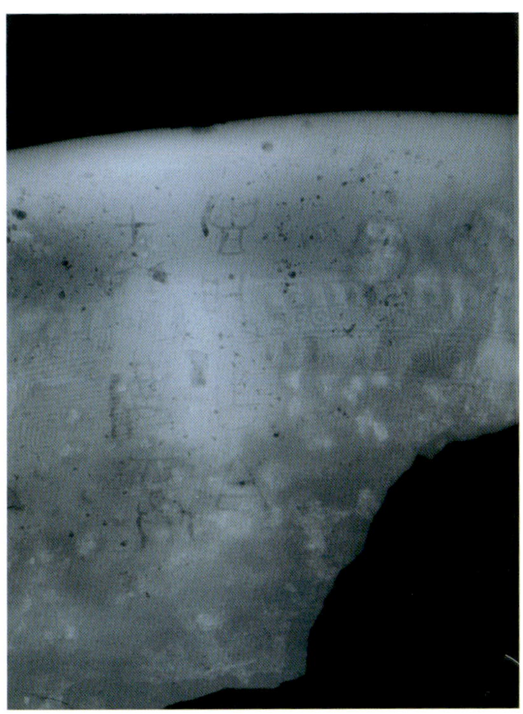

图7-10-3　保护修复前

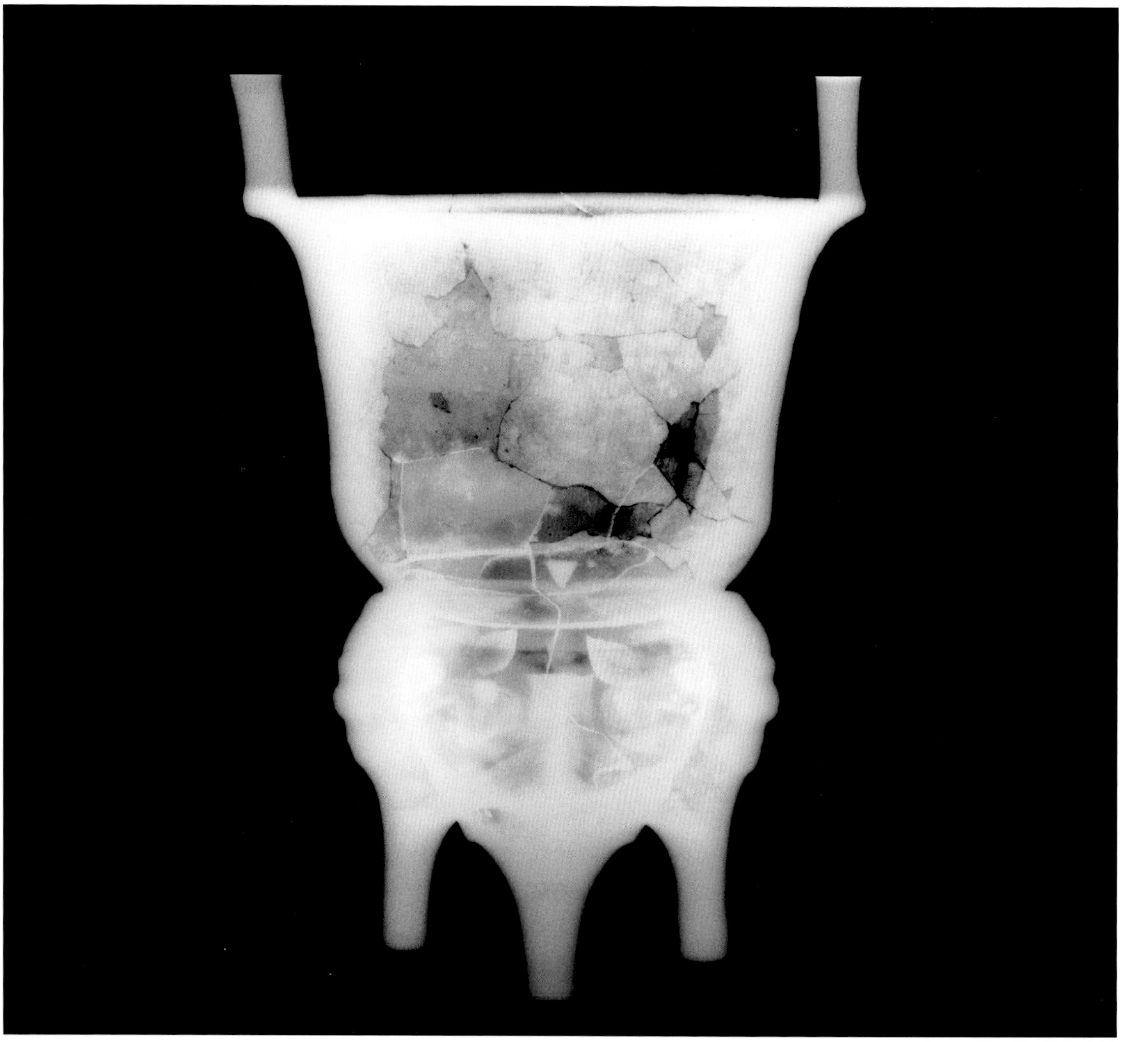

图7-10-4 保护修复后

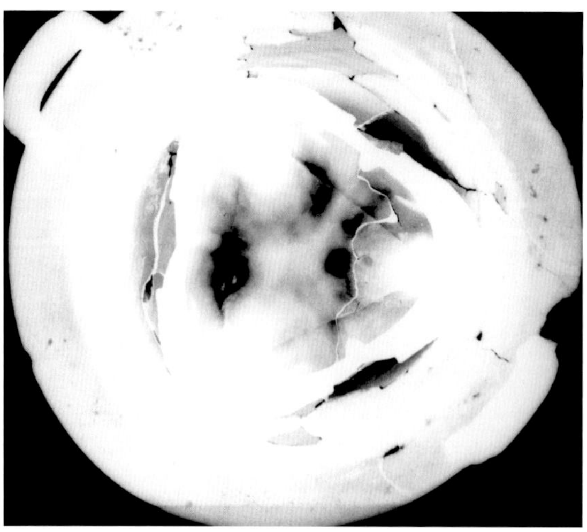

图7-10-5 保护修复后

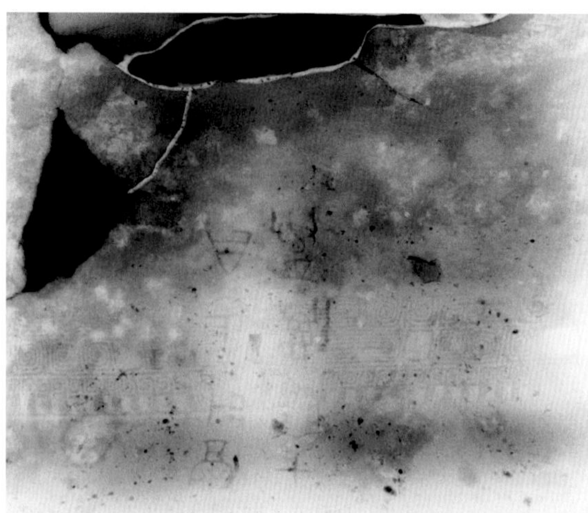

图7-10-6 保护修复后

序号：2-01　铜斗M18：9

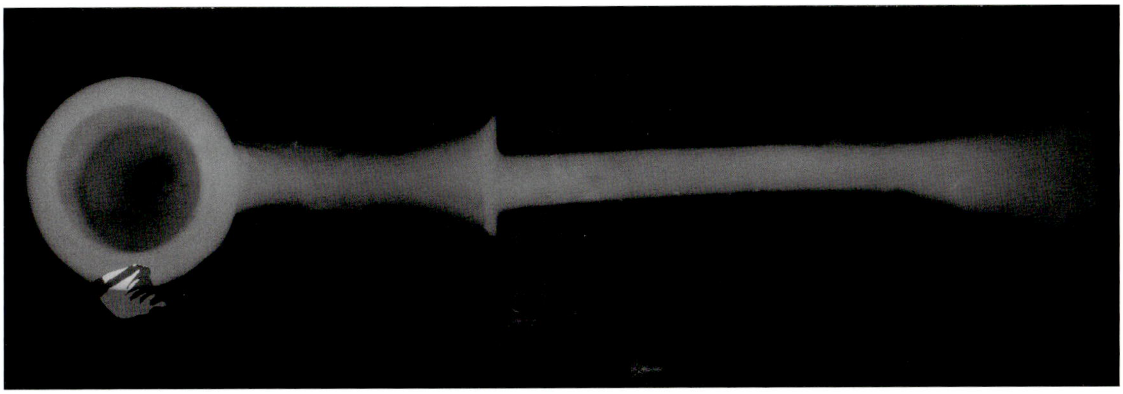

图7-11-1　保护修复前

序号：2-02　铜戈M18：?

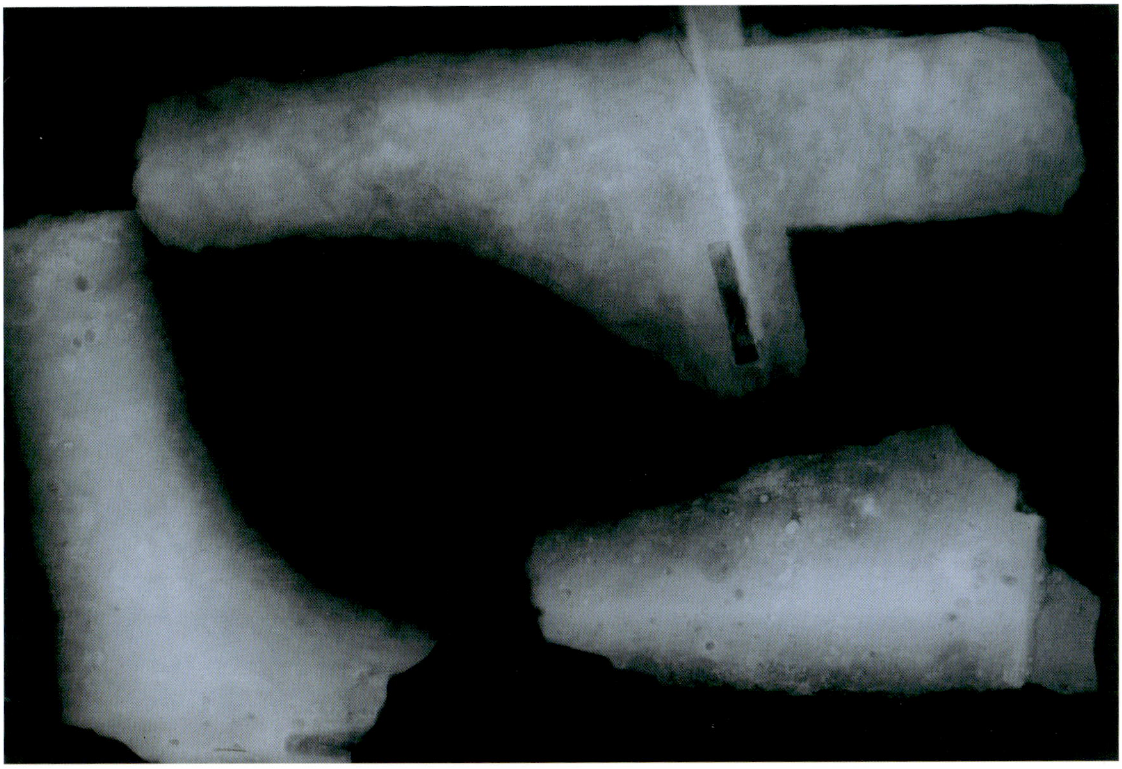

图7-12-1　保护修复前

序号：2-03　铜甗M27：1

保护修复前，器壁有很多铸造缩孔。器底可见 3 枚铜质芯撑，器壁可见多枚。铜质整体保存较好，局部腐蚀较重。口沿、大裂隙周围、残片边缘有裂隙，不均匀腐蚀。

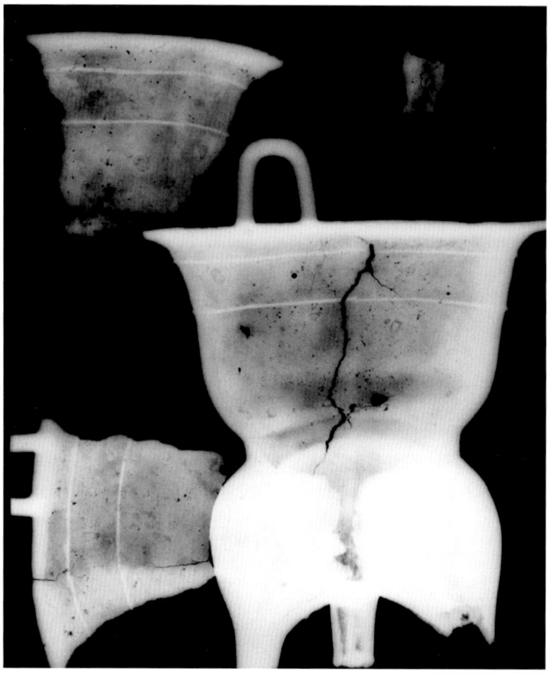

图7-13-1　保护修复前

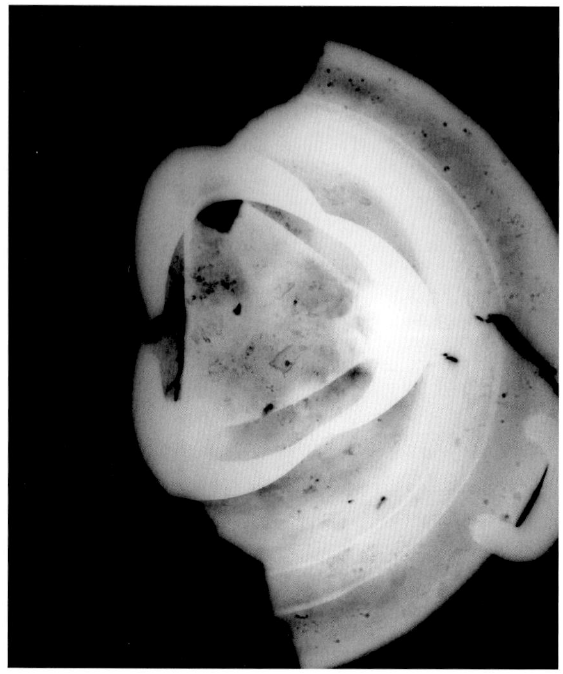

图7-13-2　保护修复前

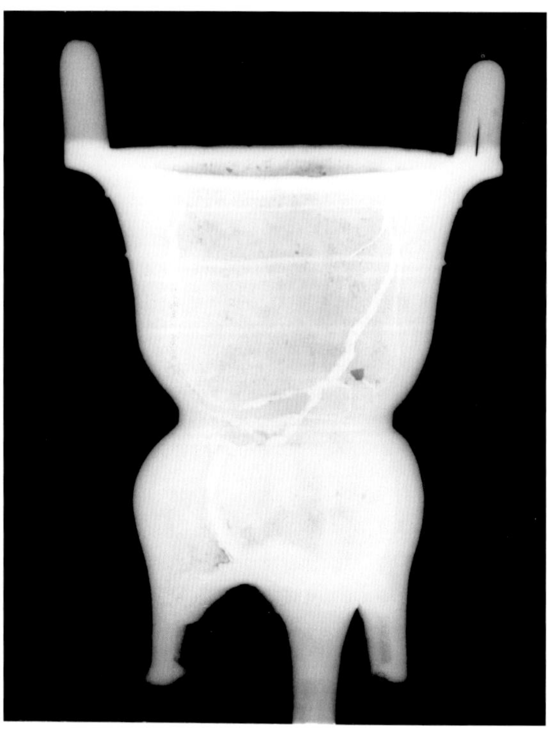

图7-13-3　保护修复后

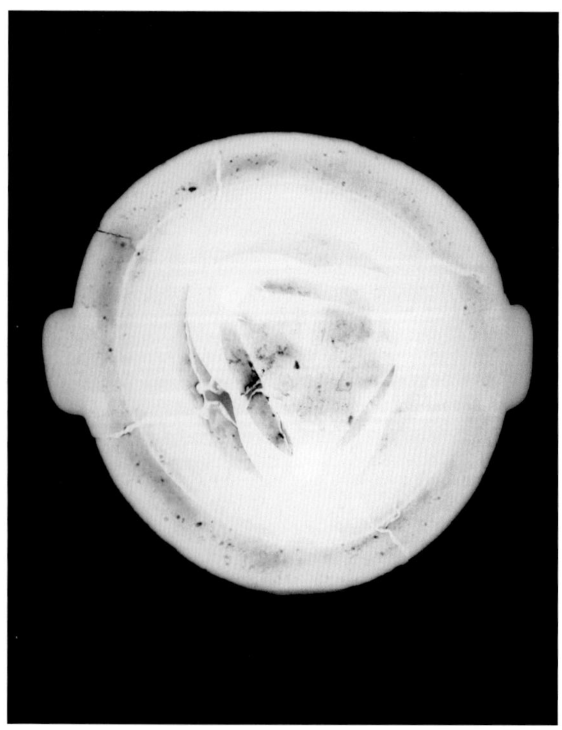

图7-13-4　保护修复后

序号：2-04　铜鼎M27：5

保护修复前，器底有9枚芯撑，3条加强筋，器壁有部分微裂隙和铸造缩孔。

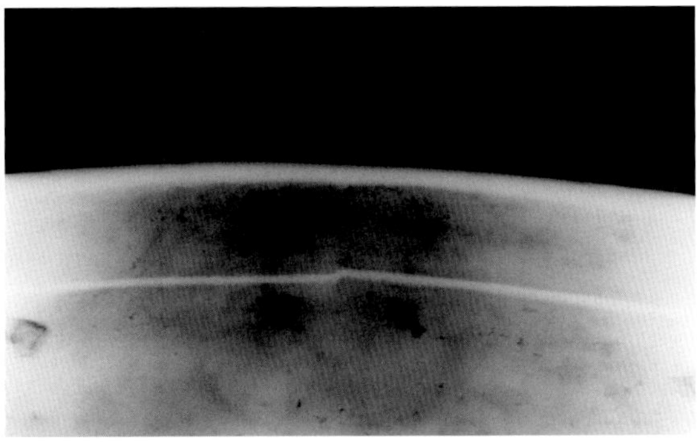

图7-14-1　保护修复前

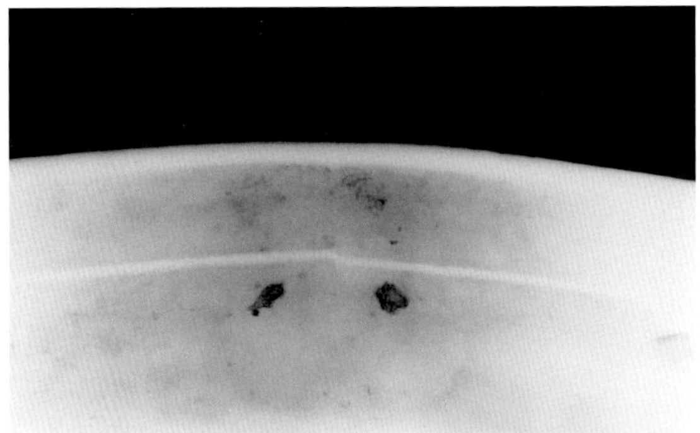

图7-14-2　保护修复前

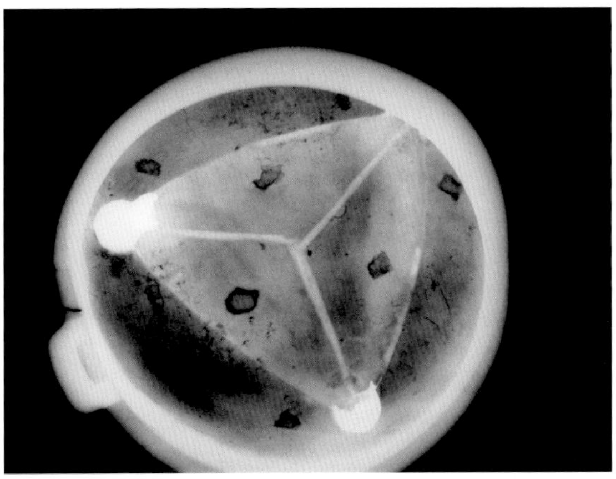

图7-14-3　保护修复前

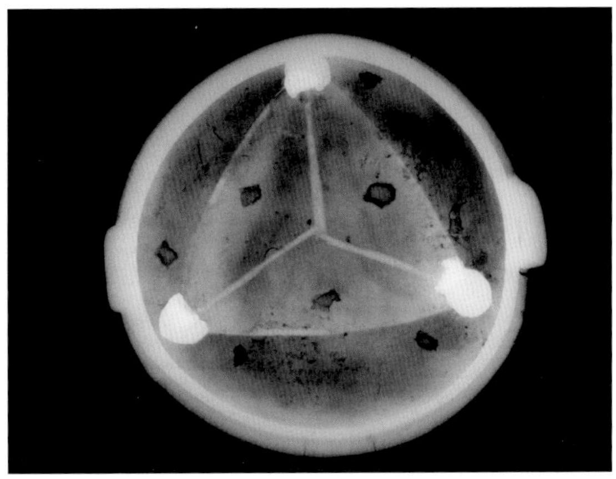

图7-14-4　保护修复后

序号：2-05　铜提梁卣M27：10

保护修复前，可见数枚芯撑，芯撑周围有微裂隙，底部有较多裂隙，器壁有较多的铸造缩孔。铜质整体保存尚可。

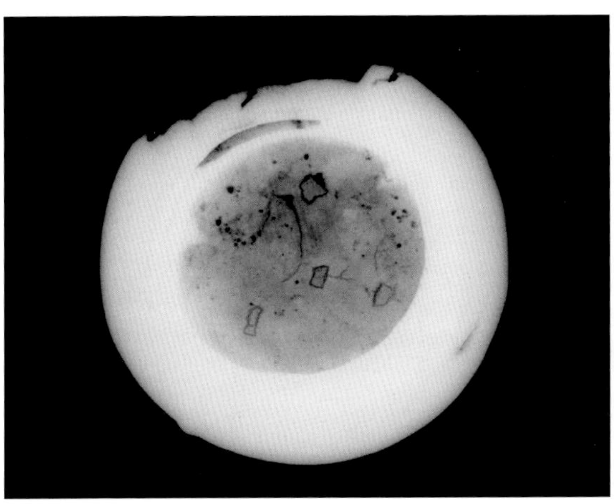

图7-15-1　保护修复前

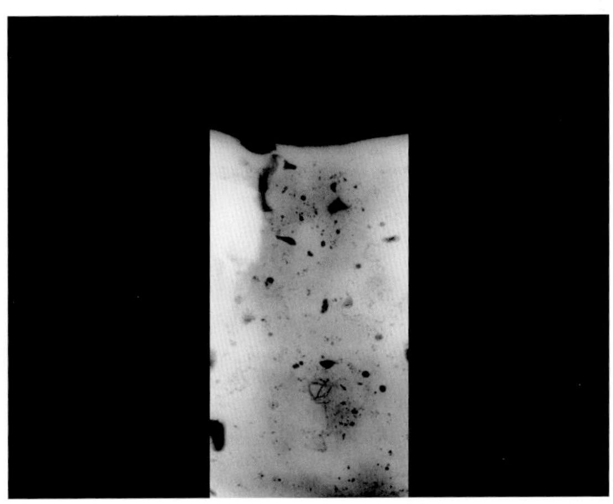

图7-15-2　保护修复前

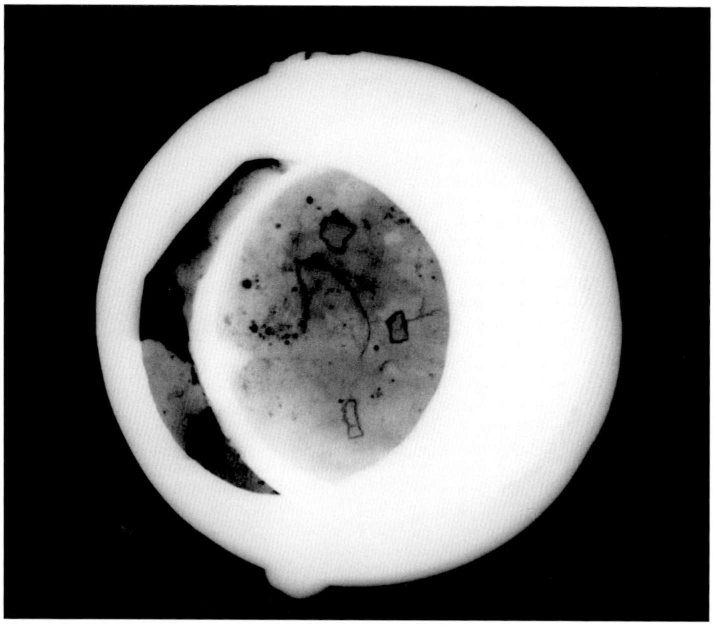

图7-15-3　保护修复后

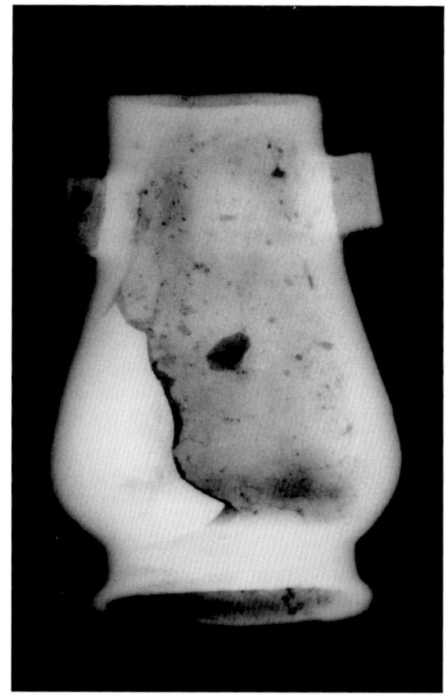

图7-15-14　保护修复后

序号：2-06　铜簋M27：16

保护修复前，底部3枚芯撑，2条裂隙，口沿1条裂隙；器底和器壁可见铸造缩孔；铜质整体保存较好。

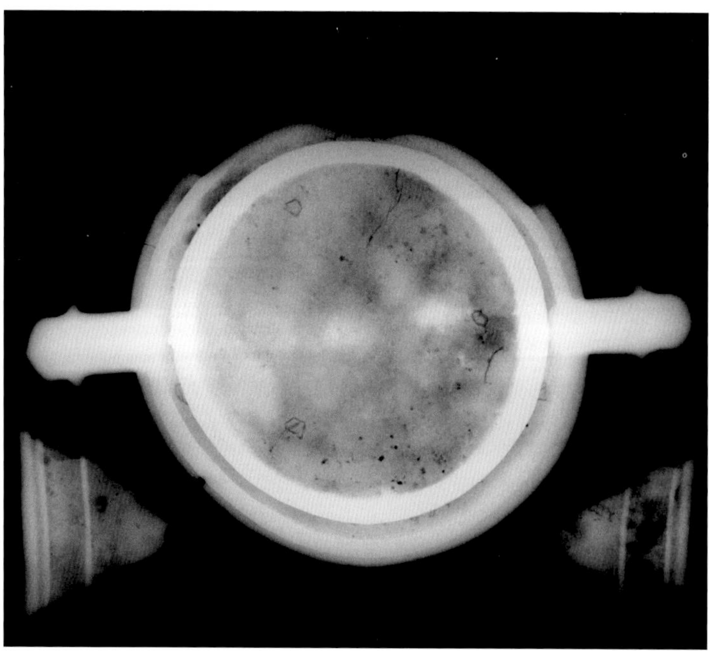

图7-16-1　保护修复前

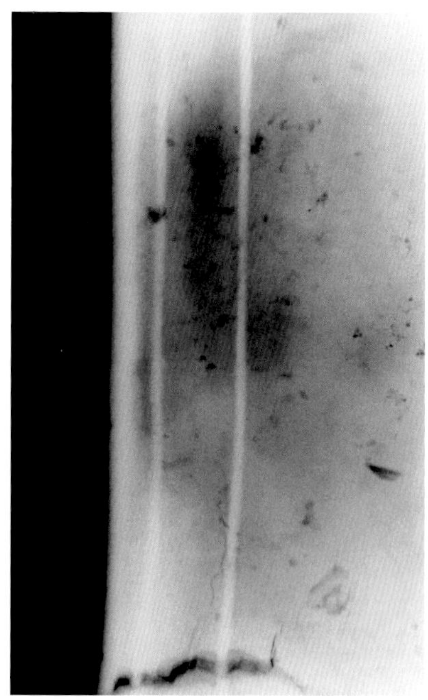

图7-16-2　保护修复前

图7-16-3　保护修复后

序号：2-07　铜戈M35：33

保护修复前，边缘矿化严重，穿孔被锈蚀掩盖，小残片上有裂隙。

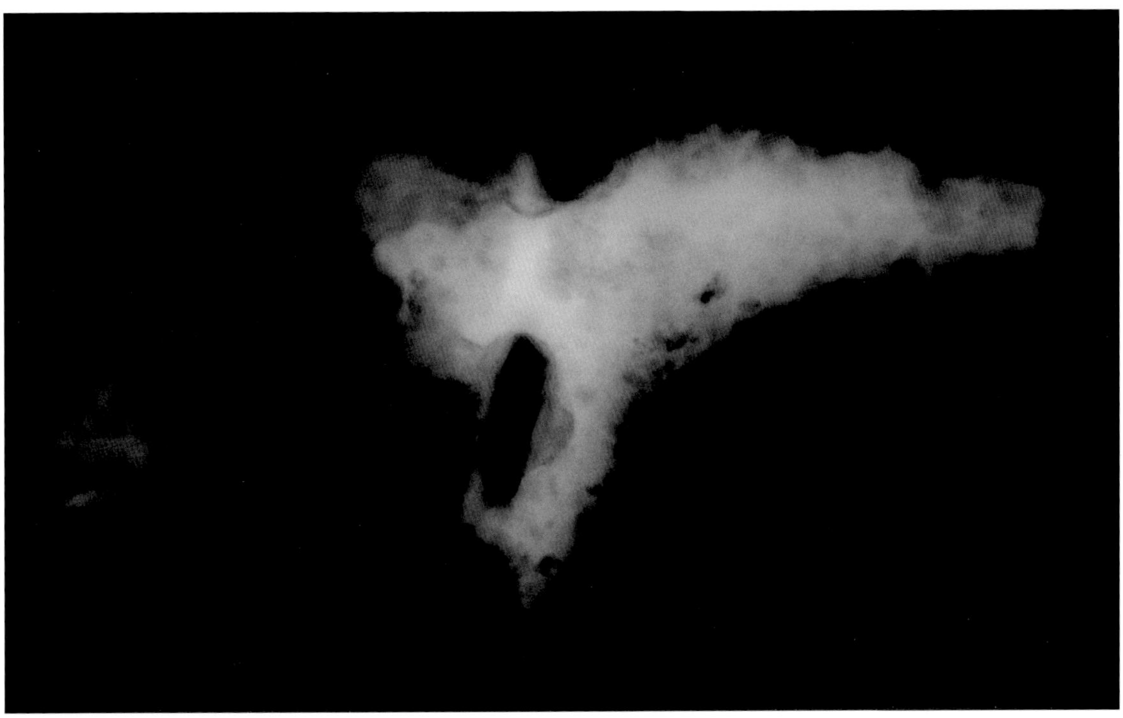

图7-17-1　保护修复后

序号：2-08 铜鼎M35：34

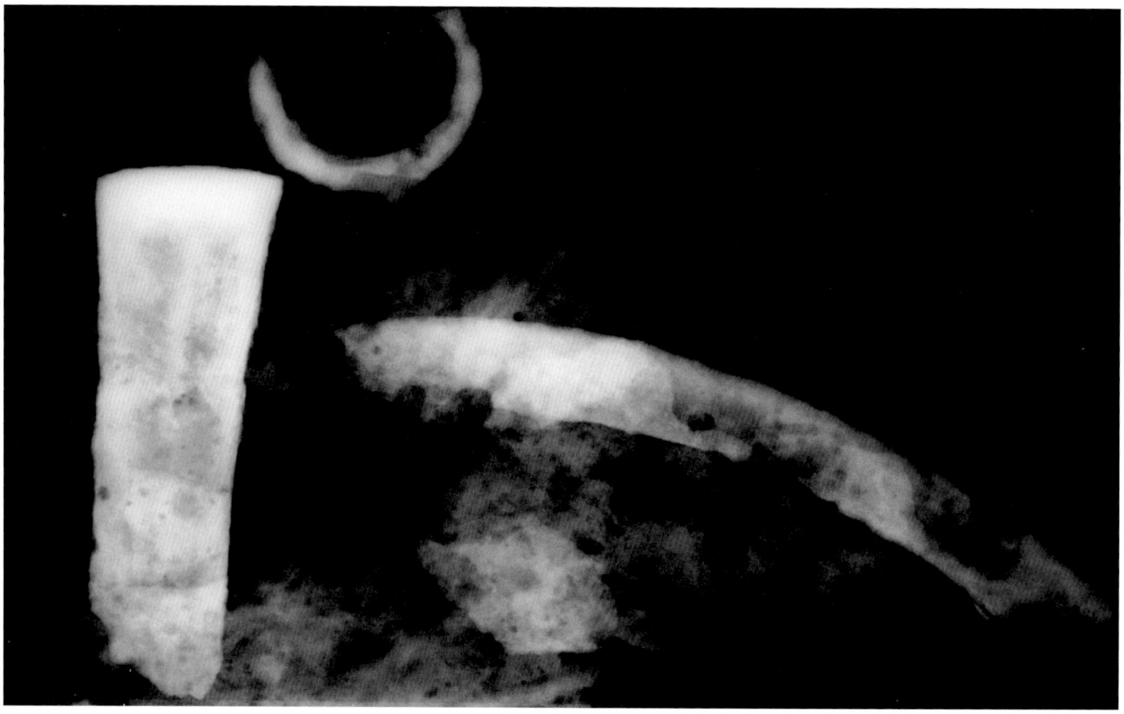

图7-18-1 保护修复前

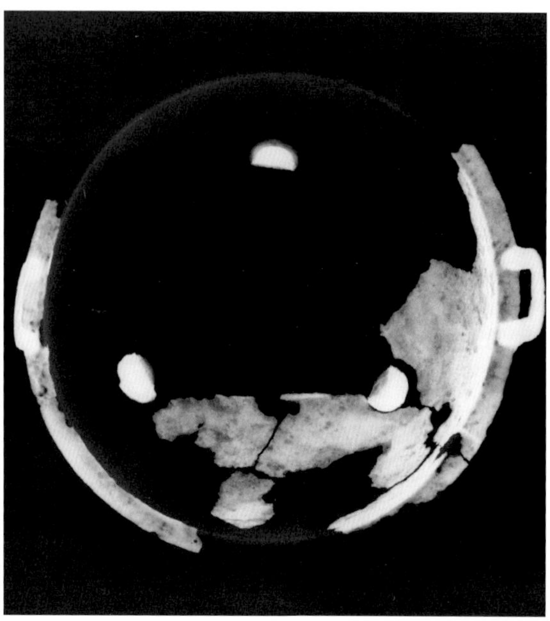

图7-18-2 保护修复后

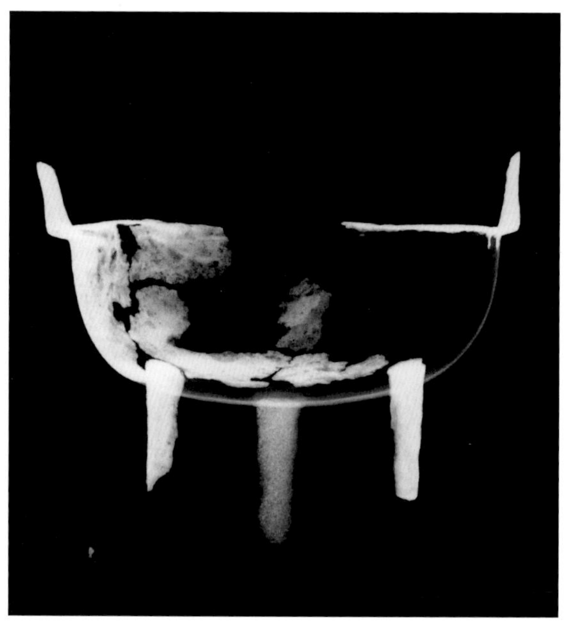

图7-18-3 保护修复后

序号：1-11　铜簋M35：35、M35：38

保护修复前，盖部有铭文，可见 5 枚铜质芯撑，有很多不均匀腐蚀的暗斑，缺口周围有裂隙，影像模糊，有重影，可能与锈蚀层较厚有关系。底部有铭文，铭文不清晰，可见 6 枚芯撑，有较多的铸造孔隙，影像模糊，有重影，可能与锈蚀层较厚有关系。

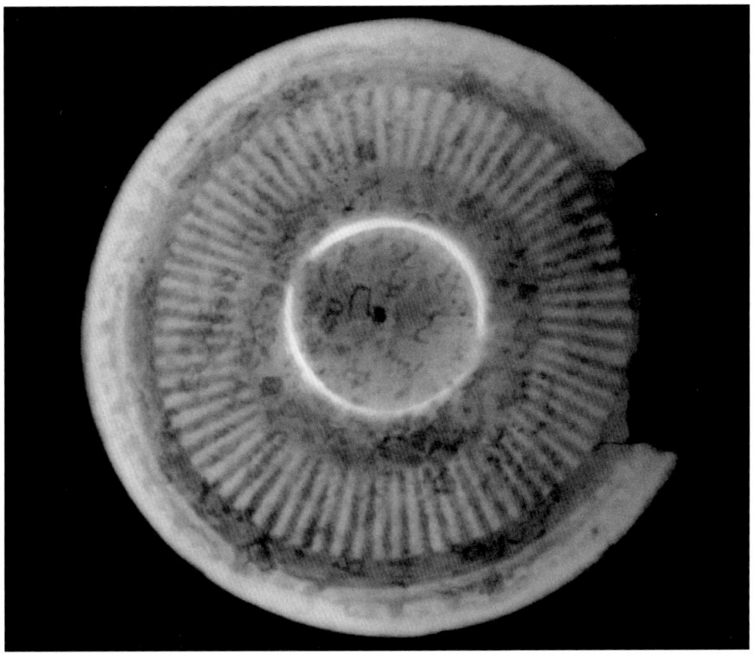

图7-19-1　保护修复前

图7-19-2　保护修复前

图7-19-3　保护修复后

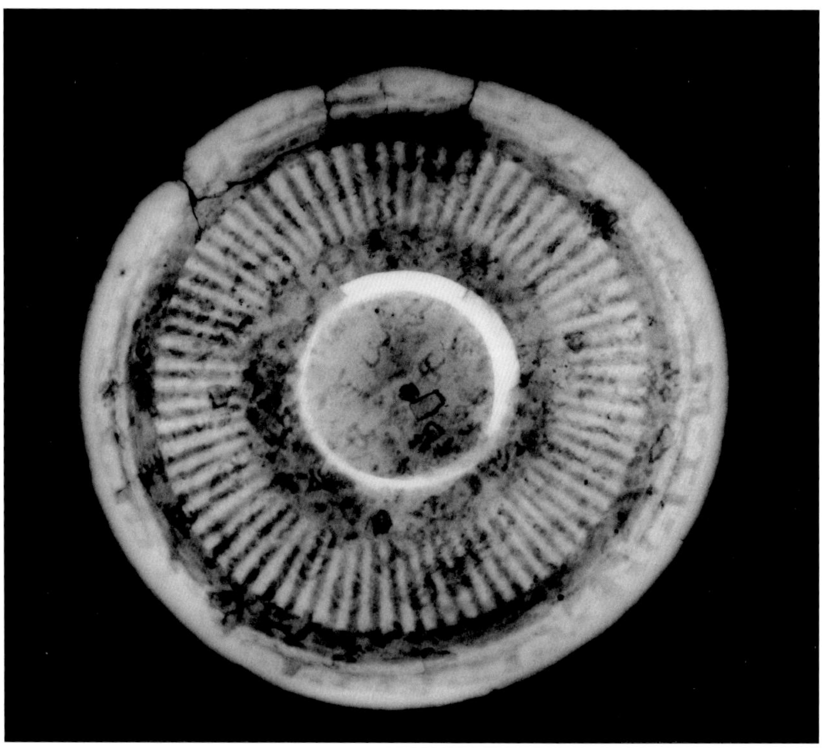

图7-19-4　保护修复后

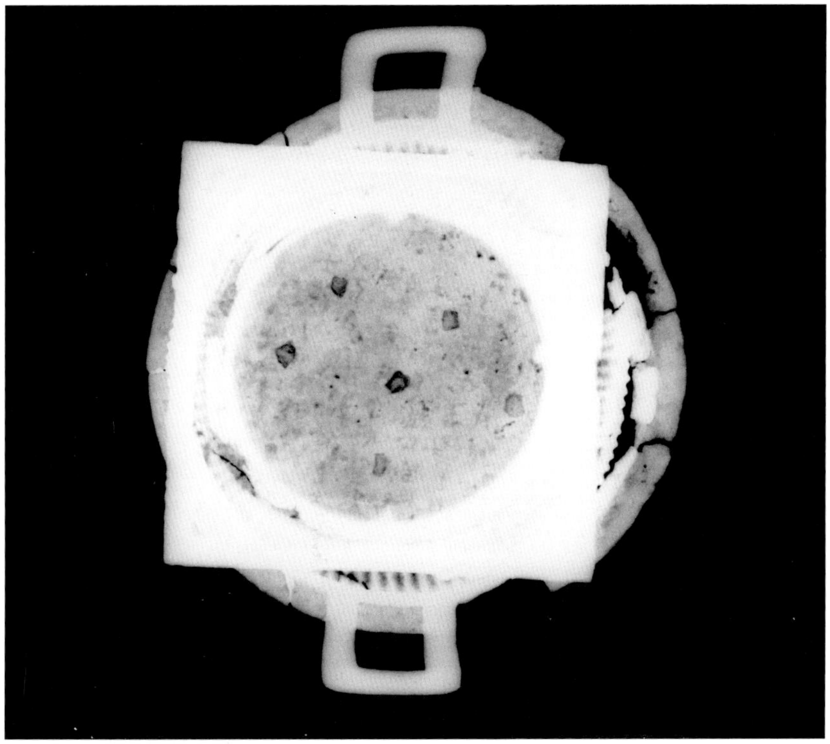

图7-19-5 保护修复后

序号：2-10 铜矛M35：37

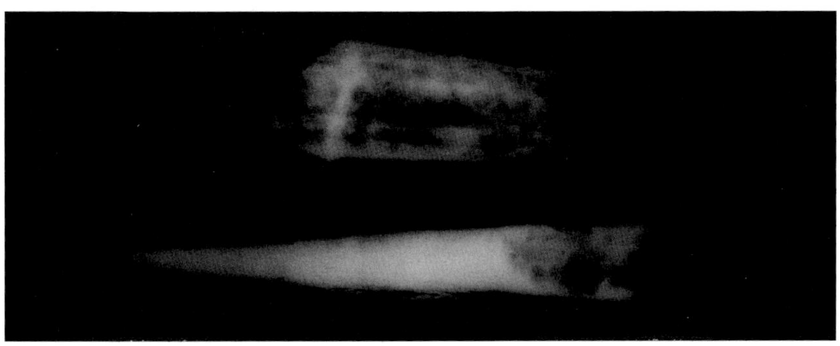

图7-20-1 保护修复前

序号：2-11　铜车軎、铜车辖M35：40

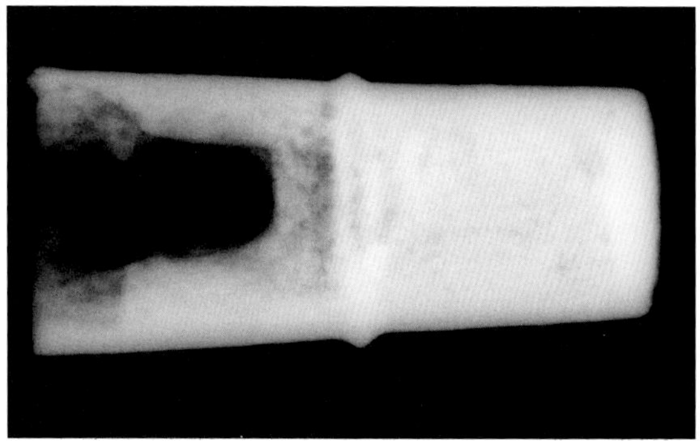

图7-21-1　保护修复前

序号：2-12　铜车軎、铜车辖M35：41

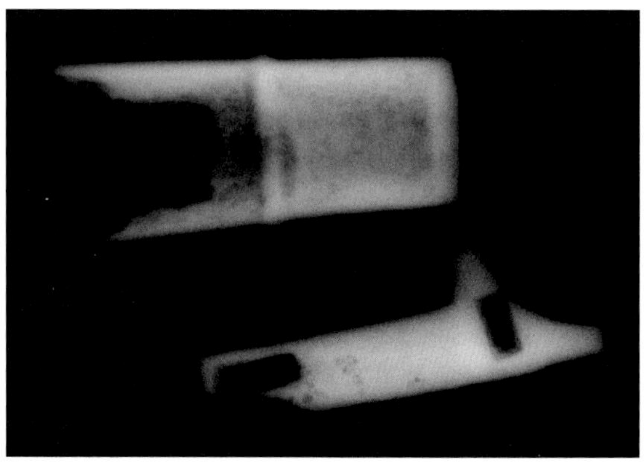

图7-22-1　保护修复前

序号：2-13　铜件M35：42

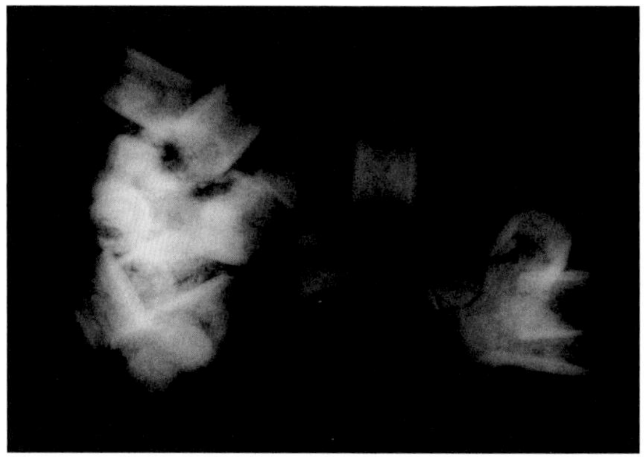

图7-23-1　保护修复前

序号：2-14　铜銮铃M35：43

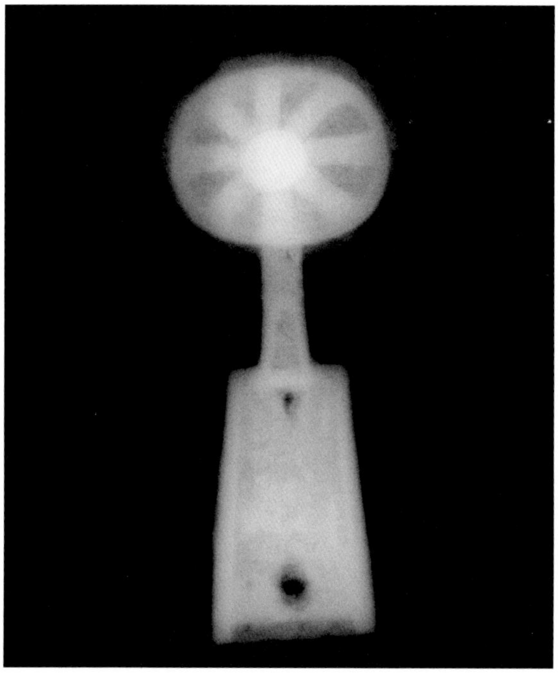

图7-24-1　保护修复前

图7-24-2　保护修复后

序号：2-15　铜匜M35：44

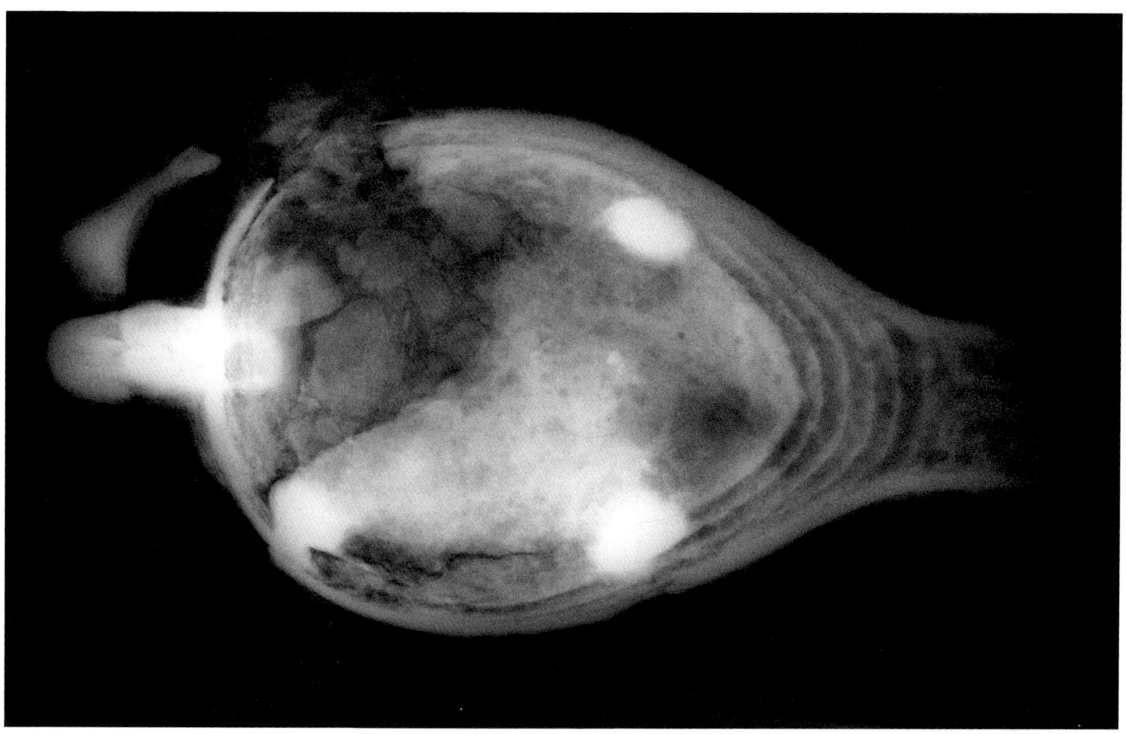

图7-25-1　保护修复前

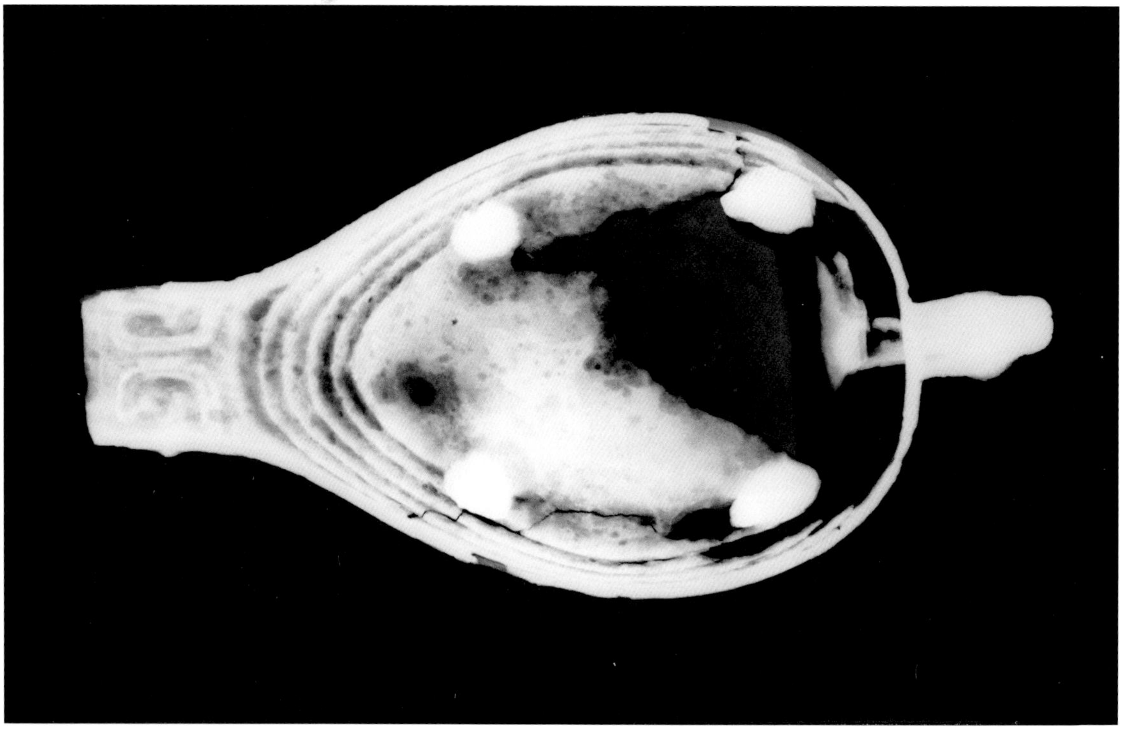

图7-25-2 保护修复后

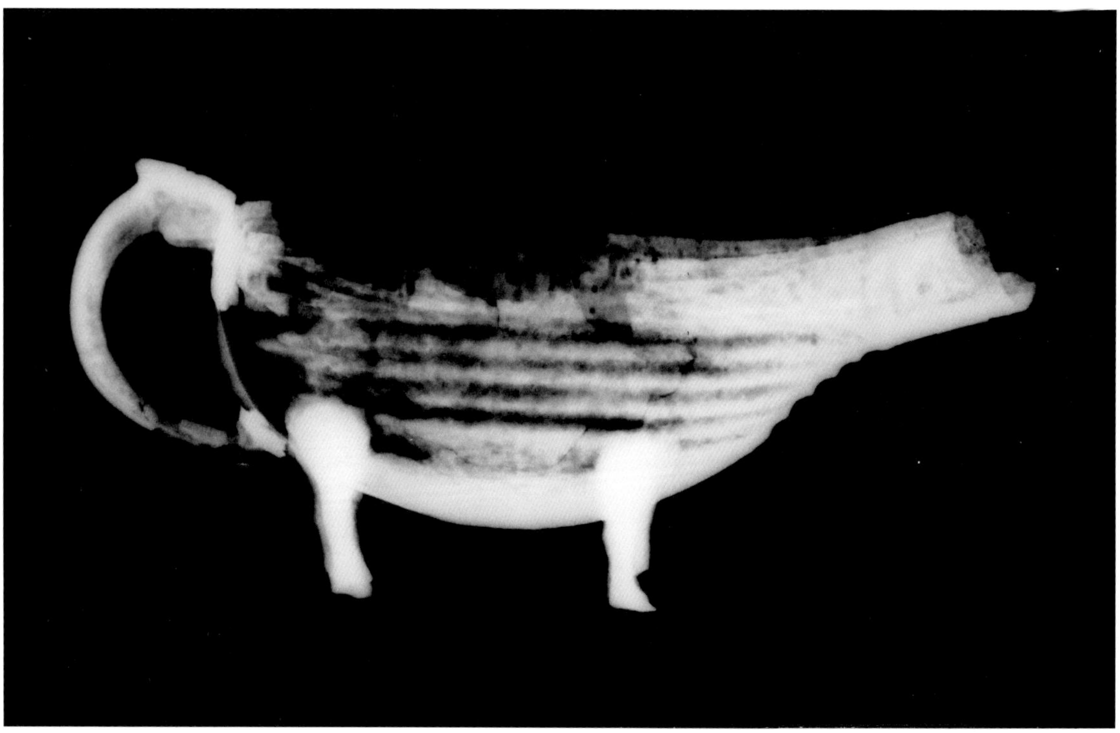

图7-25-3 保护修复后

序号：2-17　铜戈M35：46

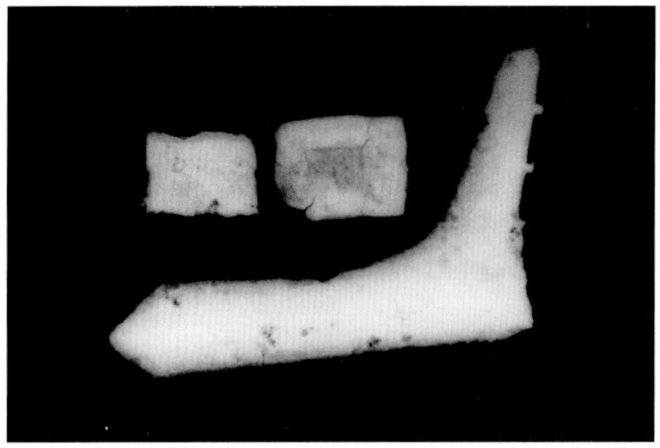

图7-26-1　保护修复前

序号：2-18　铜钟M35：47

保护修复前，铜锈之下有大量裂隙、微裂隙，整体脆弱。

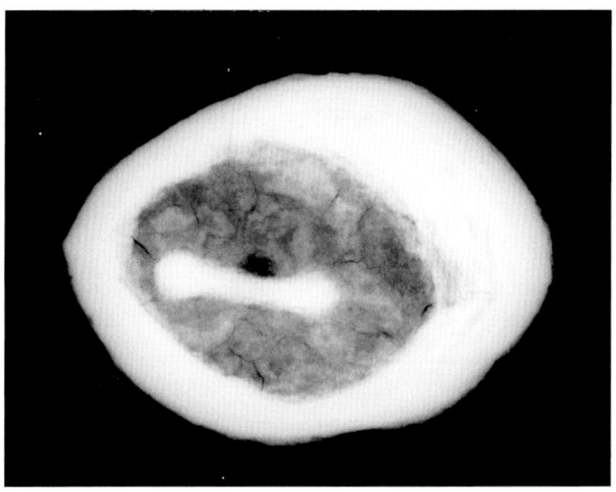

图7-27-1　保护修复前

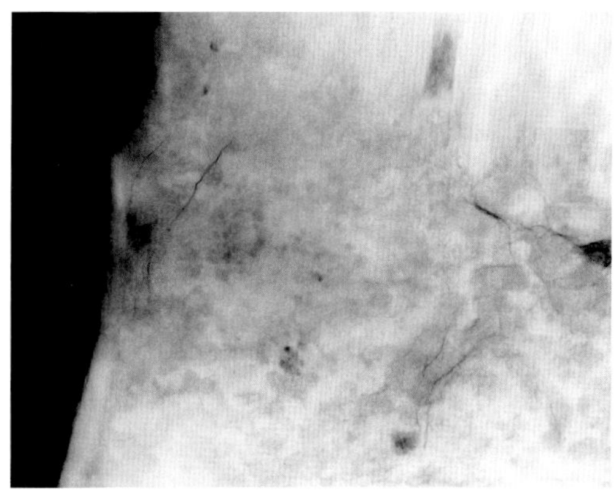

图7-27-2　保护修复前

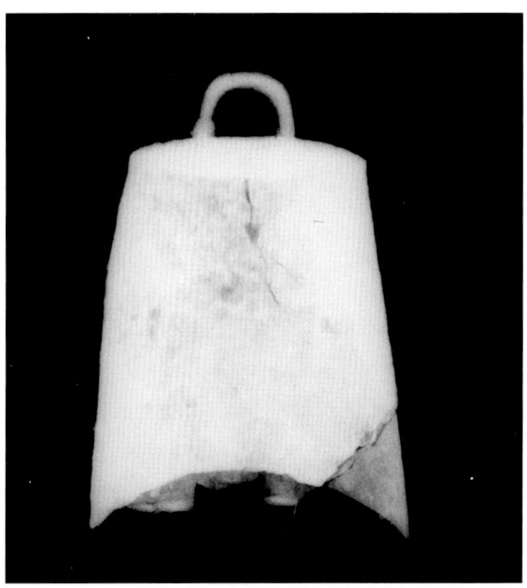

图7-27-3　保护修复后

序号：2-19　铜銮铃M35：48

图7-28-1　保护修复前

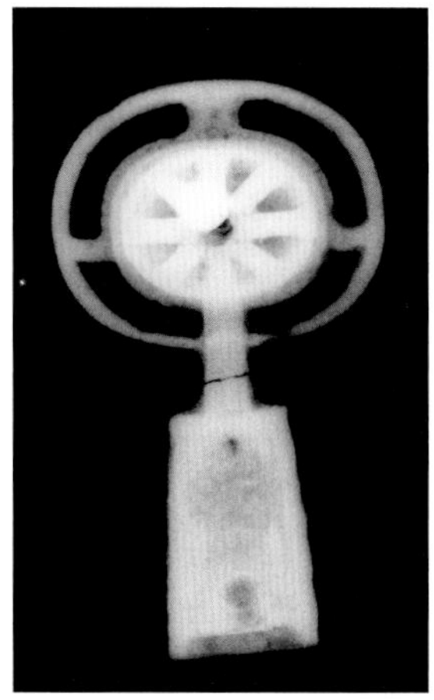

图7-28-2　保护修复后

序号：2-20　铜銮铃M35：49

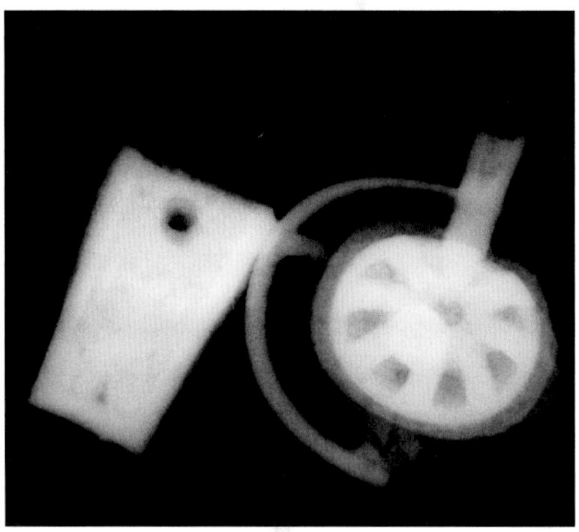

图7-29-1　保护修复前

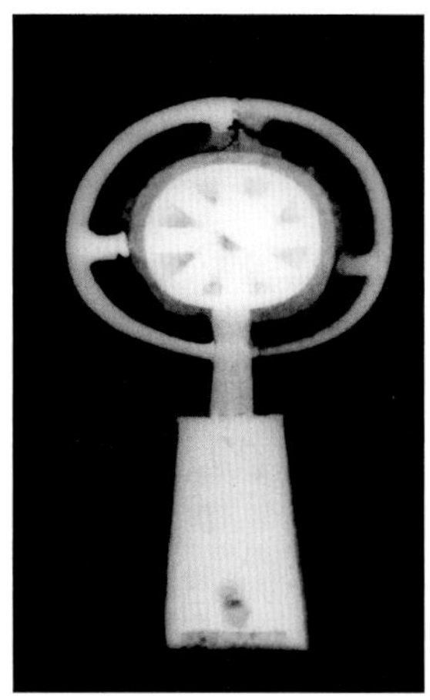

图7-29-2　保护修复后

序号：2-21　铜件M35：50

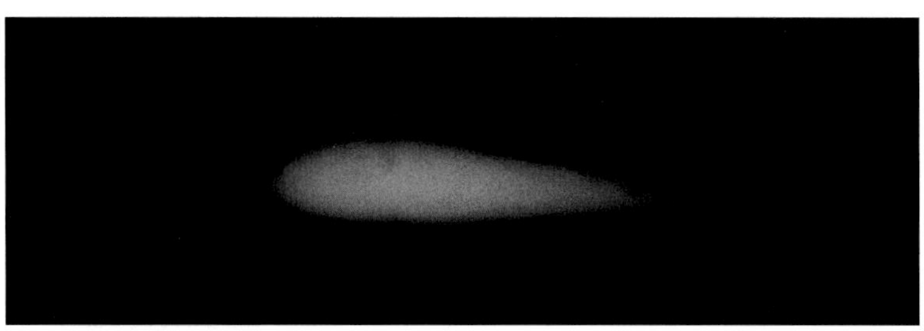

图7-30-1　保护修复前

序号：1-12　铜簋M35：51、M35：71

保护修复前，底部有铭文，铭文模糊，部分字体腐蚀较重。腐蚀不均匀，底部多点腐蚀暗斑和絮状亮斑。影像模糊，有重影，可能与锈蚀层较厚有关系。

图7-31-1　保护修复前

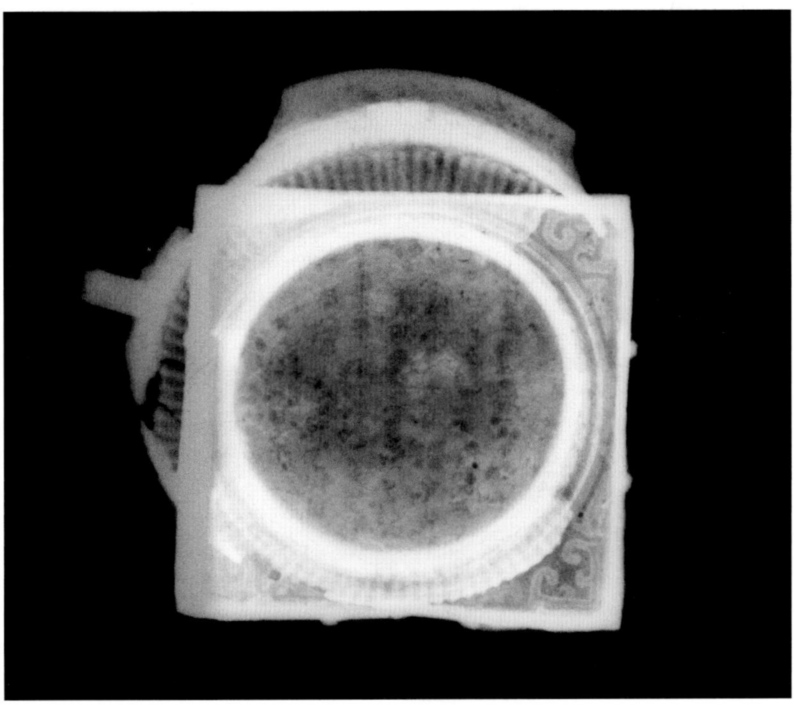

图7-31-2　保护修复前

图7-31-3　保护修复后

图7-31-4　保护修复后

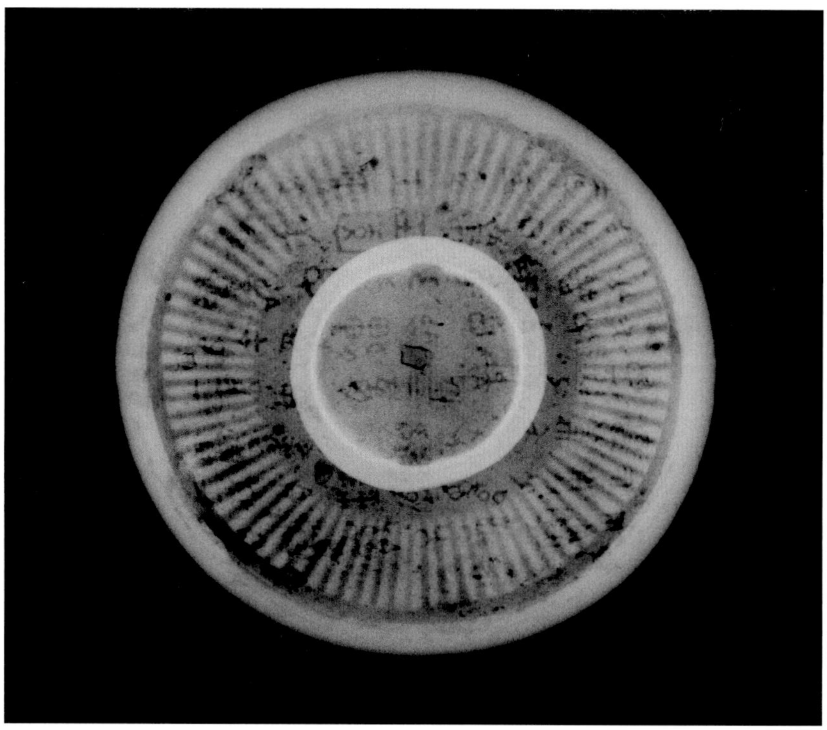

图7-31-5　保护修复后

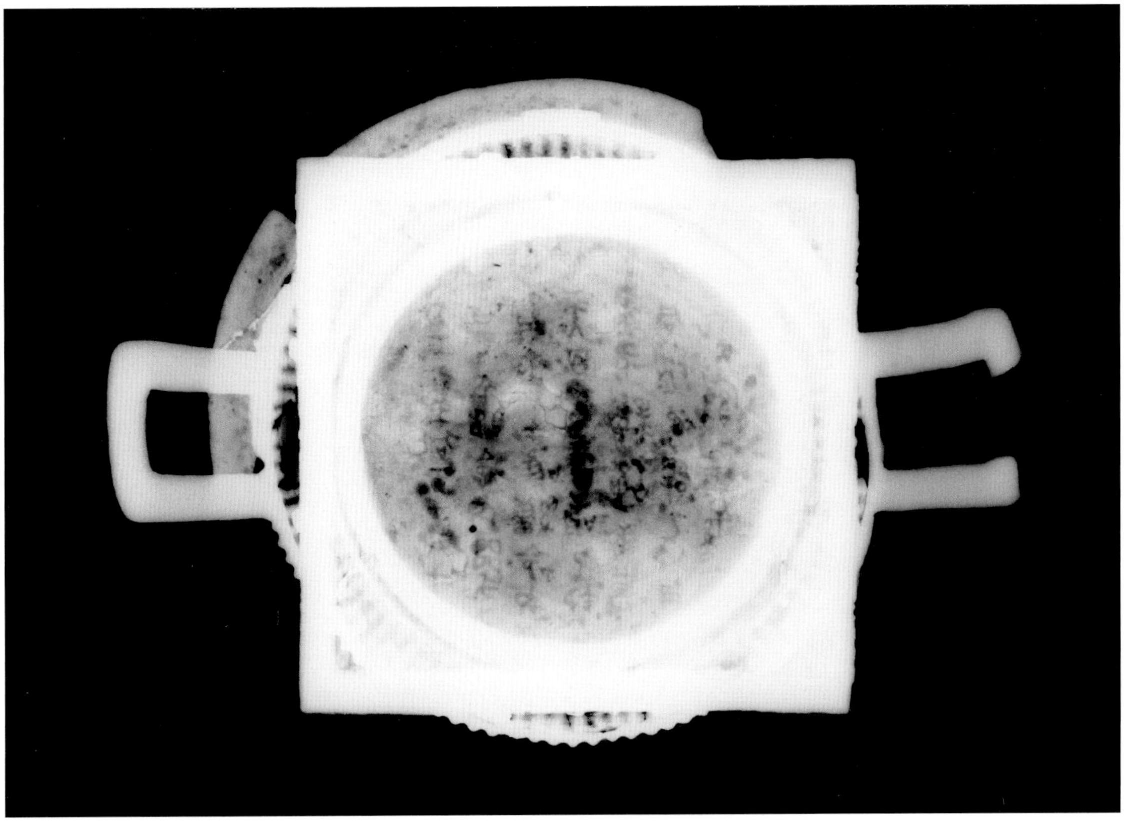

图7-31-6　保护修复后

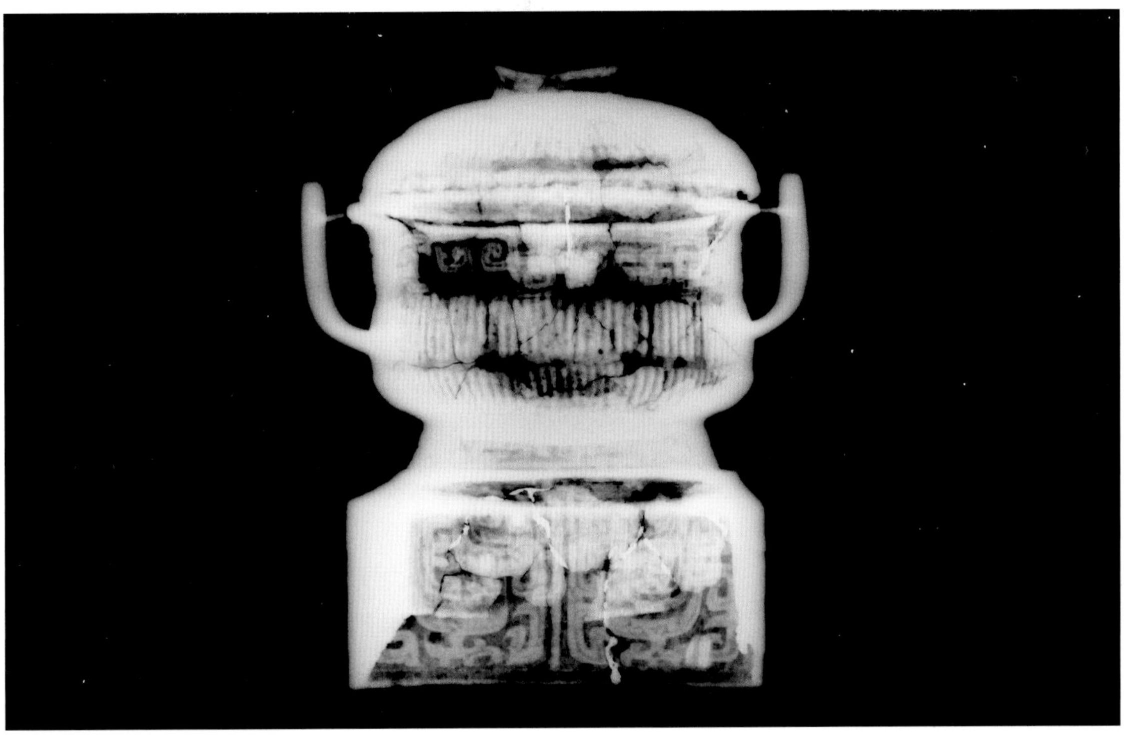

图7-31-7　保护修复后

序号：2–22　铜器盖M35：52

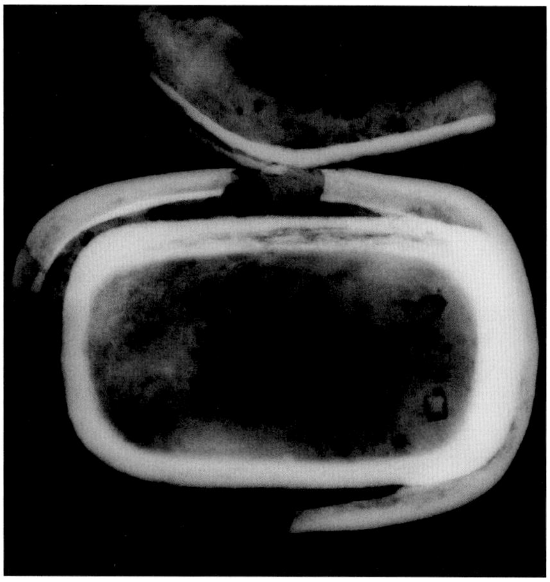

图7–32–1　保护修复前

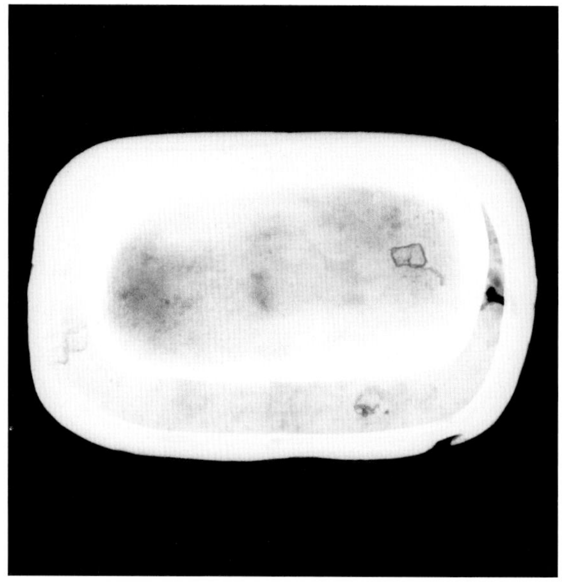

图7–32–2　保护修复后

序号：2–23　铜銮铃M35：55

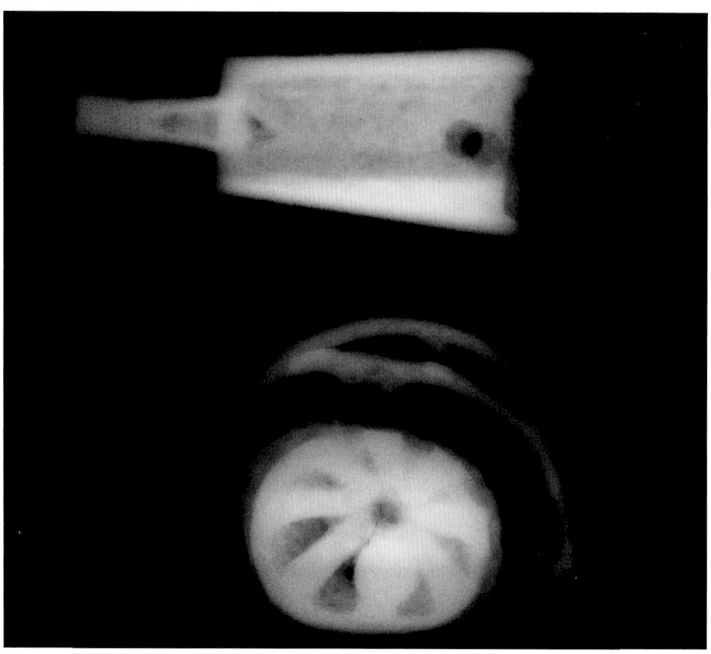

图7–33–1　保护修复前

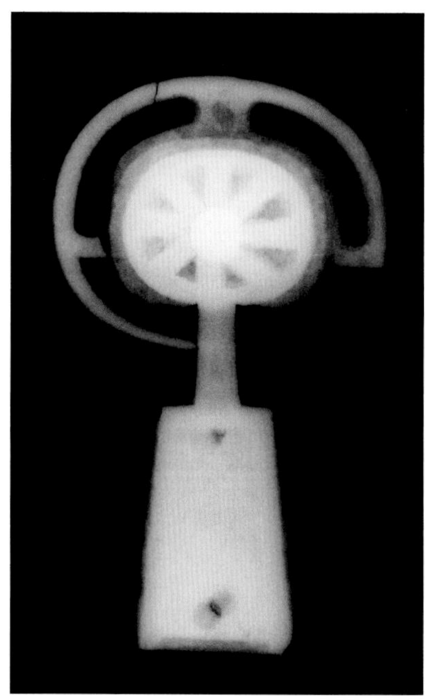

图7–33–2　保护修复后

序号：2–26　铜车马器M35：61

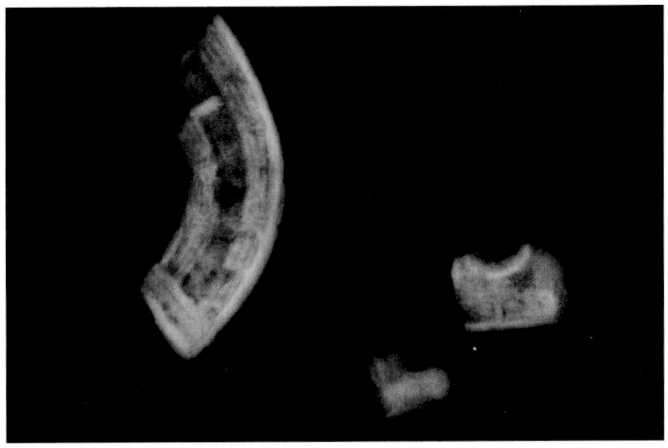

图7–34–1　保护修复前

序号：2–27　铜马衔M35：62

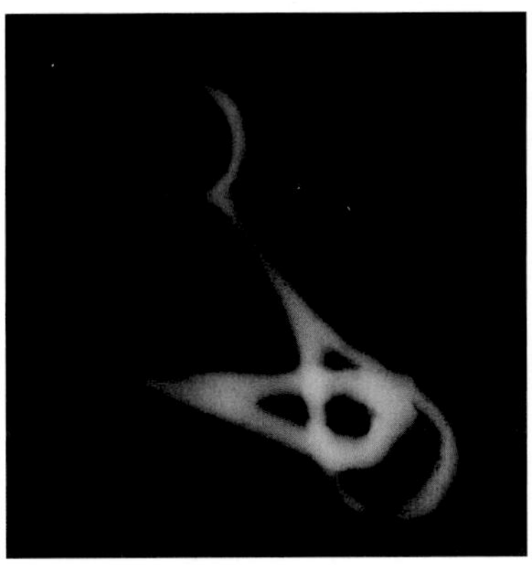

图7–35–1　保护修复前

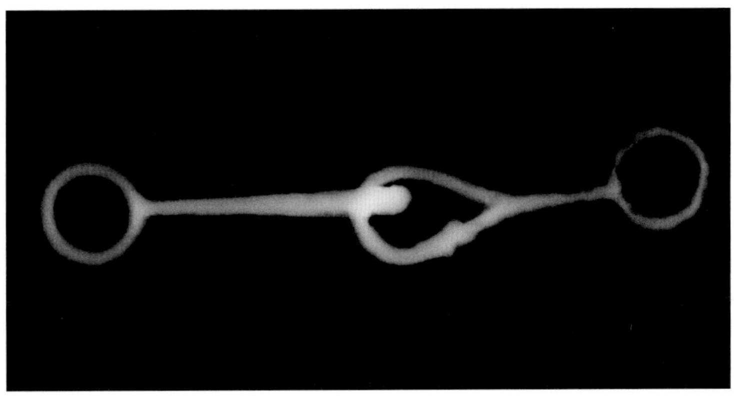

图7–35–2　保护修复后

序号：2–28、2–29　铜鼎M35：63

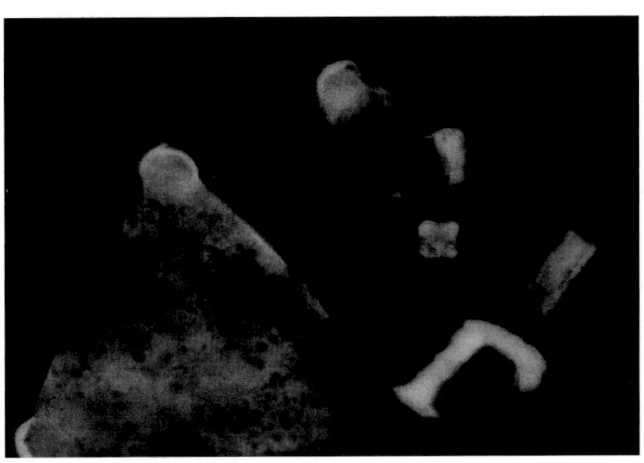

图7–36–1　保护修复前

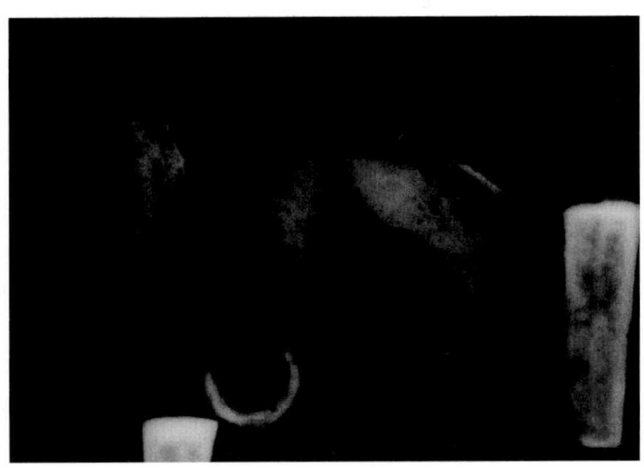

图7–36–2　保护修复前

序号：2-30　铜盘M35：64

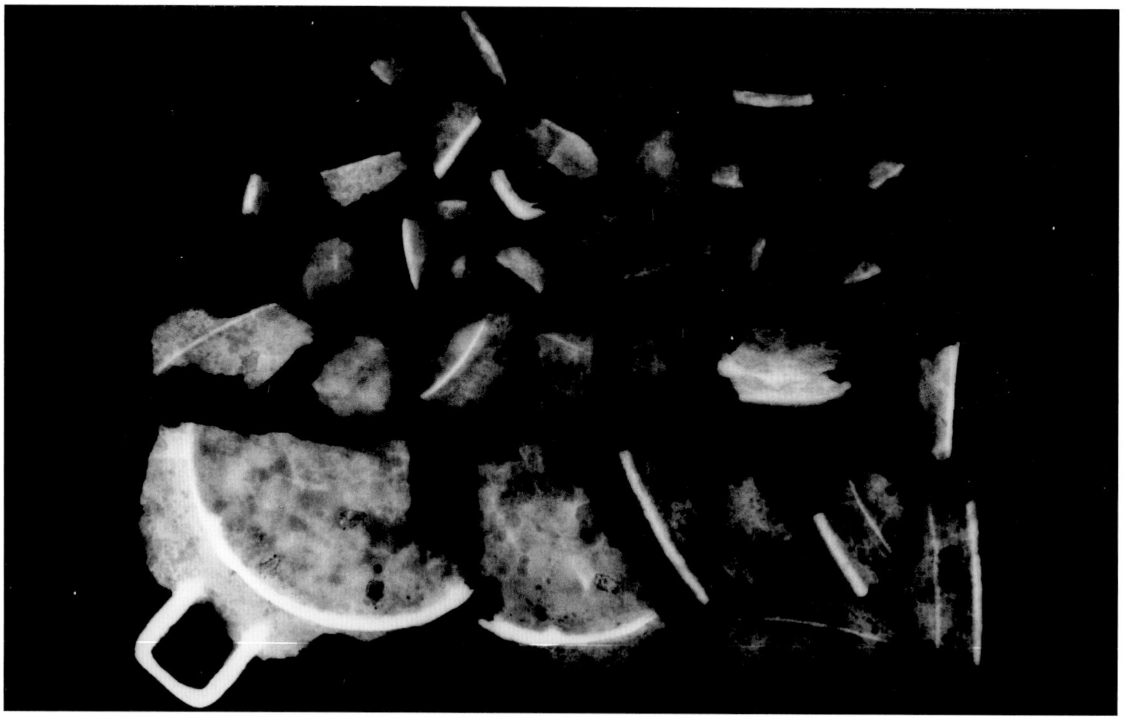

图7-37-1　保护修复前

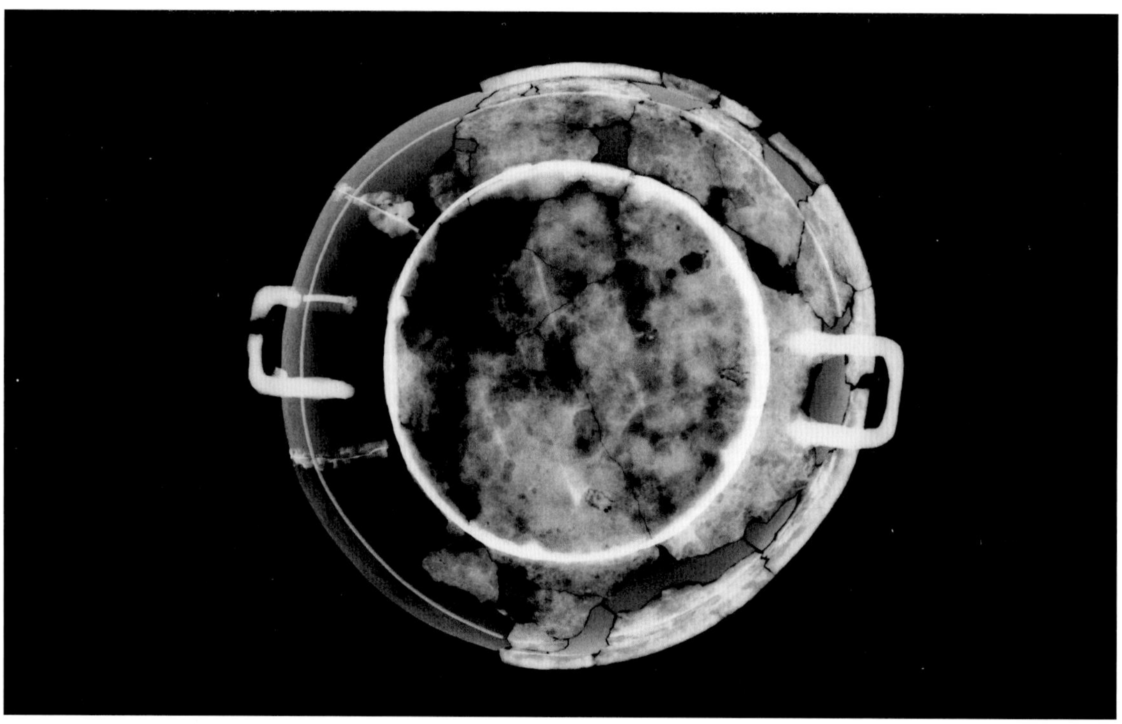

图7-37-2　保护修复后

序号：2-33　铜提梁卣M35：68

保护修复前，该器腐蚀矿化极其严重，多断裂、裂隙，残片间连接不紧密，脆弱。

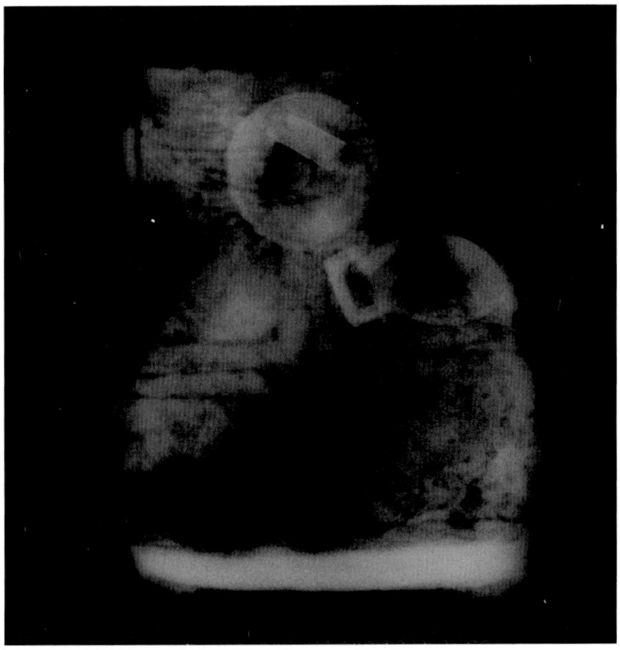

图7-38-1　保护修复前

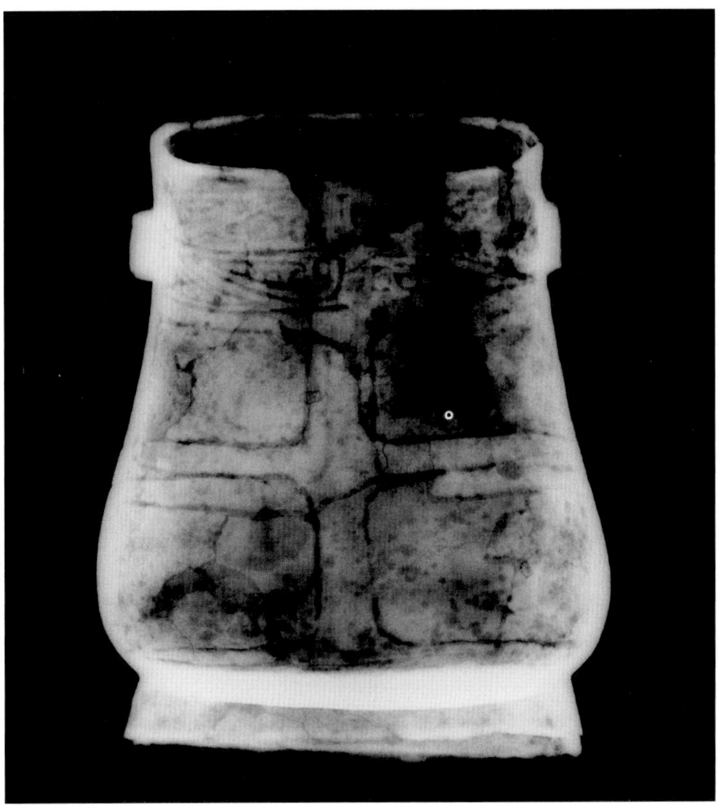

图7-38-2　保护修复前

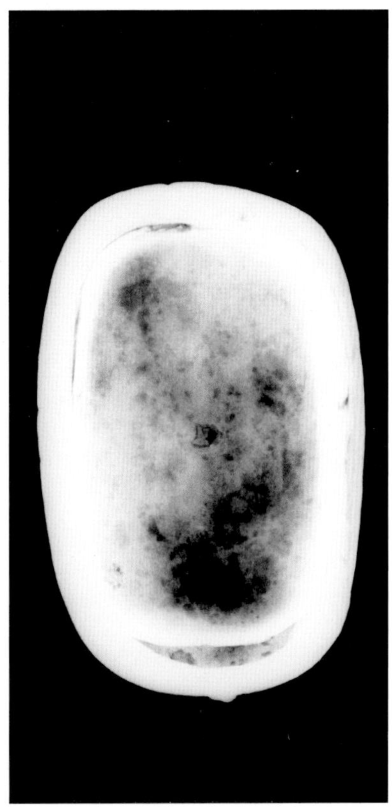

图7-38-3　保护修复后

序号：2-34　铜车马饰M35：69

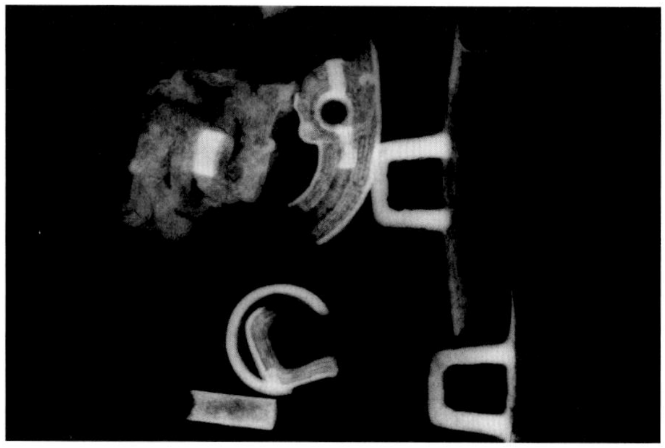

图7-39-1　保护修复前

序号：2-35　铜鸟首器盖M35：70

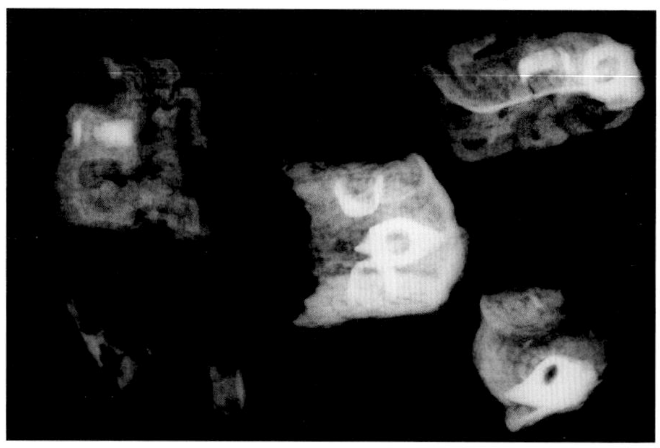

图7-40-1　保护修复前

序号：2-36　铜器盖M35：72

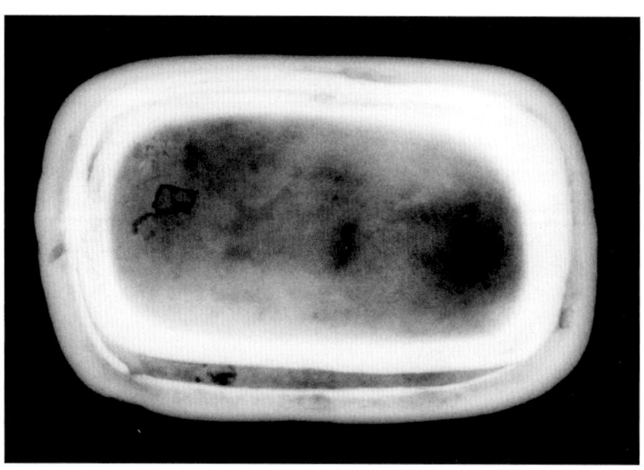

图7-41-1　保护修复前

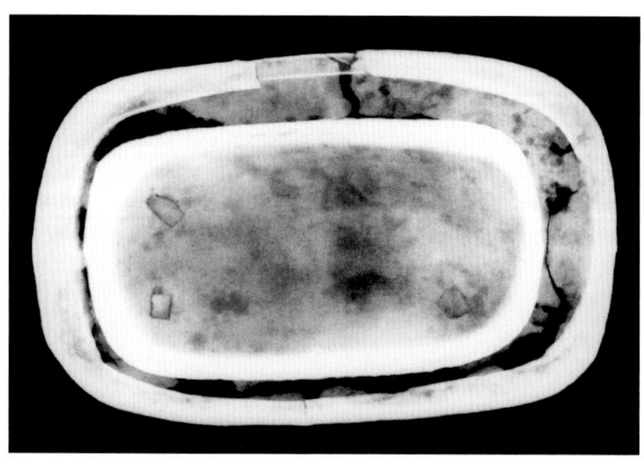

图7-41-2　保护修复后

序号：2-37　铜戈M35：74

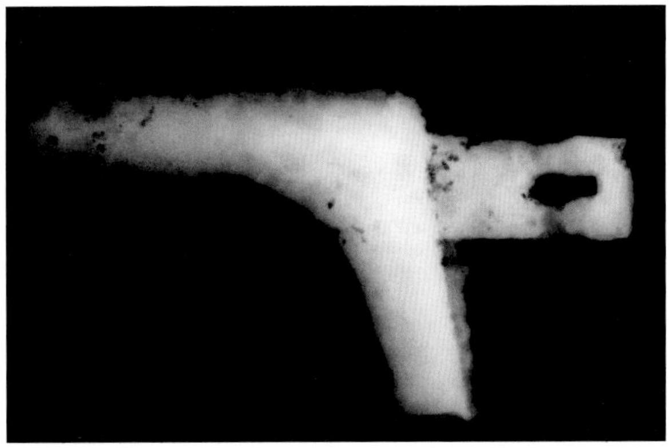

图7-42-1　保护修复前

序号：2-40　铜节约M35：77

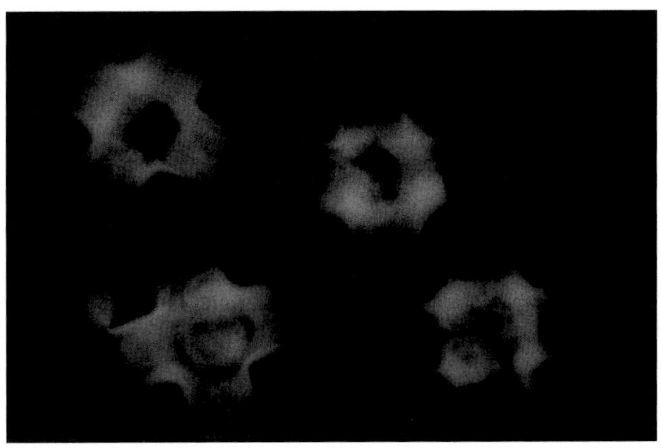

图7-43-1　保护修复前

序号：2-41　铜马镳M35：78

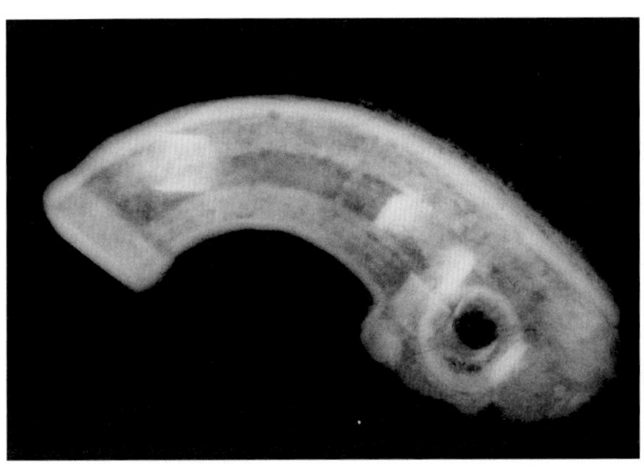

图7-44-1　保护修复前

序号：2-42　铜提梁卣M35：79

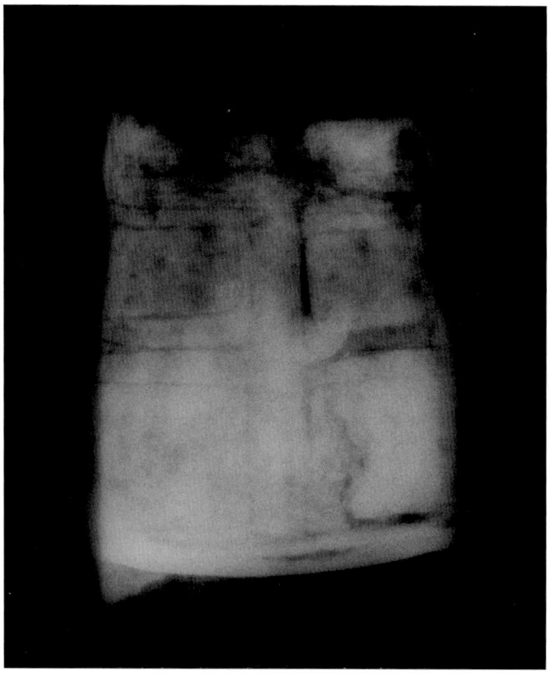

图7-45-1　保护修复前

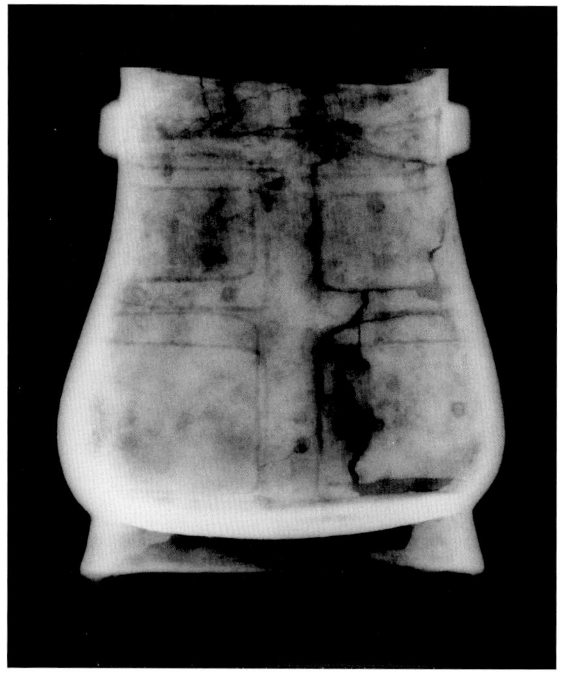

图7-45-2　保护修复后

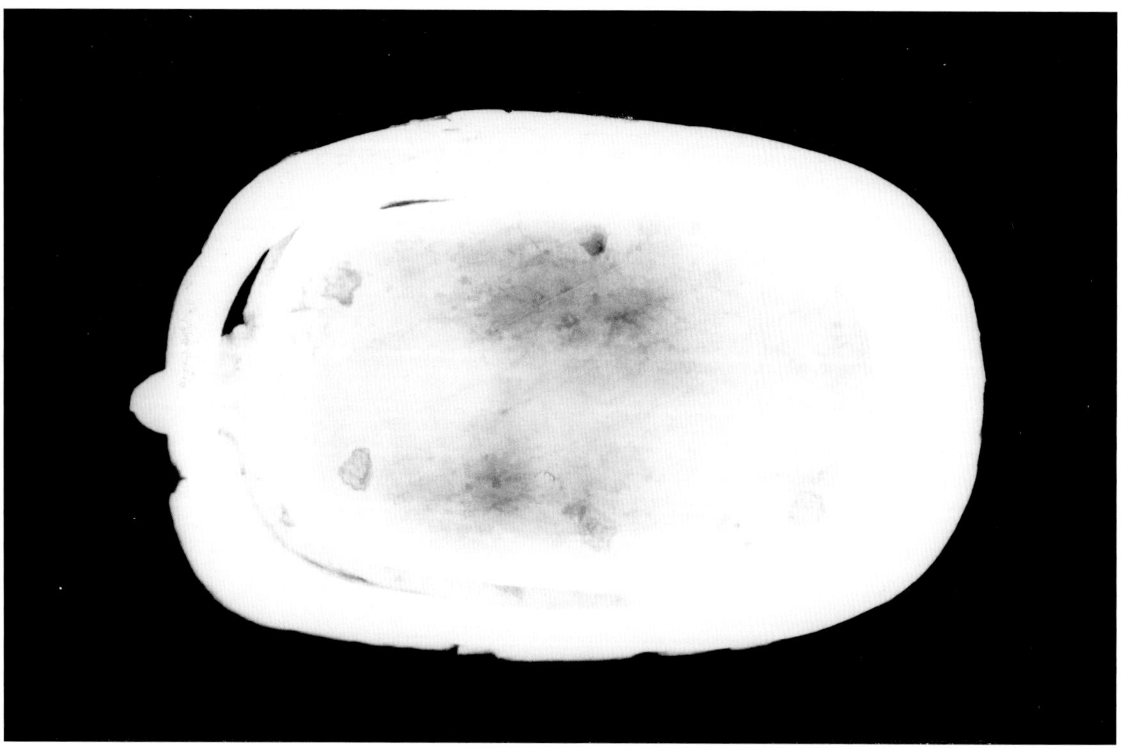

图7-45-3　保护修复后

序号：2-43　铜戈M36：4

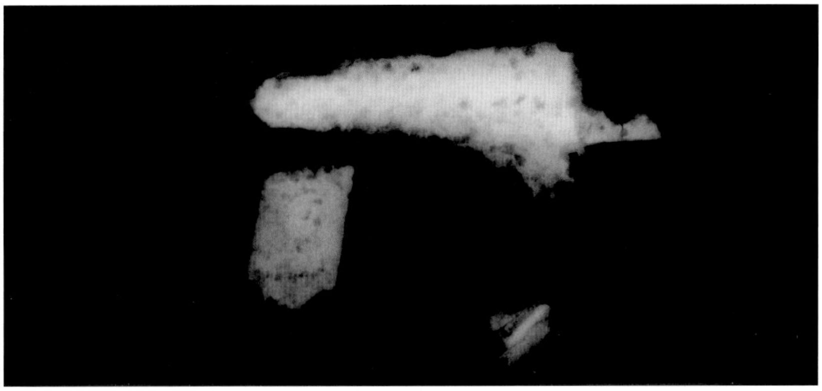

图7-46-1　保护修复前

序号：2-44　铜簋M36：5

保护修复前，可见 7 枚芯撑，芯撑全部腐蚀严重，器物整体腐蚀较重，多铸造孔隙，不均匀腐蚀，残片边缘多微裂隙，较脆弱。

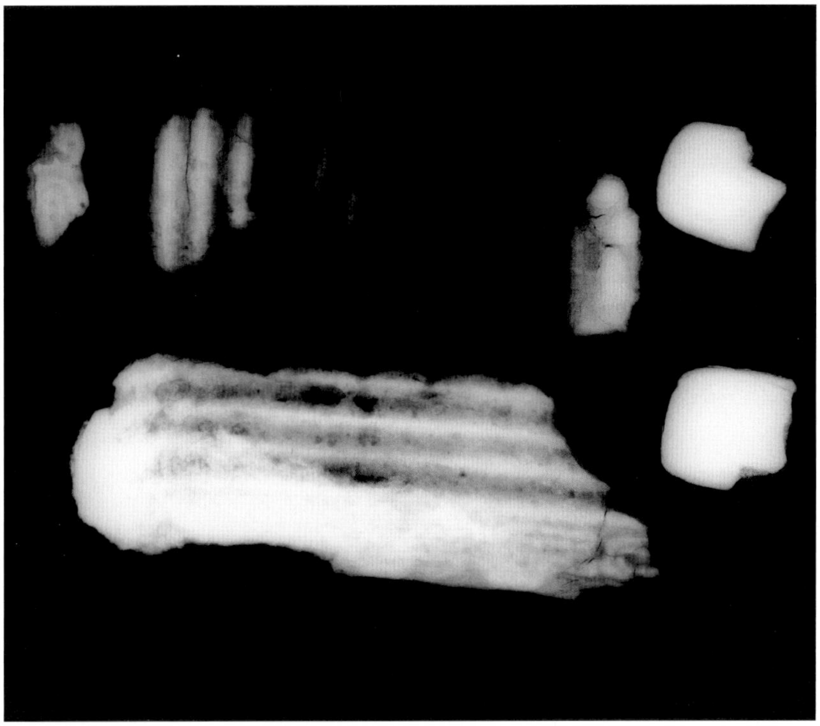

图7-47-1　保护修复前

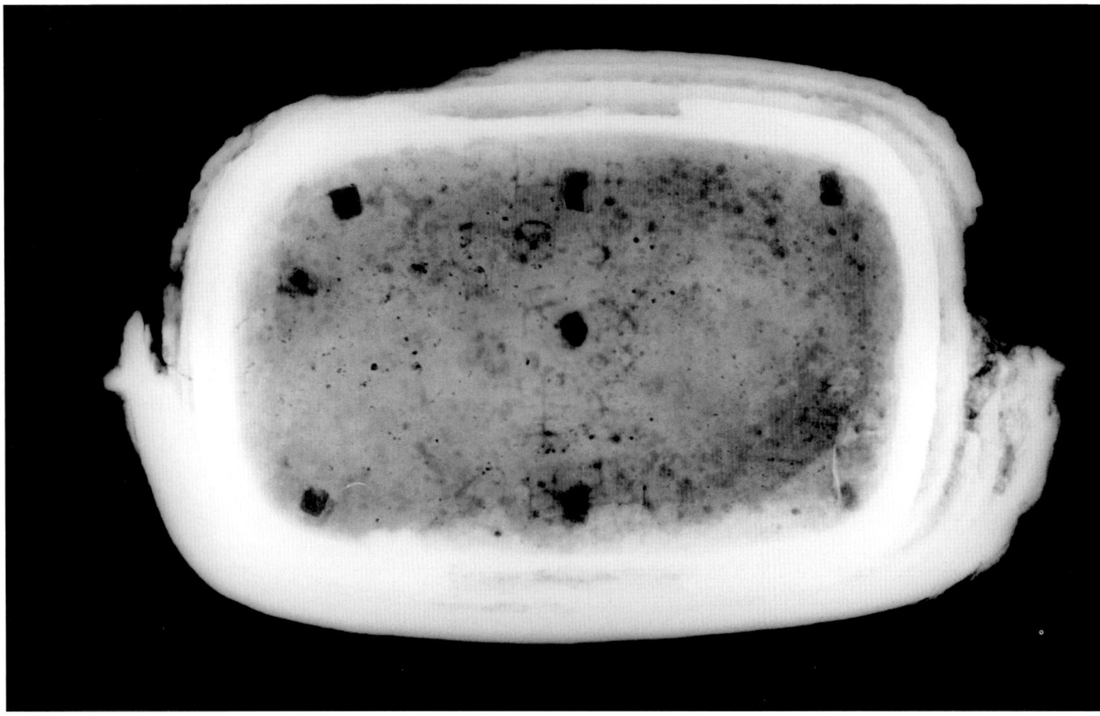

图7-47-2　保护修复前

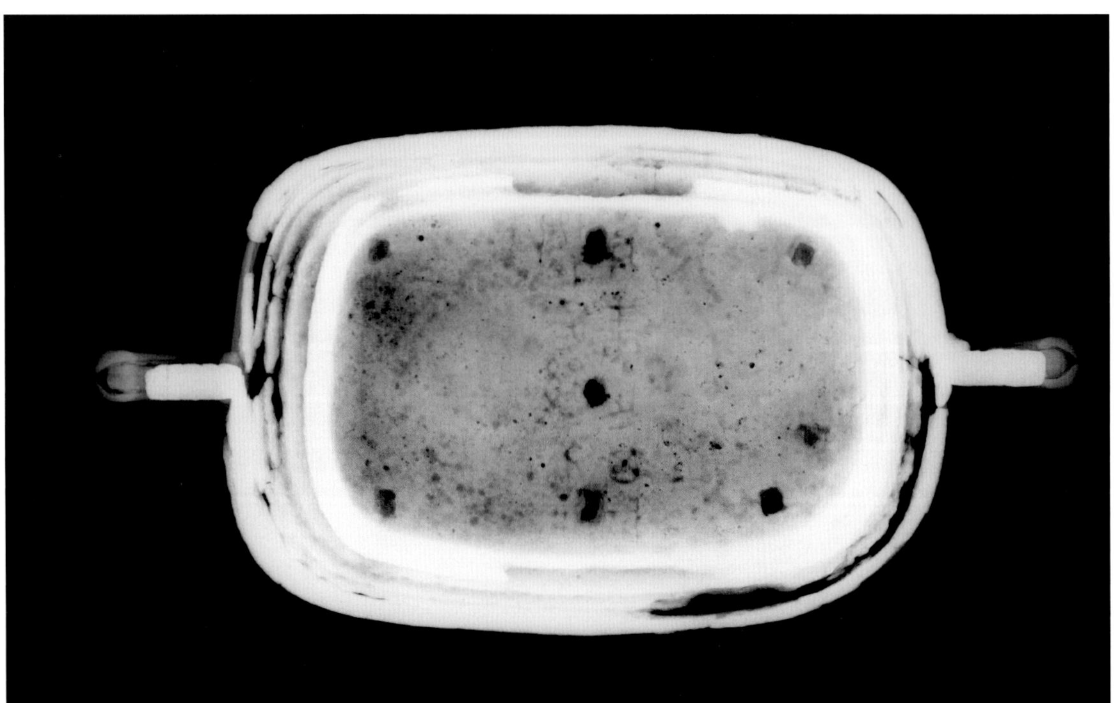

图7-47-3　保护修复后

序号：2-45　铜方壶M36：6

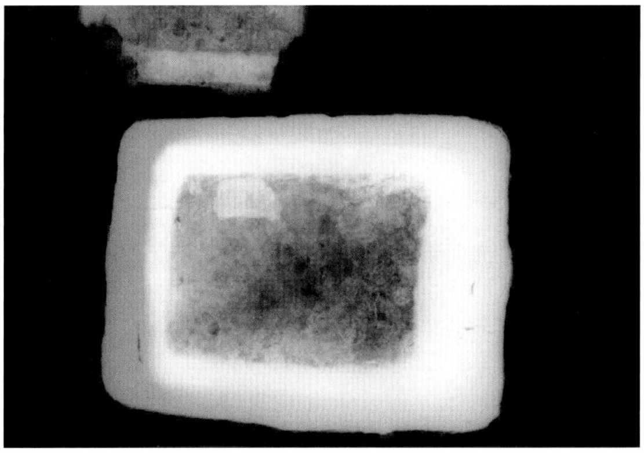

图7-48-1　保护修复前

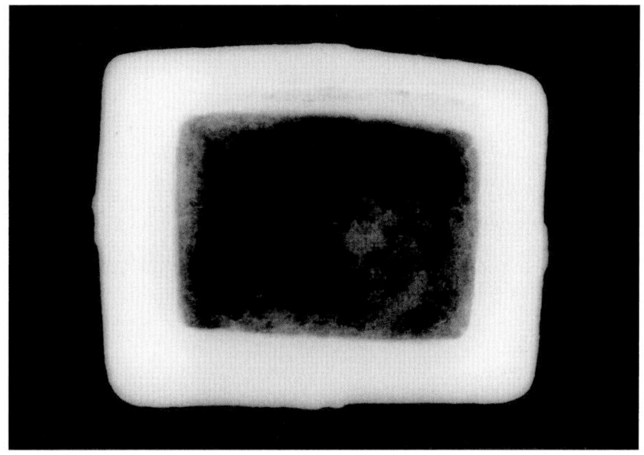

图7-48-2　保护修复后

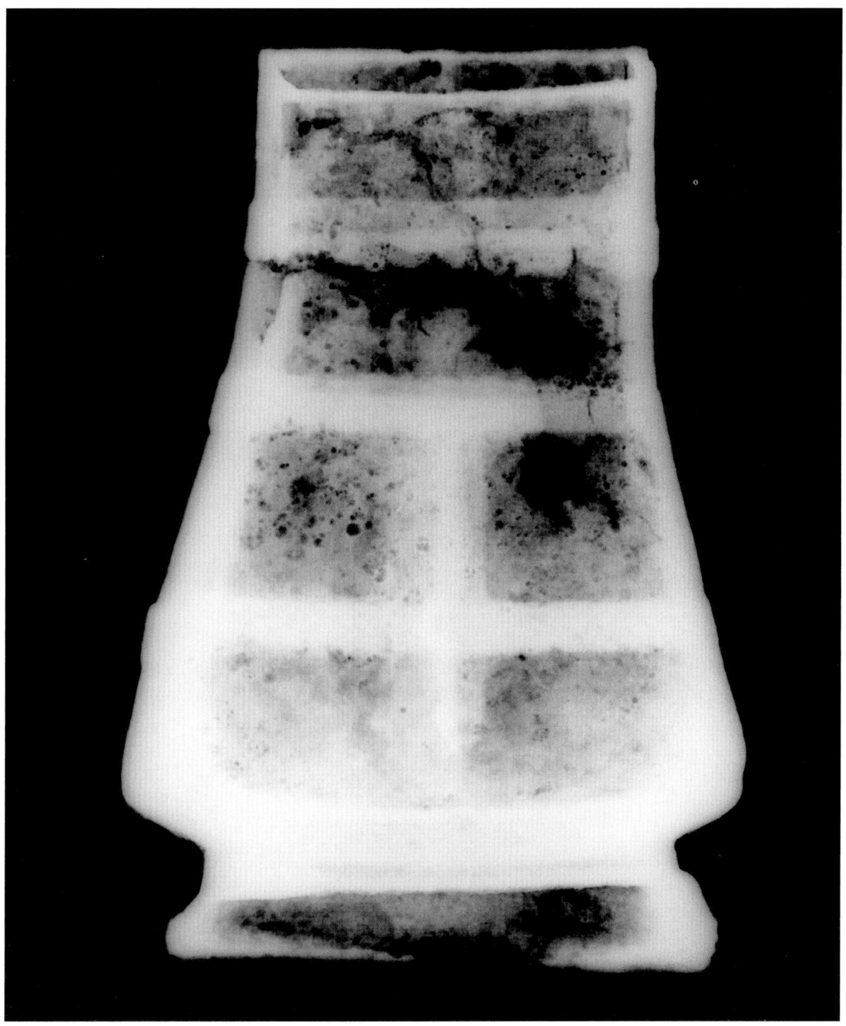

图7-48-3　保护修复后

序号：2-46　铜方壶M36：7

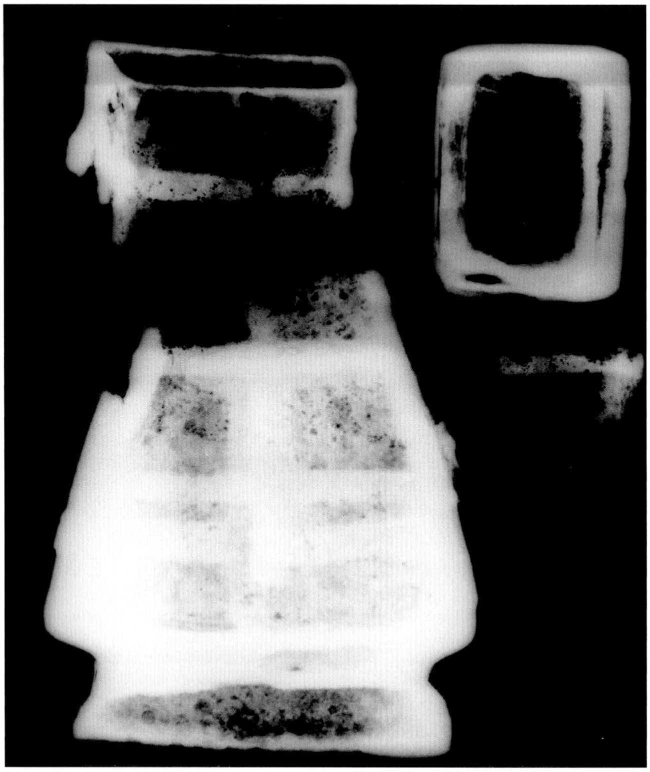

图7-49-1　保护修复前

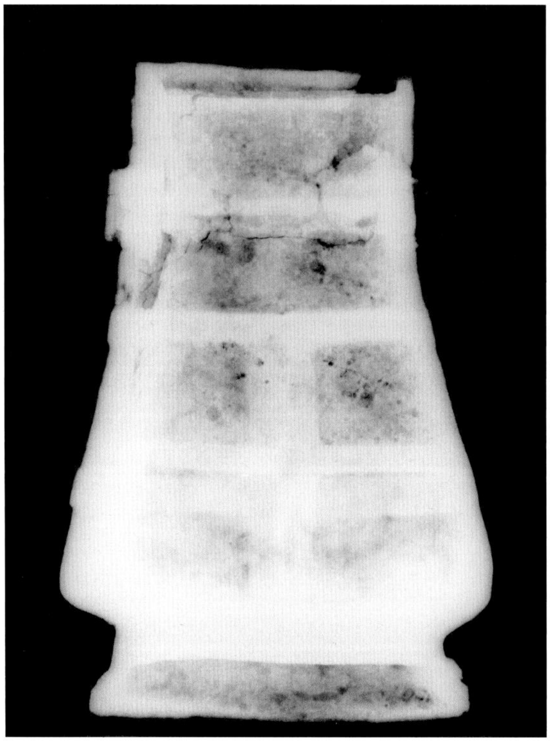

图7-49-2　保护修复后

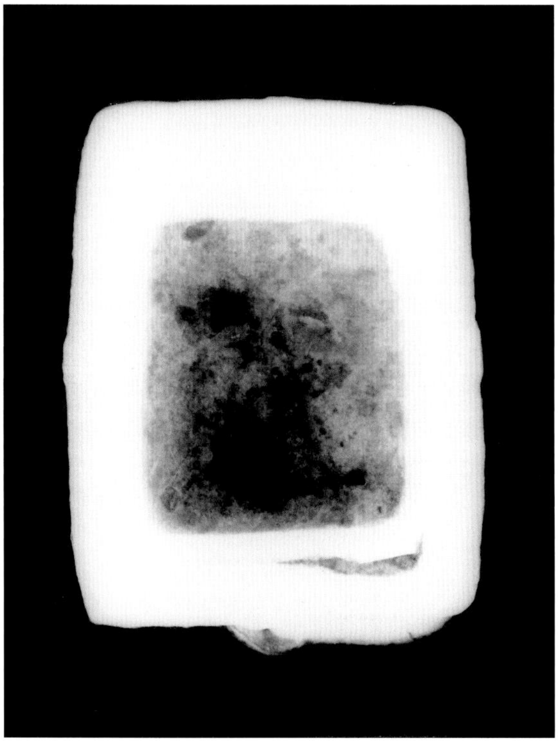

图7-49-3　保护修复后

序号：2-47　铜环M36：8

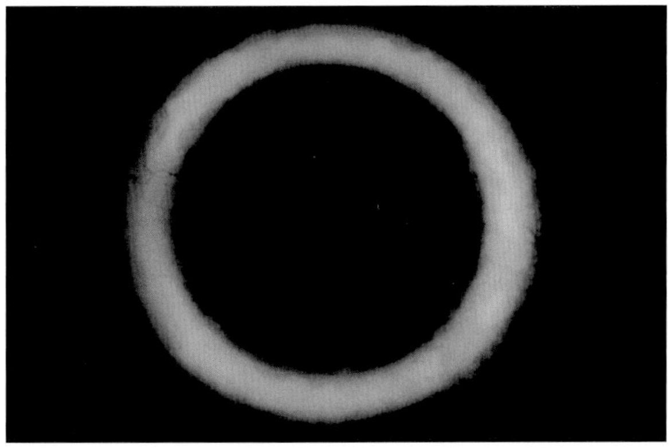

图7-50-1　保护修复前

序号：2-48　铜簋M36：9

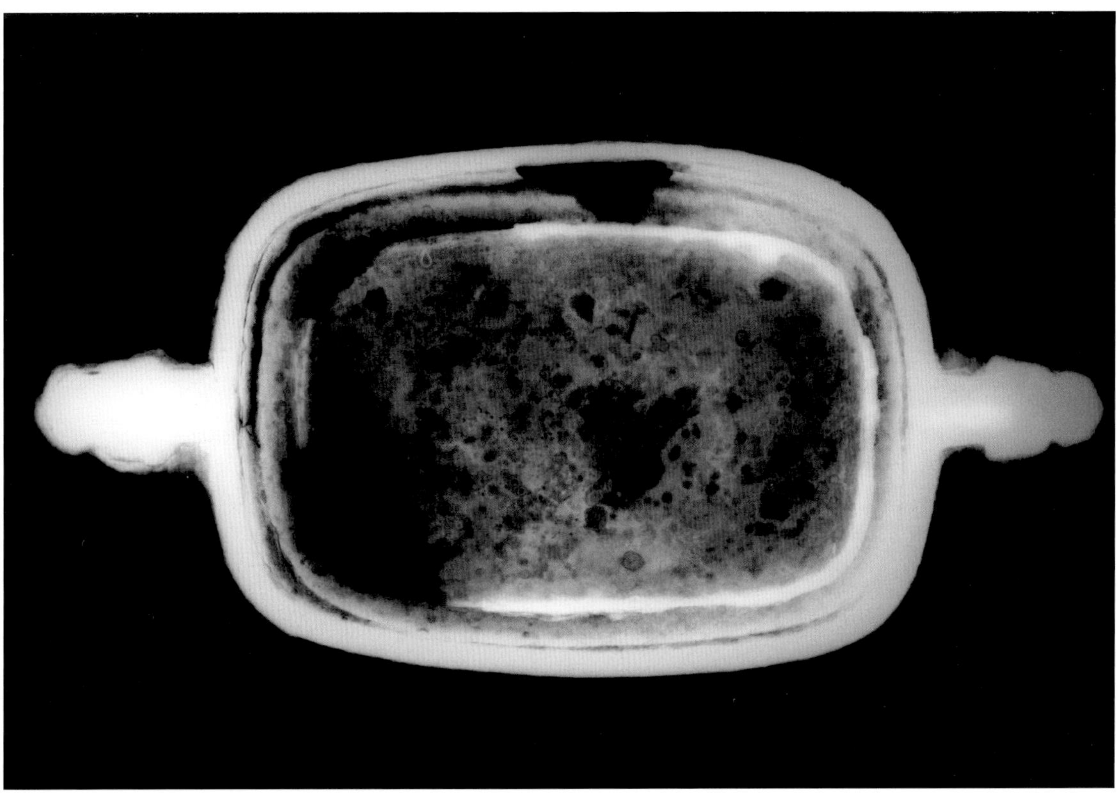

图7-51-1　保护修复前

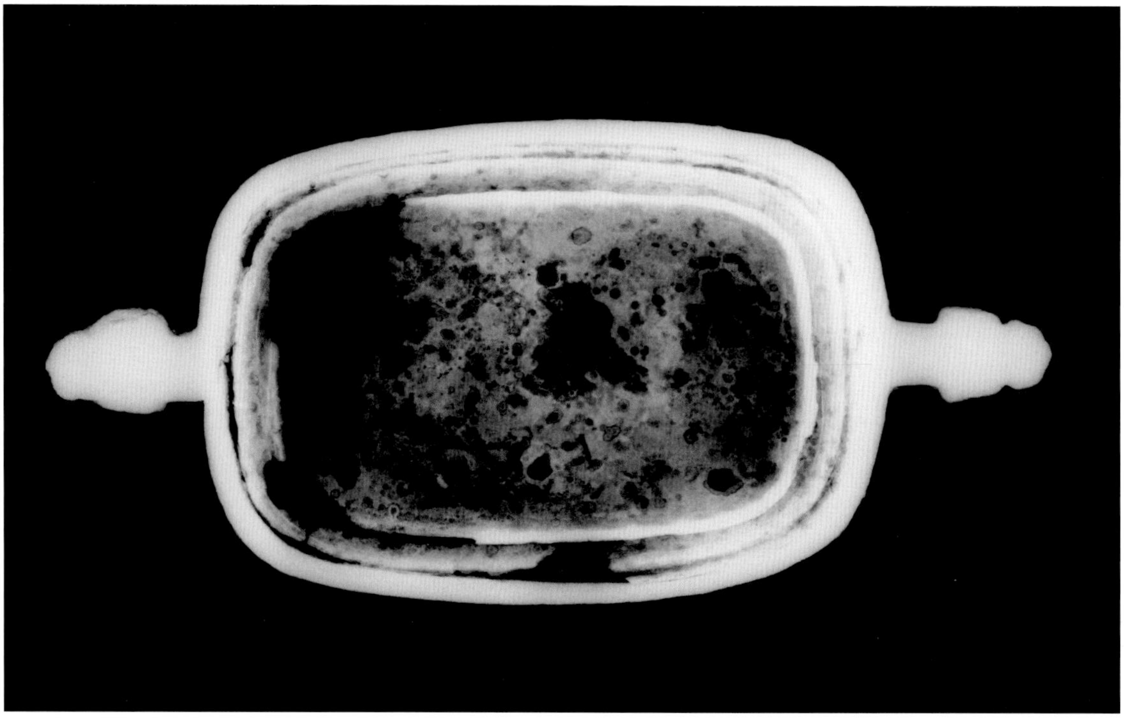

图7-51-2　保护修复后

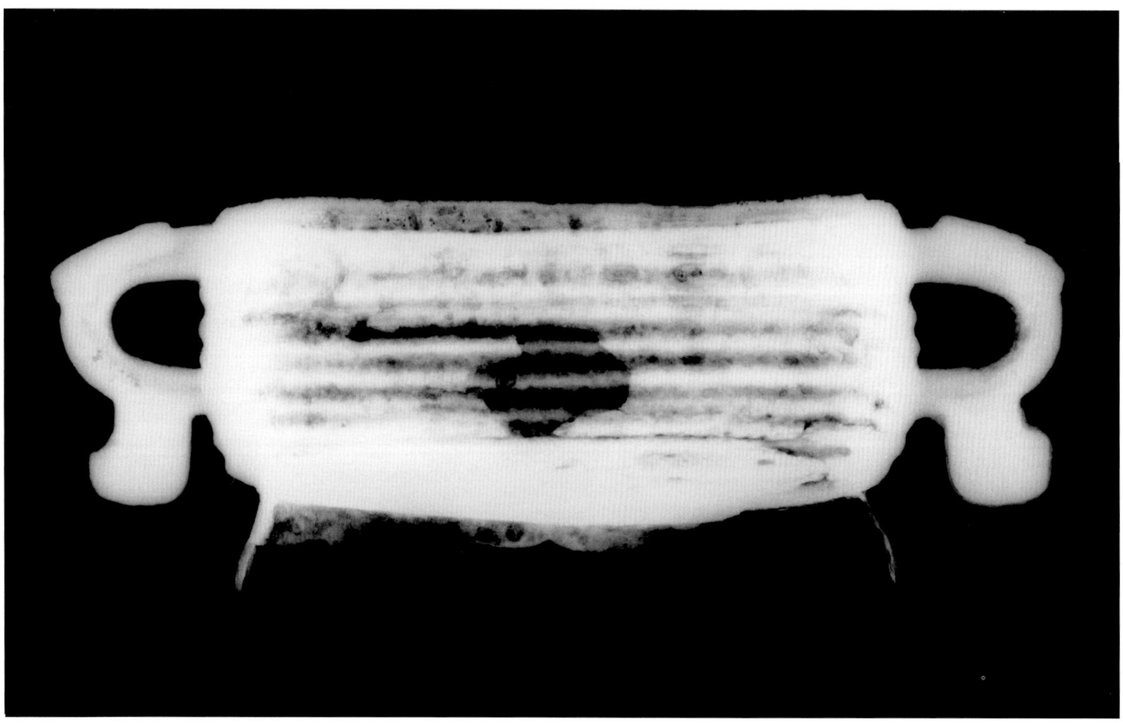

图7-51-3　保护修复后

序号：2-49　铜簋盖M36：11

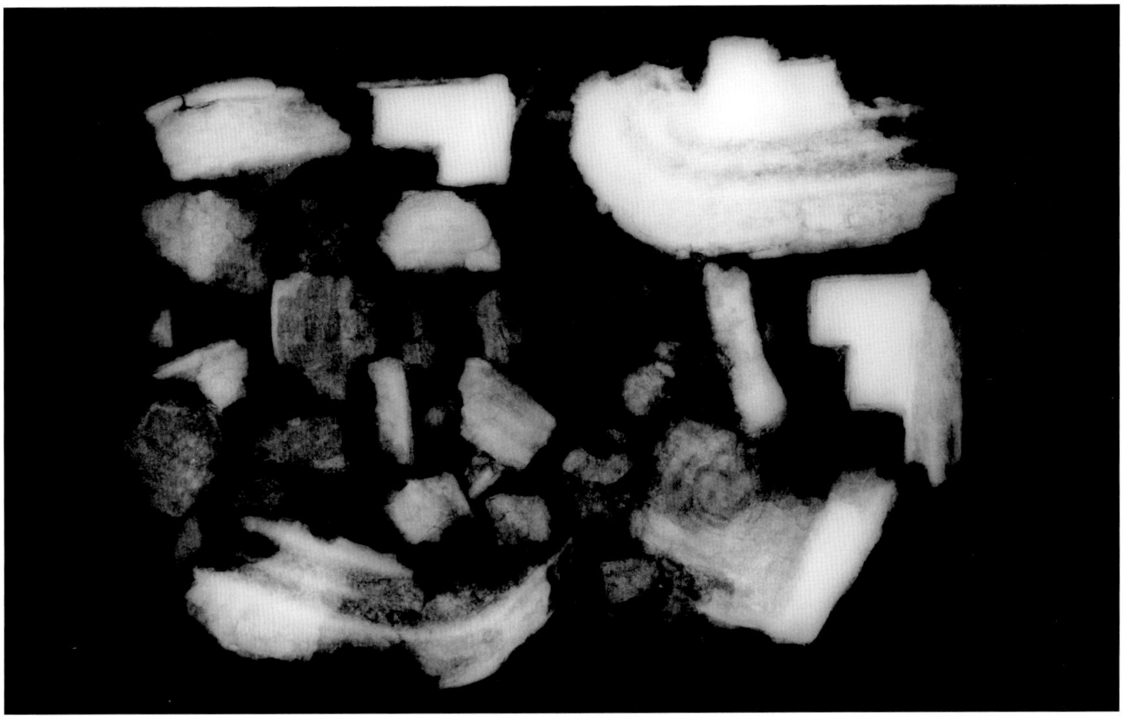

图7-52-1　保护修复前

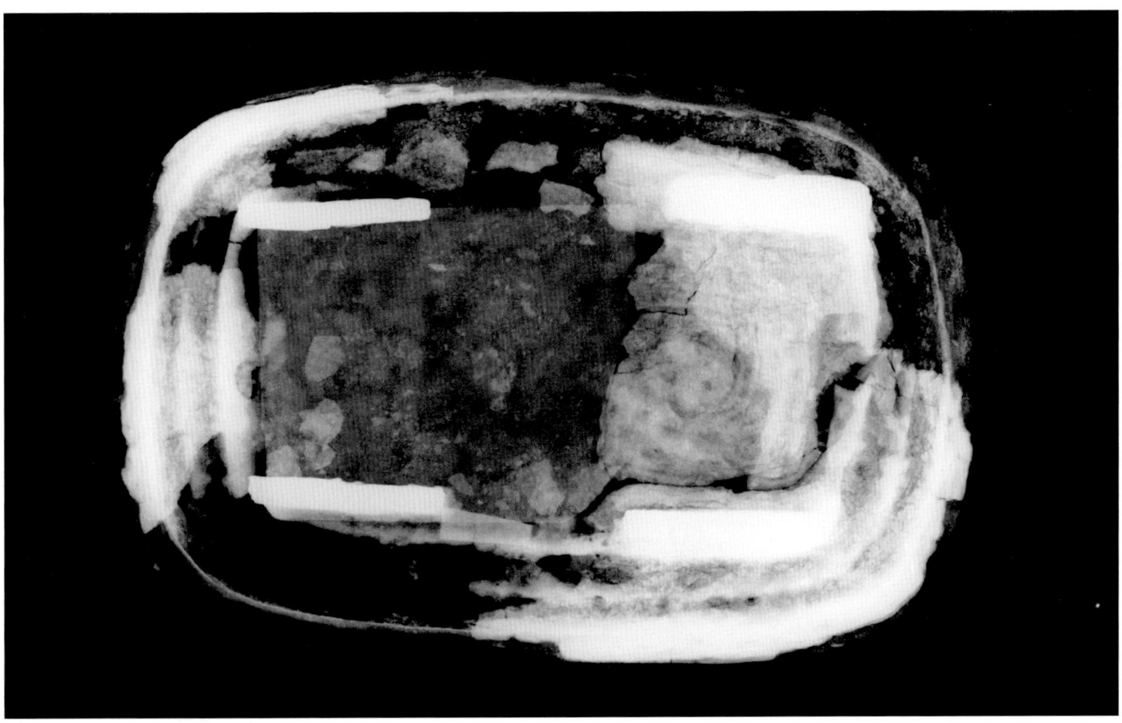

图7-52-2　保护修复后

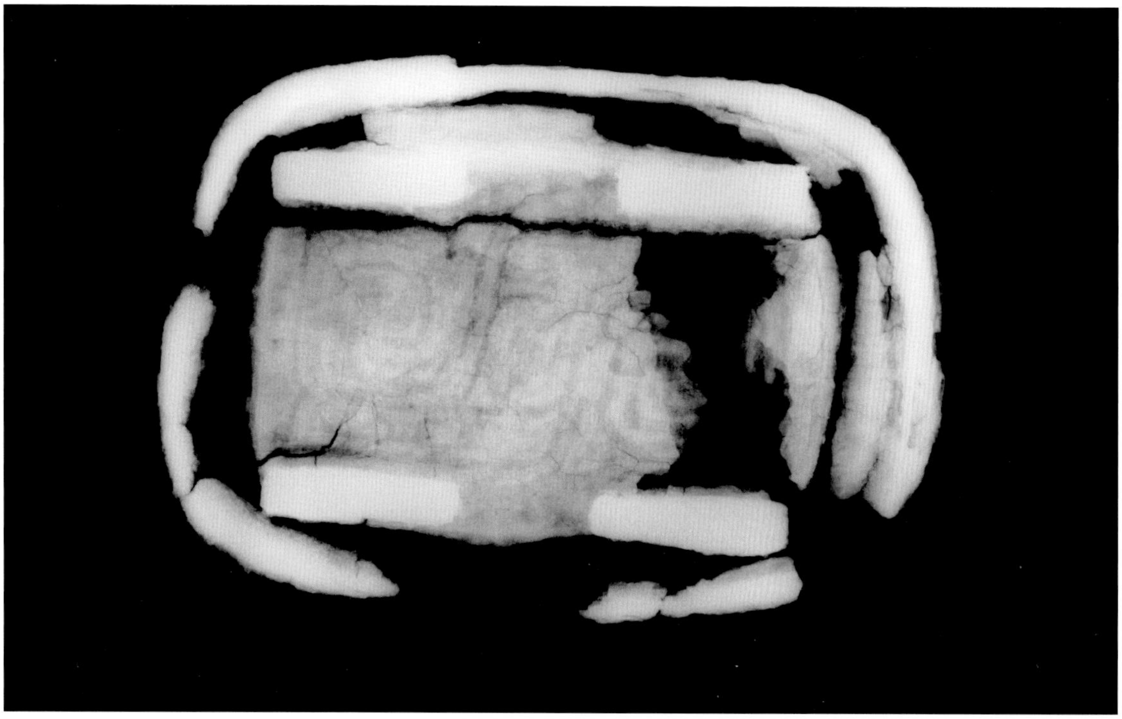

图7-52-3　保护修复前

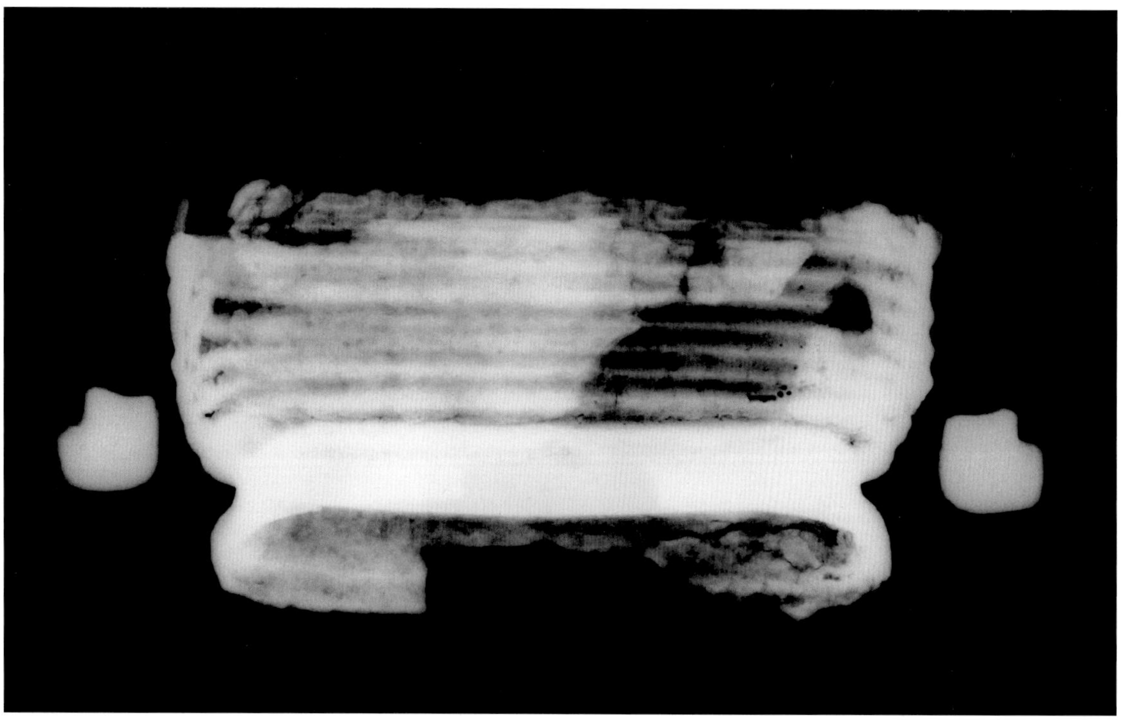

图7-52-4　保护修复后

序号：2-50　铜环M36：12

图7-53-1　保护修复前

序号：2-51　铜件M36：13

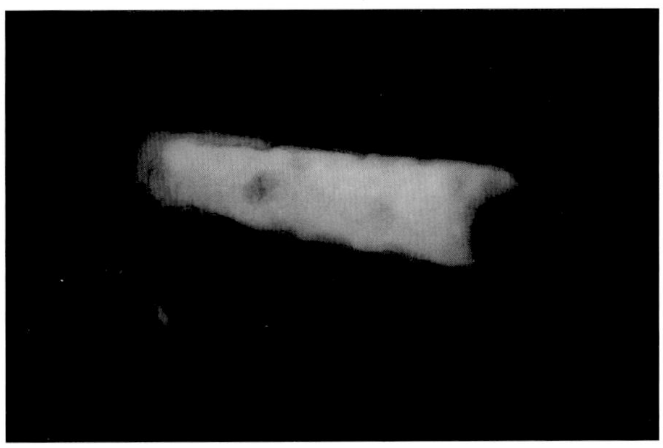

图7-54-1　保护修复前

序号：2-52　铜马衔M36：14

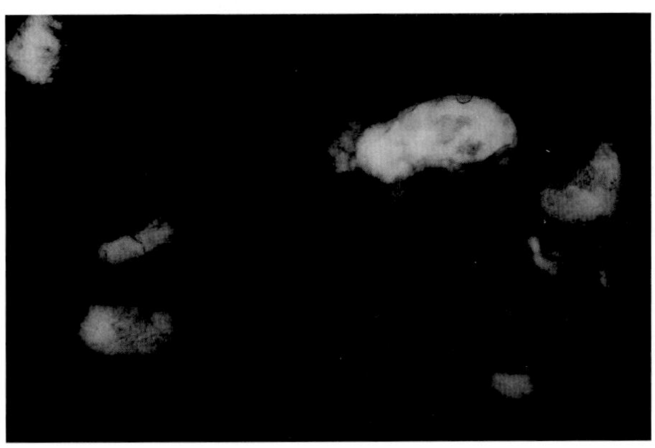

图7-55-1　保护修复前

序号：2-53　铜銮铃（4件）M36：15~M36：18

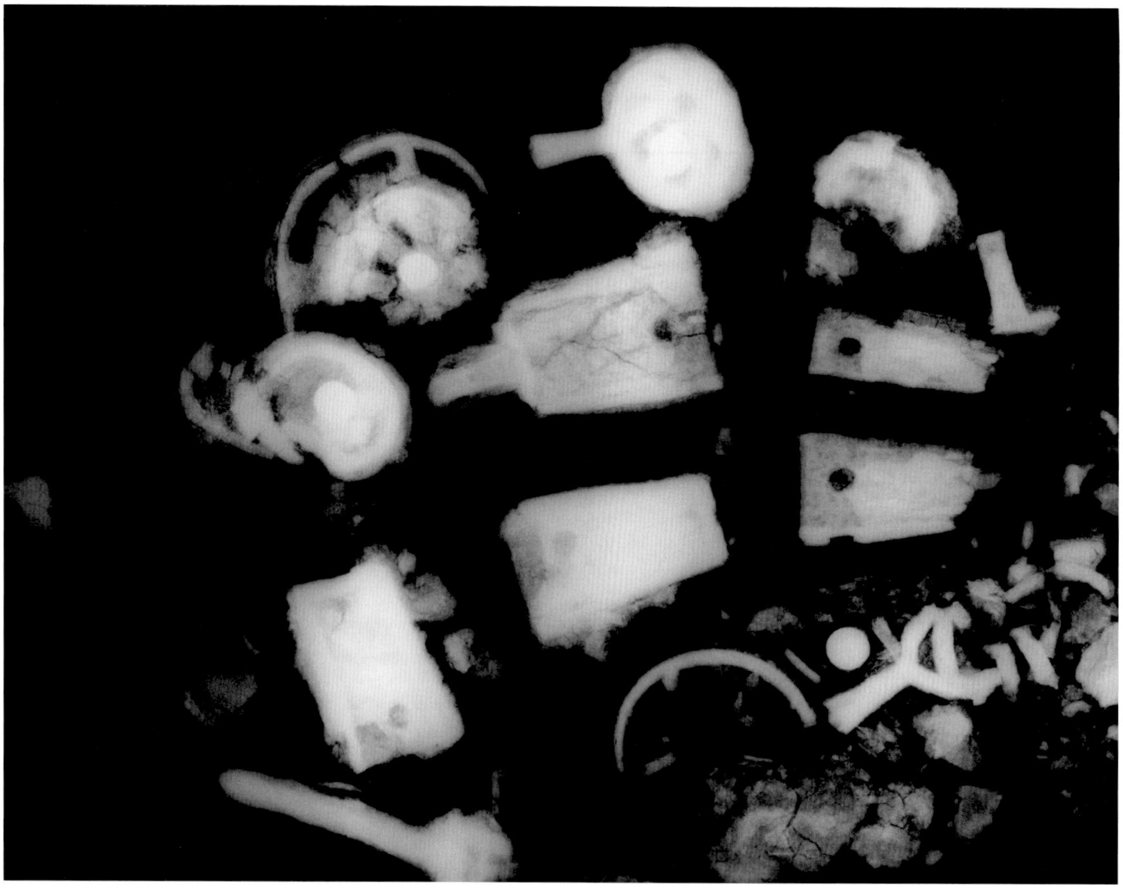

图7-56-1　保护修复前

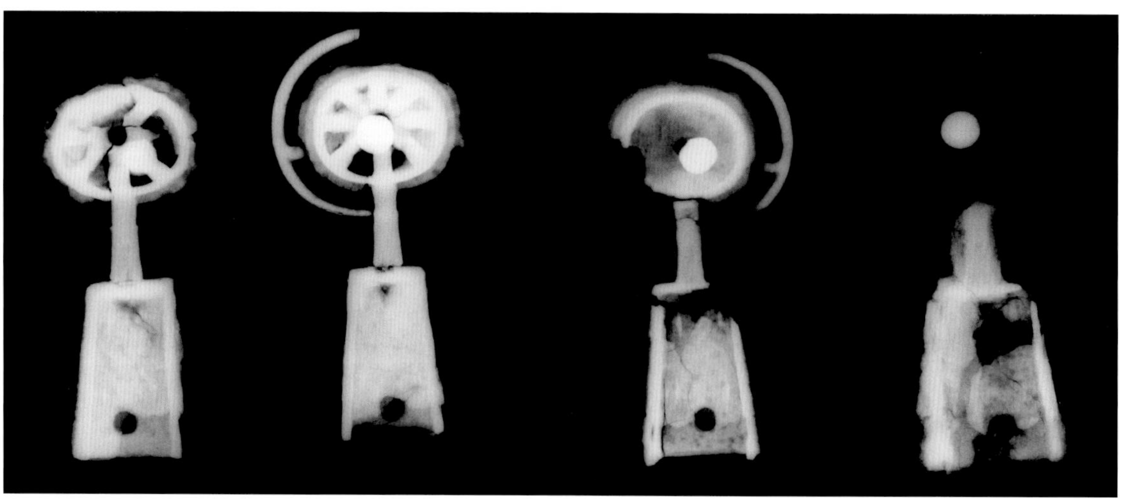

图7-56-2　保护修复后

序号：2–54　铜盘M36：19

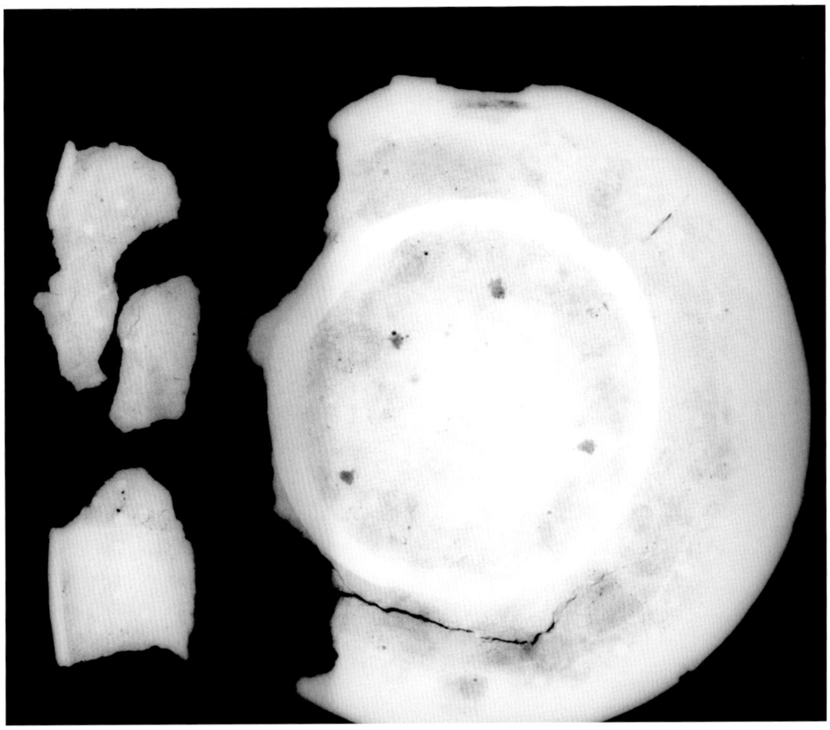

图7–57–1　保护修复前

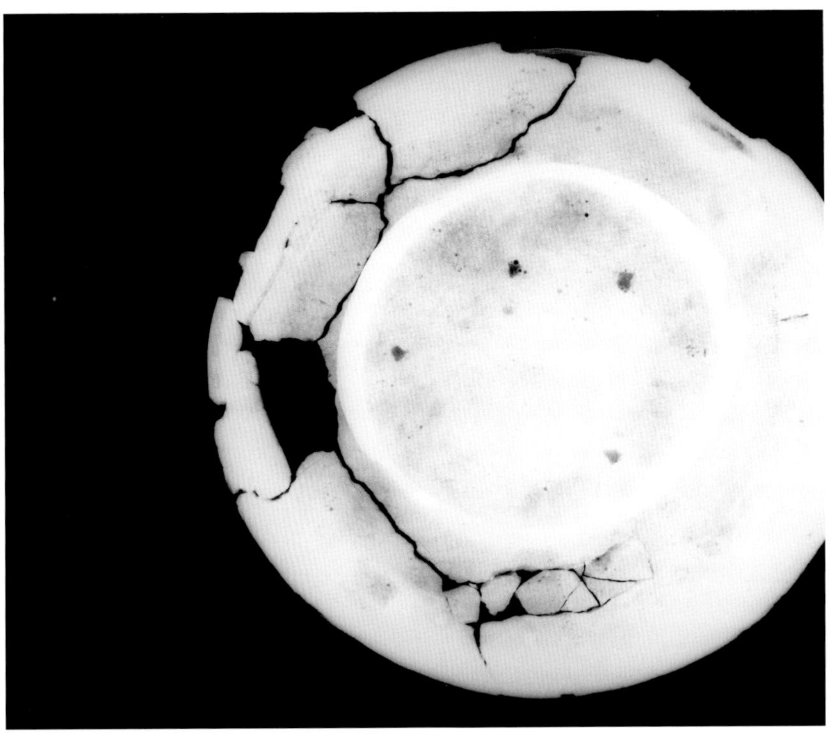

图7–57–2　保护修复后

序号：2–55　铜壶盖M36：20

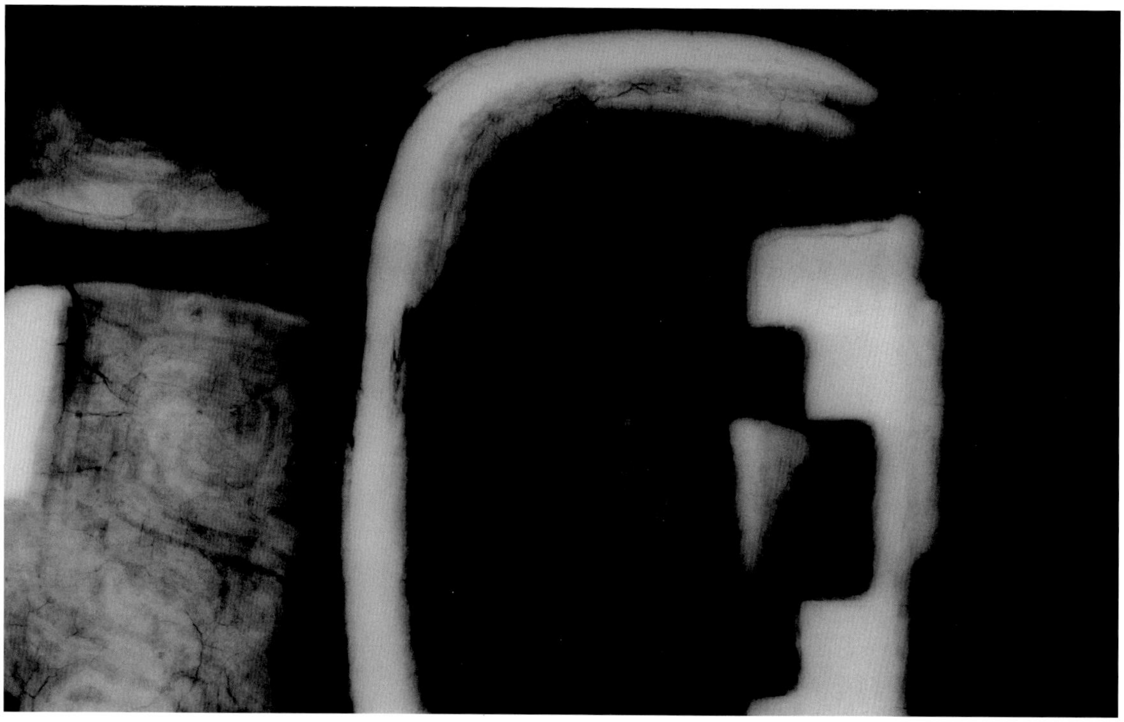

图7–58–1　保护修复前

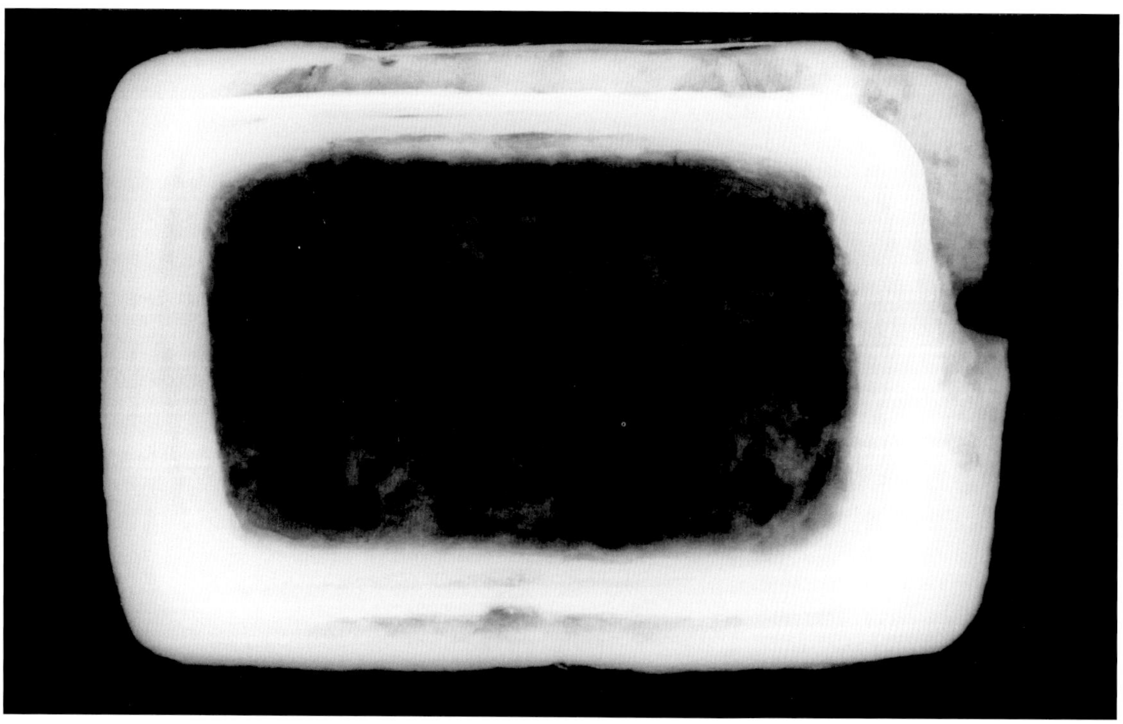

图7–58–2　保护修复后

第八章 保存环境控制建议

保存环境中的温度、湿度、有害气体等因素对金属文物的长久保存有着至关重要的影响，其中温湿度是文物保存环境中的两项重要指标。经保护修复后的铜器，应对其保存环境进行有效控制。

金属文物的保存应以控制环境的预防性保护为主要措施。建议将保护修复后的青铜器放置在相应的囊匣中，存放于温度 15℃ ~ 20℃，相对湿度低于 40% 的相对稳定环境中。在宏观环境难以控制的条件下，可选用 RP 材料，即将青铜器保存在透明、密闭、除氧、干燥的特制塑料袋微环境中。如果文物参加陈列展览，最好放在具有密封效果的陈列柜里，同时在展柜中加入除湿材料，通过人为的调控措施，制造一个小环境来保证文物的相对安全，最大限度地降低环境因素对青铜器造成的损害。

另外，该批青铜器很多质地较为脆弱，故在其运输、保存、展览中，尚需做好文物的包装、减震工作。

第九章 保护修复记录

青铜器文物保护修复基本信息

收藏单位	山东省文物考古研究院	文物来源	高青陈庄遗址出土
文物时代	周代	数量	66 件（套）
文物材质	青铜	文物级别	未定级
方案设计单位	中国社会科学院考古研究院	保护修复单位	中国社会科学院考古研究所
方案名称及编号	山东高青陈庄遗址出土青铜器保护修复	批准单位及文号	文物博函〔2011〕793
提取日期	2011 年 4 月 6 日 2015 年 11 月 6 日	提取 经办人	王浩天

青铜器文物保存环境

无恒温恒湿控制的自然环境。工地出土后曾在山东省文物考古研究院临时库房存放

青铜器保护修复情况综述

步骤	保护修复分两批进行。第一批主要修复了 M17、M18 出土的青铜器，另有 2 件（套）M35 出土的青铜器。第二批主要修复了 M35、M36 出土的另外 40 余件（套）青铜器，M27 出土的 4 件（套）青铜器，以及 2 件（套）M18 出土的青铜器。 因每件青铜器状况不同，其修复步骤不尽相同。 M17、M18 出土的青铜器因表面硬结物很少，但普遍存在有害氯离子，故一般不需除锈，但需去害。对破碎严重的器物，保护修复时一般是在将器物修复完整之后再进行去除有害离子、缓蚀、封护等保护处理，最后再进行随色。残片多有变形，在连接之前尚需整形。保护修复流程一般是：分类拣选→修复（整形、拼对、连接、补配）→去害→缓蚀→封护→表面处理。有一件器物也应用氧化银封护法处理点腐蚀部位。对破碎严重、残片变形的器物，对变形残片先行整形处理。对有铭文的器物处理时倍加注意铭文的保护。 M27 出土的青铜器，锈层较薄，以修复为主。 M35、M36 出土的青铜器因一般都有很厚的表面疏松锈蚀层以及表面硬结物，需先行除锈、清洗。对矿化严重的器物需做加固处理。其保护修复流程一般是:分类拣选→清洗、除锈→加固封护→修复（整形、拼对、连接、补配）→表面处理;或者是:分类拣选→清洗、除锈→修复（整形、拼对、连接、补配）→表面处理→封护（加固）。残缺严重，无法修复的残件，一般只进行了除锈、封护（加固）
方法	修复实施前，查找相关资料，查看同类器物，将所有的残片进行拼对，重新进行拣选。采用手动与机械相结合的方法除锈，针对锈蚀坚硬处，选择六偏磷酸钠、EDTA 二钠盐软化后再除锈；结合去离子水清洗、无水乙醇擦洗。锈蚀黏连处的分离采用煤油滴渗法。对于器物铜质保存较好的部位采用焊接法连接，铜质丧失的部位采用粘接法连接，粘接剂采用 914 胶或 AAA 胶，在粘接剂内同时也调入了适量矿物颜料。非常细小的缝隙，灌入 502 胶粘接加固。较细长、易断的部位，加入铜销。补配材料采用紫铜片、紫铜丝、青铜铸件、锡铅铸件、铜胶棒、玻璃钢、环氧树脂胶 + 各色矿物颜料等。变形的器物、残片，若金属性能较好，则采用压力钳等工具进行整形；若铜质矿化，则采用锯解整形或不进行整形。有害锈去除采用 5% 倍半碳酸钠水溶液浸泡法或氧化银封闭法。缓蚀采用 5%BTA 乙醇溶液浸泡法或减压渗透法。封护、加固采用 2%B72 丙酮溶液涂覆法或 5%B72 丙酮溶液减压渗透法。补配的紫铜或青铜配体的随色做旧，先用乙酸、乙酸铜、硫化钠等化学药品咬旧，之后用虫胶清漆调矿物颜料随色。其他随色则先用硝基清漆、AAA 胶或 914 胶调矿物颜料在配体上打底，之后用虫胶清漆调矿物颜料随色
化学试剂	煤油、无水乙醇、丙酮、氧化银、碳酸钠、碳酸氢钠、苯骈三氮唑（BTA）、去离子水、六偏磷酸钠、EDTA 二钠盐、冰醋酸、醋酸铜、硫化钠、硝酸银、硝酸、松节油等
材料	紫铜、青铜、铜胶棒（铜粉 + 胶，QuikCopper，美国）、AAA 环氧树脂胶、914 环氧树脂胶、硝基清漆、虫胶清漆、焊锡、松香、各色矿物颜料、石蜡、蜂蜡、石膏、硅胶、502 胶、B72 等
工具	小电钻、打磨机、錾子、锤子、刷子、锉刀、调刀、手术刀、刻刀、钳子、电烙铁、角磨机、各种磨头、砂轮片、台钳、U 型钳、钢锯、各种型号砂纸、水砂纸、吹风机、热熔枪、铁丝、竹片、木棍等
仪器	超声波洁牙机、超声波清洗仪、真空泵（型号：2XZ-2）、喷砂机、激光除锈仪、真空渗透装置、恒温箱、显微镜、101A-3 型干燥箱等

1-01　铜簋M17：1

<table>
<tr><td>文物名称</td><td>铜簋</td><td>文物编号</td><td>M17：1</td><td>序号</td><td>1-01</td></tr>
<tr><td rowspan="5">保护修复前状况</td><td>尺寸 /cm</td><td colspan="2">高 26.6，径 21，腹壁厚 0.1</td><td>重量 /g</td><td>3498</td></tr>
<tr><td colspan="5">病害状况：器物外形基本完整，器盖因锈蚀与器身无法分离。后侧下腹部残缺较大，面积约 $15\times3cm^2$，缺口一端有一条长约 4cm 的裂纹。下腹部左前侧有两个近 0.5cm 小圆洞，洞之间有一长 2cm 的裂纹。前侧盖残缺一长约 4、宽 1.7cm 的近长方形孔，缺口两端都有一条裂纹，一条长约 2cm，一条长约 0.5cm。后侧盖上有一很小残洞，直径约 0.3cm。从器物残缺口断面看，器壁厚约 0.1cm，矿化较严重。在盖、腹部、足、右耳、圈底部位，残留少量土垢表面硬结物。器物原底子色呈黄绿色光亮致密漆古，局部有一层深绿色锈层堆积。局部呈暗红色。未见粉状锈。在盖捉手顶部、器盖、左耳顶部、左腹部、左侧器身与器盖衔接锈蚀部位、器物右前侧下腹部，都有大面积席纹包裹痕迹。圈足底边缘有范土残留，局部被锈蚀层覆盖。两耳内侧亦有范土残留。
X 光探伤显示器内有铭文。器底可见芯撑。
病害：残缺、裂隙、孔洞、表面硬结物、层状堆积、全面腐蚀</td></tr>
<tr><td colspan="5">原保护修复情况：曾对其进行过清洗、除锈工作。主要方法是先将其在表面活性剂中浸泡、清洗，再在酒石酸钾钠溶液中浸泡、清洗，清洗后用倍半碳酸钠溶液浸泡（加入几滴过氧化氢），机械除锈，之后蒸馏水浸泡，烘干</td></tr>
<tr><td colspan="5">影像资料：
</td></tr>
</table>

<table>
<tr><td rowspan="5">保护修复后状况</td><td>尺寸 /cm</td><td>高约 26.6，径约 21，腹壁厚约 0.1</td><td>重量 /g</td><td>3486</td></tr>
<tr><td>完成日期</td><td>2012.3.1</td><td rowspan="2">修复人员</td><td rowspan="2">霍海峻 王杰星</td></tr>
<tr><td>审核</td><td>王浩天</td></tr>
<tr><td colspan="4">影像资料：</td></tr>
<tr><td colspan="4"></td></tr>
<tr><td colspan="5">保护修复记录</td></tr>
<tr><td>日期</td><td>修复人</td><td colspan="3">工作内容</td></tr>
<tr><td>2011.3.18–2011.8.5</td><td>杨巍</td><td colspan="3">拍照、记录、信息采集、建档、绘制病害图
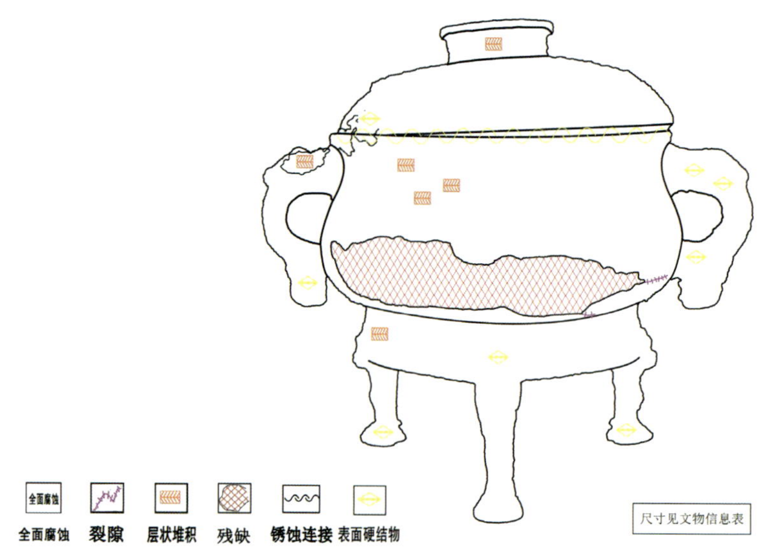
</td></tr>
</table>

<table>
<tr><td>2011.8.24</td><td>霍海峻</td><td>将锈蚀在一起的盖与器身分开：用煤油浸润锈蚀部位，再用锤子、刻刀，将锈层敲下去锈，使盖逐渐活动，最终盖与器身分离。簋身器底内侧与簋盖内侧都有铭文。簋身内侧有黑色附着物

涂煤油浸润

敲击衔接处

打开后的器身内侧

打开后的器盖内侧</td></tr>
<tr><td>2011.8.25–2011.8.29</td><td>霍海峻</td><td>紫铜片补配腹部大缺口、小缺口及盖部缺口。腹部大缺口处翻模，按缺口形状剪裁紫铜片，在模上捶打，大体修出外形，再不断比对原器物缺口处，用钳子等工具细修形。采用焊接＋粘接方法连接。打磨焊口，缺口处的铜质仍存在，将补配的铜片焊接在器身上。补配铜片施一层 AAA 胶（调红色矿物颜料）做腻子，干燥后打磨，使补配处平整
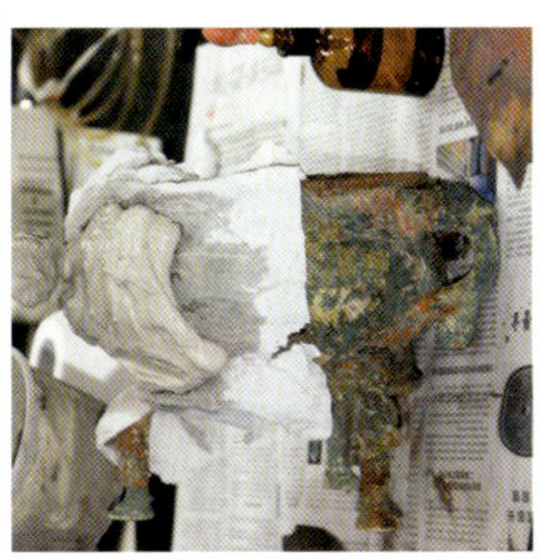
翻模
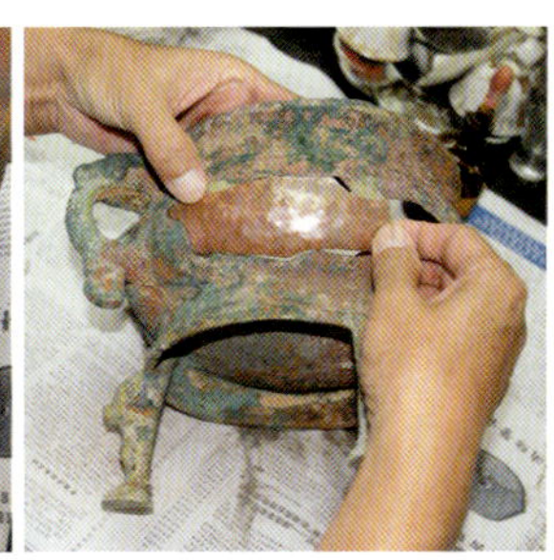
剪裁随形铜片

打磨焊口

焊接

紫铜片表面施胶

胶干燥后打磨</td></tr>
</table>

		 紫铜片补配器盖缺口
2011.8.30– 2011.8.31	霍海峻	用冰醋酸、醋酸铜等化学药品咬旧补配的铜片  紫铜片上涂化学药品咬旧  咬旧紫铜片  咬旧紫铜片
2011.9– 2011.12	霍海峻	补配处做底色 
2012.1.10– 2012.1.18	王杰星	簋身与盖浸入 5% 倍半碳酸钠溶液中去除有害锈 
2012.1.18– 2012.1.19	王杰星	去离子水清洗干净，烘干

2012.2.3– 2012.2.8	霍海峻	刷涂 5%BTA 乙醇溶液缓蚀，自然风干   缓蚀后
2011.12.7		对打开锈蚀黏连的器盖和器底，再次拍摄修复中的 X 光探伤影像
2012.2.9	霍海峻	涂刷 2%B72 丙酮溶液封护，自然风干   封护后
2012.2.22	霍海峻	补配铜片处再次填补树脂，干燥后磨平
2012.2.26	霍海峻	清理器盖内侧铭文周围锈蚀 
2012.3.1	霍海峻	修复处，调硝基清漆做底色，用虫胶清漆调色做旧

1-02　铜鼎M17：2

<table>
<tr><td>文物名称</td><td>铜鼎</td><td>文物编号</td><td>M17：2</td><td>序号</td><td>1-02</td></tr>
<tr><td rowspan="5">保护修复前状况</td><td>尺寸/cm</td><td colspan="2">高21.5，腹径16.5，足高8.5</td><td>重量/g</td><td>1902</td></tr>
<tr><td colspan="5">病害状况：器物通体锈蚀，外形基本完整，残破，除器身主体外，另有5块残块。后足从器身脱落，足很重，足跟脱落断面有一层较厚的浅绿色锈蚀。右耳部位的口沿及上腹部有一长约10、宽约17cm残缺。此残缺仍存4块残片，1个完整器耳，器耳与口沿及其中两块可粘对上，但口沿、腹部仍有残缺。腹部缺口处有一长约2cm的裂隙向足部延伸。此器矿化严重，表面锈层多呈绿色，坚硬、锈层较厚且疏松，瘤状鼓泡凸起锈遍布，并且层状剥落严重。左侧和前侧的腹部和口沿及双耳有较多红色锈蚀。器壁断面看已无金属基体，局部分层，多夹有浅绿色层。局部断面有闪亮的颗粒状物。在其外壁断足周围，锈层状脱离后，也有闪亮的颗粒状物露出，这些部位多呈紫红色。
X光探伤可见器壁金属芯撑，有较多铸造气孔及点腐蚀暗斑。
病害：断裂、残缺、裂隙、瘤状物、层状堆积、层状剥离、全面腐蚀、局部矿化</td></tr>
<tr><td colspan="5">原保护修复情况：曾对其进行过清洗、除锈工作。主要方法是先将其在表面活性剂中浸泡、清洗，再在酒石酸钾钠溶液中浸泡、清洗，清洗后用倍半碳酸钠溶液浸泡（加入几滴过氧化氢），机械除锈，之后用蒸馏水浸泡，烘干</td></tr>
<tr><td colspan="5">影像资料：
</td></tr>
</table>

<table>
<tr><td rowspan="4">保护修复后状况</td><td>尺寸 /cm</td><td>高 21.5，腹径 16.5，足高 8.5</td><td>重量 /g</td><td>1928</td></tr>
<tr><td>完成日期</td><td>2012.2.9</td><td rowspan="2">修复人员</td><td rowspan="2">岳超红 霍海峻</td></tr>
<tr><td>审核</td><td>王浩天</td></tr>
<tr><td colspan="4">影像资料：
</td></tr>
<tr><td colspan="5">保护修复记录</td></tr>
<tr><td>日期</td><td>修复人</td><td colspan="3">工作内容</td></tr>
<tr><td>2011.3.18–
2011.8.5</td><td>杨巍</td><td colspan="3">拍照、记录、信息采集、建档、绘制病害图

</td></tr>
<tr><td>2011.8.2</td><td>霍海峻</td><td colspan="3">重新拣选残片、拼对</td></tr>
</table>

2011.8.25– 2011.8.27	岳超红	用 914 胶 + 矿物颜料粘接腹部的三块残片以及将器耳、器腿粘回原位。铜胶棒补配缺失部分。用 914 胶调矿物颜料填补缝隙及小缺口  粘接  铜胶棒补配缺失  铜胶棒补配处随色  914胶调矿物颜料填补缝隙及小缺口
2011.8.29– 2011.8.31	岳超红	鼎口沿残缺处，用紫铜片补配，同时在口沿加一铜条。先将铜片和铜条捶打出形，再将两者焊接。将焊好的配体用 914 胶粘回口沿缺失处。对配体再烫焊锡修形  焊接铜配体  配体粘回原位  焊锡修形

<table>
<tr><td>2011.9.1–
2011.9.2</td><td>岳超红</td><td>胶干燥后打磨去除多余的胶，补配处做旧打底，在其上用矿物颜料调和虫胶清漆随色

随色中

随色后</td></tr>
<tr><td>2012.1.10–
2012.1.18</td><td>岳超红</td><td>浸入 5% 倍半碳酸钠溶液中去除有害锈。去离子水清洗干净，烘干

倍半碳酸钠溶液浸泡

原粘接处开胶</td></tr>
<tr><td>2012.2.3</td><td>岳超红</td><td>涂刷 5%BTA 乙醇溶液缓蚀，自然风干</td></tr>
<tr><td>2012.2.9</td><td>岳超红</td><td>涂刷 2%B72 丙酮溶液封护，自然风干</td></tr>
<tr><td>2012.3.16</td><td>霍海峻</td><td>重新粘接残片、随色</td></tr>
</table>

1–03　铜觚M18：1

<table>
<tr><td>文物名称</td><td>铜觚</td><td>文物编号</td><td>M18：1</td><td>序号</td><td>1–03</td></tr>
<tr><td rowspan="5">保护修复前状况</td><td>尺寸 /cm</td><td colspan="2">残高 18，腹径约 4，壁厚不足 2</td><td>重量 /g</td><td>250</td></tr>
<tr><td colspan="5">病害状况：胎薄素面，器物口部、腹部、圈足破碎，残缺变形。除器身主体外，另有 5 块残片。口沿残存 1/4，觚下腹部近底处有一 4cm × 7cm 不规则形残缺，底部残缺变形严重，圈足残存部分，底部有一长约 1cm 的三角形缺失。腹部不规则形缺口处有 6 条裂纹在周围分布，裂纹长 1~3cm，最下面裂纹与底部缺口相连。底部另有 2 条长约 1cm 裂纹分布，底部裂纹交错呈“Y”字形。口部缺口有 5 条裂纹分布，长 1~3cm。颈部有一长约 4cm 的横向裂纹。
该器锈层很薄，底子色为黄绿色光亮致密漆古。有蓝色、深绿色、浅绿色锈蚀层堆积。腹底部矿化较重。断面看，两壁之间有白绿色锈蚀夹层，腹部缺口一侧周围原始表层剥离，露出白绿色夹层，白绿夹层与器壁之间偶尔还可见黑色闪亮晶体颗粒。上颈部可见 2 块垫片，1 块向内凸起较多，锈蚀，外壁相应则凹陷；另 1 块向外壁略突起，锈蚀呈红色。颈部中间 1 块垫片凹陷，露出孔洞。器底有 2 字“祖甲”铭文。
X 光探伤可见器壁 1 枚金属芯撑，芯撑及缺口周围有很多裂隙，器壁亦有暗裂。
病害：断裂、残缺、变形、裂隙、全面腐蚀、局部矿化、层状剥离、孔洞</td></tr>
<tr><td colspan="5">原保护修复情况：曾对其进行过清洗、除锈工作。主要方法是先将其在表面活性剂中浸泡、清洗，再在酒石酸钾钠溶液中浸泡、清洗，清洗后用倍半碳酸钠溶液浸泡（加入几滴过氧化氢），机械除锈，之后用蒸馏水浸泡，烘干</td></tr>
<tr><td colspan="5">影像资料：
</td></tr>
</table>

<table>
<tr><td rowspan="4">保护修复后状况</td><td>尺寸 /cm</td><td>高 19，最大腹径 8.2</td><td>重量 /g</td><td>282</td></tr>
<tr><td>完成日期</td><td>2012.3.5</td><td rowspan="2">修复人员</td><td rowspan="2">李其良
霍海峻
王杰星</td></tr>
<tr><td>审核</td><td>王浩天</td></tr>
<tr><td colspan="4">影像资料：
</td></tr>
<tr><td colspan="5">保护修复记录</td></tr>
<tr><td>日期</td><td>修复人</td><td colspan="3">工作内容</td></tr>
<tr><td>2011.3.18–
2011.8.5</td><td>杨巍</td><td colspan="3">拍照、记录、信息采集、建档、绘制病害图
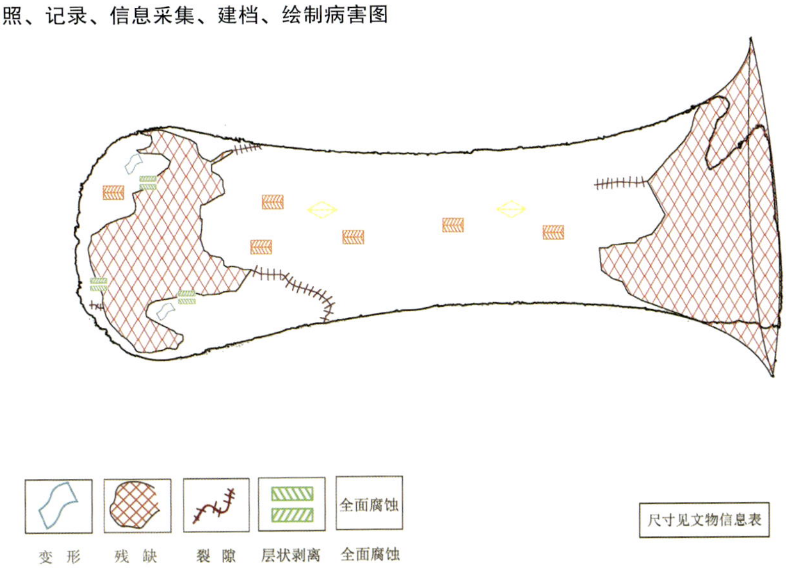
</td></tr>
</table>

2011.8.31	霍海峻	重新拣选残片，又找到 2 块该器残片，其中包括 1 块很重要的圈足残片  器物所有残片
2011.9.1– 2011.9.15	李其良	器物变形严重，进行整形。该器物大部分铜质保存较好，可进行整形及焊接。个别无铜质的部位采用 914 胶粘接。腹部有点变形，用压力钳整形、焊接。变形严重的圈足残片，用锯解的方法整形。口沿、腹部均有残缺，用紫铜片补配。补配完毕后打磨修整，之后填漆、打底，最后用矿物颜料做旧   整形  紫铜片补配  随色
2011.12.7		补配后，X 光探伤拍摄修复中底部铭文处的影像

2012.2.8– 2012.2.15	王杰星	浸入 5% 倍半碳酸钠溶液中去除有害锈 
2012.2.15– 2012.2.16	王杰星	用去离子水清洗干净，烘干
2012.2.17– 2012.2.23	王杰星	涂刷 5%BTA 乙醇溶液缓蚀，自然风干
2012.2.24	王杰星	涂刷 2%B72 丙酮溶液封护，自然风干
2012.3.16– 2012.3.25	王杰星	做旧

1-04 铜爵M18：2

<table>
<tr><td>文物名称</td><td>铜爵</td><td>文物编号</td><td>M18：2</td><td>序号</td><td>1-04</td></tr>
<tr><td rowspan="5">保护修复前状况</td><td>尺寸 /cm</td><td colspan="2"></td><td>重量 /g</td><td>628</td></tr>
<tr><td colspan="5">病害状况：器物破碎严重，残缺，残片约有 9 块，原有几块残片不属于该器物，也不属于该批修复的青铜器之内的任何一件。修复前重量还夹杂了其他器物残片。三足、鋬手部分可直接粘接。
器物通体锈蚀，锈蚀层较薄，底子色为光亮致密的黄绿色漆古，上有绿色、蓝色、红色锈蚀层堆积，有少量土质表面硬接物。外壁局部漆古呈层状剥落。内壁漆古较暗，有红色锈蚀层堆积。从断腿断面看，器壁有很多铸造缩孔，孔内常有黑色闪亮颗粒析出。从鋬手残片断面看，红色基体有分层，有白绿色夹层。鋬手内侧有范土。腹部大缺口有两条长约 2cm 裂缝。
X 光探伤可见有些残片上有很多暗裂纹。
病害：断裂、残缺、表面硬结物、层状剥离、层状堆积、裂隙、全面腐蚀</td></tr>
<tr><td colspan="5">原保护修复情况：曾对其进行过清洗、除锈工作。主要方法是先将其在表面活性剂中浸泡、清洗，再在酒石酸钾钠溶液中浸泡、清洗，清洗后用倍半碳酸钠溶液浸泡（加入几滴过氧化氢），机械除锈，之后蒸馏水浸泡，烘干</td></tr>
<tr><td colspan="5">影像资料：
 </td></tr>
<tr><td rowspan="4">保护修复后状况</td><td>尺寸 /cm</td><td colspan="2">通高 22.8，最长 17.6</td><td>重量 /g</td><td>824</td></tr>
<tr><td>完成日期</td><td colspan="2">2012.3.26</td><td rowspan="2">修复人员</td><td rowspan="2">岳超红
霍海峻
王杰星</td></tr>
<tr><td>审核</td><td colspan="2">王浩天</td></tr>
<tr><td colspan="5">影像资料：
   </td></tr>
</table>

保护修复记录		
日期	修复人	工作内容
2011.3.18– 2011.8.5	杨巍	拍照、记录、信息采集、建档、绘制病害图 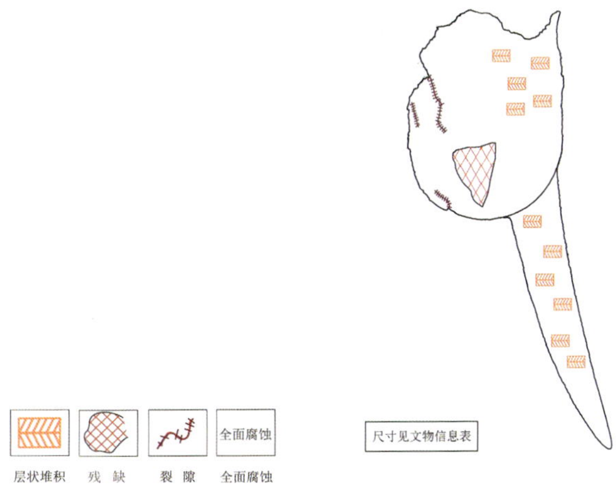
2011.8.31– 2011.9.1	霍海峻	重新拣选残片。属于该爵的残片约有 9 块，拣选后重新拍照。有几块残片不属于该器物，这些残片不属于该批修复的青铜器  腿部断面结构  残片断面  所有残片  所有残片  分离出的未知器物残片

<table>
<tr><td></td><td></td><td>配足尖。焊接鋬残片及两足。粘接腹部残片，用紫铜片补配腹部残洞缺失。焊接尾部残片。将所有残片拼对、粘接成一整体，必要时采用铁丝、木棍等作支撑

焊接

支撑、连接

剪裁随形紫铜片

紫铜片补配</td></tr>
<tr><td>2011.9.2–
2011.9.8</td><td>霍海峻</td><td></td></tr>
<tr><td>2011.9.20–
2011.11.17</td><td>岳超红</td><td>塑形。用热熔胶固定残片，对残缺的部位塑泥型。在泥型上翻制硅胶模具，在硅胶模具上再翻石膏外模。然后利用模具制出缺失部分的蜡型，并进行修整。最后铸出残缺部分的青铜配件

塑泥型

塑泥型

塑泥型

塑泥型

翻硅胶棒

翻石膏外模</td></tr>
</table>

<table>
<tr><td></td><td></td><td> 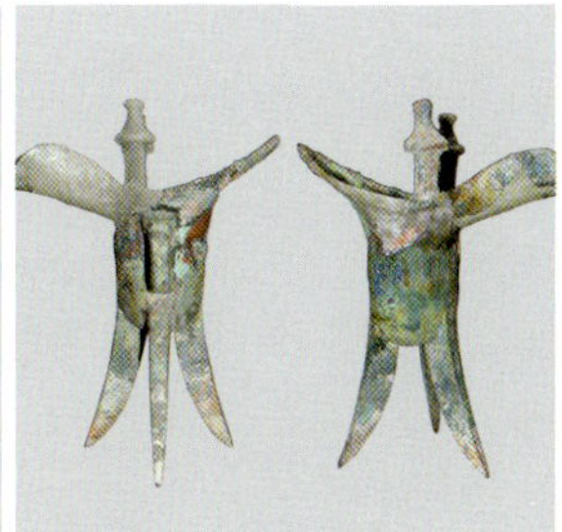 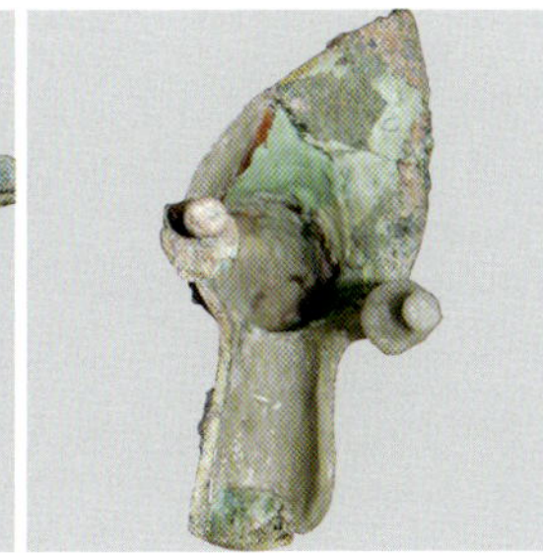
制蜡型</td></tr>
<tr><td>2012.1.12–2012.2.21</td><td>岳超红</td><td>将青铜配件与器身焊接在一起。打磨多余的焊锡。对有错位的残片重新调整。用角磨机对青铜配件进一步打磨修整形状。局部缝隙用焊锡补平

所有残片连接后　连接青铜配件　连接青铜配件</td></tr>
<tr><td>2012.2.22–2012.2.29</td><td>王杰星</td><td>浸入 5% 倍半碳酸钠溶液中去除有害锈
</td></tr>
<tr><td>2012.2.29–2012.3.2</td><td>王杰星</td><td>用去离子水清洗干净，烘干</td></tr>
<tr><td>2012.3.2</td><td>王杰星</td><td>涂刷 5%BTA 乙醇溶液缓蚀，自然风干</td></tr>
<tr><td>2012.3.12</td><td>王杰星</td><td>涂刷 2%B72 丙酮溶液封护，自然风干</td></tr>
<tr><td>2012.3.13–2012.3.23</td><td>岳超红</td><td>继续打磨、修整青铜配体</td></tr>
<tr><td>2012.3.26</td><td>岳超红</td><td>随色，做旧</td></tr>
</table>

1–05 铜觥M18：3

<table>
<tr><td>文物名称</td><td>铜觥</td><td>文物编号</td><td>M18：3</td><td>序号</td><td>1–05</td></tr>
<tr><td rowspan="4">保护修复前状况</td><td>尺寸 /cm</td><td colspan="2">高 24，长 25，宽 11，壁厚 0.2</td><td>重量 /g</td><td>1614</td></tr>
<tr><td colspan="5">病害状况：含盖 1 套。
器物破碎严重。器身有一侧破碎，残缺约 1/2，流有 1 块可粘对，近圈足处有 1 块可粘对。器盖有两大块残片可直接粘对。基本能看出器物的外形。通体锈蚀，整体颜色呈浅绿色。锈蚀较轻处，较平整，基体表层被较薄绿锈、蓝锈、土垢等覆盖，在器盖头部、器身、把部有致密光亮黄色漆古。锈蚀严重处在基体表层之下有白绿色夹层，矿化严重处夹层有多重，多有瘤状突起，锈蚀层较厚而脆弱，锈蚀层堆积很厚，膨胀、开裂。在基体断面的孔洞内以及基体夹层内常可见到黑色闪亮析晶颗粒。
器盖头部的基体表层有多处脱落，露出白绿色夹层，形成凹坑。个别白色夹层内可见有星点绿锈生长。器盖兽鼻处有“Y”字型裂纹。器盖疑有较大一块补铸痕迹，补铸部位矿化严重，锈层疏松且厚，呈多重层状堆积。器盖从铭文及补铸痕迹处断裂。器盖内壁绿锈上有白色水泡状痕迹。
器身破损的一侧矿化较严重，多有很厚的层状堆积物，结构疏松，锈蚀层有很多层，有些层状堆积层膨胀、开裂。器把兽头处锈蚀严重，锈层很厚、膨胀、开裂。
器底内侧有铭文，铭文较清晰，但局部被瘤状突起覆盖，局部瘤状物破裂，露出浅绿色夹层，破坏了铭文字迹。器盖内侧兽颈部处有铭文，锈蚀严重，铭文模糊，盖从铭文处断裂，经拼对后发现连接处有一孔洞，该处缺一字迹。
盖内侧兽头部、角部、尾部以及器身把内侧都有范土残留。
X 光探伤可见很多残片上有裂隙、暗裂；器底残片圈足处有很多腐蚀造成的裂隙，有很多影像模糊的点腐蚀暗斑，有比较明显的明区与暗区；器盖残片可见铜质芯撑；有些残片有夹层，影像模糊，有重影。
病害：断裂、残缺、全面腐蚀、表面硬结物、层状堆积、瘤状物、裂隙、局部矿化、层状剥离</td></tr>
<tr><td colspan="5">原保护修复情况：曾对其进行过清洗、除锈、除氯工作。主要方法是先将其在表面活性剂中浸泡，再在酒石酸钾钠溶液中浸泡，然后用过氧化氢除氯，机械除锈，再次用过氧化氢除氯，更换 4 次蒸馏水浸泡，取出烘干</td></tr>
<tr><td colspan="5">影像资料：

器内底铭文

盖兽头颈内侧铭文
盖兽颈部铭文（残片连接后可见有一字缺失）
盖兽头</td></tr>
</table>

保护修复前状况

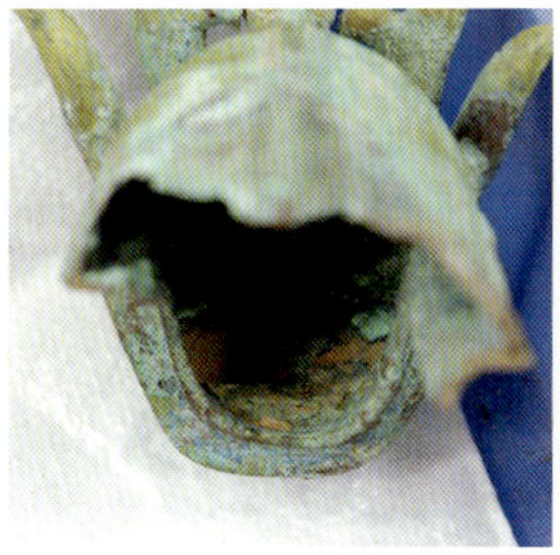

内侧范土

把部内侧范土

盖部补铸痕迹

兽鼻处“Y”形裂纹

兽脸部凹坑白色锈上长出绿色锈

白色锈上长出绿色锈

矿化严重

多重分层

器把处锈层开裂

残片锈蚀层的开裂与分层

<table>
<tr><td rowspan="5">保护修复后状况</td><td>尺寸 /cm</td><td>通高 25，长 24.6，宽 10.1</td><td>重量 /g</td><td>1722</td></tr>
<tr><td>完成日期</td><td>2012.4.1</td><td rowspan="2">修复人员</td><td rowspan="2">岳超红 霍海峻
王杰星</td></tr>
<tr><td>审核</td><td>王浩天</td></tr>
<tr><td colspan="4">影像资料：</td></tr>
<tr><td colspan="4"></td></tr>
</table>

<table>
<tr><td colspan="3">保护修复记录</td></tr>
<tr><td>日期</td><td>修复人</td><td>工作内容</td></tr>
<tr><td>2011.3.18–
2011.8.5</td><td>杨巍</td><td>拍照、记录、信息采集、建档、绘制病害图
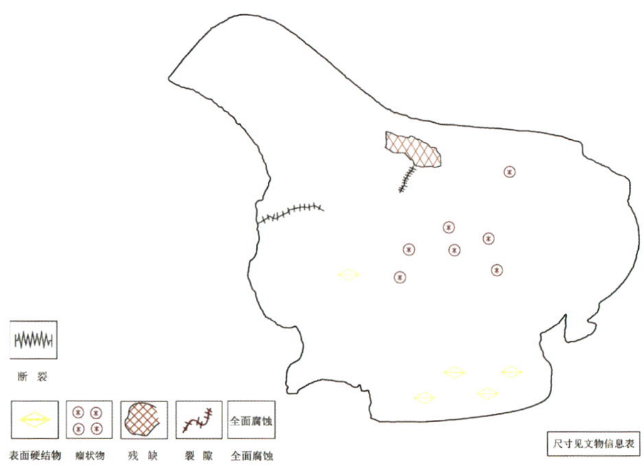
</td></tr>
</table>

<table>
<tr><td>2011.9.26–
2011.9.28</td><td>霍海峻
岳超红</td><td>对所有残片进行拼对，分类拣选。与该器物在一起的残片中有两片不是该器物的，又找到一块瘤状物的残片，可以拼对在口沿残洞处。
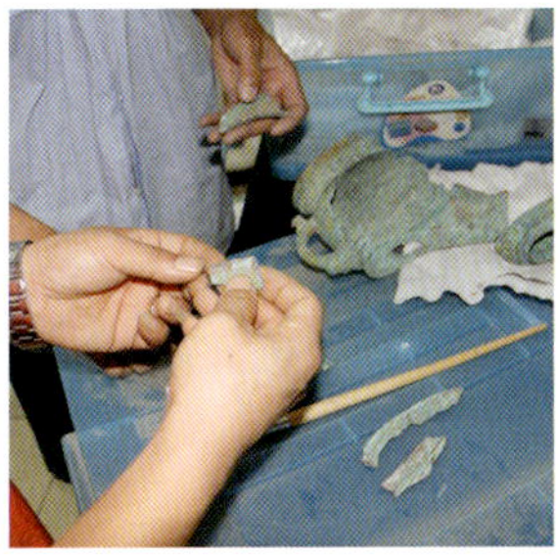  
重新拣选　器身孔洞与瘤状物残块</td></tr>
<tr><td>2011.9.29–
2011.10.9</td><td>岳超红</td><td>拼对器盖残片，进行焊接和粘接。可将 3 块残片焊接上。另一块残片用 914 胶粘接。铜质较好处焊接，无铜质处粘接。焊接缝隙中同时滴入 502 胶粘接加固

拼对器盖残片　打磨焊口　焊接与粘接
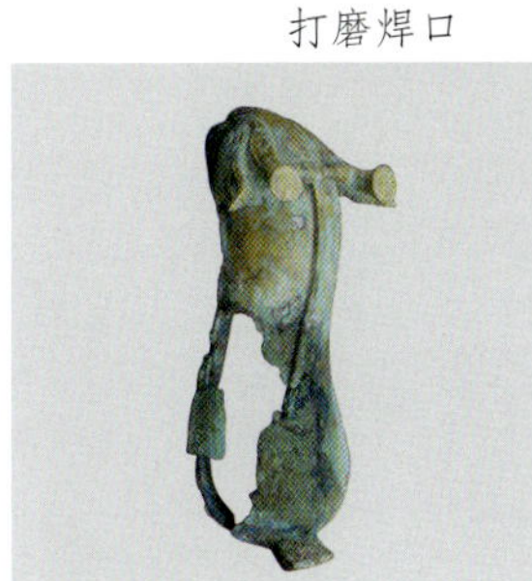 
器盖残片连接后　器盖连接后</td></tr>
<tr><td>2011.10.9–
2011.10.12</td><td>岳超红</td><td>拼对器身残片，进行焊接和粘接。腹部一块残片用 914 胶粘接，器身两块残片焊接。腹部靠近圈足部位的缺失用铜胶棒补配。器身流的部位两块残片焊接，缺失的部位用铜胶棒补配。914 胶调矿物颜料粘接

粘接　粘接　铜胶棒补配</td></tr>
<tr><td>2011.10.14</td><td>岳超红</td><td>打磨去除多余的胶</td></tr>
</table>

2011.11.2– 2011.11.13	岳超红	将青铜配件与器身焊接在一起。打磨多余的焊锡。对有错位的残片重新调整。用角磨机对青铜配件进一步打磨修整形状。局部缝隙用焊锡补平  支撑固定器身残片  塑泥型  翻石膏外范  制蜡型
2011.11.19– 2011.11.25	岳超红	用紫铜片对器盖的残缺部分进行补配，因缺失面积大，弧度不一，分成 3 块铜片补配，再将铜片焊接在一起。器盖茬口矿化严重处用 914 胶粘接。再用 914 胶调矿物颜料涂在器盖补配处外侧，待胶干燥后打磨找平。器盖内侧补配处烫焊锡，打磨、找平  紫铜片补配器盖残片  914胶调矿物颜料涂在器盖外侧补配处  器盖外侧补配处  器盖内侧补配处 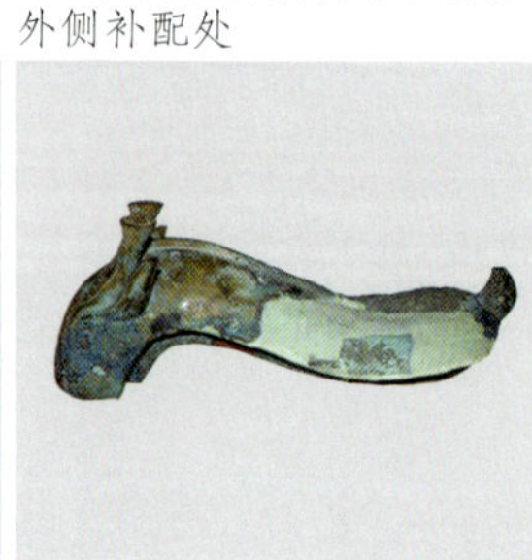  补配后

2011.12.6– 2011.12.27	岳超红	器身圈足残缺部分用铜胶棒补配，圈足处也补配了铜条，底部孔洞用紫铜片补配。用铸出的青铜配件补配器身大面积缺失。缝隙处及小面积缺失用914胶调矿物颜料填补。胶干燥后，打磨修整  圈足补配铜胶棒  青铜配件补配大面积缺失  914胶填补小面积缺失  补配后
2012.1.10– 2012.1.18	王杰星	浸入5%倍半碳酸钠溶液中去除有害锈
2012.1.18– 2012.1.19	王杰星	用去离子水清洗干净，烘干
2012.2.3– 2012.2.8	王杰星	涂刷5%BTA乙醇溶液缓蚀，自然风干。涂刷2%B72丙酮溶液封护
2012.2.23– 2012.4.1	岳超红	打磨、修整器身、器盖修复部位。用硫化钠对青铜配件咬旧。用矿物颜料和虫胶清漆对修复部位随色  咬旧青铜配件  随色中  随色后

1–06 铜提梁卣M18：4

<table>
<tr><td>文物名称</td><td>铜提梁卣</td><td>文物编号</td><td>M18：4</td><td>序号</td><td>1–06</td></tr>
<tr><td rowspan="5">保护修复前状况</td><td>尺寸 /cm</td><td colspan="2"></td><td>重量 /g</td><td>3106</td></tr>
<tr><td colspan="5">病害状况：器物破碎严重（有 7 大块残片，30 余块小片及残渣），变形。盖保留有一半，可以复原，内有铭文，铭文不全。器物口沿完整，腹部残缺，底内有铭文，有一铭文已经穿孔。圈足残缺约 1/4，足外侧有 10 余条裂缝。器物整体锈蚀较严重。器物锈蚀色有绿色、浅绿色、深绿色、蓝色等。盖及器物颈部腐蚀较轻处呈黄绿色光亮致密漆古，局部覆有较薄绿锈、蓝锈。腐蚀较重处器壁之间有白色夹层。多处有基体表层脱落留下的凹坑，露出白色夹层。局部有点腐蚀、穿孔和发锈的鼓泡痕迹，发锈膨胀、破损，破坏了原基体表层和纹饰。局部金属基体丧失严重。提梁残断。提梁有多处坑洼不平，器壁基体表层有多处受损丧失，花纹受损严重，凹坑内有白色夹层或绿色锈蚀。白色夹层上有黑色闪亮颗粒和长出的绿色锈蚀。提梁还有较多气孔，气孔内多有白绿色锈及黑色闪亮析晶颗粒。系耳部位有一些堆积的蓝锈较疏松。系提梁兽头内侧有范土残留。器壁兽头向外侧凸出，在器内侧相应凹陷。
器底底部带铭文残片，带铭文的一面，一半锈蚀较平整，另一半则有凸出泡状发锈堆积，有些发锈破损，发锈使得个别字体模糊。圈足部位矿化严重，基体铜质严重丧失，器壁疏松、脆弱、分层，锈蚀层堆积得很厚，呈多重层状结构，膨胀、开裂、破坏了基体表面。
X 光探伤：器壁有铭文；很多残片上有裂隙及暗裂；残片明暗分区边界线较明显；有边界较模糊的点腐蚀暗斑，有些暗斑周围还有一较浅的暗斑；有些残片上有絮状亮斑，以及边界较明显的亮斑；有些亮斑周围还有一较浅的暗斑。
病害：断裂、变形、残缺、裂隙、全面腐蚀、点腐蚀、孔洞、瘤状物、层状堆积、局部矿化、层状剥离</td></tr>
<tr><td colspan="5">原保护修复情况：曾对其进行过清洗、除锈、除氯工作。主要方法是先将其在表面活性剂中浸泡，再在酒石酸钾钠溶液中浸泡，然后用过氧化氢除氯，机械除锈，再次用过氧化氢除氯，更换 4 次蒸馏水浸泡，取出烘干</td></tr>
<tr><td colspan="5">影像资料：
  器底铭文  器底铭文
 盖捉手铭文  器壁穿孔  系提梁兽头内侧范土</td></tr>
</table>

保护修复前状况

提梁断面气孔及黑色闪亮颗粒

器底圈足部位矿化严重

器底圈足部位矿化严重

白色夹层上有黑色闪亮颗粒

白色夹层上的绿色星点锈

白色夹层上的黑色闪亮颗粒

矿化严重处的多层夹层

<table>
<tr><td rowspan="4">保护修复后状况</td><td>尺寸 /cm</td><td>通高 27.1，长 26.4，宽 17.7</td><td>重量 /g</td><td>4102</td></tr>
<tr><td>完成日期</td><td>2012.8.27</td><td rowspan="2">修复人员</td><td rowspan="2">李其良
霍海峻</td></tr>
<tr><td>审核</td><td>王浩天</td></tr>
<tr><td colspan="4">影像资料：
</td></tr>
<tr><td colspan="5">保护修复记录</td></tr>
<tr><td>日期</td><td>修复人</td><td colspan="3">工作内容</td></tr>
<tr><td>2011.3.18–
2011.8.5</td><td>杨巍</td><td colspan="3">拍照、记录、信息采集、建档、绘制病害图
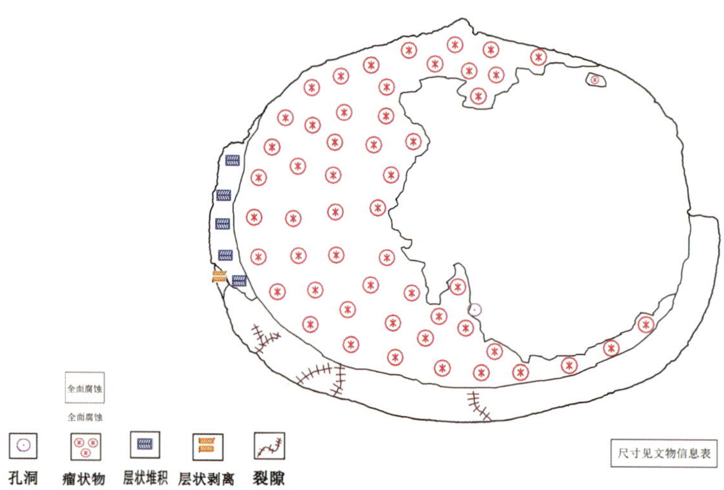</td></tr>
</table>

<table>
<tr>
<td>2012.2.7–
2012.2.12</td>
<td>霍海峻</td>
<td>对所有残片进行拼对，分类拣选。从其他器物的残片中，又找出多块该器物的残片。拼接器盖和器身圈足残片，用热熔胶临时固定

器盖残片 器身残片 拼接器盖残片

拼接器盖残片 拼接圈足残片</td>
</tr>
<tr>
<td>2012.2.13–
2012.2.26</td>
<td>李其良</td>
<td>焊接器盖残片，无铜质处粘接。器盖上两处小残洞，用紫铜片补配，其上烫焊锡，之后在其上錾刻出相应的花纹，盖内侧也錾刻出相应的铭文。盖口沿处用紫铜片补配，其上烫焊锡。翻出一个盖局部花纹的模子，用模子倒出残缺部位的花纹。修整花纹

补配器盖</td>
</tr>
</table>

<table>
<tr><td rowspan="2">2012.2.27–
2012.3.15</td><td rowspan="2">李其良</td><td>焊接器身口沿部分，缺失处用紫铜片补配。此器腹部残缺较多，故再次查找碎片、拼对、查找相关资料，确定口沿与器底的距离，之后用木块、海绵、竹条等做支撑，将器底与口沿部分临时固定。将腹部残片拼对到相应位置，之后焊接、粘接，同时及时矫正形状。腹部大面积残缺部分用随形紫铜片补配，将其焊接、粘接到器身上。颈部残缺用铜胶棒补配

焊接、补配器身口沿部分 支撑器底和口沿部分

支撑器底和口沿部分 补配</td></tr>
<tr><td>  
补配</td></tr>
<tr><td>2012.3.16–
2012.3.30</td><td>李其良</td><td>浸入 5% 倍半碳酸钠溶液中去除有害锈。用去离子水清洗干净，烘干。用 5%BTA 乙醇溶液减压渗透，之后再在常压下浸泡 2 小时。取出自然风干。涂刷 2%B72 丙酮溶液封护，自然风干</td></tr>
</table>

2012.5.4– 2012.6.5	李其良	补配器腹。提梁处下芯打眼，粘接、焊接    器身补配完成后    器身补配完成后　　器盖补配完成后
2012.8.7– 2012.8.27	霍海峻	补配处先调硝基磁漆做地子，待干燥后调虫胶清漆及矿物颜料随色   随色中

1–07 铜鼎M18：5

<table>
<tr><td>文物名称</td><td>铜鼎</td><td>文物编号</td><td colspan="2">M18：5</td><td>序号</td><td>1–07</td></tr>
<tr><td rowspan="4">保护修复前状况</td><td>尺寸 /cm</td><td colspan="3">厚 0.15</td><td>重量 /g</td><td>2300</td></tr>
<tr><td colspan="6">病害状况：器物残破严重，约有 6 大块残片，7 小块残片。残片局部变形。器物底部有炭火黑色痕迹。鼎腹部有铭文，铭文部位断裂、变形，铭文清晰，字迹呈黑色。器壁较薄，鼎腿较重。器物基体表层保存较好处呈黄绿色致密光亮漆古，在覆有一层绿色、蓝色层状锈的部位（如器壁内底）基体表层多呈浅绿色而无光泽，有些部位有较厚的绿色发锈。断腿部浅绿发锈有开裂现象。器底有几处点腐蚀粉状锈。夹层间有黑色闪亮颗粒物。
X 光探伤：器壁有铭文；很多残片上有裂隙及暗裂；残片明暗分区边界线较明显；有边界较模糊的点腐蚀暗斑，有些暗斑周围还有一较浅的暗斑；有些残片上有絮状亮斑，以及边界较明显的亮斑；有些亮斑周围还有一较浅的暗斑。
病害：断裂、残缺、变形、层状堆积、全面腐蚀、裂隙、层状剥离、点腐蚀</td></tr>
<tr><td colspan="6">原保护修复情况：曾对其进行过清洗、除锈工作。主要方法是先将其在表面活性剂中浸泡、清洗，再在酒石酸钾钠溶液中浸泡、清洗，清洗后用倍半碳酸钠溶液浸泡（加入几滴过氧化氢），机械除锈，之后纯水浸泡，烘干</td></tr>
<tr><td colspan="6">影像资料：
</td></tr>
</table>

<table>
<tr><td rowspan="4">保护修复后状况</td><td>尺寸 /cm</td><td colspan="2">通高 24.4，腹径 20.6</td><td>重量 /g</td><td>2506</td></tr>
<tr><td>完成日期</td><td colspan="2">2012.4.7</td><td rowspan="2">修复人员</td><td rowspan="2">王杰星 刘军</td></tr>
<tr><td>审核</td><td colspan="2">王浩天</td></tr>
<tr><td colspan="5">影像资料：
</td></tr>
<tr><td colspan="6">保护修复记录</td></tr>
<tr><td>日期</td><td>修复人</td><td colspan="4">工作内容</td></tr>
<tr><td>2011.3.18–
2011.8.5</td><td>杨巍</td><td colspan="4">拍照、记录、信息采集、建档、绘制病害图
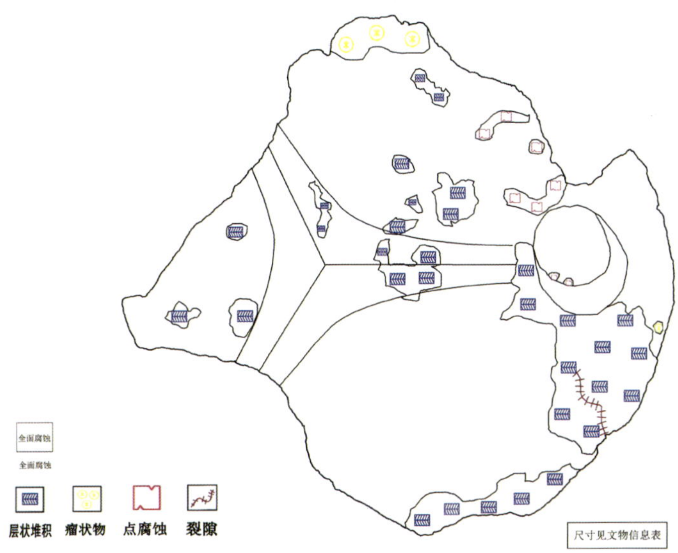
</td></tr>
</table>

<table>
<tr>
<td>2011.9.15–
2011.11.7</td>
<td>刘军</td>
<td>拼对残片，用热熔胶和竹片临时固定在一起。粘接（914 胶）、焊接残片，局部变形残片用 U 型钳矫形。局部残片焊接、粘接后，用热熔胶、铁丝、竹片等，将整个器物支撑起来，调整好形状后，再将剩余部分进行焊接或粘接。用紫铜片补配缺失部位
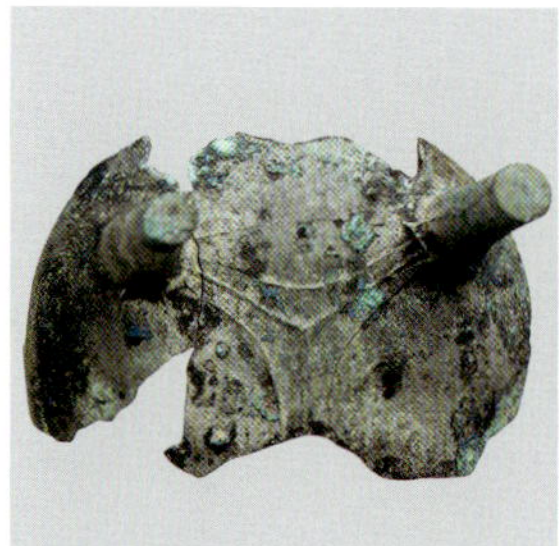
拼对残片
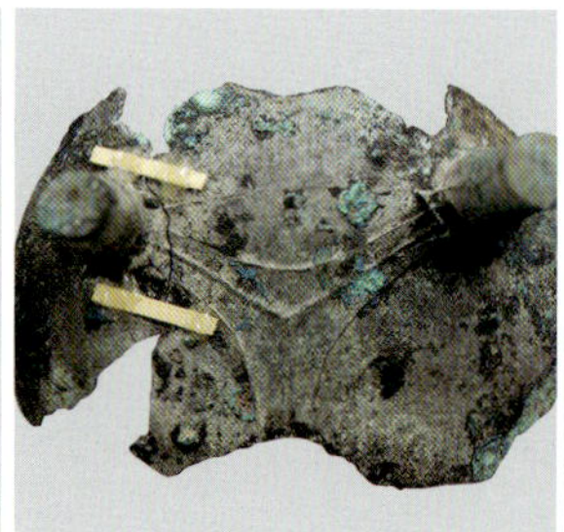
热熔胶临时固定

焊接

支撑器体

支撑器体

支撑器体
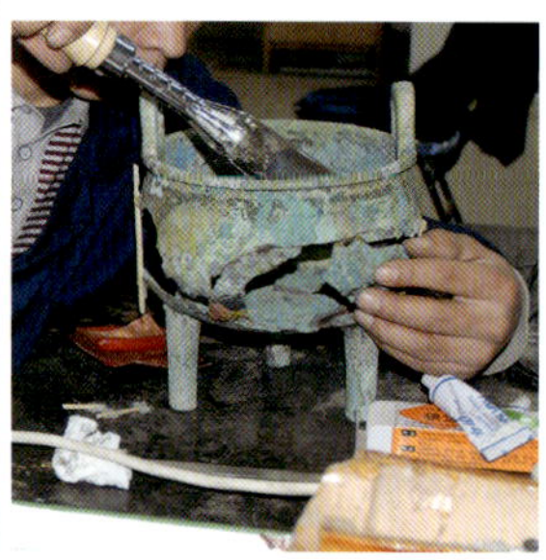
焊接</td>
</tr>
</table>

2012.3.15– 2012.4.7	刘军	补配部位用化学药品咬旧，之后用硝基清漆调矿物颜料打底，最后做旧随色。器内侧铭文部分残缺不全，此处补配后保持字体缺失原状  咬旧  咬旧  打底  铭文部分补配后  铭文部分随色后

1-08　铜簋M18：6

<table>
<tr><td>文物名称</td><td>铜簋</td><td>文物编号</td><td>M18：6</td><td>序号</td><td>1-08</td></tr>
<tr><td rowspan="4">保护修复前状况</td><td>尺寸 /cm</td><td colspan="2">盖口径 20.3</td><td>重量 /g</td><td>3710</td></tr>
<tr><td colspan="5">病害状况：器物破碎严重，残缺。局部变形、开裂。盖口沿部位残缺约 1/5，内有铭文，铭文不是很清晰。器身残破，有 2 大块，10 余小块，一足完整，一足残断，一足脱落，三足可粘接完整。腹部残缺严重，缺失有一半以上。器底内部有铭文，铭文清晰。器盖铜质较完好。外壁基体表层锈蚀呈黄绿色致密光亮漆古，其上有少量绿锈、土锈覆盖。内壁基体表层底子色呈致密深红色，覆有较疏松的绿锈。器盖破损边缘开裂、变形。
器身腐蚀矿化较严重。内壁锈层较薄。内器底为黄绿色较平整锈蚀（无光泽），有少量绿色锈层堆积，其上铭文清晰。口沿处多有红色锈蚀。外壁则多堆积有疏松较厚的浅绿色锈蚀，且锈层多膨胀、开裂。口沿局部有少量土质硬结物。基体表层有土锈、绿锈、蓝锈等覆盖。鼎身局部较完好处有黄绿色漆古表层。多处器壁基体之间有白绿色夹层，锈蚀严重处夹层有很多层。有些夹层很厚，浅绿锈蚀物膨胀、开裂、撑破外壁，形成很厚的疏松浅绿色锈蚀，已看不清楚基体表层。器壁局部基体表层呈层状剥离，露出较松软的白绿色夹层。多重锈蚀层也不断剥离，很多锈蚀严重处的基体表层脱落，纹饰也随之脱落，露出内部红色基体层。器底有几处点腐蚀粉状锈。
器壁断面孔隙之间及夹层内常见黑色闪亮颗粒。断耳空心，内有很多黑色闪亮析晶颗粒。耳内有范土。
X 光探伤：器盖明暗区的分界线明显，可见 4 枚铜质芯撑，芯撑处腐蚀较重。底部可见 3 枚铜质芯撑，明区与暗区分界线不明显，有少量铸造孔隙及边界模糊的点腐蚀暗斑，个别孔隙边缘腐蚀较重。这些残片缺口周围有裂隙及暗裂。有些残片上有边界模糊的絮状亮区；有些残片影像模糊，有重影。
病害：断裂、残缺、变形、裂隙、表面硬结物、全面腐蚀、局部矿化、层状堆积、层状剥离、点腐蚀</td></tr>
<tr><td colspan="5">原保护修复情况：曾对其进行过清洗、除锈、除氯工作。主要方法是先将其在表面活性剂中浸泡，再在酒石酸钾钠溶液中浸泡，然后用过氧化氢除氯，机械除锈，再次用过氧化氢除氯，更换 4 次蒸馏水浸泡，取出烘干</td></tr>
<tr><td colspan="5">影像资料：
</td></tr>
</table>

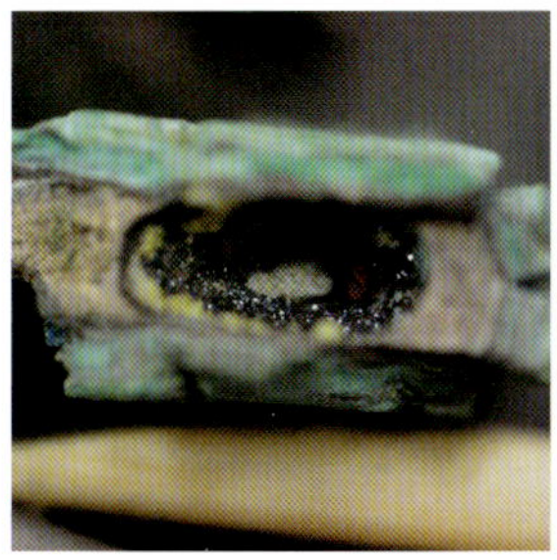

保护修复前状况

尺寸 /cm	通高：31.6，口径：20.3	重量 /g	4156
完成日期	2012.9.21	修复人员	霍海峻 王杰星 岳超红
审核	王浩天		

影像资料：

保护修复记录		
日期	修复人	工作内容
2011.3.18– 2011.8.5		拍照、记录、信息采集、建档、绘制病害图 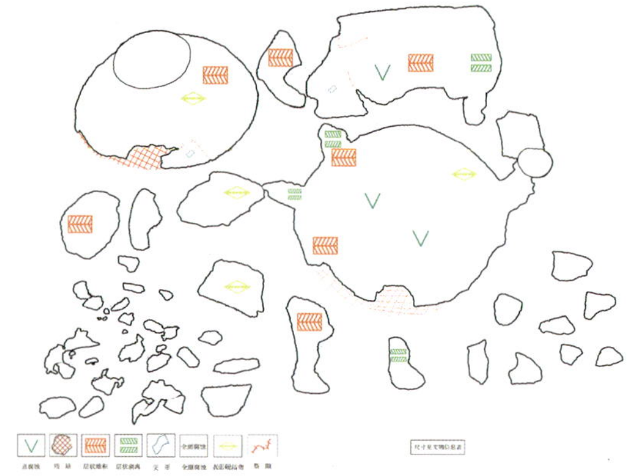
2011.8.31	岳超红	拼对残片，分类拣选
2011.9.20– 2011.10.11	霍海峻	对器盖部保存完好的一面翻石膏模。拼对焊接口沿残片。对缺口变形的部位进行整形、焊接，局部残片用铁丝和热熔胶临时固定，调节好盖部形状。用铜胶棒按模形状补盖缺失的部分  翻盖模  整形  焊接  临时固定  补配  补配  补配的兽头

<table>
<tr>
<td>2011.10.12–
2012.2.6</td>
<td>霍海峻</td>
<td>拼对器身残片，进行焊接或粘接。两耳残断处打孔，加入紫铜丝做芯，914 胶粘接器口及耳。用热熔胶、铁丝、锯条、木块、小台钳等工具将整个器体支撑起来，调整好器形，进一步焊接、粘接、补配。器口及下腹部缺失，用紫铜片补配。补配圈足

拼对残片

断耳处加铜芯

支撑固定

焊接

支撑、固定
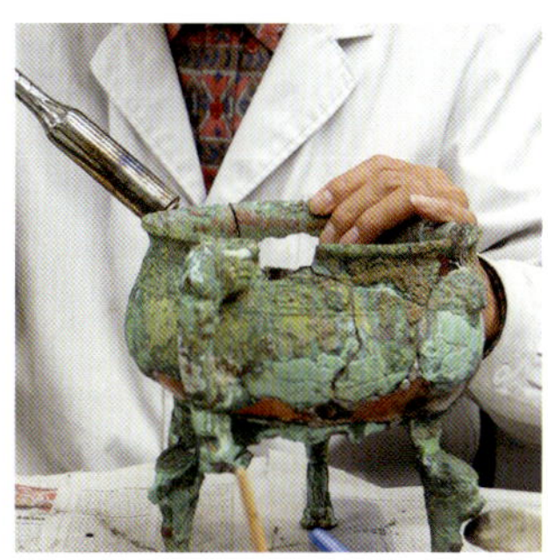
焊接</td>
</tr>
</table>

2011.11.2	岳超红	器身残片断面打磨后，拍显微照片。可见锈蚀层之下的器壁部分铜质较好，部分铜质已矿化
2012.1.10– 2012.2.9	王杰星	器盖浸入 5% 倍半碳酸钠溶液中去除有害锈。用去离子水清洗干净，烘干。刷涂 5%BTA 乙醇溶液缓蚀，自然风干。涂刷 2%B72 丙酮溶液封护，自然风干 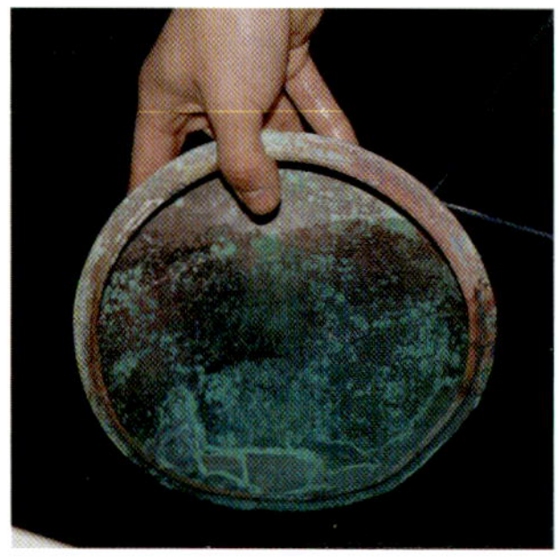 倍半碳酸钠溶液浸泡  B72封护
2012. 2.22– 2012.3.12	王杰星	器身浸入 5% 倍半碳酸钠溶液中去除有害锈。用去离子水清洗干净，烘干。刷涂 5%BTA 乙醇溶液缓蚀，自然风干。涂刷 2%B72 丙酮溶液封护，自然风干  倍半碳酸钠溶液浸泡
2012.3.15– 2012.4.23	霍海峻	调 AAA 胶 + 矿物颜料，做内外腻子。干燥后磨平，做底色，随色

1–09　铜尊形器M18：7

<table>
<tr><td>文物名称</td><td>尊形器</td><td>文物编号</td><td>M18：7</td><td>序号</td><td>1–09</td></tr>
<tr><td rowspan="4">保护修复前状况</td><td>尺寸 /cm</td><td colspan="2"></td><td>重量 /g</td><td>2848</td></tr>
<tr><td colspan="5">病害状况：器物破碎严重。有些残片上有裂隙。口沿、颈部铜质整体保存较好，基体表层呈光滑致密的黄绿色漆古，其上有绿色、蓝色等锈蚀堆积。局部点腐蚀较重，其上堆积有很厚的瘤状锈或该处基体表层脱落，露出了白色夹层。
腹部矿化严重，基体铜质丧失严重，发锈很厚约 1~2cm，多重分层，并有大量瘤状锈，也分层。该处发锈很厚的部位也有分层，疑似补铸痕迹。发锈严重膨胀、开裂、分层，向器壁外凸，将器壁漆古撑破，破坏了表面纹饰。纹饰凸起，其下也是多重分层。器壁强度很差。夹层颜色有红色、白色、浅绿色、鲜绿色、蓝色等。底部有一块开裂向下凸起，留一孔洞，上部被瘤状锈覆盖，可能是埋藏之前的破坏。
器内底有铭文，铭文基本已被锈蚀物完全覆盖。X 光片下铭文模糊，腐蚀较重；可见 2 枚铜质芯撑，裂隙及大面积亮斑处疑似补铸痕迹；很多残片上都有边界模糊的点腐蚀暗斑，以及边界清晰外凸的亮斑；很多残片上有暗裂，腐蚀严重的残片暗裂遍布；有些残片腐蚀严重，有多重夹层，影像模糊，有重影；纹饰也较模糊，锈蚀严重。
病害：断裂、残缺、裂隙、层状堆积、瘤状物、点腐蚀、层状剥离、局部矿化、孔洞、全面腐蚀</td></tr>
<tr><td colspan="5">原保护修复情况：曾对其进行过清洗、除锈工作。主要方法是先将其在表面活性剂中浸泡、清洗，再在酒石酸钾钠溶液中浸泡、清洗，清洗后用倍半碳酸钠溶液浸泡（加入几滴过氧化氢），机械除锈，之后蒸馏水浸泡，烘干</td></tr>
<tr><td colspan="5">影像资料：

口沿残片

漆古之上的瘤状锈及开裂

器腹残片

器腹残片
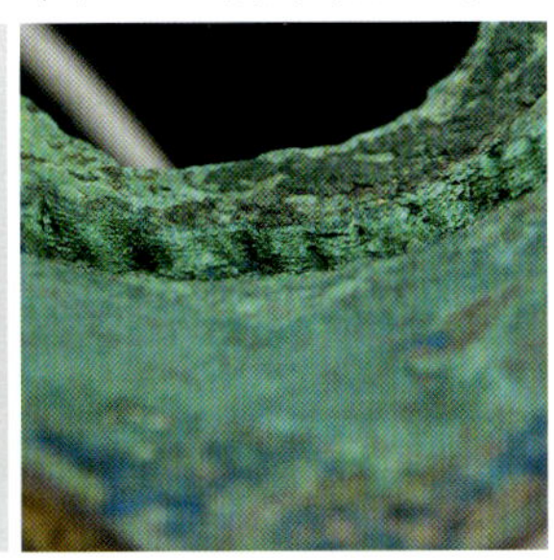
器腹残片内壁瘤状锈
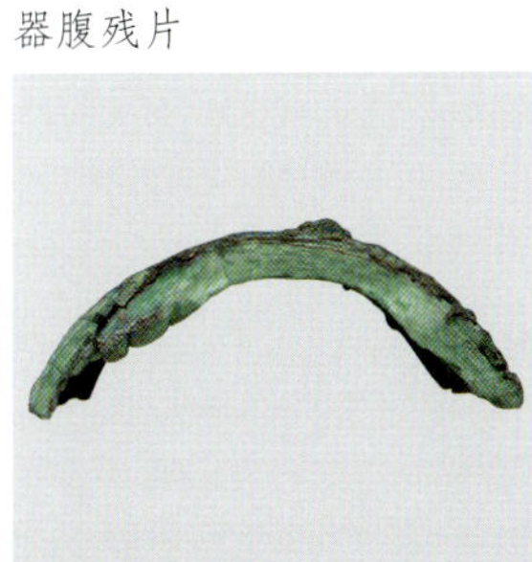
器腹残片断面
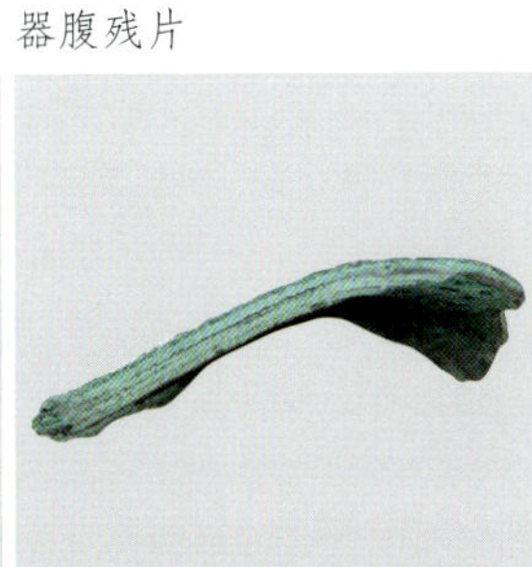
器腹残片断面
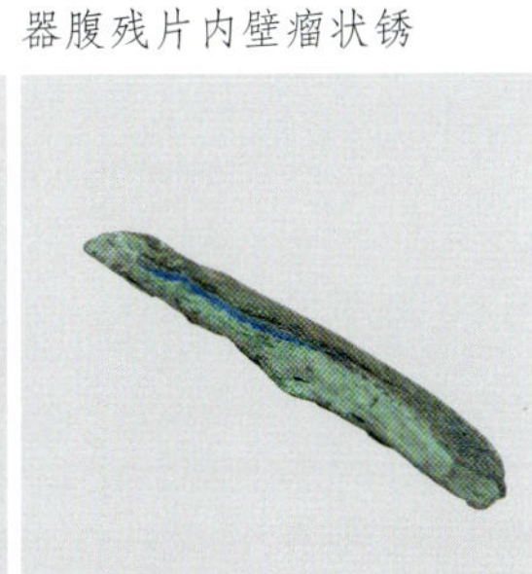
器腹残片断面</td></tr>
</table>

保护修复前状况

器腹残片断面

器底残片

器底残片侧面（发锈处疑似补铸痕迹）

器底残片侧面
（发锈处疑似补铸痕迹）

锈蚀严重的兽头残片

被发锈撑破的漆古和纹饰

被发锈撑破的漆古

发锈处纹饰凸起
（其下有多重分层）

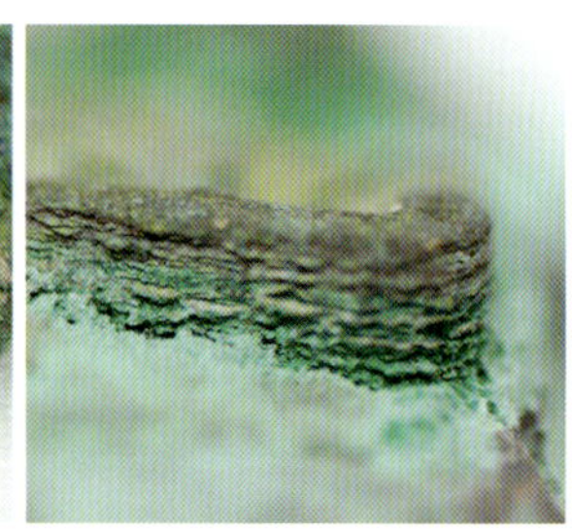

发锈纹饰之下的多重锈蚀层

残片断面

断面夹层间的蓝色层

断面夹层间的鲜绿色层

<table>
<tr><td></td><td colspan="5"> 
基体断面上的点腐蚀　　白色</td></tr>
<tr><td rowspan="4">保护修复后状况</td><td>尺寸 /cm</td><td>高 34.8，口径 20.1</td><td>重量 /g</td><td>2740</td></tr>
<tr><td>完成日期</td><td>2012.4.13</td><td rowspan="2">修复人员</td><td rowspan="2">刘军
王杰星</td></tr>
<tr><td>审核</td><td>王浩天</td></tr>
<tr><td colspan="4">影像资料：

  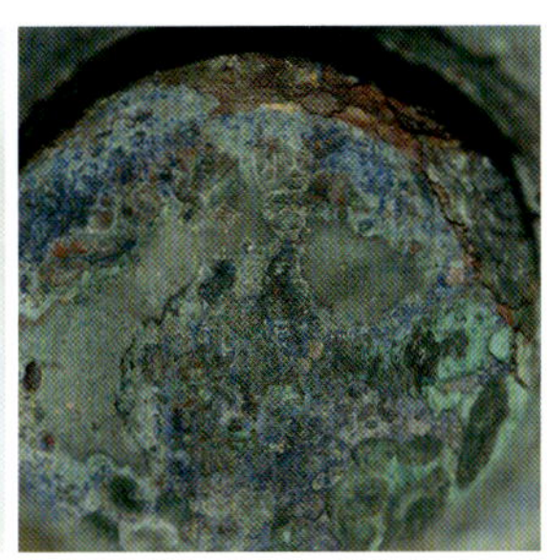</td></tr>
</table>

保护修复记录		
日期	修复人	工作内容
2011.3.18–2011.8.5	杨巍	拍照、记录、信息采集、建档、绘制病害图 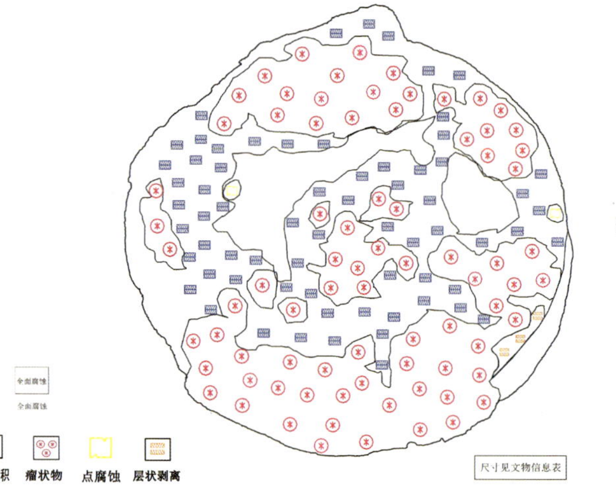
2012.2.8–2012.2.27	刘军	拼对残片，将残片焊接、粘接在一起，用紫铜片补配缺损处 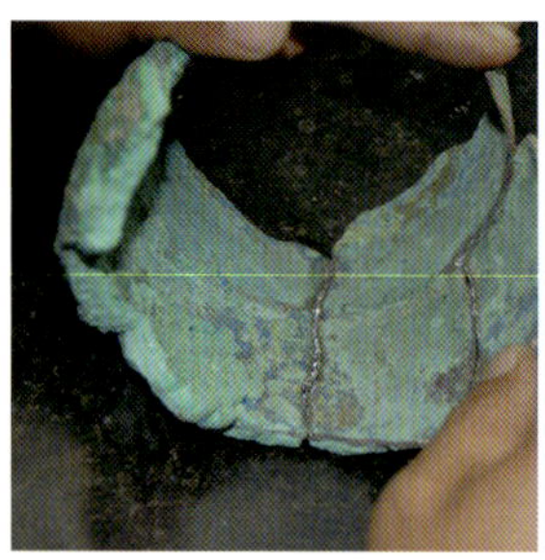 焊接  焊接  拼对  修复过程  修复过程  补配
2012.2.8–2012.2.27	刘军	补配，打磨、修形
2012.2.28–2012.3.5	王杰星	浸入 5% 倍半碳酸钠溶液中去除有害锈。用去离子水清洗三遍。入恒温箱，70℃烘 4 小时。用 5%BTA 乙醇溶液，用 0.09 负压做减压渗透，之后再在常压下浸泡 4 小时进行缓蚀，取出自然风干。涂刷 2%B72 丙酮溶液封护，自然风干

2012.3.6– 2012.4.13	刘军	随色    

1-10　铜甗M18：8

<table>
<tr><td>文物名称</td><td>铜甗</td><td>文物编号</td><td>M18：8</td><td>序号</td><td>1-10</td></tr>
<tr><td rowspan="5">保护修复前状况</td><td>尺寸 /cm</td><td colspan="2"></td><td>重量 /g</td><td>3102</td></tr>
<tr><td colspan="5">病害状况：器物破碎严重，残损严重，剩两足（一足鬲部残缺），双耳尚在，口沿残缺 2/5，腹部残碎成若干块且残缺严重，内有箅子残存 1/2。铜质略好。夹层、分层情况不明显。个别残片周边有小裂隙。基体表层锈蚀为平整的黄绿色，器外壁局部呈光亮的漆古，基体表层锈蚀之上常有蓝色、绿色、红色等锈蚀层堆积。局部附着土锈。器壁铭文、纹饰常被堆积的锈蚀层覆盖。堆积的锈蚀层较易于从器表剥落。器物腿部、腹部等有黑色沉积物，疏松有光泽，而黑色层在基体表层锈蚀之上，锈蚀层堆积之下，可知器物黑色沉积物形成于埋藏之前，可能为炭烧使用痕迹。
在最大的一块带耳器壁残片内壁有铭文，铭文多被锈蚀层覆盖，不清晰。在一断足足底有席纹痕迹。残片断面看器壁孔隙内常有黑色闪亮颗粒。
X 光探伤：很多残片上有边界模糊的絮状亮斑；有较多的铸造孔隙，在最大的一块器壁残片上可见 1 枚铜质芯撑；有边界较清晰的明区与暗区；有些亮斑周围被暗区环绕。有些铸造孔隙的暗斑内可见亮点。铭文较模糊，铭文中间可见 1 枚铜质芯撑。明暗区分界较模糊。多铸造孔隙。可见很多亮斑和边界模糊的絮状亮区。
病害：断裂、残缺、层状堆积、表面硬结物、层状剥离、全面腐蚀、裂隙</td></tr>
<tr><td colspan="5">原保护修复情况：曾对其进行过清洗、除锈工作。主要方法是先将其在表面活性剂中浸泡、清洗，再在酒石酸钾钠溶液中浸泡、清洗，清洗后用倍半碳酸钠溶液浸泡（加入几滴过氧化氢），机械除锈，之后蒸馏水浸泡，烘干</td></tr>
<tr><td colspan="5">影像资料：

  </td></tr>
</table>

纹饰上有锈蚀层堆积（60×）

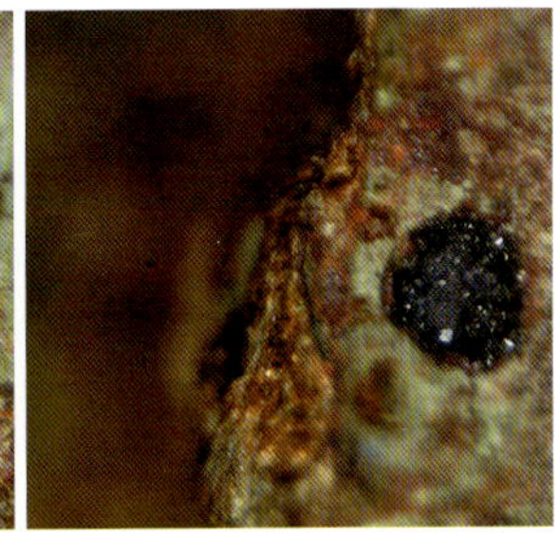

断面孔隙内的黑色闪亮颗粒（60×）

保护修复后状况

尺寸 /cm	高 40.1，口径 25.1	重量 /g	4998
完成日期	2012.8.22	修复人员	李其良 霍海峻
审核	王浩天		

影像资料：

保护修复记录		
日期	修复人	工作内容
2011.3.18–2011.8.5		拍照、记录、信息采集、建档、绘制病害图 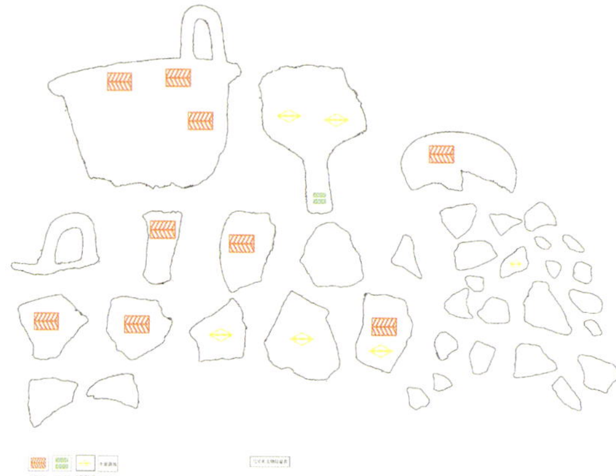
2011.8.31	霍海峻 李其良	拼对残片，分类拣选 
2011.9.20–2011.12.6	李其良	首先去除残片表面的堆积锈蚀层及黑色附着物，显露出其下的花纹。对鬲部的较完整的一足翻模。翻制硅胶模，做出另外两条腿的石膏模型与原件拼在一起。不足部分再塑泥型修整，做出整体甗下部“鬲”的模型。之后在其上翻模，制缺失部分的蜡型，铸造青铜配件。青铜配件用化学药品咬旧。拼对、粘接口沿部分残片 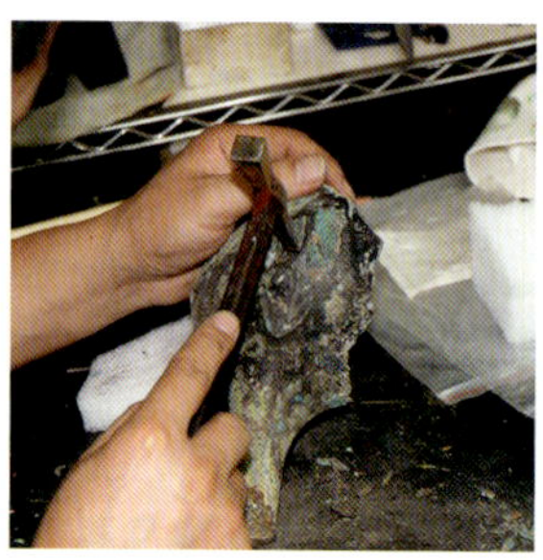 去除黑色附着物 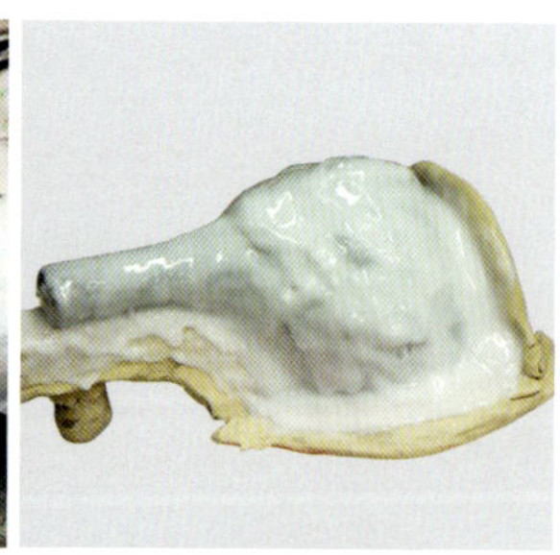 翻硅胶模 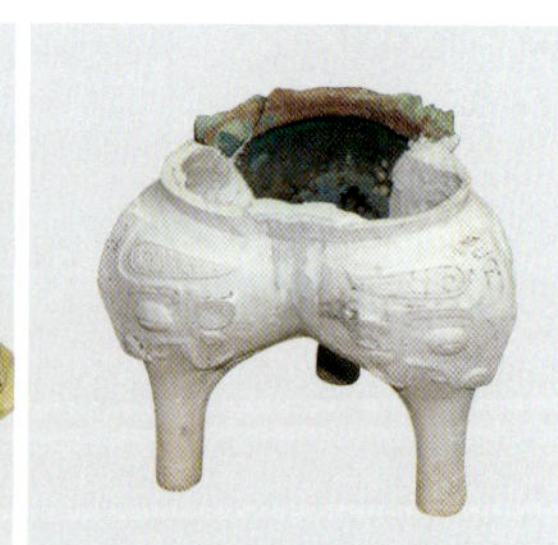 石膏模型与原件相连  塑泥型继续修整 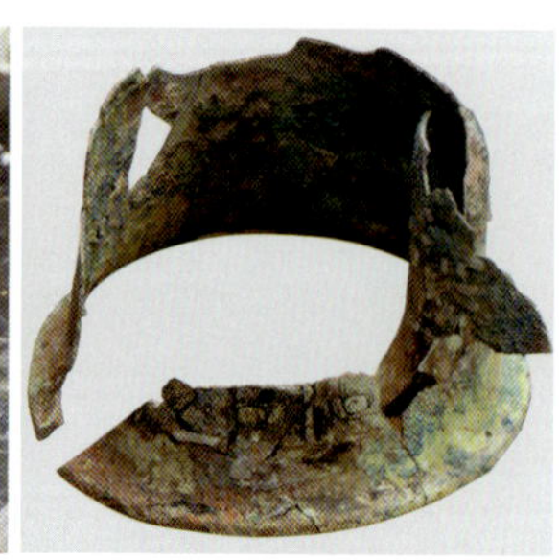 拼对、粘接口沿部分  制蜡型

<table>
<tr>
<td>2012.4.16–
2012.4.27</td>
<td>李其良</td>
<td>将咬旧后的青铜配件与原件焊接在一起。调整原件腿和配件腿的衔接边缘，观察调整效果，将其焊接在一起。找出可将鬲部和甗部连接在一起的最关键的一小块残片，将两部分连接。上下两部分做支撑，拼对在一起，调整好形状后进行焊接，并用紫铜片补配缺失部分。无法焊接处采用粘接。最后将焊缝用去离子水清洗干净

咬旧后的配件与原件相连

两部分连在一起

两部分连在一起

焊接、补配

焊接、补配</td>
</tr>
<tr>
<td>2012.5.11–
2012.5.12</td>
<td>李其良</td>
<td>箅子残缺部分用紫铜片补配。查看同类型器物。把补配的铜片焊接好，清洗干净

补配箅子</td>
</tr>
</table>

2012.5.13–2012.8.22	李其良	打磨焊缝，随色 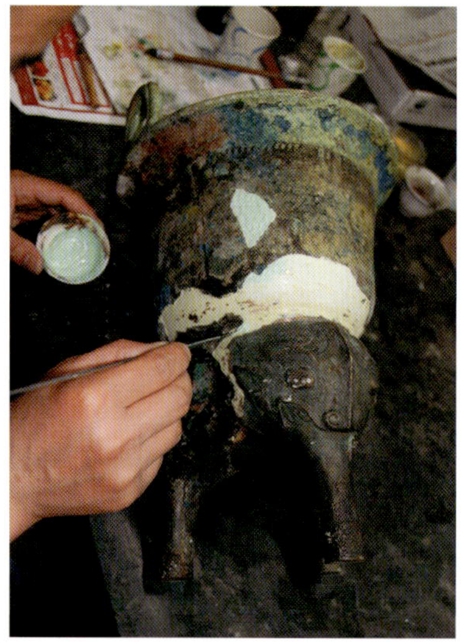 随色

1-11　铜簋M35：35、M35：38

<table>
<tr><td>文物名称</td><td>铜簋</td><td>文物编号</td><td>M35：35、M35：38</td><td>序号</td><td>1-11</td></tr>
<tr><td rowspan="4">保护修复前状况</td><td>尺寸 /cm</td><td colspan="2"></td><td>重量 /g</td><td>4760</td></tr>
<tr><td colspan="5">病害状况：器物通体覆盖土锈，整体呈灰黑色，强度较差，多残片残渣。紧贴器物表面的较致密黄白色锈蚀上附着大量疏松的黑色锈蚀，黑色锈蚀之下还有较多疏松的红褐色锈。器身外形尚存，整体残缺约 1/3。簋座一面完整，一面断裂，另两面残缺严重。簋身残碎严重，残片若干。簋盖捉手处残缺，簋盖边缘残缺约 1/6。簋盖内壁及器底内壁有大量铭文，铭文部分因锈蚀物掩盖而不清晰。X 光探伤：盖部有铭文，可见 5 枚铜质芯撑。有很多不均匀腐蚀的暗斑。缺口周围有裂隙。影像模糊，有重影，可能与锈蚀层较厚有关系。底部有铭文，铭文不清晰；可见 6 枚芯撑；有较多的铸造孔隙。影像模糊，有重影，可能与锈蚀层较厚有关系。
病害：断裂、裂隙、残缺、层状堆积、表面硬结物、矿化、全面腐蚀</td></tr>
<tr><td colspan="5">原保护修复情况：无</td></tr>
<tr><td colspan="5">影像资料：
</td></tr>
</table>

<table>
<tr><td rowspan="5">保护修复后状况</td><td>尺寸 /cm</td><td>通高 30.7，最宽 26</td><td>重量 /g</td><td>4770</td></tr>
<tr><td>完成日期</td><td>2012.8.22</td><td rowspan="2">修复人员</td><td rowspan="2">李其良 杨巍
霍海峻 岳超红</td></tr>
<tr><td>审核</td><td>王浩天</td></tr>
<tr><td colspan="4">影像资料：</td></tr>
<tr><td colspan="4"></td></tr>
</table>

保护修复记录		
日期	修复人	工作内容
2011.3.18–2011.8.5	杨巍	拍照、记录、信息采集、建档。大致去除器物表面大量疏松的厚锈，去离子水清洗之后绘制病害图 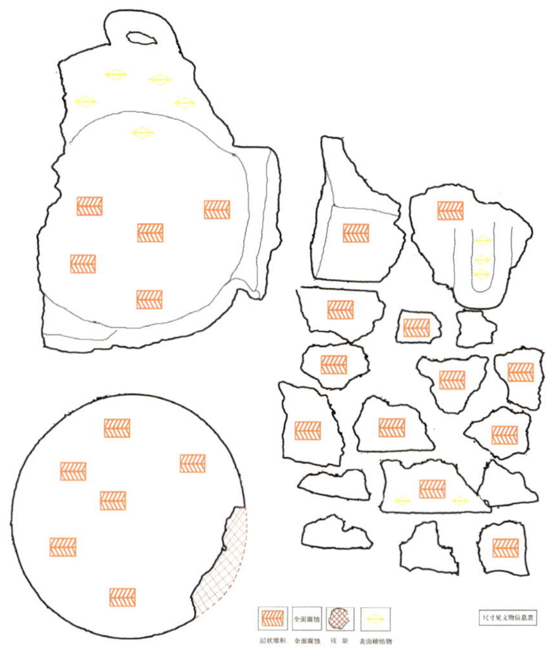
		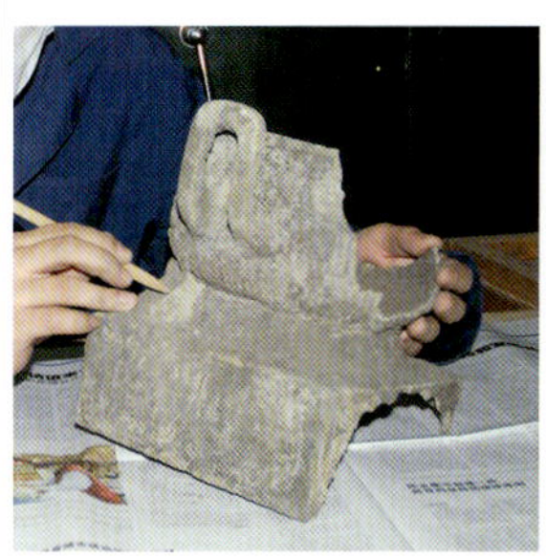 除锈  清洗 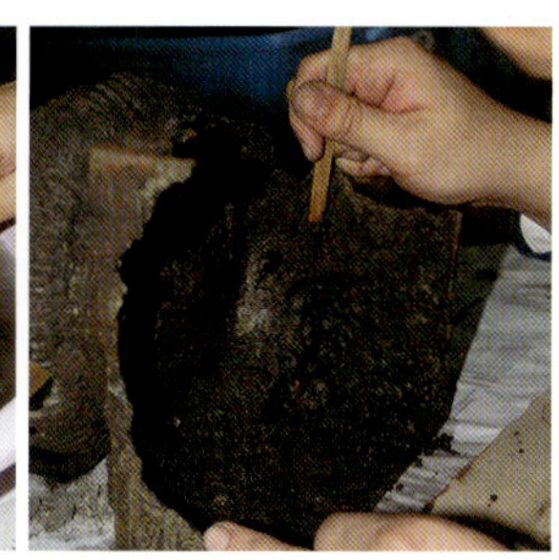 清洗除锈  清洗除锈  除锈后 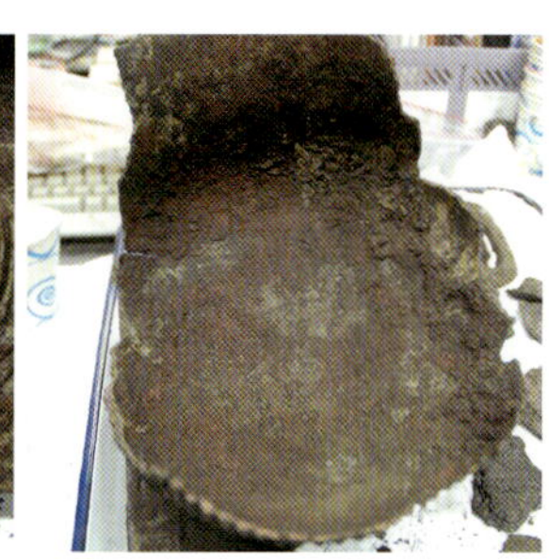 除锈后
2012.5.31	霍海峻	5%B72 减压渗透，进行加固封护。取出后自然风干

<table>
<tr>
<td>2012.6.6–
2012.8.3</td>
<td>霍海峻</td>
<td>修复。拼对残片，用热熔胶、铁丝、木块、牙签等物支撑器体，临时固定。用 AAA 胶填缝。缺失处用铜胶棒填补。耳部与口沿处的衔接条有一条缺损，用紫铜丝补配
 拼对残片
 翻硅胶模
 石膏模型与原件相连

连接、补配后</td>
</tr>
<tr>
<td>2012.10.9–
2012.10.17</td>
<td>霍海峻</td>
<td>修补器盖，随色
</td>
</tr>
</table>

1–12　铜簋M35：51、M35：71

<table>
<tr><td>文物名称</td><td>铜簋</td><td>文物编号</td><td>M35：51、M35：71</td><td>序号</td><td>1–12</td></tr>
<tr><td rowspan="4">保护修复前状况</td><td>尺寸 /cm</td><td colspan="2"></td><td>重量 /g</td><td>4384</td></tr>
<tr><td colspan="5">病害状况：盖内及器底有多字铭文。器物整体呈黑色，通体覆盖土锈及黑色、褐色等疏松且厚的附着物，附着锈触手即落。器物强度较差。残块、残渣多。紧贴器物表面的锈呈较致密的黄白色。器盖基本完整，盖口部有 5 处微残，内部铭文处因锈掩盖不清，器盖黏着另外一件车马器。器身腹部破碎严重，器口沿至腹部大面积残缺，一耳残缺，另一个残断。四方簋座一面残缺严重，另一面中部断裂，并有少量残缺。簋内壁底部有铭文。
X 光探伤：底部有铭文，铭文模糊，部分字体腐蚀较重。腐蚀不均匀，底部多点腐蚀暗斑和絮状亮斑。影像模糊，有重影，可能与锈蚀层较厚有关系。
病害：断裂、残缺、裂隙、层状堆积、表面硬结物、矿化、全面腐蚀</td></tr>
<tr><td colspan="5">原保护修复情况：无</td></tr>
<tr><td colspan="5">影像资料：
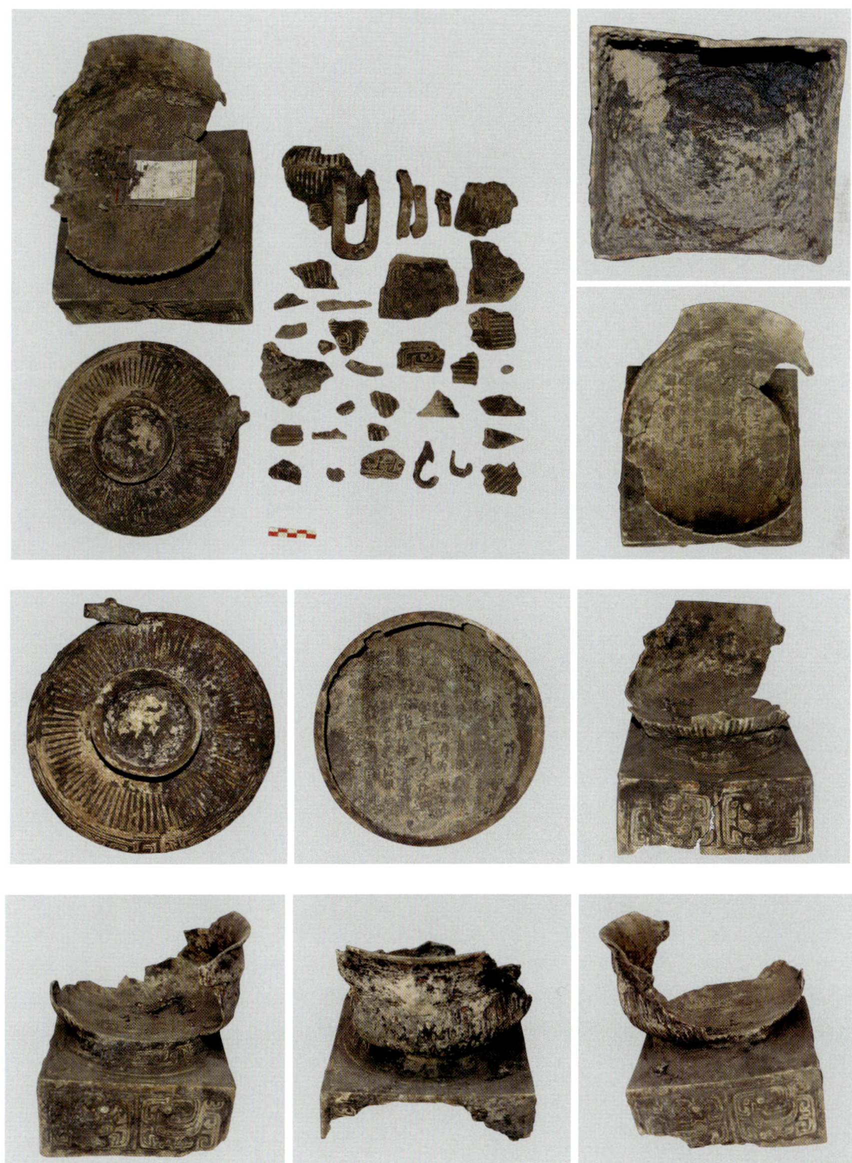</td></tr>
</table>

<table>
<tr><td rowspan="4">保护修复后状况</td><td>尺寸 /cm</td><td>通高 30，最宽 25.3</td><td>重量 /g</td><td>4414</td></tr>
<tr><td>完成日期</td><td>2012.10.11</td><td rowspan="2">修复人员</td><td rowspan="2">岳超红 杨巍
李其良 刘军
霍海峻</td></tr>
<tr><td>审核</td><td>王浩天</td></tr>
<tr><td colspan="4">影像资料：
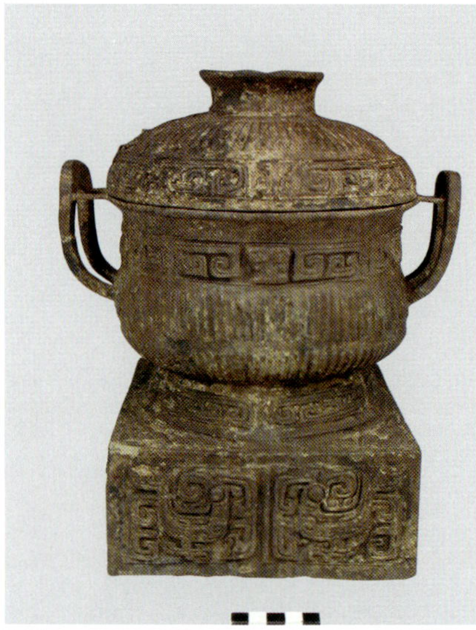

</td></tr>
</table>

保护修复记录		
日期	修复人	工作内容
2012.3.5– 2012.3.15	杨巍	拍照、记录、信息采集、建档。去除器物表面大量疏松的厚锈，去离子水清洗之后绘制病害图 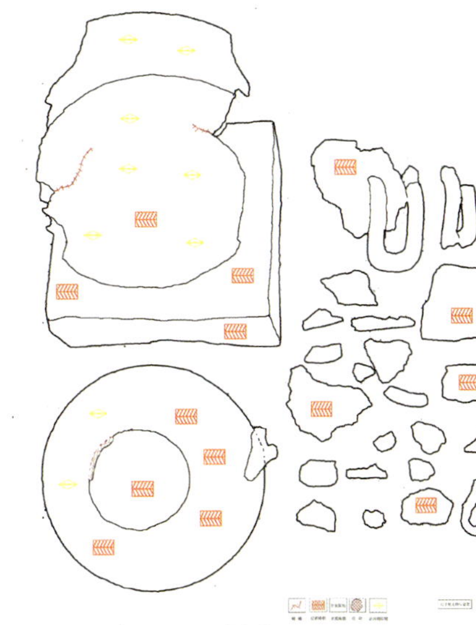
		 除锈
2012.5.26	杨巍	铭文周围机械除锈
2012.5.30	霍海峻	用 5%B72 进行减压渗透，加固封护。取出后自然风干
2012.6.5– 2012.8.24	李其良 霍海峻 岳超红	对变形处进行矫形，同时拼对焊接铜方座，用热熔胶、铁丝、木块、牙签等物支撑器体，临时固定。对器身残片，做临时物理支撑，用 AAA 胶粘接，缺失处用铜胶棒填补。器耳残片，同样做临时物理支撑，用 AAA 胶粘接，缺失处用铜胶棒填补。独立残块的拼对，将缺失部位补完整后，将独立残块放在相应位置，调整该处的厚度，将独立残块粘接其上。口沿大面积缺失，先在相对较完整处翻模，依模补配出缺口周围缺损。再次翻出较大面积的模，依模补配口沿大面积缺损。器耳与器口沿各有两根衔接条，但衔接条都缺失，只保留着连接痕迹。依另一个簋为参考，用紫铜丝剪裁出 4 根衔接条。依器耳上的衔接痕迹，在补配口沿上定好相应的点，用铜丝分别将口沿和器耳相连，用 AAA 胶粘接  拼对残片  矫形

矫形

焊接

矫形

矫形

支撑、临时固定

支撑

支撑、临时固定

矫形

矫形

矫形

拼对支撑耳部残块

铜胶棒补配、翻模

铜胶棒补配

补配后

独立残块的连接

		 口沿上定好相应的连接点  器耳上的连接痕迹  铜丝连接 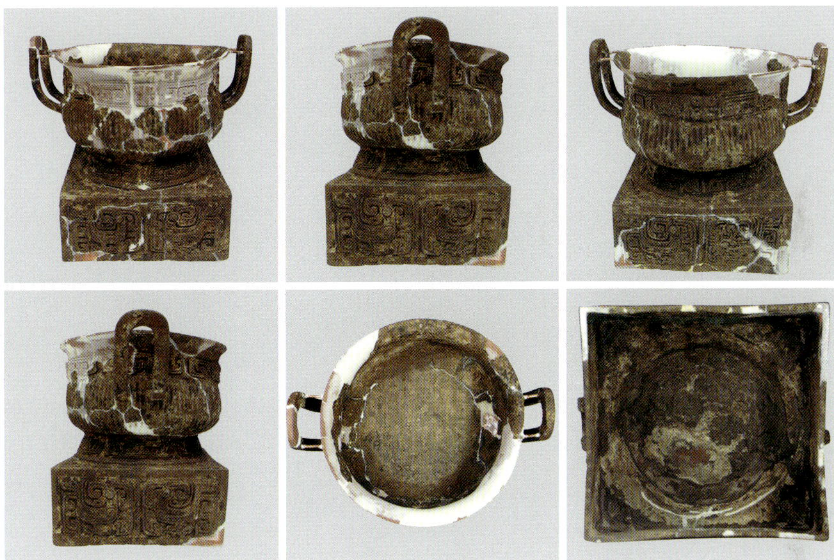 支撑、临时固定
2012.10.11	岳超红	**随色** 

2-1 铜斗M18：9

<table>
<tr><td>文物名称</td><td>铜斗</td><td>文物编号</td><td>M18：9</td><td>序号</td><td>2-01</td></tr>
<tr><td rowspan="5">保护修复前状况</td><td>尺寸 /cm</td><td colspan="2">长 15</td><td>重量 /g</td><td>75</td></tr>
<tr><td colspan="5">病害状况：器物外形完整，器表附着土锈，局部锈蚀堆积较厚，膨胀、开裂，局部点腐蚀。X 光探伤显示，该器铜质保存较好</td></tr>
<tr><td colspan="5">原保护修复情况：曾对其进行过清洗、除锈工作。主要方法是先将其在表面活性剂中浸泡、清洗，再在酒石酸钾钠溶液中浸泡、清洗，清洗后用倍半碳酸钠溶液浸泡（加入几滴过氧化氢），机械除锈，之后蒸馏水浸泡，烘干。
病害：点腐蚀、表面硬结物、裂隙、层状堆积、层状剥离、全面腐蚀</td></tr>
<tr><td colspan="5">影像资料：

</td></tr>
<tr><td colspan="5"></td></tr>
<tr><td rowspan="4">保护修复后状况</td><td>尺寸 /cm</td><td colspan="2">长 14.6，宽 2.8，高 3.3</td><td>重量 /g</td><td>73</td></tr>
<tr><td>完成日期</td><td colspan="2">2016.1.12</td><td rowspan="2">修复人员</td><td rowspan="2">孙予航</td></tr>
<tr><td>审核</td><td colspan="2">王浩天</td></tr>
<tr><td colspan="5">影像资料：

</td></tr>
</table>

<table>
<tr><th colspan="3">保护修复记录</th></tr>
<tr><th>日期</th><th>修复人</th><th>工作内容</th></tr>
<tr><td>2015.9.13–
2015.11.19</td><td>岳超红
郭正臣
李其良
孙予航</td><td>拍照、测量、记录、绘制病害图
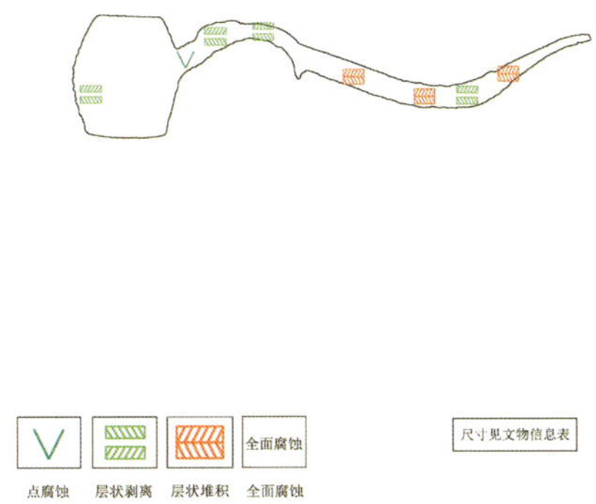
</td></tr>
<tr><td>2016.1.8</td><td>孙予航</td><td>去除表面几处粉状锈。用器械剔除干净后，用无水乙醇擦拭，再涂敷氧化银进行封闭处理
</td></tr>
<tr><td>2016.1.11</td><td>孙予航</td><td>用虫胶清漆调和矿物颜料对处理的部位进行随色做旧
</td></tr>
<tr><td>2016.1.12</td><td>孙予航</td><td>涂刷 2%B72 丙酮溶液对器物进行封护</td></tr>
</table>

2-2 铜戈 M18：？

<table>
<tr><td>文物名称</td><td>铜戈</td><td>文物编号</td><td>M18：？</td><td>序号</td><td>2-02</td></tr>
<tr><td rowspan="5">保护修复前状况</td><td>尺寸 /cm</td><td colspan="2">①长 14.5 宽，6.5 ②长 9.7，宽 5.7 ③长 8，宽 4.2</td><td>重量 /g</td><td>① 89 ② 64.2 ③ 58</td></tr>
<tr><td colspan="5">病害状况：器物破碎呈残块状，从残块来看应是 3 件器物，矿化无铜芯，其中两块粉状锈严重。另外两块较小，外表有锈。锈层堆积较厚，局部锈层脱落。
①铜戈缺尖，表面绿色锈蚀严重，很厚、矿化；②铜戈缘无尖，绿色锈蚀较厚，矿化；③仅存戈身一部分，表面有较厚绿锈、矿化。
病害：断裂、残缺、层状堆积、层状剥离、全面腐蚀、通体矿化、点腐蚀</td></tr>
<tr><td colspan="5">原保护修复情况：无</td></tr>
<tr><td colspan="5">影像资料：
</td></tr>
</table>

<table>
<tr><td rowspan="4">保护修复后状况</td><td>尺寸 /cm</td><td>①长 14.5，宽 6.5 ②长 10，宽 5.7 ③长 8.7，宽 4.2</td><td>重量 g</td><td>① 89 ② 64 ③ 59</td></tr>
<tr><td>完成日期</td><td>2016.3.7</td><td rowspan="2">修复人员</td><td rowspan="2">孙予航</td></tr>
<tr><td>审核</td><td>王浩天</td></tr>
<tr><td colspan="4">影像资料：

</td></tr>
</table>

<table>
<tr><th colspan="3">保护修复记录</th></tr>
<tr><th>日期</th><th>修复人</th><th>工作内容</th></tr>
<tr><td>2015.11.10–2015.11.19</td><td>岳超红
郭正臣
李其良
孙予航</td><td>拍照、测量、记录、绘制病害图
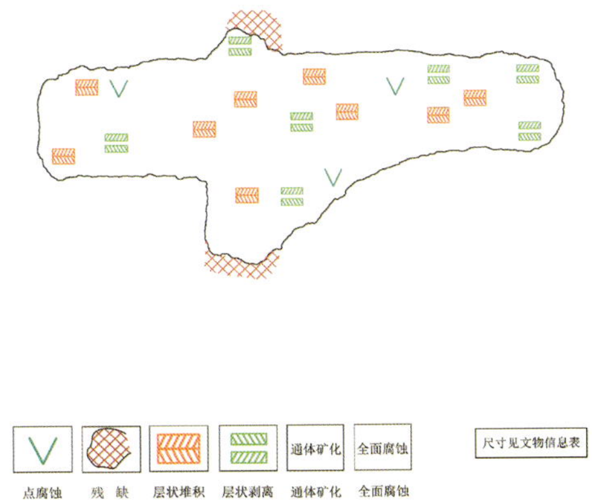

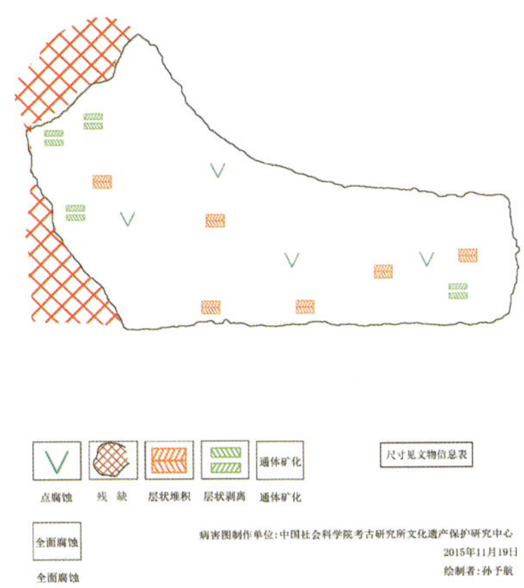

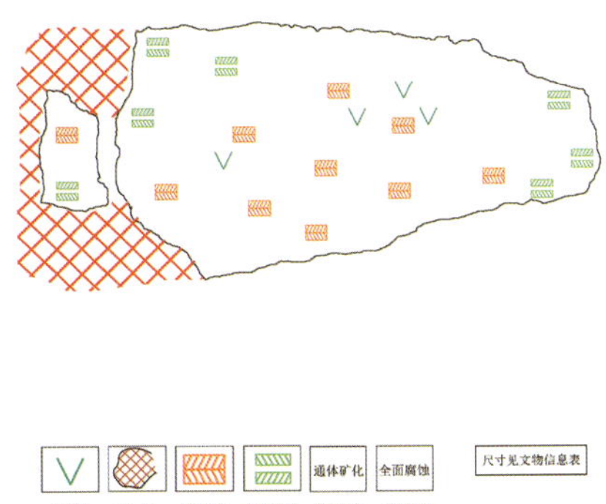
</td></tr>
<tr><td>2015.12.15</td><td>孙予航</td><td>2%B72 丙酮溶液渗透加固</td></tr>
<tr><td>2015.12.16</td><td>孙予航</td><td>AAA 胶调合矿物颜料将断裂的残片粘接在一起</td></tr>
<tr><td>2015.12.17</td><td>孙予航</td><td>用虫胶清漆调和矿物颜料对粘接处随色做旧</td></tr>
</table>

2-3　铜甗M27：1

<table>
<tr><td>文物名称</td><td>铜甗</td><td>文物编号</td><td>M27：1</td><td>序号</td><td>2-03</td></tr>
<tr><td rowspan="4">保护修复前状况</td><td>尺寸 /cm</td><td colspan="2">高 35.5</td><td>重量 /g</td><td>3558</td></tr>
<tr><td colspan="5">病害状况：器物一面口沿至腹部残破较为严重，另一面从口沿至腹部开裂，一足残断。器物呈暗褐色，黑中带红。表面锈薄，较光滑。器壁有少量土锈附着。器物变形。X 光探伤显示，器壁有很多铸造缩孔；器底可见 3 枚铜质芯撑，器壁可见多枚；铜质整体保存较好，局部腐蚀较重；口沿、大裂隙周围、残片边缘有裂隙；不均匀腐蚀。
病害：断裂、残缺、裂隙、表面硬结物、全面腐蚀、变形</td></tr>
<tr><td colspan="5">原保护修复情况：茬口有胶粘修复痕迹</td></tr>
<tr><td colspan="5">影像资料：
</td></tr>
<tr><td rowspan="4">保护修复后状况</td><td>尺寸 /cm</td><td colspan="2">口径 23.5，高 34.2</td><td>重量 /g</td><td>3609</td></tr>
<tr><td>完成日期</td><td colspan="2">2016.3.21</td><td rowspan="2">修复人员</td><td rowspan="2">岳超红</td></tr>
<tr><td>审核</td><td colspan="2">王浩天</td></tr>
<tr><td colspan="5">影像资料：
</td></tr>
</table>

<table>
<tr><th colspan="3">保护修复记录</th></tr>
<tr><th>日期</th><th>修复人</th><th>工作内容</th></tr>
<tr><td>2015.11.10–
2015.11.19</td><td>岳超红
郭正臣
李其良
孙予航</td><td>拍照、测量、记录、绘制病害图
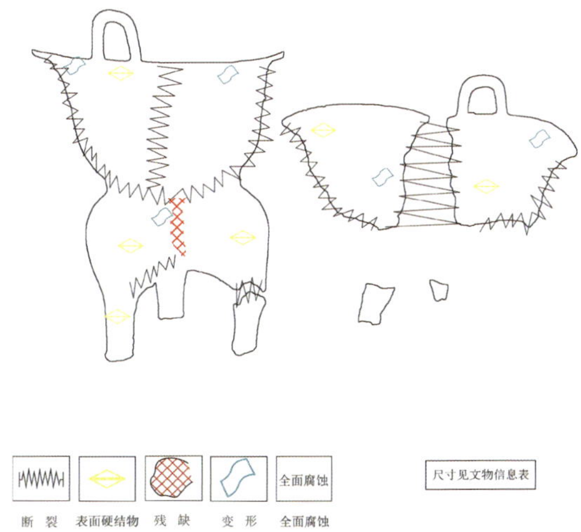
</td></tr>
<tr><td>2015.11.30–
2015.12.1</td><td>岳超红</td><td>腿部打磨焊口，腿部变形处整形。焊接腿
 </td></tr>
<tr><td>2015.12.2–12.6</td><td>岳超红</td><td>下半部整形，用铁丝捆住加压。腰部用铁丝捆住加压整形
 </td></tr>
</table>

2015.12.7–2015.12.8	岳超红	腰部用纯铜片焊接补配 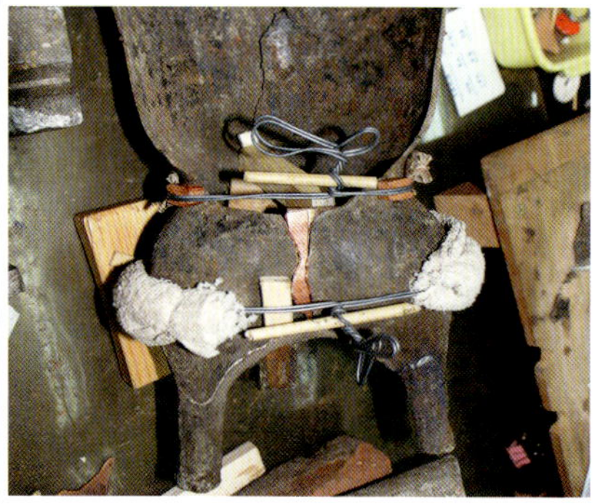 
2015.12.9–2015.12.25	岳超红	上半部分用铁丝捆住，加压整形。松开回弹，再次加压整形。调整施力部位，再次加压变形   
2015.2.29–2015.3.1	岳超红	焊接裂缝。修整焊缝   
2015.3.2–3.8	岳超红	用铜片焊接补配
2015.3.9–3.21	岳超红	虫胶清漆调和矿物颜料随色做旧

2-4　铜鼎M27：5

<table>
<tr><td>文物名称</td><td>铜鼎</td><td>文物编号</td><td colspan="2">M27：5</td><td>序号</td><td>2-04</td></tr>
<tr><td rowspan="4">保护修复前状况</td><td>尺寸 /cm</td><td colspan="3">高 16.7，宽 16，口径 15.9</td><td>重量 /g</td><td>1234</td></tr>
<tr><td colspan="6">病害状况：器物残缺一耳和两足，一耳根部开裂。器物壁较厚，铜质保存较好。锈蚀较薄，有黑、红、黄、白、绿等几种颜色，表面粗糙，暗淡无光泽，整体因通体土锈而成呈暗土红色。器物内部有较多红色锈蚀及白色沉积物。X 光探伤下可见器底有 9 枚芯撑，3 条加强筋，器壁有部分微裂隙和铸造缩孔。
病害：残缺、裂隙、表面硬结物、全面腐蚀</td></tr>
<tr><td colspan="6">原保护修复情况：无</td></tr>
<tr><td colspan="6">影像资料：
 </td></tr>
<tr><td rowspan="4">保护修复后状况</td><td colspan="2">尺寸 /cm</td><td colspan="2">高 17.4，口径 16.1</td><td>重量 /g</td><td>1360</td></tr>
<tr><td colspan="2">完成日期</td><td colspan="2">2016.3.4</td><td rowspan="2">修复人员</td><td rowspan="2">杨巍</td></tr>
<tr><td colspan="2">审核</td><td colspan="2">王浩天</td></tr>
<tr><td colspan="6">影像资料：
 </td></tr>
</table>

保护修复记录		
日期	修复人	工作内容
2015.11.9– 2015.11.19	岳超红 郭正臣 郭少禹 杨巍 孙予航	拍照、测量、记录、绘制病害图 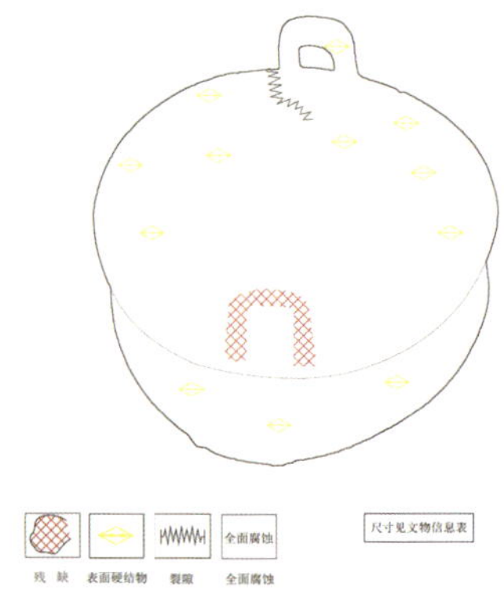
2015.11.25– 2015.12.2	杨巍	腿部用石膏翻模，制蜡模。AAA 胶调和矿物颜料填补耳根部裂隙  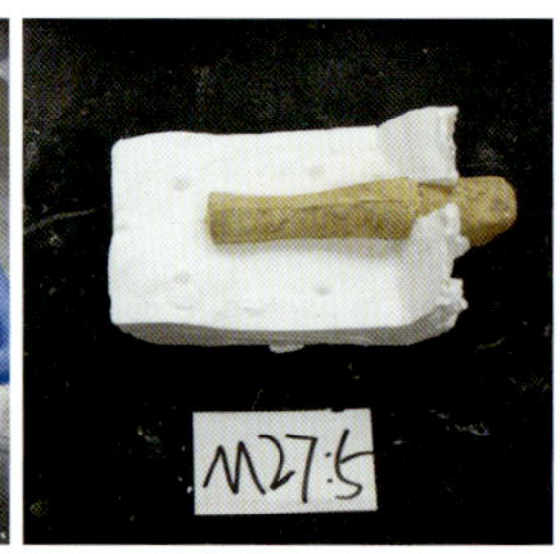 
2015.12.3	杨巍	熔融锡铅合金浇铸鼎腿、鼎耳。对配件修型   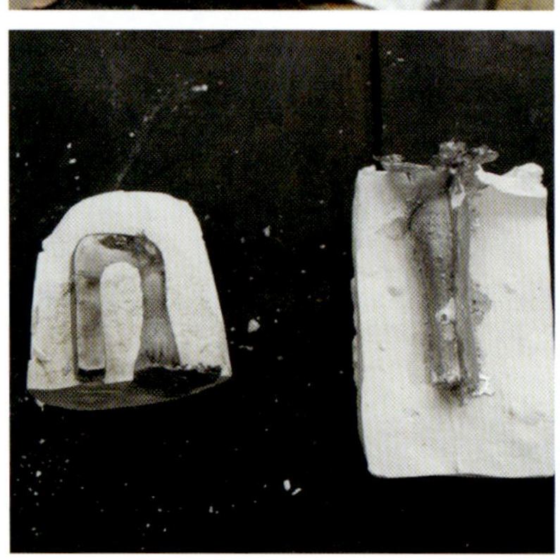 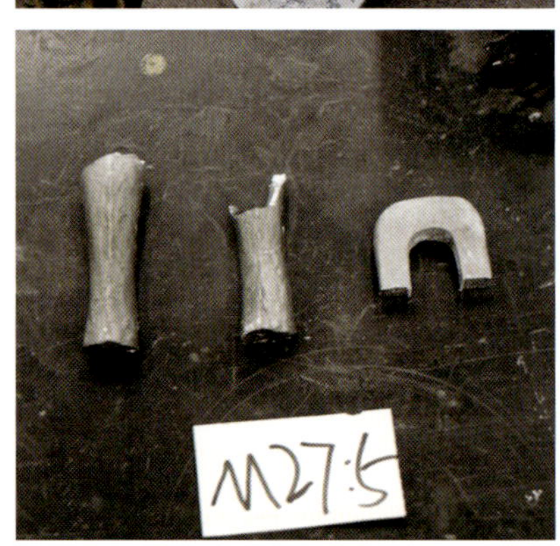

2015.12.4–2015.12.28	杨巍	打磨焊口，焊接鼎腿、鼎耳，断耳处打孔加入铜销。器物焊接后用纯净水浸泡，去除焊药 
2015.12.29	杨巍	打磨修整焊接处   
2015.12.30	杨巍	2%B72 丙酮溶液封护
2015.12.31	杨巍	用虫胶清漆调和矿物颜料对补配处做旧 

2-5 铜提梁卣M27：10

<table>
<tr><td>文物名称</td><td>铜提梁卣</td><td>文物编号</td><td colspan="2">M27：10</td><td>序号</td><td>2-05</td></tr>
<tr><td rowspan="4">保护修复前状况</td><td>尺寸/cm</td><td colspan="3">口径8.6，腹径14.6，高21.4</td><td>重量/g</td><td>1684</td></tr>
<tr><td colspan="6">病害状况：器腹下部有一面积较大的残缺，缺口周边裂隙较多，有一大裂隙延伸至口沿处。口沿及圈足均有一处残缺。一耳部有残缺，残缺处露出耳内范土。器身有多处孔洞及小缺口，有的缺口周边小残片变形，尚连接在器身上。圈足内有较多硬质泥土。器身锈蚀较薄，粗糙，暗淡无光泽，有红、黑、黄、白、绿等多种颜色，其中暗红色锈蚀及土锈较多，整体呈暗土红色。X光探伤下可见数枚芯撑，芯撑周围有微裂隙，底部有较多裂隙，器壁有较多的铸造缩孔。铜质整体保存尚可。
病害：残缺、裂隙、变形、孔洞、表面硬结物、全面腐蚀</td></tr>
<tr><td colspan="6">原保护修复情况：无</td></tr>
<tr><td colspan="6">影像资料：
</td></tr>
<tr><td rowspan="4">保护修复后状况</td><td>尺寸/cm</td><td colspan="3">口径8.8，腹径14.5，足径11.9，高21.3</td><td>重量/g</td><td>1829</td></tr>
<tr><td>完成日期</td><td colspan="3">2016.1.27</td><td rowspan="2">修复人员</td><td rowspan="2">郭少宇</td></tr>
<tr><td>审核</td><td colspan="3">王浩天</td></tr>
<tr><td colspan="6">影像资料：
</td></tr>
</table>

保护修复记录		
日期	修复人	工作内容
2015.11.9– 2015.11.19	岳超红 郭正臣 郭少禹 杨巍 孙予航	拍照、测量、记录、绘制病害图 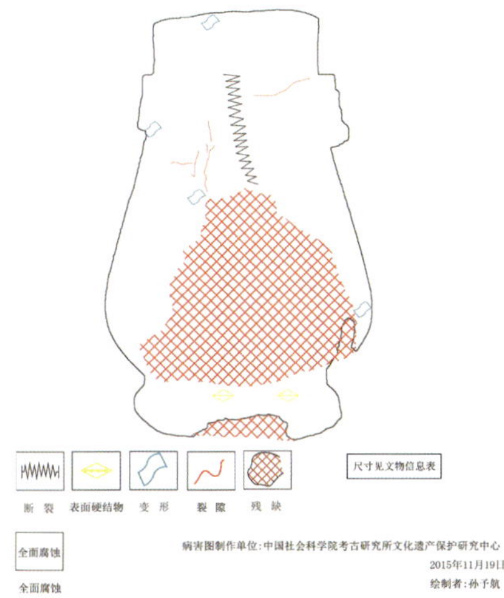
2015.12.28– 2015.12.30	郭少禹	用铜胶棒补单个小面积孔洞
2015.12.31	郭少禹	用石膏在缺损处的相应面翻模，翻模的面积略大于缺损面积  
2016.1.4	郭少禹	熔融锡铅合金，铸补缺损处。打磨修整补配处
2016.1.7	郭少禹	对口沿整形
2016.1.11	郭少禹	AAA 胶填补裂隙
2016.1.12– 2016.1.26	郭少禹	铜胶棒填补缺损，配件粘接在缺损处。修整粘接处。虫胶清漆调和矿物颜料随色做旧 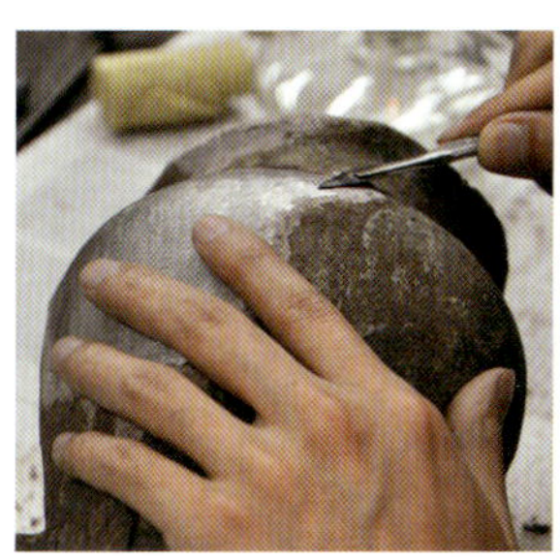 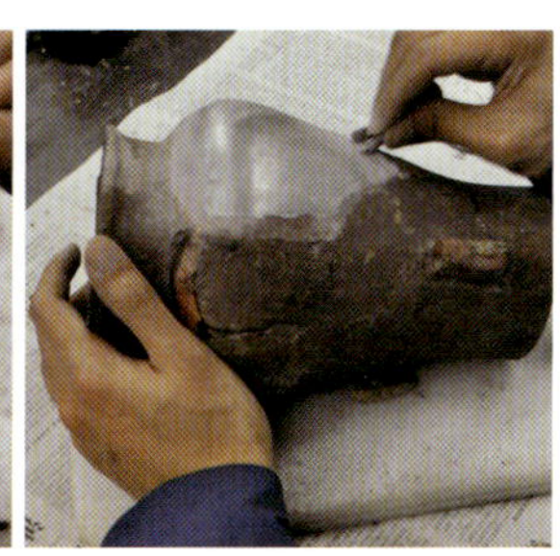

2-6　铜簋M27：16

<table>
<tr><td>文物名称</td><td>铜簋</td><td>文物编号</td><td colspan="2">M27：16</td><td>序号</td><td>2-06</td></tr>
<tr><td rowspan="4">保护修复前状况</td><td>尺寸 /cm</td><td colspan="3">高 11.8，宽 27.8，口径 18.4</td><td>重量 /g</td><td>2284</td></tr>
<tr><td colspan="6">病害状况：器物口沿至腹部有面积较大残缺，残缺处有两块残片可拼对上。残缺口下端有一小裂隙。残缺对面口沿处有较大裂隙，一耳部口沿处有一小裂隙。两耳均有一处裂隙。圈足处略残缺，有小裂隙。两块残片上也有裂隙。器身锈蚀较薄，粗糙，暗淡无光泽，有红、黑、黄、白、绿等多种颜色，其中暗红色锈蚀及土锈较多，整体呈暗土红色。器物内部有较多黑色锈蚀及沉积物。器身有变形。X 光探伤下可见底部 3 枚芯撑，2 条裂隙，口沿 1 条裂隙；器底和器壁可见铸造缩孔；铜质整体保存较好。
病害：断裂、残缺、裂隙、表面硬结物、全面腐蚀、变形</td></tr>
<tr><td colspan="6">原保护修复情况：无</td></tr>
<tr><td colspan="6">影像资料：
</td></tr>
<tr><td rowspan="4">保护修复后状况</td><td>尺寸 /cm</td><td colspan="3">高 11.6，宽 27.4，口径 18.6</td><td>重量 /g</td><td>2287</td></tr>
<tr><td>完成日期</td><td colspan="2">2016.1.27</td><td rowspan="2" colspan="2">修复人员</td><td rowspan="2">王宇</td></tr>
<tr><td>审核</td><td colspan="2">王浩天</td></tr>
<tr><td colspan="6">影像资料：
</td></tr>
</table>

保护修复记录		
日期	修复人	工作内容
2015.11.9– 201511.19	岳超红 郭正臣 郭少禹 杨巍 孙予航	拍照、测量、记录、绘制病害图 
2015.12.28– 2015.12.30	王宇	对器物进行矫形。对裂隙进行焊接 
2016.1.5	王宇	用 AAA 胶及铜胶棒补配较小处的残缺
2016.1.20	王宇	打磨焊口，将大块残片焊接在器身上
2016.1.27	王宇	用虫胶清漆调和矿物颜料对修复部位进行随色做旧处理 

2–7 铜戈M35：33

<table>
<tr><td>文物名称</td><td>铜戈</td><td>文物编号</td><td colspan="2">M35：33</td><td>序号</td><td>2–07</td></tr>
<tr><td rowspan="5">保护修复前状况</td><td>尺寸 /cm</td><td colspan="3">长 9.1，宽 6</td><td>重量 /g</td><td>58</td></tr>
<tr><td colspan="6">病害状况：灰绿色基体表面上有较多红褐色、黑色疏松锈蚀，疏松锈上带有大量灰黑色闪亮颗粒。残缺较多，器形尚可辨认，另有两小块残片。内部残缺一块。边缘残缺。有土锈附着。
X 光探伤显示边缘矿化严重，穿孔被锈蚀掩盖，小残片上有裂隙。
病害：断裂、残缺、裂隙、层状堆积、表面硬结物、矿化、全面腐蚀</td></tr>
<tr><td colspan="6">原保护修复情况：无</td></tr>
<tr><td colspan="6">影像资料：
</td></tr>
<tr><td colspan="6"></td></tr>
<tr><td rowspan="4">保护修复后状况</td><td>尺寸 /cm</td><td colspan="3">①长 9，宽 6 ②长 2.7，宽 2.5</td><td>重量 /g</td><td>① 51 ② 5</td></tr>
<tr><td>完成日期</td><td colspan="3">2016.1.29</td><td rowspan="2">修复人员</td><td rowspan="2">张云鸿</td></tr>
<tr><td>审核</td><td colspan="3">王浩天</td></tr>
<tr><td colspan="6">影像资料：
</td></tr>
</table>

<table>
<tr><th colspan="3">保护修复记录</th></tr>
<tr><th>日期</th><th>修复人</th><th>工作内容</th></tr>
<tr><td>2015.11.9–
2015.11.19</td><td>岳超红
郭正臣
郭少禹
孙予航</td><td>拍照、测量、记录、绘制病害图
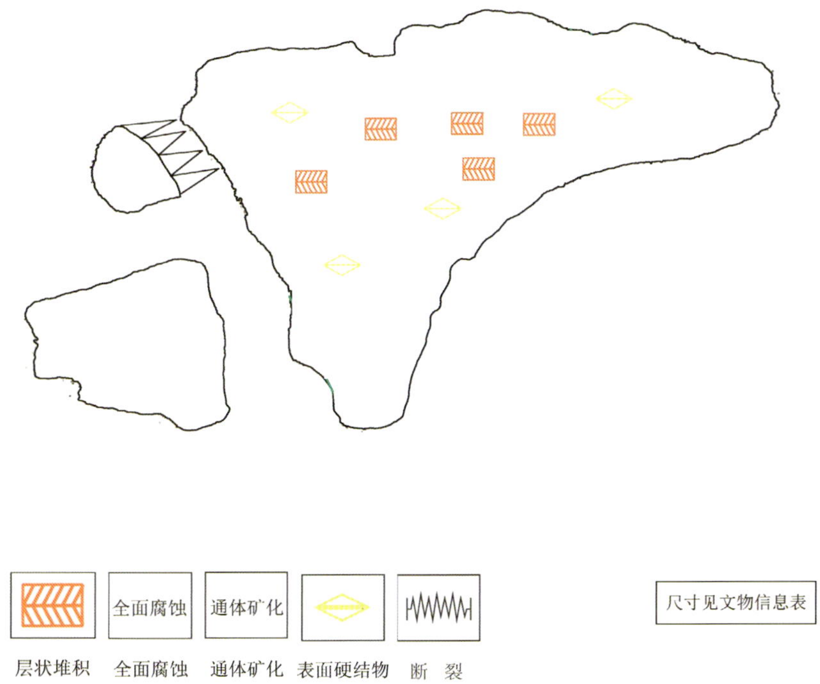
</td></tr>
<tr><td>2016.1.27</td><td>张云鸿</td><td>穿部除锈，显露原有的穿部孔洞
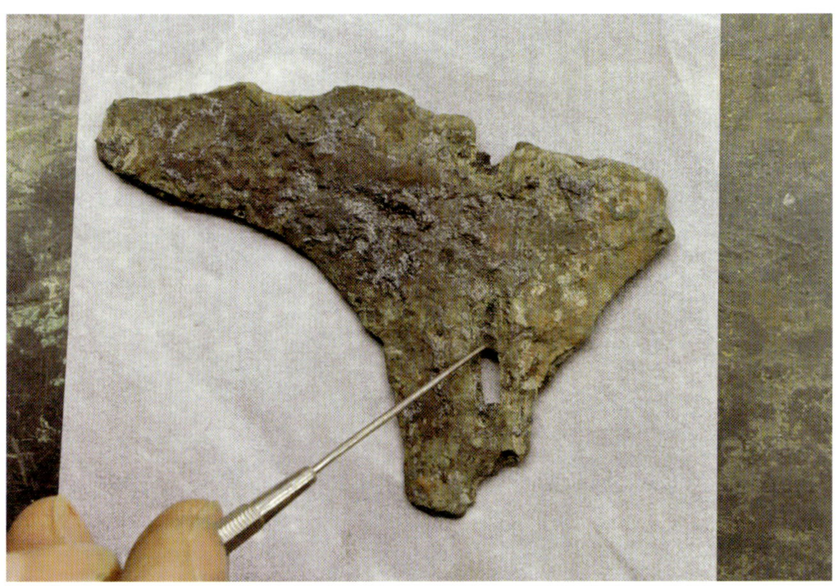</td></tr>
<tr><td>2016.1.28</td><td>张云鸿</td><td>3A 胶粘接碎片</td></tr>
<tr><td>2016.2.29</td><td>张云鸿</td><td>虫胶清漆调和矿物颜料对粘接处随色做旧</td></tr>
</table>

2–8　铜鼎M35：34

<table>
<tr><td>文物名称</td><td>铜鼎</td><td>文物编号</td><td>M35：34</td><td>序号</td><td>2–08</td></tr>
<tr><td rowspan="5">保护修复前状况</td><td>尺寸 /cm</td><td colspan="2"></td><td>重量 /g</td><td>207</td></tr>
<tr><td colspan="5">病害状况：黄白色基体表面带有大量黑色疏松锈，以及部分红色锈蚀。局部黑色锈上可见灰黑色闪亮颗粒。基体表面微泛绿色调。器物破碎严重，残缺严重。呈碎片状，最大残片面积约 30 平方厘米。局部有土锈附着。一足缺失，残留两足有较多黑色锈蚀，两耳尚存。腐蚀矿化严重，脆弱。
病害：断裂、残缺、层状堆积、表面硬结物、矿化、全面腐蚀</td></tr>
<tr><td colspan="5">原保护修复情况：无</td></tr>
<tr><td colspan="5">影像资料：
</td></tr>
<tr><td colspan="5"></td></tr>
<tr><td rowspan="4">保护修复后状况</td><td>尺寸 /cm</td><td colspan="2">口径 21.2，高 15</td><td>重量 g</td><td>3020</td></tr>
<tr><td>完成日期</td><td colspan="2">2015.4.27</td><td rowspan="2">修复人员</td><td rowspan="2">刘军</td></tr>
<tr><td>审核</td><td colspan="2">王浩天</td></tr>
<tr><td colspan="5">影像资料：
</td></tr>
</table>

<table>
<tr><th colspan="3">保护修复记录</th></tr>
<tr><th>日期</th><th>修复人</th><th>工作内容</th></tr>
<tr><td>2015.11.9–
2015.11.19</td><td>岳超红
郭正臣
郭少禹
张然</td><td>拍照、测量、记录、绘制病害图
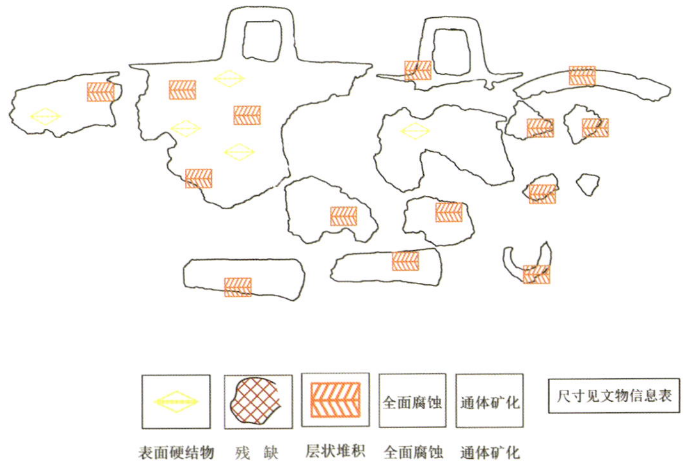
</td></tr>
<tr><td>2016.3.27–
2016.3.30</td><td>刘军</td><td>用泥塑器内型，确定各残片位置
 </td></tr>
<tr><td>2016.4.5–
2016.4.8</td><td>刘军</td><td>在泥上刷环氧树脂贴纤维布做成玻璃钢，补配器壁大面积残缺。玻璃钢干燥后进行打磨，修整形状
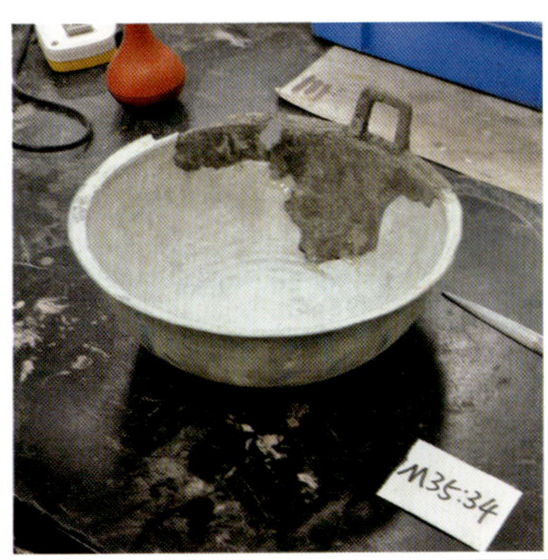
</td></tr>
</table>

2016.4.10–2016.4.15	刘军	将器耳残片粘接在器身相应位置 
2016.4.18–2016.4.21	刘军	AAA 胶调和矿物颜料将下腹部及腿部残片粘接在器身相应位置。修整好器物形状 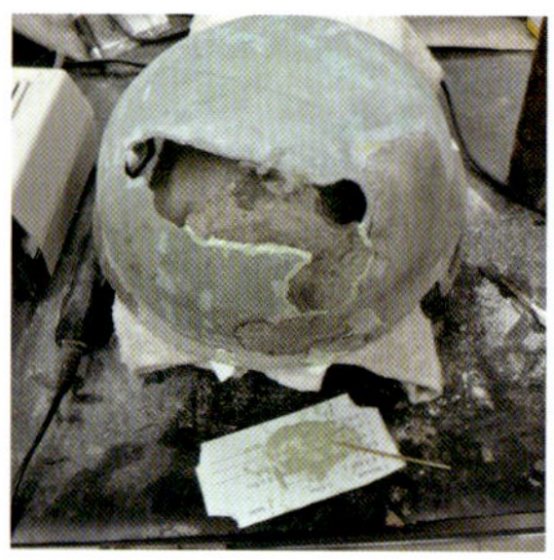  
2016.4.27	刘军	虫胶清漆调和矿物颜料对补配粘接部位进行随色做旧处理

2-9 铜马衔M35：36

<table>
<tr><td>文物名称</td><td>铜马衔</td><td>文物编号</td><td colspan="2">M35：36</td><td>序号</td><td>2-09</td></tr>
<tr><td rowspan="4">保护修复前状况</td><td>尺寸 /cm</td><td colspan="3">长 18.3</td><td>重量 /g</td><td>68</td></tr>
<tr><td colspan="6">病害状况：灰绿色基体表面上有较多黑色锈蚀。附着土锈。器形基本完整，略有矿化。
病害：层状堆积、表面硬结物、矿化、全面腐蚀</td></tr>
<tr><td colspan="6">原保护修复情况：无</td></tr>
<tr><td colspan="6">影像资料：
</td></tr>
<tr><td rowspan="4">保护修复后状况</td><td>尺寸 /cm</td><td colspan="3">长 18.2</td><td>重量 /g</td><td>65</td></tr>
<tr><td>完成日期</td><td colspan="3">2016.3.4</td><td rowspan="2">修复人员</td><td rowspan="2">霍海峻
李汉召</td></tr>
<tr><td>审核</td><td colspan="3">王浩天</td></tr>
<tr><td colspan="6">影像资料：
</td></tr>
<tr><td colspan="7">保护修复记录</td></tr>
<tr><td>日期</td><td>修复人</td><td colspan="5">工作内容</td></tr>
<tr><td>2015.11.9–
2015.11.20</td><td>岳超红
郭正臣
郭少禹</td><td colspan="5">拍照、测量、记录、绘制病害图
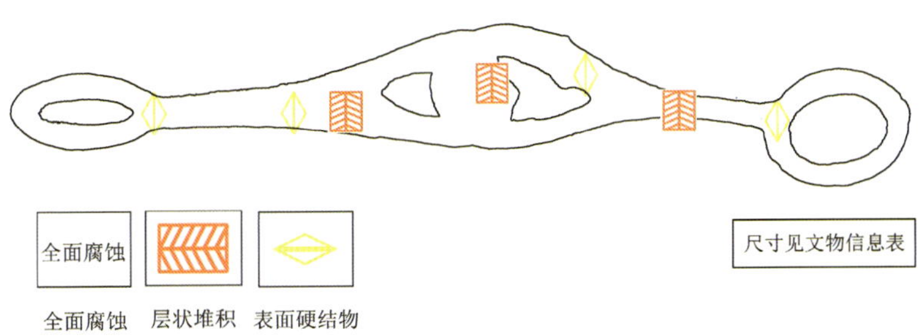
</td></tr>
<tr><td>2016.1.7</td><td>李汉召</td><td colspan="5">用手术刀除锈，无水乙醇擦洗表面，用 2%B72 丙酮溶液封护</td></tr>
</table>

2-10　铜矛M35：37

文物名称	铜矛	文物编号	M35：37	序号	2-10
保护修复前	尺寸 /cm	残长 36		重量 /g	88
	病害状况：灰绿色基体表面局部附着较厚的黑色疏松锈蚀，黑色锈蚀上可见较多的灰黑色闪亮颗粒。器物断裂，内部可见范土。局部残缺，矿化严重。 X 光探伤显示粗端腐蚀较重。 病害：断裂、残缺、层状堆积、矿化、全面腐蚀				
	原保护修复情况：无				
	影像资料： 				
保护修复后状况	尺寸 /cm	长 16，宽 2.5		重量 /g	85
	完成日期	2016.1.11		修复人员	王欢
	审核	王浩天			
	影像资料： 				

保护修复记录

日期	修复人	工作内容
2015.11.9–2015.11.19	岳超红 郭正臣 杨巍	拍照、测量、记录、绘制病害图 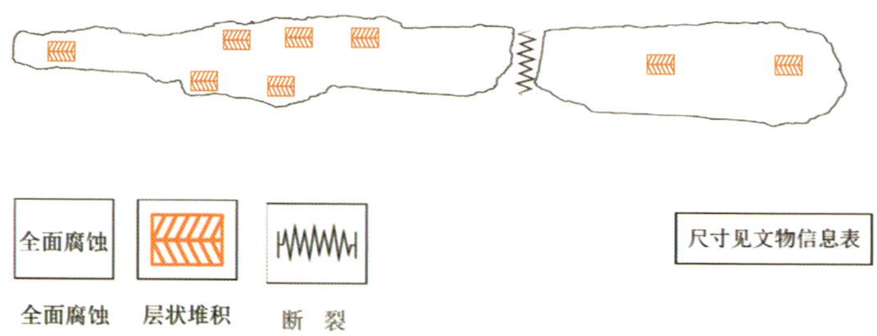
2016.1.8	王欢	用手术刀除锈，无水乙醇擦洗
2016.1.11	王欢	AAA 胶调和矿物颜料粘接。虫胶清漆调和矿物颜料对粘接部位随色做旧。涂刷 2%B72 丙酮溶液封护

2-11　铜车軎、铜车辖M35：40

<table>
<tr><td>文物名称</td><td>铜軎、辖</td><td>文物编号</td><td>M35：40</td><td>序号</td><td>2-11</td></tr>
<tr><td rowspan="4">保护修复前状况</td><td>尺寸 /cm</td><td colspan="2">铜軎：长 11，直径 5.5</td><td>重量 /g</td><td>铜车軎：390
铜车辖：116</td></tr>
<tr><td colspan="5">病害状况：灰绿色基体表面上有较多黑色，以及少量暗红色疏松锈，局部疏松锈处可见灰黑色闪亮颗粒。车軎缺失一半，辖完整。器表附着土锈。局部矿化。
病害：残缺、层状堆积、表面硬结物、矿化、全面腐蚀</td></tr>
<tr><td colspan="5">原保护修复情况：无</td></tr>
<tr><td colspan="5">影像资料：
</td></tr>
<tr><td rowspan="4">保护修复后状况</td><td>尺寸 /cm</td><td colspan="2">铜车軎：长 11.1，直径 5.3
铜车辖：长 11.6，直径 3.9</td><td>重量 /g</td><td>铜车軎：301
铜车辖：148</td></tr>
<tr><td>完成日期</td><td colspan="2">2015.12.25</td><td rowspan="2">修复人员</td><td rowspan="2">郭少宇</td></tr>
<tr><td>审核</td><td colspan="2">王浩天</td></tr>
<tr><td colspan="5">影像资料：
</td></tr>
</table>

保护修复记录		
日期	修复人	工作内容
2015.11.9– 2015.11.19	岳超红 郭正臣 张然	拍照、测量、记录、绘制病害图 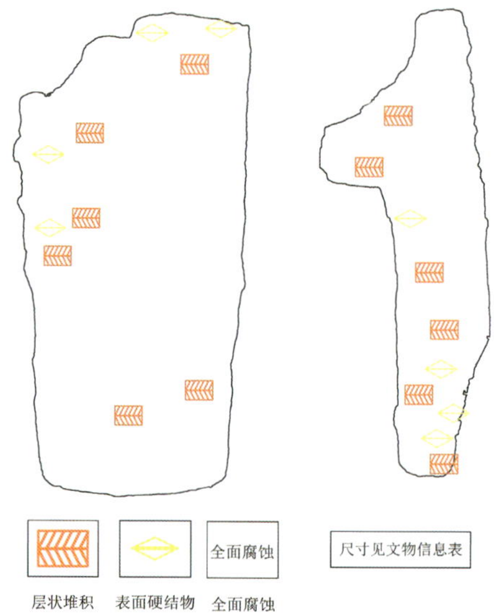
2015.12.9– 2015.12.11	郭少宇	用超声波清洗仪及手术刀去除表面硬结物及锈蚀。用 2%B72 丙酮溶液加固
2015.12.14– 2015.12.16	郭少宇	用薄铜片做残缺部位形状，弧度与原物保持一致，用 AAA 胶粘接。打磨修整形状 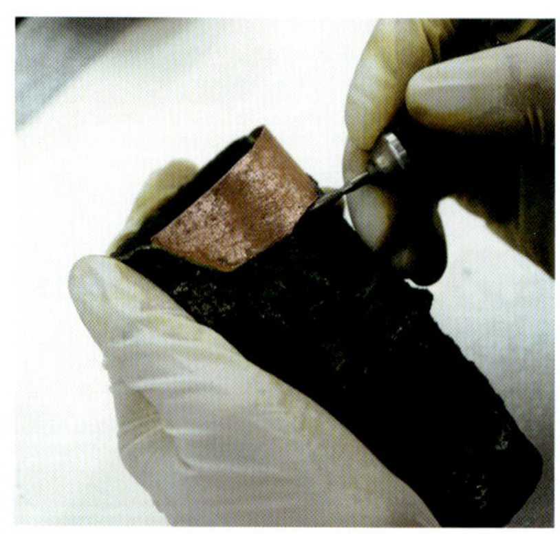
2015.12.17– 2015.12.24	郭少宇	虫胶清漆调和矿物颜料随色做旧
2015.12.25	郭少宇	用铜胶棒补底部漏洞，并用虫胶清漆调和矿物颜料随色做旧 

2–12 铜车軎、铜车辖M35：41

<table>
<tr><td>文物名称</td><td>铜车軎、铜车辖</td><td>文物编号</td><td>M35：41</td><td>序号</td><td>2–12</td></tr>
<tr><td rowspan="4">保护修复前状况</td><td>尺寸 /cm</td><td colspan="2">铜车軎：长 11
铜车辖：残长 11.5</td><td>重量 /g</td><td>铜车軎：306
铜车辖：166</td></tr>
<tr><td colspan="5">病害状况：黄绿色基体表面附着较多黑色，以及少量暗红色疏松锈蚀。局部疏松锈处可见灰黑色闪亮颗粒。器物基本完整，车軎粗端微残。表面附着土锈。
X 光探伤显示器物不均匀腐蚀，残缺边缘腐蚀略重，有裂隙。
病害：残缺、裂隙、层状堆积、表面硬结物、全面腐蚀</td></tr>
<tr><td colspan="5">原保护修复情况：无</td></tr>
<tr><td colspan="5">影像资料：
</td></tr>
<tr><td rowspan="4">保护修复后状况</td><td>尺寸 /cm</td><td colspan="2">铜车軎：长 11
铜车辖：残长 11.5</td><td>重量 /g</td><td>铜车軎：306
铜车辖：166</td></tr>
<tr><td>完成日期</td><td colspan="2">2016.3.7</td><td rowspan="2">修复人员</td><td rowspan="2">王欢
王宇</td></tr>
<tr><td>审核</td><td colspan="2">王浩天</td></tr>
<tr><td colspan="5">影像资料：
</td></tr>
</table>

保护修复记录		
日期	修复人	工作内容
2015.11.9–2015.11.19	岳超红 郭正臣 韩化蕊	拍照、测量、记录、绘制病害图 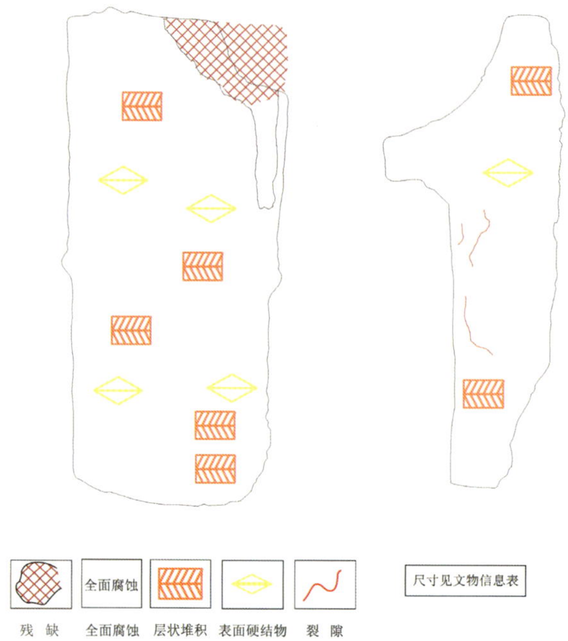
2015.12.8	王宇	手术刀除锈
2015.12.9	王欢	用铜胶棒补配铜軎残缺部位
2015.12.10	王欢	对铜车軎补配部位随色做旧
2015.12.11	王欢	用 2%B72 对铜軎进行加固
2015.12.16	王宇	用纯铜片及 AAA 胶对铜辖进行补配
2015.12.21	王宇	用虫胶清漆调和矿物颜料对铜辖随色做旧
2016.3.7	王欢	用 2%B72 对铜辖进行加固

2–13　铜件M35：42

<table>
<tr><td>文物名称</td><td>铜件</td><td>文物编号</td><td>M35：42</td><td>序号</td><td>2–13</td></tr>
<tr><td rowspan="4">保护修复前状况</td><td>尺寸/cm</td><td colspan="2"></td><td>重量/g</td><td>70</td></tr>
<tr><td colspan="5">病害状况：灰绿色基体表面附着有大量黑色疏松锈蚀。局部有少量鲜艳蓝绿色锈蚀。多个小件锈蚀连黏成一团。局部残缺。有硬质土锈覆盖。局部矿化严重。X光探伤下可见多个小件锈蚀黏连在一起，有的节约内部断裂。
病害：残缺、断裂、表面硬结物、层状堆积、矿化、全面腐蚀</td></tr>
<tr><td colspan="5">原保护修复情况：无</td></tr>
<tr><td colspan="5">影像资料：
</td></tr>
<tr><td rowspan="4">保护修复后状况</td><td>尺寸/cm</td><td colspan="2"></td><td>重量/g</td><td></td></tr>
<tr><td>完成日期</td><td colspan="2">2016.1.29</td><td rowspan="2">修复人员</td><td rowspan="2">高慧栋</td></tr>
<tr><td>审核</td><td colspan="2">王浩天</td></tr>
<tr><td colspan="5">影像资料：
</td></tr>
</table>

保护修复记录		
日期	修复人	工作内容
2015.11.9–2015.11.19	岳超红 郭正臣 韩化蕊	拍照、测量、记录、绘制病害图 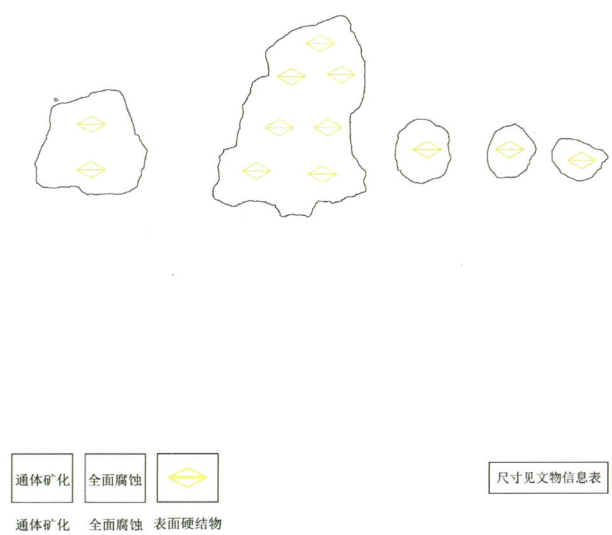
2015.11.29	高慧栋	用手术刀清除表面硬结物，涂刷 2%B72 丙酮溶液加固封护

2-14 铜銮铃M35：43

<table>
<tr><td>文物名称</td><td>铜銮铃</td><td>文物编号</td><td>M35：43</td><td>序号</td><td>2-14</td></tr>
<tr><td rowspan="4">保护修复前状况</td><td>尺寸 /cm</td><td colspan="2">高 18.5，宽 8.6</td><td>重量 /g</td><td>842</td></tr>
<tr><td colspan="5">病害状况：黄绿色基体表面附着较多黑色及少量暗红色疏松锈蚀，以及大量土锈。带有白色沉积物。器物残断。
X 光探伤下可见铜质保存尚可；颈部空芯；影像模糊，可能与锈蚀层较厚有关。
病害：残缺、断裂、层状堆积、表面硬结 物、全面腐蚀</td></tr>
<tr><td colspan="5">原保护修复情况：无</td></tr>
<tr><td colspan="5">影像资料：
</td></tr>
<tr><td rowspan="4">保护修复后状况</td><td>尺寸 /cm</td><td colspan="2">高 20，宽 12</td><td>重量 /g</td><td>683</td></tr>
<tr><td>完成日期</td><td colspan="2">2016.3.4</td><td rowspan="2">修复人员</td><td rowspan="2">高慧栋
霍海峻
李汉召</td></tr>
<tr><td>审核</td><td colspan="2">王浩天</td></tr>
<tr><td colspan="5">影像资料：
</td></tr>
</table>

保护修复记录		
日期	修复人	工作内容
2015.11.9–2015.11.19	岳超红 郭正臣 郭少宇	拍照、测量、记录、绘制病害图 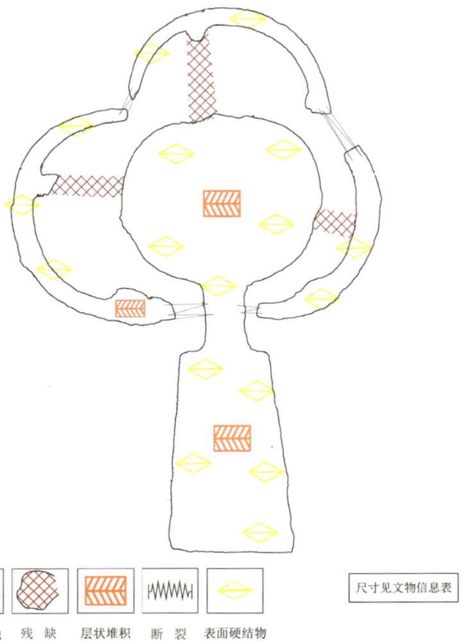
2016.1.13–1.15	高慧栋	用手术刀除锈 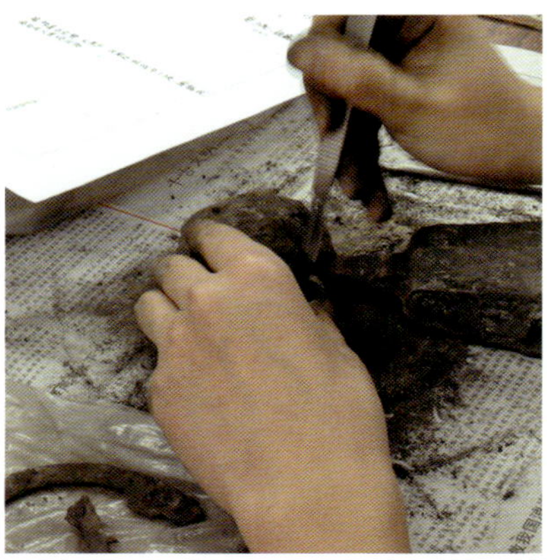
2016.1.20	高慧栋	用 914 胶粘接残片。用铜胶棒补配残缺部位
2016.1.22	高慧栋	局部修整，虫胶清漆调和矿物颜料随色做旧
2016.3.4	李汉召	涂刷 2%B72 丙酮溶液封护

2–15　铜匜M35：44

<table>
<tr><td>文物名称</td><td>铜匜</td><td>文物编号</td><td colspan="2">M35：44</td><td>序号</td><td>2–15</td></tr>
<tr><td rowspan="5">保护修复前状况</td><td>尺寸 /cm</td><td colspan="3"></td><td>重量 /g</td><td>3900</td></tr>
<tr><td colspan="6">病害状况：器物通体包裹硬质土锈，黄绿色基体表面附着大量黑色、暗红色锈蚀。质地非常脆弱，强度低，呈酥烂状，内部未清理由泥土支撑。腹部破碎、断裂、残缺，有非常多的残片残渣。鋬断裂，一足残断。
病害：断裂、裂隙、残缺、表面硬结物、层状堆积、通体矿化、全面腐蚀</td></tr>
<tr><td colspan="6">原保护修复情况：无</td></tr>
<tr><td colspan="6">影像资料：
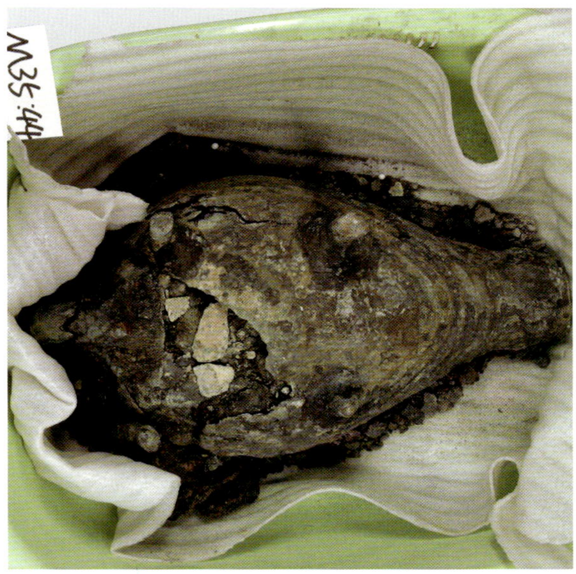</td></tr>
<tr></tr>
<tr><td rowspan="4">保护修复后状况</td><td>尺寸 /cm</td><td colspan="3">长 31.5，宽 16，高 13.5</td><td>重量 /g</td><td>1029</td></tr>
<tr><td>完成日期</td><td colspan="3">2016.4.20</td><td rowspan="2">修复人员</td><td rowspan="2">霍海峻
李汉召</td></tr>
<tr><td>审核</td><td colspan="3">王浩天</td></tr>
<tr><td colspan="6">影像资料：
</td></tr>
</table>

保护修复记录		
日期	修复人	工作内容
2015.11.9– 2015.11.19	岳超红 郭正臣 杨巍	拍照、测量、记录、绘制病害图 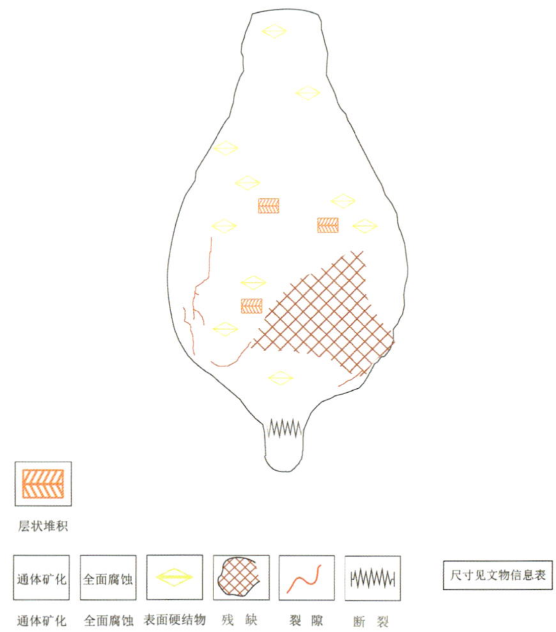
2016.3.3	李汉召	去锈
2016.3.4– 2016.3.6	霍海峻 李汉召	铜质极糟，用 2%B72 丙酮溶液减压渗透加固
2016.3.7– 2016.3.8	霍海峻 李汉召	拼对残片，用 914 胶粘接
2016.3.9– 2016.3.10	霍海峻 李汉召	底部用打制的薄铜片补配
2016.3.11– 2016.3.17	霍海峻 李汉召	塑底部瓦纹蜡型，翻底部瓦纹（蜡型）石膏模，用铜胶棒做瓦纹配块补配，修整瓦纹配块
2016.3.18– 2016.3.26	霍海峻 李汉召	翻口沿一组带状纹饰，做一侧蜡型纹饰，翻制铜胶棒配件。粘接兽首鋬四截残块。塑制另一侧口沿蜡型，做石膏模，翻制铜胶棒口沿配件补配。修整纹饰  

2016.3.27	霍海峻 李汉召	从一足上翻模，铜胶棒补配残缺一足  
2016.3.28– 2016.4.5	霍海峻 李汉召	铜胶棒补配流口残缺。修整口部、錾部纹饰
2016.4.6– 2016.4.20	霍海峻 李汉召	AAA 胶调和矿物颜料对补配处打底。虫胶清漆调和矿物颜料对修复部位随色做旧    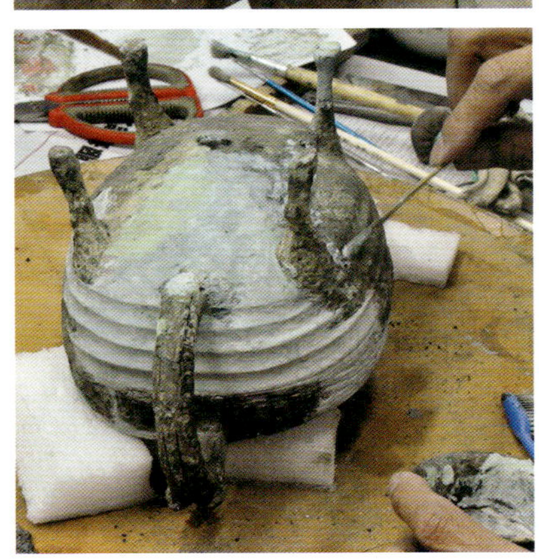

2-16　铜车軎M35：45

<table>
<tr><td>文物名称</td><td>铜车軎</td><td>文物编号</td><td>M35：45</td><td>序号</td><td>2-16</td></tr>
<tr><td rowspan="4">保护修复前状况</td><td>尺寸 /cm</td><td colspan="2"></td><td>重量 /g</td><td>87</td></tr>
<tr><td colspan="5">病害状况：严重残缺。器物外形难辨，仅剩几块残片。黄绿色基体表面上附着大量黑色锈蚀，且包裹较厚的土锈。
病害：断裂、残缺、层状堆积、表面硬结物、矿化、全面腐蚀</td></tr>
<tr><td colspan="5">原保护修复情况：无</td></tr>
<tr><td colspan="5">影像资料：
</td></tr>
<tr><td rowspan="4">保护修复后状况</td><td>尺寸 /cm</td><td colspan="2"></td><td>重量 /g</td><td></td></tr>
<tr><td>完成日期</td><td colspan="2"></td><td rowspan="2">修复人员</td><td rowspan="2">霍海峻
李汉召</td></tr>
<tr><td>审核</td><td colspan="2">王浩天</td></tr>
<tr><td colspan="5">影像资料：
</td></tr>
</table>

<table>
<tr><th colspan="3">保护修复记录</th></tr>
<tr><th>日期</th><th>修复人</th><th>工作内容</th></tr>
<tr><td>2015.11.9–
2015.11.19</td><td>岳超红
郭正臣
孙予航</td><td>拍照、测量、记录、绘制病害图
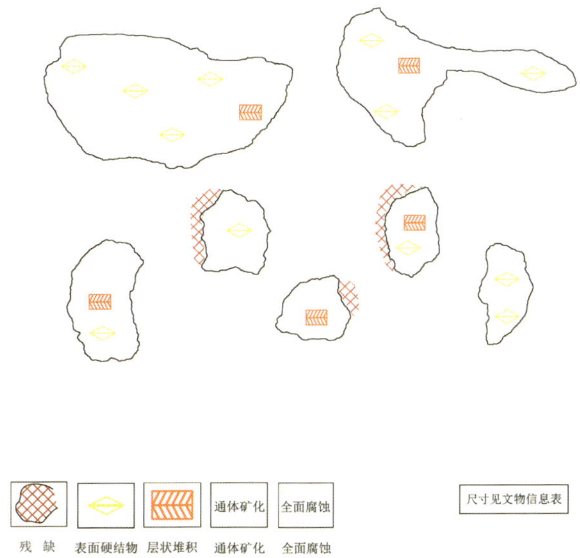
</td></tr>
<tr><td>2016.3.4</td><td>霍海峻
李汉召</td><td>涂刷 2%B72 丙酮溶液封护</td></tr>
</table>

保护修复记录		
日期	修复人	工作内容
2015.11.9– 2015.11.19	岳超红 郭正臣 张然	拍照、测量、记录、绘制病害图 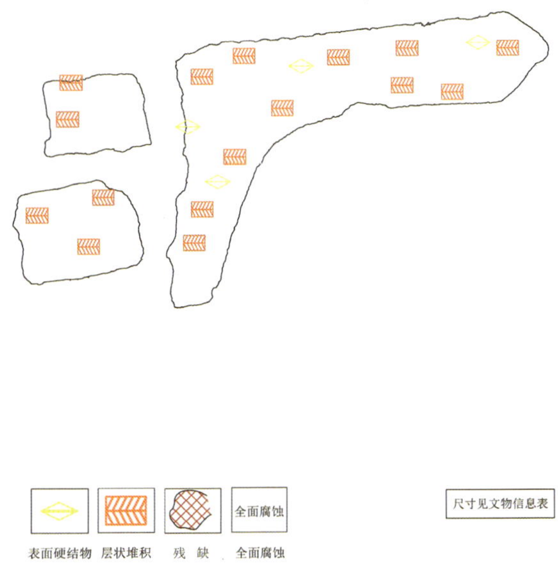
2016.1.7	孙予航	手术刀剔除表面浮锈，裂缝处渗入 502 胶加固
2016.1.8	孙予航	涂刷 2%B72 丙酮溶液封护。AAA 胶调和矿物颜料粘接断裂处。虫胶清漆调和矿物颜料做色  

2-18　铜钟M35：47

<table>
<tr><td>文物名称</td><td>铜钟</td><td>文物编号</td><td>M35：47</td><td>序号</td><td>2-18</td></tr>
<tr><td rowspan="5">保护修复前状况</td><td>尺寸 /cm</td><td colspan="2">残高 16.3</td><td>重量 /g</td><td>572</td></tr>
<tr><td colspan="5">病害状况：黄绿色基体表面上附着大量黑色、暗红色锈蚀。器壁较薄，下部残缺，内外均有较厚泥土，有矿化现象。
X 光探伤下可见铜锈之下有大量裂隙、微裂隙，整体脆弱。
病害：残缺、裂隙、层状堆积、表面硬结物、通体矿化、全面腐蚀</td></tr>
<tr><td colspan="5">原保护修复情况：无</td></tr>
<tr><td colspan="5">影像资料：
</td></tr>
<tr></tr>
<tr><td rowspan="4">保护修复后状况</td><td>尺寸 /cm</td><td colspan="2">高 16，宽 11.2</td><td>重量 /g</td><td>432</td></tr>
<tr><td>完成日期</td><td colspan="2">2016.3.4</td><td rowspan="2">修复人员</td><td rowspan="2">张云鸿
霍海峻
李汉召</td></tr>
<tr><td>审核</td><td colspan="2">王浩天</td></tr>
<tr><td colspan="5">影像资料：
</td></tr>
</table>

保护修复记录		
日期	修复人	工作内容
2015.11.9– 2015.11.20	岳超红 郭正臣 郭少宇	拍照、测量、记录、绘制病害图 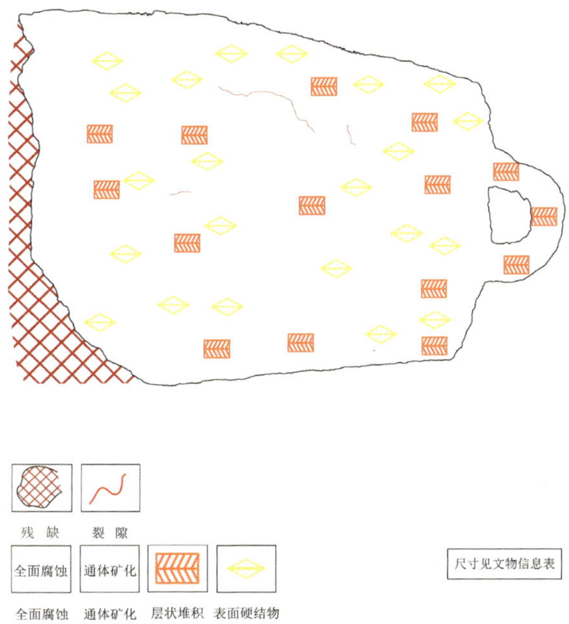
2015.11.27	张云鸿	机械去除表面厚锈，显露部分纹饰
2015.11.30	张云鸿	10% 六偏磷酸钠局部涂覆厚且硬的锈蚀，敷 10 分钟，锈蚀较软后将之去除
2015.12.7– 2015.12.16	张云鸿	除锈中，钮轻微活动，暂时用 502 胶加固钮底部。除锈后发现隧仅存约 1/4，其余部分残缺不全。舞部有多处裂纹，暂时用 502 胶滴入加固。钟顶部较大裂隙用 AAA 胶填补  

<table>
<tr><td>2015.12.17</td><td>张云鸿</td><td>隧部矿化严重，掉渣，用 2%B72 丙酮溶液加固。隧部补铜片
  </td></tr>
<tr><td>2015.12.22–
2016.1.5</td><td>张云鸿</td><td>AAA 胶调和矿物颜料将铜片厚度补齐，打磨机随形磨平。虫胶清漆调和矿物颜料对修复部位随色做旧
 </td></tr>
<tr><td>2016.3.4</td><td>李汉召</td><td>2%B72 丙酮溶液封护</td></tr>
</table>

2–19　铜銮铃M35：48

<table>
<tr><td>文物名称</td><td>铜銮铃</td><td>文物编号</td><td>M35：48</td><td>序号</td><td>2–19</td></tr>
<tr><td rowspan="5">保护修复前状况</td><td>尺寸 /cm</td><td colspan="2">残高 18.5，宽 10.5</td><td>重量 /g</td><td>628</td></tr>
<tr><td colspan="5">病害状况：黄绿色基体表面上附着大量黑色、暗红色锈蚀。局部疏松锈处可见灰黑色闪亮颗粒。闪亮颗粒泛蓝紫色。器物外形基本完整，断为两块，铃部有裂隙。通体有泥土及土锈包裹，断茬处可见矿化严重。X 光探伤影像略虚，可能与锈厚有关，不均匀腐蚀，铜质保存尚可。
病害：断裂、裂隙、层状堆积、表面硬结物、矿化、全面腐蚀</td></tr>
<tr><td colspan="5">原保护修复情况：无</td></tr>
<tr><td colspan="5">影像资料：
</td></tr>
<tr><td rowspan="4">保护修复后状况</td><td>尺寸 /cm</td><td colspan="2">高 18.3，宽 10.5</td><td>重量 /g</td><td>563</td></tr>
<tr><td>完成日期</td><td colspan="2">2016.3.7</td><td rowspan="2">修复人员</td><td rowspan="2">郭少宇
李汉召</td></tr>
<tr><td>审核</td><td colspan="2">王浩天</td></tr>
<tr><td colspan="5">影像资料：
</td></tr>
</table>

保护修复记录		
日期	修复人	工作内容
2015.11.9– 2015.11.20	岳超红 郭正臣 李其良	拍照、测量、记录、绘制病害图 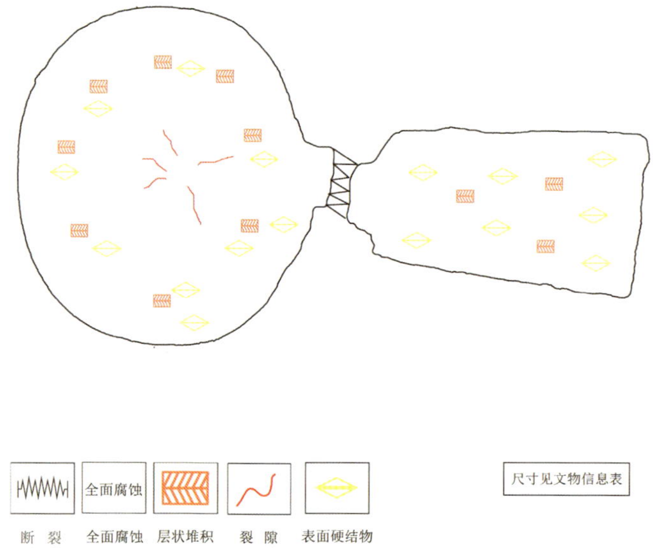
2015.11.24– 2015.11.27	郭少宇	机械法清洗表面土锈及部分附着物 
2015.11.28– 2015.12.2	郭少宇	AAA 胶调和矿物颜料粘接裂隙，对粘接处随色 

<table>
<tr><td>2015.12.3–
2015.12.8</td><td>郭少宇</td><td>断裂处打孔，插入铜销，将两部分粘接在一起，虫胶清漆调和矿物颜料对修复处随色做旧
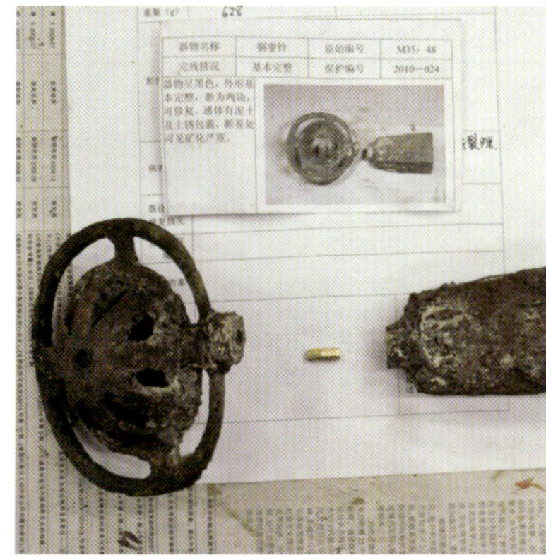
</td></tr>
<tr><td>20.16.3.7</td><td>李汉召</td><td>2%B72 丙酮溶液渗透加固</td></tr>
</table>

2–20　铜銮铃M35：49

<table>
<tr><td>文物名称</td><td>铜銮铃</td><td>文物编号</td><td>M35：49</td><td>序号</td><td>2–20</td></tr>
<tr><td rowspan="4">保护修复前状况</td><td>尺寸 /cm</td><td colspan="2">残高 19</td><td>重量 /g</td><td>674</td></tr>
<tr><td colspan="5">病害状况：黄白色基体表面附着大量黑色、红色、暗红色疏松锈蚀。局部可见灰黑色闪亮颗粒。基体表面微泛绿色调。器物断裂、残缺，顶部有暗裂。外表有少量泥土，铃内部有较多土垢。
X 光探伤可见顶部有暗裂，铜质保存尚可。
病害：残缺、断裂、裂隙、层状堆积、表面硬结物、全面腐蚀</td></tr>
<tr><td colspan="5">原保护修复情况：无</td></tr>
<tr><td colspan="5">影像资料：
</td></tr>
</table>

<table>
<tr><td rowspan="4">保护修复后状况</td><td>尺寸 /cm</td><td>高 19.5，宽 11.5</td><td>重量 /g</td><td>709</td></tr>
<tr><td>完成日期</td><td>2016.3.7</td><td rowspan="2">修复人员</td><td rowspan="2">王宇
李汉召</td></tr>
<tr><td>审核</td><td>王浩天</td></tr>
<tr><td colspan="4">影像资料：
</td></tr>
</table>

<table>
<tr><th colspan="3">保护修复记录</th></tr>
<tr><th>日期</th><th>修复人</th><th>工作内容</th></tr>
<tr><td>2015.11.9–
2015.11.19</td><td>岳超红
郭正臣
韩化蕊</td><td>拍照、测量、记录、绘制病害图
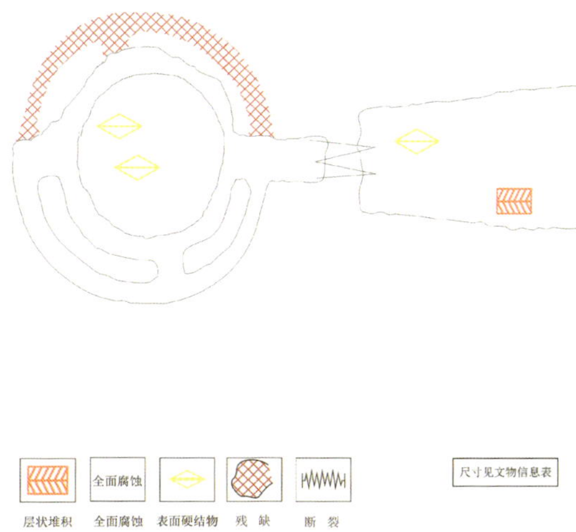</td></tr>
<tr><td>2015.11.24</td><td>王宇</td><td>清除器表疏松锈蚀
</td></tr>
<tr><td>2015.11.25–
2015.12.4</td><td>王宇</td><td>雕制残缺部分的蜡型。翻石膏外范，浇注熔融的锡铅合金，制锡铅合金配件。打磨修整配件。将配件焊接在器物上。打磨修整焊接处及器物外形
 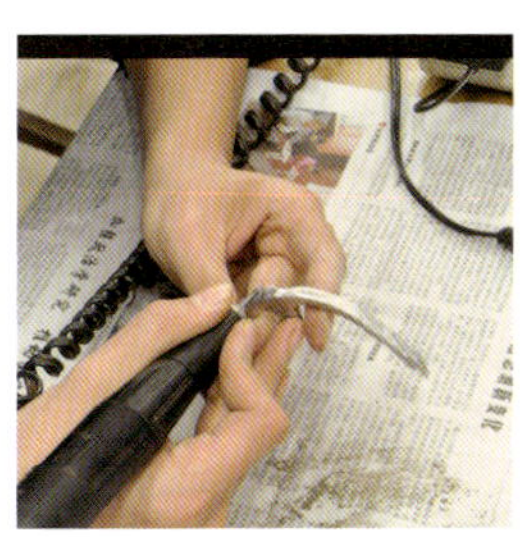 </td></tr>
<tr><td>2015.12.8</td><td>王宇</td><td>将断裂的上下两部分的断面打孔，插入铜销后用 3A 胶进行粘接</td></tr>
</table>

2015.12.10	王宇	用虫胶清漆调和矿物颜料对修复部位随色做旧 
2016.3.7	李汉召	2%B72 丙酮溶液加固

2–21　铜件M35：50

<table>
<tr><td>文物名称</td><td>铜件</td><td>文物编号</td><td colspan="2">M35：50</td><td>序号</td><td>2–21</td></tr>
<tr><td rowspan="4">保护修复前状况</td><td>尺寸 /cm</td><td colspan="3">残长 5</td><td>重量 /g</td><td>13</td></tr>
<tr><td colspan="6">病害状况：黄绿色基体表面上附着大量黑色、暗红色锈蚀。局部疏松锈处可见灰黑色闪亮颗粒。器物残缺，通体包裹泥土。铜质保存较好。
病害：残缺、层状堆积、表面硬结物、全面腐蚀</td></tr>
<tr><td colspan="6">原保护修复情况：无</td></tr>
<tr><td colspan="6">影像资料：
</td></tr>
<tr><td rowspan="4">保护修复后状况</td><td>尺寸 /cm</td><td colspan="3"></td><td>重量 /g</td><td></td></tr>
<tr><td>完成日期</td><td colspan="3"></td><td rowspan="2">修复人员</td><td rowspan="2">霍海峻
李汉召</td></tr>
<tr><td>审核</td><td colspan="3">王浩天</td></tr>
<tr><td colspan="6">影像资料：
</td></tr>
<tr><td colspan="7">保护修复记录</td></tr>
<tr><td>日期</td><td>修复人</td><td colspan="5">工作内容</td></tr>
<tr><td>2015.11.9–
2015.11.19</td><td>岳超红
郭正臣
韩化蕊</td><td colspan="5">拍照、测量、记录、绘制病害图
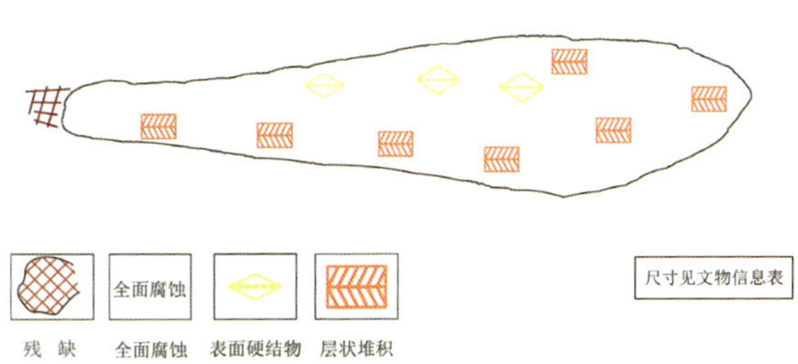
</td></tr>
<tr><td>2016.3.4</td><td>霍海峻
李汉召</td><td colspan="5">涂刷 2%B72 丙酮溶液封护</td></tr>
</table>

2–22　铜器盖M35：52

<table>
<tr><td>文物名称</td><td>铜器盖</td><td>文物编号</td><td>M35：52</td><td>序号</td><td>2–22</td></tr>
<tr><td rowspan="4">保护修复前状况</td><td>尺寸 /cm</td><td colspan="2">最大径 13.5，高 6.5</td><td>重量 /g</td><td>380</td></tr>
<tr><td colspan="5">病害状况：黄白色基体表面微泛绿色调，其上有较多的黑色、暗红色疏松锈蚀堆积。盖内壁黑色锈蚀较多，盖捉手处暗红色、红色锈蚀较多。局部可见灰黑色闪亮颗粒。器物残破、断裂。器壁有孔洞。通体有土锈附着。
X 光探伤显示器物腐蚀矿化严重、脆弱；可见 2 枚铜质芯撑。
病害：断裂、残缺、裂隙、孔洞、层状堆积、表面硬结物、通体矿化、全面腐蚀</td></tr>
<tr><td colspan="5">原保护修复情况：无</td></tr>
<tr><td colspan="5">影像资料：
</td></tr>
<tr><td rowspan="4">保护修复后状况</td><td>尺寸 /cm</td><td colspan="2">长 14.5，宽 9.8，高 6.2</td><td>重量 /g</td><td>332</td></tr>
<tr><td>完成日期</td><td colspan="2">2016.3.4</td><td rowspan="2">修复人员</td><td rowspan="2">郭正臣
霍海峻
李汉召</td></tr>
<tr><td>审核</td><td colspan="2">王浩天</td></tr>
<tr><td colspan="5">影像资料：

</td></tr>
</table>

保护修复记录		
日期	修复人	工作内容
2015.11.9– 2015.11.19	岳超红 郭正臣 张然	拍照、测量、记录、绘制病害图 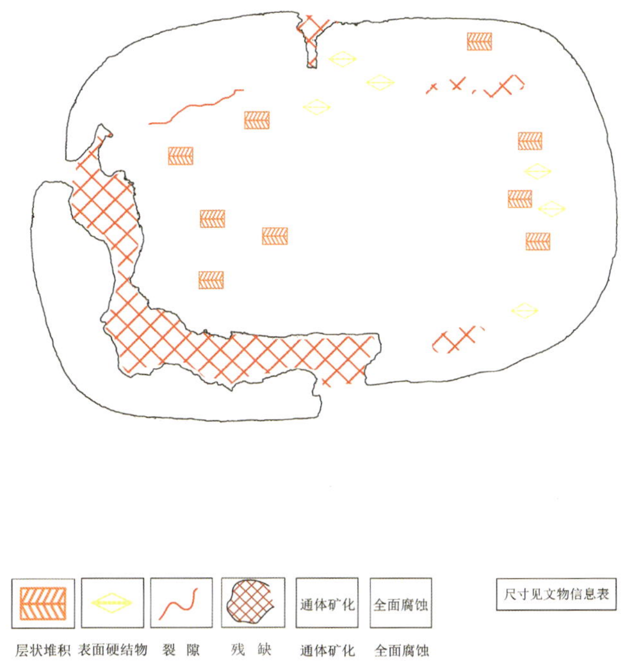
2016.1.20	郭正臣	器械清除疏松锈蚀及土垢硬结物 
2016.1.21	郭正臣	涂刷 2%B72 丙酮溶液加固
2016.1.22	郭正臣	拼对残片，用 914 胶调和矿物颜料进行粘接 

<table>
<tr><td>2016.1.25</td><td>郭正臣</td><td>用铜片 + 铜胶棒 +914 胶进行补缺和粘接
</td></tr>
<tr><td>2016.1.26–
2016.1.29</td><td>郭正臣</td><td>虫胶清漆调和矿物颜料随色做旧
</td></tr>
<tr><td>2016.3.4</td><td>霍海峻
李汉召</td><td>涂刷 2%B72 丙酮溶液封护</td></tr>
</table>

2-23　铜銮铃M35：55

<table>
<tr><td>文物名称</td><td>铜銮铃</td><td>文物编号</td><td colspan="2">M35：55</td><td>序号</td><td>2-23</td></tr>
<tr><td rowspan="5">保护修复前状况</td><td>尺寸 /cm</td><td colspan="3">残高 18.3</td><td>重量 /g</td><td>664</td></tr>
<tr><td colspan="6">病害状况：器物表面覆盖大面积黑色锈蚀，局部露出黑色锈蚀下的黄绿色基体表层。局部有暗红、砖红色锈蚀。器物残断为 3 块，内外均有土锈，局部矿化较重，铃部锈蚀之下有暗裂。铜质保存尚可。
病害：断裂、残缺、裂隙、层状堆积、表面硬结物、矿化、全面腐蚀</td></tr>
<tr><td colspan="6">原保护修复情况：无</td></tr>
<tr><td colspan="6">影像资料：
</td></tr>
<tr></tr>
<tr><td rowspan="4">保护修复后状况</td><td>尺寸 /cm</td><td colspan="3">高 18.7，宽 11</td><td>重量 /g</td><td>613</td></tr>
<tr><td>完成日期</td><td colspan="3">2016.3.4</td><td rowspan="2">修复人员</td><td rowspan="2">王欢
霍海峻
李汉召</td></tr>
<tr><td>审核</td><td colspan="3">王浩天</td></tr>
<tr><td colspan="6">影像资料：
</td></tr>
<tr><td colspan="7">保护修复记录</td></tr>
<tr><td>日期</td><td>修复人</td><td colspan="5">工作内容</td></tr>
<tr><td>2015.11.9–2015.11.19</td><td>岳超红
郭正臣
韩化蕊</td><td colspan="5">拍照、测量、记录、绘制病害图
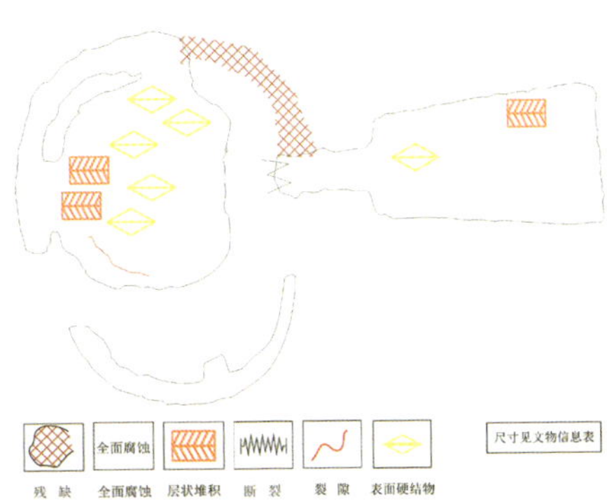
</td></tr>
<tr><td>2016.1.1</td><td>王欢</td><td colspan="5">用手术刀去除表面疏松锈蚀及表面硬结物</td></tr>
<tr><td>2016.1.20</td><td>王欢</td><td colspan="5">铜胶棒做型，914 胶粘接。打磨修整外形</td></tr>
<tr><td>2016.1.21</td><td>王欢</td><td colspan="5">局部修整，随色</td></tr>
<tr><td>2016.3.4</td><td>李汉召</td><td colspan="5">2%B72 丙酮溶液封护</td></tr>
</table>

2-24　铜矛M35：56

<table>
<tr><td>文物名称</td><td>铜矛</td><td>文物编号</td><td>M35：56</td><td>序号</td><td>2-24</td></tr>
<tr><td rowspan="4">保护修复前状况</td><td>尺寸 /cm</td><td colspan="2">残长 13.9</td><td>重量 /g</td><td>70</td></tr>
<tr><td colspan="5">病害状况：黄绿色基体表面上附着较多的黑色疏松锈蚀，黑色锈上可见灰黑色闪亮颗粒。表面局部可见鲜绿色锈蚀点。器物残缺、矿化严重，质地脆弱，断裂。表面有泥浆包裹，腔内残留木块。
病害：断裂、残缺、裂隙、层状堆积、表面硬结物、通体矿化、全面腐蚀</td></tr>
<tr><td colspan="5">原保护修复情况：无</td></tr>
<tr><td colspan="5">影像资料：
</td></tr>
<tr><td rowspan="4">保护修复后状况</td><td>尺寸 /cm</td><td colspan="2">长 15.5，宽 3</td><td>重量 /g</td><td>78</td></tr>
<tr><td>完成日期</td><td colspan="2">2016.3.4</td><td rowspan="2">修复人员</td><td rowspan="2">张云鸿
霍海峻
李汉召</td></tr>
<tr><td>审核</td><td colspan="2">王浩天</td></tr>
<tr><td colspan="5">影像资料：
</td></tr>
<tr><td colspan="6">保护修复记录</td></tr>
<tr><td>日期</td><td>修复人</td><td colspan="4">工作内容</td></tr>
<tr><td>2015.11.9–
2015.11.20</td><td>岳超红
郭正臣
郭少宇</td><td colspan="4">拍照、测量、记录、绘制病害图
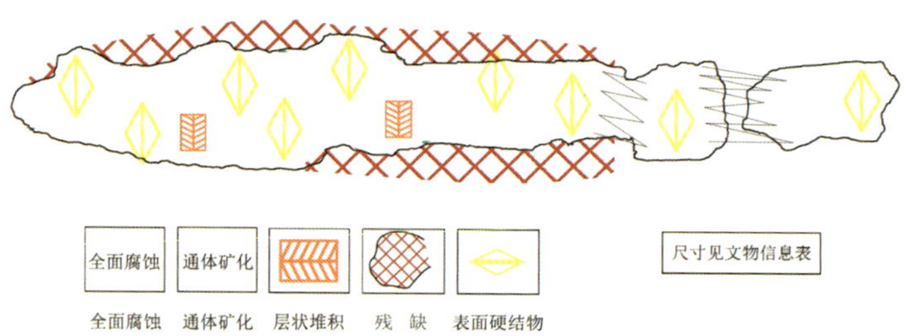
</td></tr>
</table>

<table>
<tr><td>2016.1.6–
2016.1.11</td><td>张云鸿</td><td>拼对残片，用 AAA 胶调和矿物颜料将其粘接在一起。残缺部位补铜胶棒。铜胶棒干燥后，打磨修整外形
  </td></tr>
<tr><td>2016.1.12–
2016.1.14</td><td>张云鸿</td><td>手术刀清除表面疏松锈蚀和土垢。涂刷 2%B72 丙酮溶液加固封护
</td></tr>
<tr><td>2016.1.15</td><td>张云鸿</td><td>AAA 胶调和矿物颜料对修复处随色做旧</td></tr>
<tr><td>2016.1.19</td><td>张云鸿</td><td>将腔内残留木块用细砂土与稀虫胶清漆混合的较稠漆泥固定在矛腔内。将无法对上接口的残片用 AAA 胶粘接在木块上（此残片外层脱落）
</td></tr>
</table>

2–25　铜构件M35：59

<table>
<tr><td>文物名称</td><td>铜构件</td><td>文物编号</td><td>M35：59</td><td>序号</td><td>2–25</td></tr>
<tr><td rowspan="4">保护修复前状况</td><td>尺寸 /cm</td><td colspan="2">长 5</td><td>重量 /g</td><td>6</td></tr>
<tr><td colspan="5">病害状况：器物呈哑铃形，黑褐色，外表包裹较厚土锈。
病害：层状堆积、表面硬结物、全面腐蚀</td></tr>
<tr><td colspan="5">原保护修复情况：无</td></tr>
<tr><td colspan="5">影像资料：
</td></tr>
<tr><td rowspan="4">保护修复后状况</td><td>尺寸 /cm</td><td colspan="2"></td><td>重量 /g</td><td></td></tr>
<tr><td>完成日期</td><td colspan="2"></td><td rowspan="2">修复人员</td><td rowspan="2">霍海峻
李汉召</td></tr>
<tr><td>审核</td><td colspan="2">王浩天</td></tr>
<tr><td colspan="5">影像资料：
</td></tr>
<tr><td colspan="6">保护修复记录</td></tr>
<tr><td>日期</td><td>修复人</td><td colspan="4">工作内容</td></tr>
<tr><td>2015.11.9–
2015.11.19</td><td>岳超红
郭正臣
杨巍</td><td colspan="4">拍照、测量、记录、绘制病害图
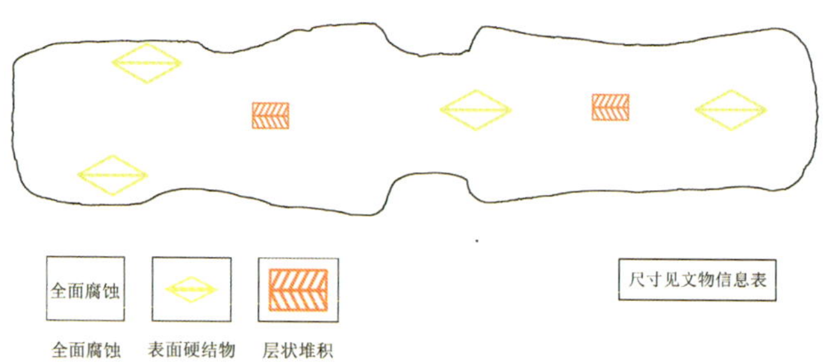
</td></tr>
<tr><td>2016.3.4</td><td>霍海峻
李汉召</td><td colspan="4">涂刷 2%B72 丙酮溶液封护</td></tr>
</table>

2-26 铜车马器M35：61

文物名称	铜车马器	文物编号	M35：61	序号	2-26
保护修复前状况	尺寸 /cm			重量 /g	34
	病害状况：黄绿色基体表面上附着黑色疏松锈蚀，黑色锈上可见灰黑色闪亮颗粒，尤其内壁黑色锈蚀非常多。器物严重残缺，仅剩 3 片残块，矿化严重。表面少量土垢。残片上有小裂隙。 病害：断裂、裂隙、残缺、层状堆积、表面硬结物、通体矿化、全面腐蚀				
	原保护修复情况：无				
	影像资料： 				
保护修复后状况	尺寸 /cm	长 9，宽 4.5		重量 /g	29
	完成日期	2016.3.4		修复人员	杨胜旭 高慧栋 孙予航 霍海峻 李汉召
	审核	王浩天			
	影像资料： 				

保护修复记录		
日期	修复人	工作内容
2015.11.9–2015.11.19	岳超红 郭正臣 张然	拍照、测量、记录、绘制病害图 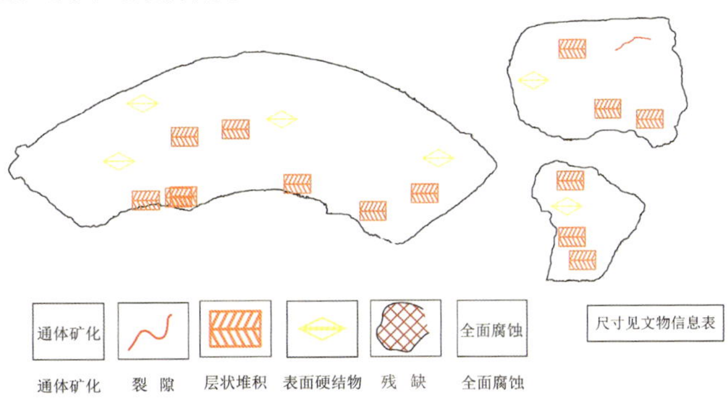
2016.1.8	杨胜旭	用手术刀清除表面浮锈，然后用无水乙醇清洗
2016.1.11–2016.1.14	高慧栋 孙予航	用 3A 胶调和矿物颜料粘接残块。用虫胶清漆调和矿物颜料随色做旧
2016.3.4	李汉召	2%B72 丙酮溶液封护

2–27　铜马衔M35：62

文物名称	铜马衔	文物编号	M35：62	序号	2–27
保护修复前状况	尺寸 /cm	总长 18		重量 /g	57
	病害状况：黄绿色基体表面附着较多黑色、暗红色锈蚀，局部黑色锈上可见灰黑色闪亮颗粒。表面包裹泥垢。器物一端残缺。通体有腐蚀迹象。 病害：残缺、层状堆积、表面硬结物、矿化、全面腐蚀				
	原保护修复情况：无				
	影像资料： 				
保护修复后状况	尺寸 /cm	总长 18.3		重量 /g	57
	完成日期	2016.3.4		修复人员	孙予航 李汉召
	审核	王浩天			
	影像资料： 				

保护修复记录

日期	修复人	工作内容
2015.11.9–2015.11.19	岳超红 郭正臣 杨巍	拍照、测量、记录、绘制病害图 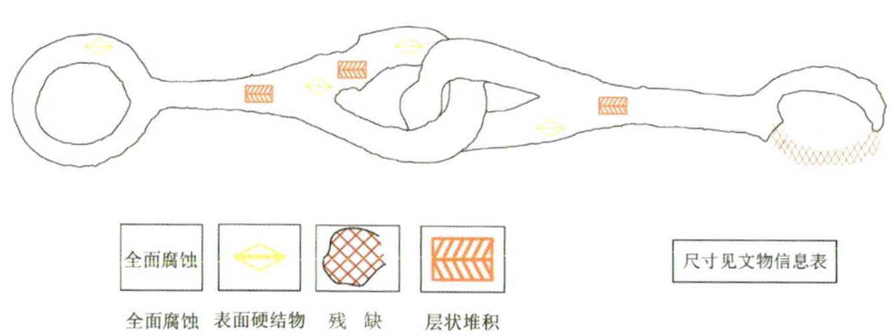

2016.1.8– 2016.1.12	孙予航	手术刀剔除表面浮锈，铜胶棒补配残缺处。打磨机修整铜胶棒配件。AAA 胶调和矿物颜料将配件粘接在残缺处  
2016.1.13	孙予航	虫胶清漆调和矿物颜料随色做旧
2016.3.4	孙予航	2%B72 丙酮溶液封护

2–28、2–29 铜鼎M35：63

<table>
<tr><td>文物名称</td><td>铜鼎</td><td>文物编号</td><td>M35：63</td><td>序号</td><td>2–28</td></tr>
<tr><td rowspan="5">保护修复前状况</td><td>尺寸 /cm</td><td colspan="2"></td><td>重量 /g</td><td>① 158 ② 178</td></tr>
<tr><td colspan="5">病害状况：2–28、2–29 两个号为同一件器物的残片。黄绿色基体表面附着较多黑色、暗红色疏松锈蚀。器物表面有较鲜艳的蓝色、绿色锈蚀。器物严重残缺，只余腹部残块、一耳及一堆锈蚀的残块。保存状况极差。泥土较多。
X 光探伤显示，残片腐蚀矿化严重，脆弱；器壁腐蚀严重。
病害：断裂、残缺、层状堆积、表面硬结物、通体矿化、全面腐蚀</td></tr>
<tr><td colspan="5">原保护修复情况：无</td></tr>
<tr><td colspan="5">影像资料：

</td></tr>
<tr></tr>
<tr><td rowspan="4">保护修复后状况</td><td>尺寸 /cm</td><td colspan="2"></td><td>重量 /g</td><td></td></tr>
<tr><td>完成日期</td><td colspan="2"></td><td rowspan="2">修复人员</td><td rowspan="2">霍海峻
李汉召</td></tr>
<tr><td>审核</td><td colspan="2">王浩天</td></tr>
<tr><td colspan="5">影像资料：
</td></tr>
</table>

<table>
<tr><th colspan="3">保护修复记录</th></tr>
<tr><th>日期</th><th>修复人</th><th>工作内容</th></tr>
<tr><td>2015.11.9–
2015.11.20</td><td>岳超红
郭正臣
李其良
郭少宇</td><td>拍照、测量、记录、绘制病害图
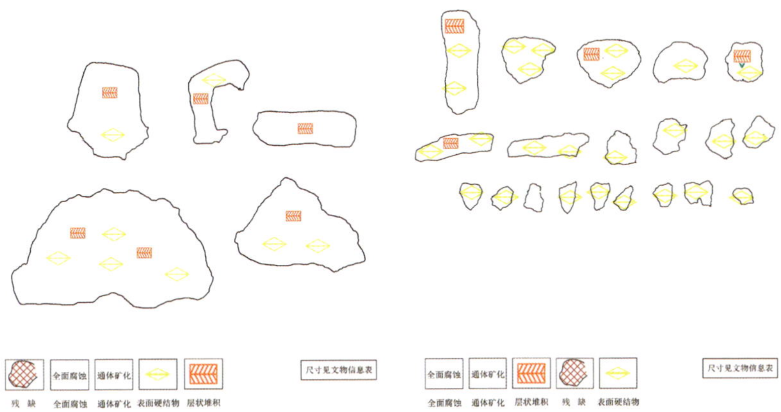
</td></tr>
<tr><td>2016.3.4</td><td>李汉召</td><td>涂刷 2%B72 丙酮溶液封护</td></tr>
</table>

2–30　铜盘M35：64

<table>
<tr><td>文物名称</td><td>铜盘</td><td>文物编号</td><td>M35：64</td><td>序号</td><td>2–30</td></tr>
<tr><td rowspan="4">保护修复前状况</td><td>尺寸 /cm</td><td colspan="2"></td><td>重量 /g</td><td>600</td></tr>
<tr><td colspan="5">病害状况：黄白色基体表面附着较多黑色、暗红色锈蚀。器物破碎严重，残缺。最大残片上有裂隙。破碎铜本体较薄，外表有土锈附着。
X 光探伤显示：腐蚀矿化严重；不均匀腐蚀，多絮状物，多点状腐蚀，有的部位被蚀穿成孔；裂隙周围腐蚀严重；至少可见 5 枚芯撑；有的芯撑腐蚀较重。
病害：断裂、残缺、裂隙、层状堆积、表面硬结物、通体矿化、全面腐蚀</td></tr>
<tr><td colspan="5">原保护修复情况：无</td></tr>
<tr><td colspan="5">影像资料：
</td></tr>
<tr><td rowspan="4">保护修复后状况</td><td>尺寸 /cm</td><td colspan="2">口径 26，高 8</td><td>重量 /g</td><td>685</td></tr>
<tr><td>完成日期</td><td colspan="2">2016.3.7</td><td rowspan="2">修复人员</td><td rowspan="2">李其良
李汉召</td></tr>
<tr><td>审核</td><td colspan="2">王浩天</td></tr>
<tr><td colspan="5">影像资料：
</td></tr>
</table>

保护修复记录		
日期	修复人	工作内容
2015.11.9–2015.11.19	岳超红 郭正臣 韩化蕊	拍照、测量、记录、绘制病害图 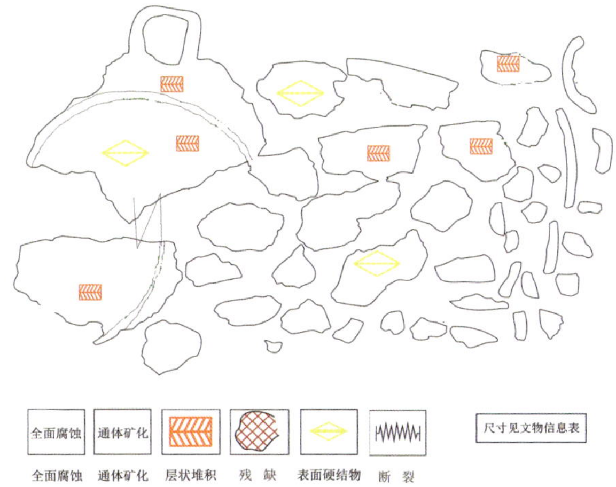
2015.11.24–2015.11.25	李其良	剔除表面黑色疏松锈及土垢。拼对。制定修复方法，有序修复
2015.11.26–2015.12.5	李其良	拼对、粘接、补配。用紫铜片补配，大块铜片间采用焊接
2015.12.7–2015.12.11	李其良	补配。用铜胶棒做出口沿。用紫铜丝做出腹部弦纹
2015.12.17–2015.12.18	李其良	用 AAA 胶调和矿物颜料填补。确定残耳部位。残耳用 AAA 胶粘接在器身上。残缺部分用铜胶棒补配，中间用红铜丝做骨，插入耳部定位，与铜盘连接一体   
2015.12.21–2015.12.25	李其良	打磨接缝与补配部分
2015.12.28–2015.12.31	李其良	虫胶清漆调和矿物颜料对修复部位随色做旧  
2016.3.7	李汉召	涂刷 2%B72 丙酮溶液封护

2–31 铜节约M35：65

<table>
<tr><td>文物名称</td><td>铜节约</td><td>文物编号</td><td>M35：65</td><td>序号</td><td>2–31</td></tr>
<tr><td rowspan="4">保护修复前状况</td><td>尺寸 /cm</td><td colspan="2">最大径 4.5</td><td>重量 /g</td><td>14</td></tr>
<tr><td colspan="5">病害状况：灰绿色基体表面有较多黑色锈蚀。外表局部及内壁有较鲜艳的蓝绿色锈蚀。器物严重残缺。表面有较多泥土。
病害：残缺、层状堆积、表面硬结物、全面腐蚀</td></tr>
<tr><td colspan="5">原保护修复情况：无</td></tr>
<tr><td colspan="5">影像资料：
</td></tr>
<tr><td rowspan="4">保护修复后状况</td><td>尺寸 /cm</td><td colspan="2"></td><td>重量 /g</td><td>14</td></tr>
<tr><td>完成日期</td><td colspan="2"></td><td rowspan="2">修复人员</td><td rowspan="2">霍海峻
李汉召</td></tr>
<tr><td>审核</td><td colspan="2">王浩天</td></tr>
<tr><td colspan="5">影像资料：
</td></tr>
<tr><td colspan="6">保护修复记录</td></tr>
<tr><td>日期</td><td>修复人</td><td colspan="4">工作内容</td></tr>
<tr><td>2015.11.9–
2015.11.20</td><td>岳超红
郭正臣
李其良</td><td colspan="4">拍照、测量、记录、绘制病害图
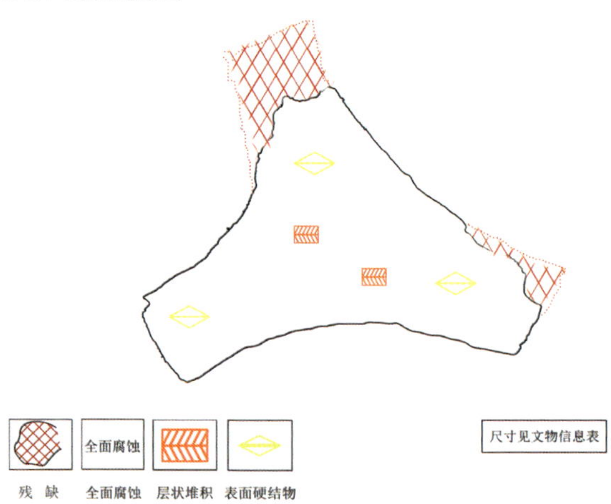</td></tr>
<tr><td>2016.3.4</td><td>霍海峻
李汉召</td><td colspan="4">涂刷 2%B72 丙酮溶液封护</td></tr>
</table>

2–32　铜车马器M35：67

<table>
<tr><td>文物名称</td><td>铜车马器</td><td>文物编号</td><td>M35：67</td><td>序号</td><td>2–32</td></tr>
<tr><td rowspan="4">保护修复前状况</td><td>尺寸 /cm</td><td colspan="2">长 5.2</td><td>重量 /g</td><td>33</td></tr>
<tr><td colspan="5">病害状况：灰绿色基体表面有较多黑色锈蚀及土垢。器表有较鲜艳的蓝绿色锈蚀。器表锈蚀有剥离现象。器形基本完整，外表泥土较多，孔内有木材痕迹。
病害：层状堆积、层状剥离、表面硬结物、全面腐蚀</td></tr>
<tr><td colspan="5">原保护修复情况：无</td></tr>
<tr><td colspan="5">影像资料：
</td></tr>
<tr><td rowspan="4">保护修复后状况</td><td>尺寸 /cm</td><td colspan="2">长 5，宽 3</td><td>重量 /g</td><td>24</td></tr>
<tr><td>完成日期</td><td colspan="2">2016.3.4</td><td rowspan="2">修复人员</td><td rowspan="2">杨胜旭
霍海峻
李汉召</td></tr>
<tr><td>审核</td><td colspan="2">王浩天</td></tr>
<tr><td colspan="5">影像资料：
</td></tr>
<tr><td colspan="6">保护修复记录</td></tr>
<tr><td>日期</td><td>修复人</td><td colspan="4">工作内容</td></tr>
<tr><td>2015.11.9–
2015.11.19</td><td>岳超红
郭正臣
杨巍</td><td colspan="4">拍照、测量、记录、绘制病害图
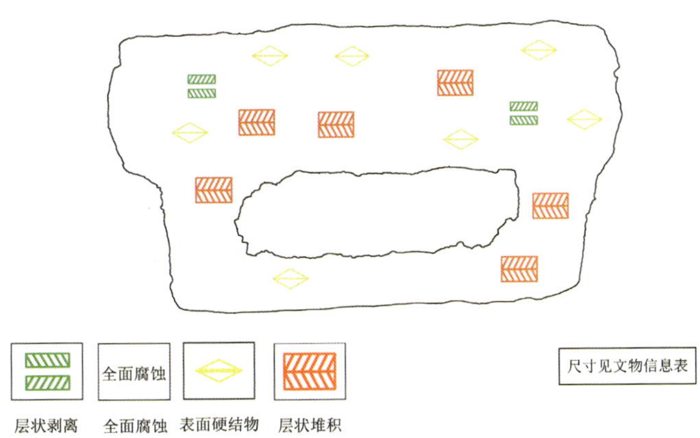
</td></tr>
<tr><td>2016.1.7</td><td>杨胜旭</td><td colspan="4">先用手术刀清除表面浮锈，后用无水乙醇擦洗表面，并清空孔内土垢</td></tr>
<tr><td>2016.3.4</td><td>霍海峻
李汉召</td><td colspan="4">涂刷 2%B72 丙酮溶液封护</td></tr>
</table>

2–33 铜提梁卣M35：68

<table>
<tr><td>文物名称</td><td>铜提梁卣</td><td>文物编号</td><td>M35：68</td><td>序号</td><td>2–33</td></tr>
<tr><td rowspan="4">保护修复前状况</td><td>尺寸 /cm</td><td colspan="2">高 43.5</td><td>重量 /g</td><td>5000</td></tr>
<tr><td colspan="5">病害状况：器物质地脆弱，保存状况极差，因其内部淤泥才得以支撑外形，口沿及颈部断裂、残缺严重，圈足断裂、残缺。通体包裹土锈，矿化严重。基体呈黄白色，其上附着黑色、暗红色锈蚀，局部有较鲜艳蓝绿色锈蚀。
X 光探伤显示该器腐蚀矿化极其严重，多断裂、裂隙，残片间连接不紧密，脆弱。
病害：断裂、残缺、裂隙、层状堆积、表面硬结物、通体矿化、全面腐蚀</td></tr>
<tr><td colspan="5">原保护修复情况：无</td></tr>
<tr><td colspan="5">影像资料：
</td></tr>
<tr><td rowspan="4">保护修复后状况</td><td>尺寸 /cm</td><td colspan="2">高 23.9，宽 18.5</td><td>重量 /g</td><td>1339</td></tr>
<tr><td>完成日期</td><td colspan="2">2016.4.15</td><td rowspan="2">修复人员</td><td rowspan="2">郭少宇
王宇
刘军</td></tr>
<tr><td>审核</td><td colspan="2">王浩天</td></tr>
<tr><td colspan="5">影像资料：
</td></tr>
</table>

<table>
<tr><th colspan="3">保护修复记录</th></tr>
<tr><th>日期</th><th>修复人</th><th>工作内容</th></tr>
<tr><td>2015.11.9–
2015.11.19</td><td>岳超红
郭正臣
韩化蕊</td><td>拍照、测量、记录、绘制病害图
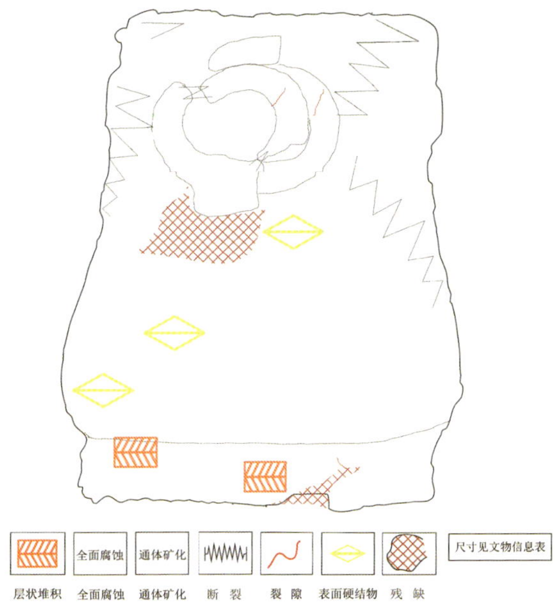
</td></tr>
<tr><td>2016.3.14–
2016.3.22</td><td>郭少宇</td><td>清理土锈及器物内的泥土。对器物本身断裂处进行粘接。对器物残片进行拼对、粘接，用AAA胶对部分残片进行加固</td></tr>
<tr><td>2016.3.23–
2016.3.24</td><td>郭少宇</td><td>缺损较大面积处用铜片进行补配，周围用铜胶棒粘接
</td></tr>
<tr><td>2016.3.25–
2016.3.27</td><td>郭少宇</td><td>用914胶粘接断裂处。在补好的一面内侧用AAA胶及纱布做内衬，贴在内侧。腹部缺损严重，用铜片补配，并用铜胶棒粘接</td></tr>
<tr><td>2016.3.28–
2016.3.30</td><td>郭少宇</td><td>颈部有变形，用木块在内部做支撑进行整形，并用914胶进行粘接。颈部残缺处用胶带缠住后用AAA胶补配。修整颈部补配处
</td></tr>
<tr><td>2016.4.6</td><td>郭少宇</td><td>口沿处用铜片修补，圈足用铜胶棒补配</td></tr>
</table>

2016.4.7–2016.4.15	郭少宇	随色做旧  
2016.5.4	王宇	与该器混杂的一残件铜扁环，外包较厚黑色土锈。机械清除土锈，3%B72 丙酮溶液封护。修复后长 8.1cm，环直径 6.4cm，重 21.2g
2016.5.4	刘军	与该器混杂的另一残件铜扁环，外包较厚黑色土锈，断为两截，有缺损，缺损部分约 1cm。用 454 胶粘接，铜胶棒补配，矿物颜料作色，3%B72 丙酮溶液封护

2–34　铜车马饰M35：69

<table>
<tr><td>文物名称</td><td>铜车马饰</td><td>文物编号</td><td>M35：69</td><td>序号</td><td>2–34</td></tr>
<tr><td rowspan="5">保护修复前状况</td><td>尺寸 /cm</td><td colspan="2"></td><td>重量 /g</td><td>134</td></tr>
<tr><td colspan="5">病害状况：严重残缺。器物只剩 5 块残片。外有较多泥土。基体黄绿色，其外附着较多黑色锈蚀物。局部有鲜艳的蓝绿色锈蚀。
X 光探伤显示残片腐蚀矿化严重，残片上多裂隙，脆弱。
病害：断裂、残缺、裂隙、层状堆积、表面硬结物、通体矿化、全面腐蚀</td></tr>
<tr><td colspan="5">原保护修复情况：无</td></tr>
<tr><td colspan="5">影像资料：
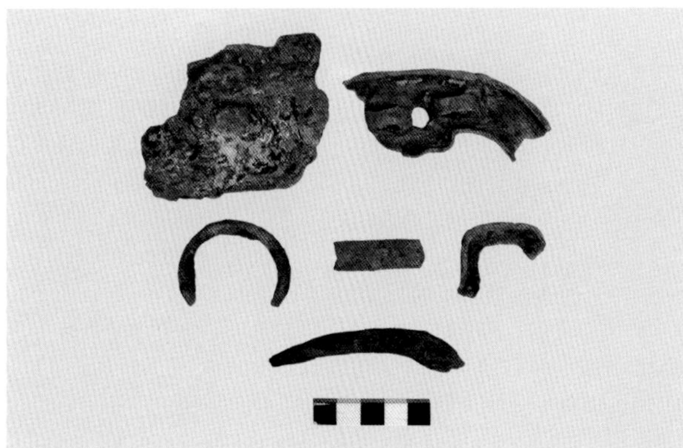</td></tr>
<tr><td colspan="5"></td></tr>
<tr><td rowspan="4">保护修复后状况</td><td>尺寸 /cm</td><td colspan="2"></td><td>重量 /g</td><td></td></tr>
<tr><td>完成日期</td><td colspan="2">2016.3.4</td><td rowspan="2">修复人员</td><td rowspan="2">孙予航
霍海峻
李汉召</td></tr>
<tr><td>审核</td><td colspan="2">王浩天</td></tr>
<tr><td colspan="5">影像资料：
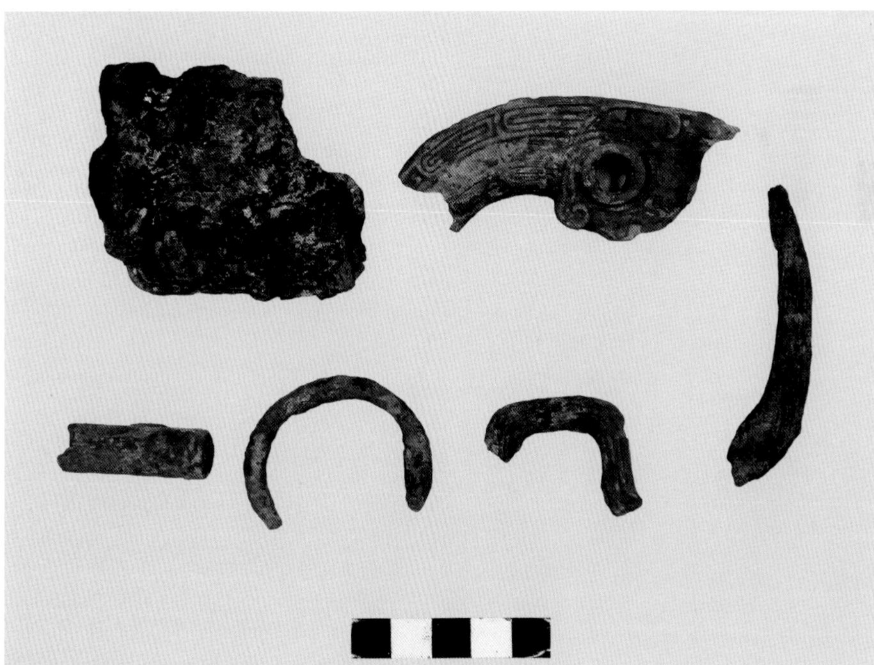</td></tr>
</table>

<table>
<tr><th colspan="3">保护修复记录</th></tr>
<tr><th>日期</th><th>修复人</th><th>工作内容</th></tr>
<tr><td>2015.11.9–
2015.11.20</td><td>岳超红
郭正臣
李其良</td><td>拍照、测量、记录、绘制病害图
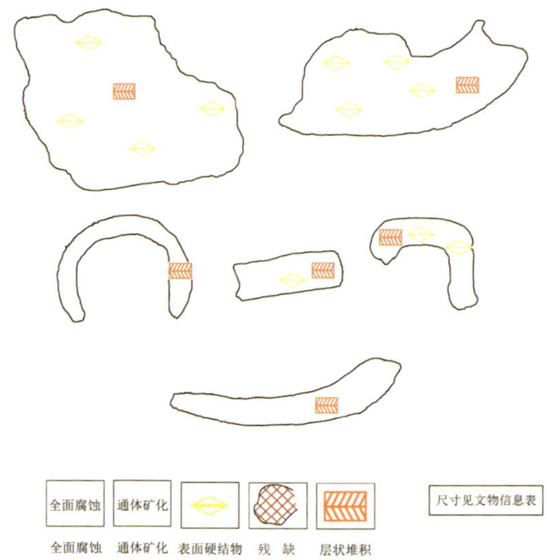
</td></tr>
<tr><td>2016.1.15</td><td>孙予航</td><td>去除表面硬结锈</td></tr>
<tr><td>2016.1.18</td><td>孙予航</td><td>10% 六偏磷酸钠湿敷大块残件车马饰，手术刀剔除部分硬锈，显露部分纹饰</td></tr>
<tr><td>2016.3.4</td><td>霍海峻
李汉召</td><td>涂刷 2%B72 丙酮溶液封护</td></tr>
</table>

2-35　铜鸟首器盖M35：70

<table>
<tr><td>文物名称</td><td>铜鸟首器盖</td><td>文物编号</td><td>M35：70</td><td>序号</td><td>2-35</td></tr>
<tr><td rowspan="4">保护修复前状况</td><td>尺寸 /cm</td><td colspan="2"></td><td>重量 /g</td><td>总重 296</td></tr>
<tr><td colspan="5">病害状况：严重残缺，只残留 4 块残片，其中 3 块带有鸟首形状，但无法辨认器物外形。残片有暗裂，已完全矿化，质地脆弱，触之成末。外表尚有大量钙化土锈。基体表面黄白色，其上附着大量黑色、暗红色疏松锈蚀。局部有少量较鲜艳蓝绿色锈蚀。
X 光探伤下可见残片腐蚀较重，不均匀腐蚀，可见芯衬及裂隙。
病害：残缺、断裂、裂隙、层状堆积、表面硬结物、通体矿化、全面腐蚀</td></tr>
<tr><td colspan="5">原保护修复情况：经过清洗</td></tr>
<tr><td colspan="5">影像资料：
</td></tr>
<tr><td rowspan="4">保护修复后状况</td><td>尺寸 /cm</td><td colspan="2"></td><td>重量 /g</td><td>227</td></tr>
<tr><td>完成日期</td><td colspan="2">2016.3.4</td><td rowspan="2">修复人员</td><td rowspan="2">孙予航
霍海峻
李汉召</td></tr>
<tr><td>审核</td><td colspan="2">王浩天</td></tr>
<tr><td colspan="5">影像资料：
</td></tr>
<tr><td colspan="6">保护修复记录</td></tr>
<tr><td>日期</td><td>修复人</td><td colspan="4">工作内容</td></tr>
<tr><td>2015.11.9–
2015.11.20</td><td>岳超红
郭正臣
李其良</td><td colspan="4">拍照、测量、记录、绘制病害图
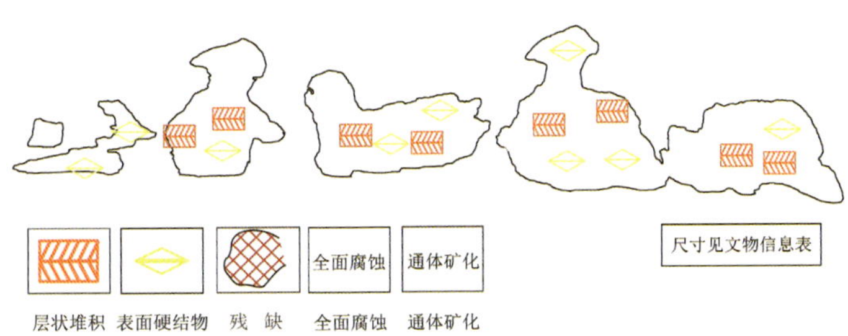</td></tr>
<tr><td>2016.1.28</td><td>孙予航</td><td colspan="4">器械剔除表面疏松锈蚀</td></tr>
<tr><td>2016.3.4</td><td>霍海峻
李汉召</td><td colspan="4">涂刷 2%B72 丙酮溶液封护</td></tr>
</table>

2–36　铜器盖M35：72

<table>
<tr><td>文物名称</td><td>铜器盖</td><td>文物编号</td><td>M35：72</td><td>序号</td><td>2–36</td></tr>
<tr><td rowspan="4">保护修复前状况</td><td>尺寸 /cm</td><td colspan="2">宽 14.3，残高 7</td><td>重量 /g</td><td>496</td></tr>
<tr><td colspan="5">病害状况：器物外形较完整，口沿微残。黄绿色基体表面附着大量黑色、红色、暗红色锈蚀。黑色锈上可见灰黑色闪亮颗粒。局部还附着较鲜艳的蓝绿色锈蚀。局部有较厚重的土块锈。
X 光探伤下可见 1 枚铜质芯撑，另 1 枚芯撑的部位腐蚀较重；不均匀腐蚀，局部腐蚀较重。
病害：残缺、裂隙、层状堆积、表面硬结物、矿化、全面腐蚀</td></tr>
<tr><td colspan="5">原保护修复情况：无</td></tr>
<tr><td colspan="5">影像资料：
</td></tr>
<tr><td rowspan="4">保护修复后状况</td><td>尺寸 /cm</td><td colspan="2">高 7.1，长 14.5，宽 9.9</td><td>重量 /g</td><td>472</td></tr>
<tr><td>完成日期</td><td colspan="2">2016.3.4</td><td rowspan="2">修复人员</td><td rowspan="2">张云鸿
霍海峻
李汉召</td></tr>
<tr><td>审核</td><td colspan="2">王浩天</td></tr>
<tr><td colspan="5">影像资料：
</td></tr>
</table>

保护修复记录		
日期	修复人	工作内容
2015.11.9–2015.11.19	岳超红 郭正臣 韩化蕊	拍照、测量、记录、绘制病害图 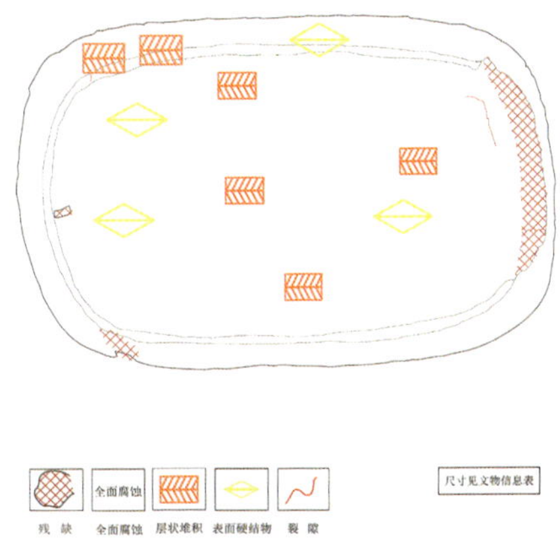
2016.11.24–2016.11.26	张云鸿	机械法去除表面锈蚀 
2016.12.16–2016.12.21	张云鸿	铜胶棒补配残缺处
2016.12.22	张云鸿	虫胶清漆调和矿物颜料在补配的铜胶棒上随色做旧 
2016.3.4	霍海峻 李汉召	2%B72 丙酮溶液封护

2–37　铜戈M35：74

<table>
<tr><td>文物名称</td><td>铜戈</td><td>文物编号</td><td>M35：74</td><td>序号</td><td>2–37</td></tr>
<tr><td rowspan="4">保护修复前状况</td><td>尺寸 /cm</td><td colspan="2">残长 15.1</td><td>重量 /g</td><td>92</td></tr>
<tr><td colspan="5">病害状况：黄绿色基体表面附着黑色或砖红色锈蚀层。基体表面有粉化脱落现象，还附着有一层薄薄的较鲜艳蓝绿粉末锈。器物较完整，边缘微残。
X 光探伤显示铜戈局部矿化较重，有断裂风险。
病害：残缺、层状堆积、层状剥离、矿化、全面腐蚀</td></tr>
<tr><td colspan="5">原保护修复情况：无</td></tr>
<tr><td colspan="5">影像资料：
</td></tr>
<tr><td rowspan="4">保护修复后状况</td><td>尺寸 /cm</td><td colspan="2">长 15.2，宽 8.8</td><td>重量 /g</td><td>92</td></tr>
<tr><td>完成日期</td><td colspan="2">2016.1.7</td><td rowspan="2">修复人员</td><td rowspan="2">王欢</td></tr>
<tr><td>审核</td><td colspan="2">王浩天</td></tr>
<tr><td colspan="5">影像资料：
</td></tr>
<tr><td colspan="6">保护修复记录</td></tr>
<tr><td>日期</td><td>修复人</td><td colspan="4">工作内容</td></tr>
<tr><td>2015.10.19–2015.11.20</td><td>岳超红
郭正臣
韩化蕊</td><td colspan="4">拍照、测量、记录、绘制病害图
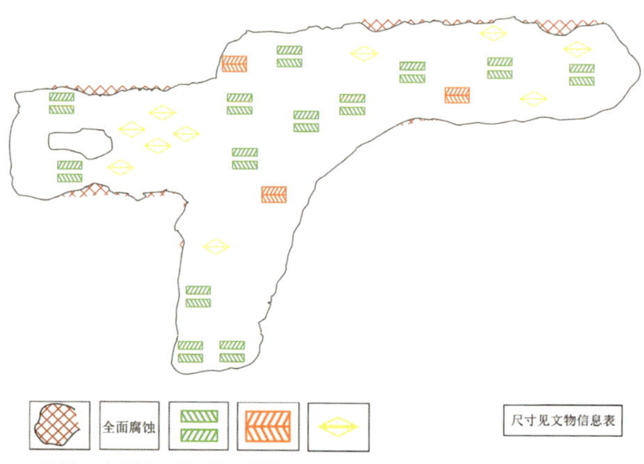</td></tr>
<tr><td>2016.1.7</td><td>王欢</td><td colspan="4">手术刀除锈，无水乙醇擦洗表面。涂刷 2%B72 丙酮溶液封护</td></tr>
</table>

2–38　铜环M35：75

<table>
<tr><td>文物名称</td><td>铜环</td><td>文物编号</td><td>M35：75</td><td>序号</td><td>2–38</td></tr>
<tr><td rowspan="4">保护修复前状况</td><td>尺寸 /cm</td><td colspan="2">直径 4.8</td><td>重量 /g</td><td>6</td></tr>
<tr><td colspan="5">病害状况：器物残缺一半，表面有裂隙。包裹土锈，呈灰绿色，带少量黑色锈。矿化严重。
病害：残缺、裂隙、表面硬结物、矿化、全面腐蚀</td></tr>
<tr><td colspan="5">原保护修复情况：无</td></tr>
<tr><td colspan="5">影像资料：
</td></tr>
<tr><td rowspan="4">保护修复后状况</td><td>尺寸 /cm</td><td colspan="2">直径 4.8</td><td>重量 /g</td><td>6</td></tr>
<tr><td>完成日期</td><td colspan="2">2015.11.21</td><td rowspan="2">修复人员</td><td rowspan="2">王欢</td></tr>
<tr><td>审核</td><td colspan="2">王浩天</td></tr>
<tr><td colspan="5">影像资料：
</td></tr>
<tr><td colspan="6">保护修复记录</td></tr>
<tr><td>日期</td><td>修复人</td><td colspan="4">工作内容</td></tr>
<tr><td>2015.11.9–
2015.11.19</td><td>岳超红
郭正臣
张然</td><td colspan="4">拍照、测量、记录、绘制病害图
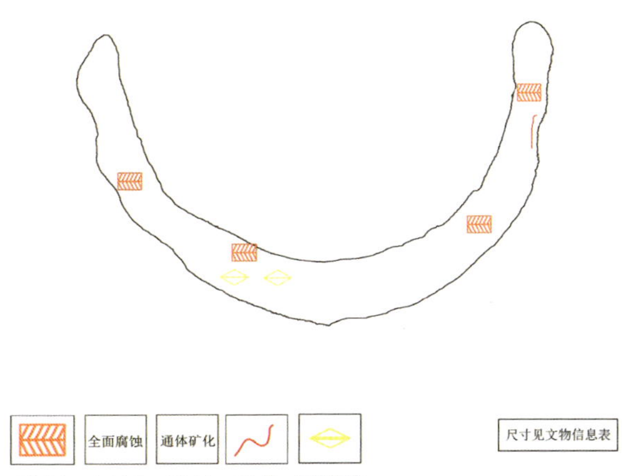
</td></tr>
<tr><td>2015.11.21</td><td>王欢</td><td colspan="4">机械除锈。涂刷 2% 丙酮溶液封护</td></tr>
</table>

2–39　铜残件M35：76

<table>
<tr><td>文物名称</td><td>铜残件</td><td>文物编号</td><td>M35：76</td><td>序号</td><td>2–39</td></tr>
<tr><td rowspan="4">保护修复前状况</td><td>尺寸 /cm</td><td colspan="2"></td><td>重量 /g</td><td>282</td></tr>
<tr><td colspan="5">病害状况：残缺。器物为某些器物上的残构件，共 9 块。每件器物中空，表面灰绿色，有较鲜艳的蓝绿色锈蚀附着，部分残件上还有较多黑色锈蚀附着。有泥土包裹。
病害：残缺、层状堆积、表面硬结物、全面腐蚀</td></tr>
<tr><td colspan="5">原保护修复情况：无</td></tr>
<tr><td colspan="5">影像资料：
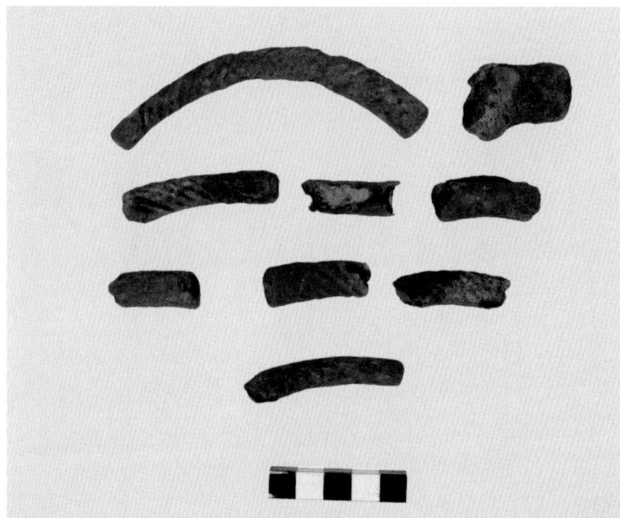</td></tr>
<tr><td rowspan="4">保护修复后状况</td><td>尺寸 /cm</td><td colspan="2"></td><td>重量 /g</td><td></td></tr>
<tr><td>完成日期</td><td colspan="2">2016.1.28</td><td rowspan="2">修复人员</td><td rowspan="2">高慧栋</td></tr>
<tr><td>审核</td><td colspan="2">王浩天</td></tr>
<tr><td colspan="5">影像资料：
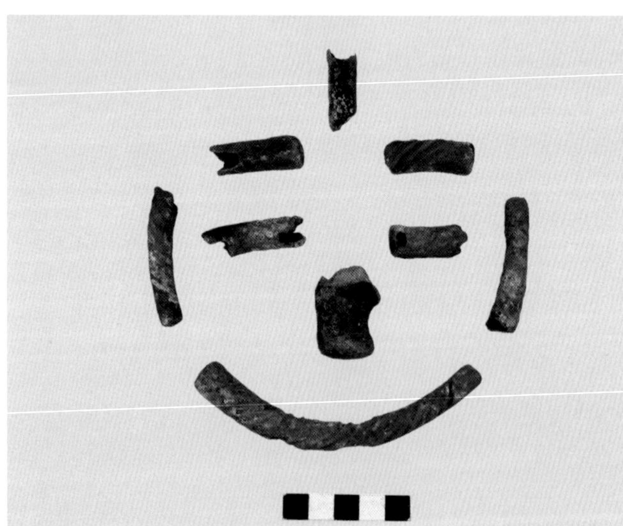</td></tr>
</table>

<table>
<tr><th colspan="3">保护修复记录</th></tr>
<tr><th>日期</th><th>修复人</th><th>工作内容</th></tr>
<tr><td>2015.11.9–
2015.11.20</td><td>岳超红
郭正臣
郭少宇</td><td>拍照、测量、记录、绘制病害图
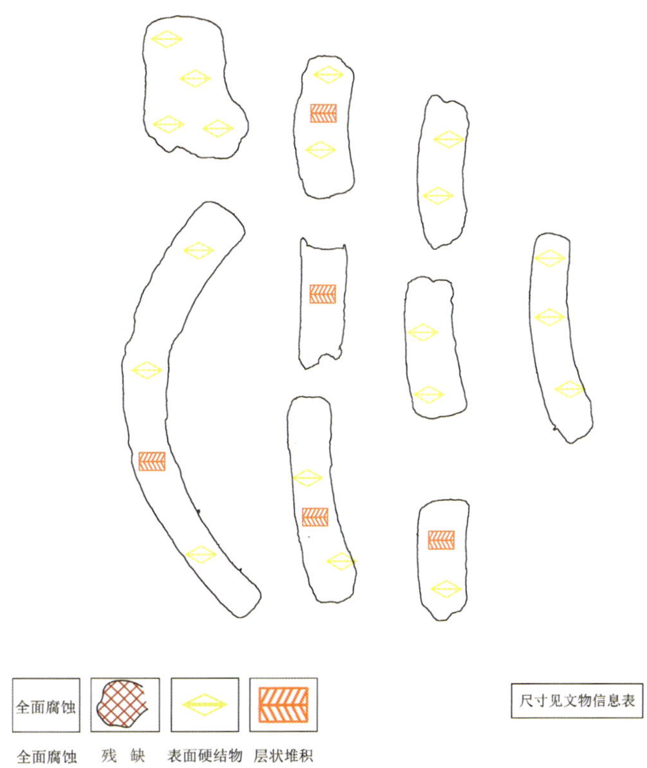
</td></tr>
<tr><td>2016.1.28</td><td>高慧栋</td><td>用手术刀除锈，涂刷 2%B72 丙酮溶液加固封护</td></tr>
</table>

2–40　铜节约M35：77

<table>
<tr><td>文物名称</td><td>铜节约</td><td>文物编号</td><td colspan="2">M35：77</td><td>序号</td><td colspan="2">2–40</td></tr>
<tr><td rowspan="4">保护修复前状况</td><td>尺寸 /cm</td><td colspan="3">长 2.7，宽 2.5</td><td>重量 /g</td><td colspan="2">约 14 / 个</td></tr>
<tr><td colspan="7">病害状况：包裹硬质土锈，灰绿色表面上附着较多黑色锈蚀。表面有较多的鲜艳蓝绿色锈。有的节约相互之间锈蚀粘连。有的节约残缺。
病害：残缺、表面硬结物、层状堆积、全面腐蚀</td></tr>
<tr><td colspan="7">原保护修复情况：无</td></tr>
<tr><td colspan="7">影像资料：
</td></tr>
<tr><td rowspan="4">保护修复后状况</td><td>尺寸 /cm</td><td colspan="3">长 2.7</td><td>重量 /g</td><td colspan="2"></td></tr>
<tr><td>完成日期</td><td colspan="3">2016.1.29</td><td rowspan="2">修复人员</td><td rowspan="2" colspan="2">王欢</td></tr>
<tr><td>审核</td><td colspan="3">王浩天</td></tr>
<tr><td colspan="7">影像资料：
</td></tr>
<tr><td colspan="8">保护修复记录</td></tr>
<tr><td>日期</td><td>修复人</td><td colspan="6">工作内容</td></tr>
<tr><td>2015.11.9–
2015.11.19</td><td>岳超红
郭正臣
张然</td><td colspan="6">拍照、测量、记录、绘制病害图
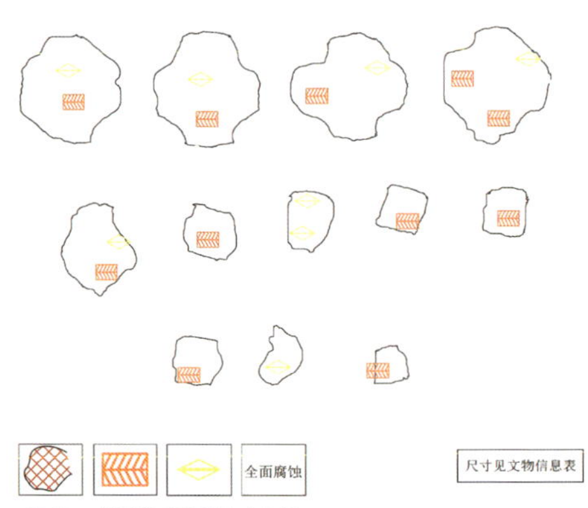</td></tr>
<tr><td>2016.1.28</td><td>王欢</td><td colspan="6">用手术刀除锈</td></tr>
<tr><td>2016.1.29</td><td>王欢</td><td colspan="6">涂刷 2%B72 丙酮溶液加固</td></tr>
</table>

2–41　铜马镳M35：78

<table>
<tr><td>文物名称</td><td>铜马镳</td><td>文物编号</td><td>M35：58</td><td>序号</td><td>2–41</td></tr>
<tr><td rowspan="4">保护修复前状况</td><td>尺寸 /cm</td><td colspan="2">长 10</td><td>重量 /g</td><td>72</td></tr>
<tr><td colspan="5">病害状况：器物残缺，外形不完整。灰绿色基体表面上有很多黑色锈蚀。局部有较鲜艳的蓝绿色锈蚀。包裹有较多土垢。
X 光探伤下可见边缘有微裂隙。
病害：残缺、裂隙、层状堆积、表面硬结物、全面腐蚀</td></tr>
<tr><td colspan="5">原保护修复情况：无</td></tr>
<tr><td colspan="5">影像资料：
</td></tr>
<tr><td rowspan="4">保护修复后状况</td><td>尺寸 /cm</td><td colspan="2">长 10，宽 4</td><td>重量 /g</td><td>52.8</td></tr>
<tr><td>完成日期</td><td colspan="2">2016.1.12</td><td rowspan="2">修复人员</td><td rowspan="2">高慧栋</td></tr>
<tr><td>审核</td><td colspan="2">王浩天</td></tr>
<tr><td colspan="5">影像资料：
</td></tr>
</table>

保护修复记录		
日期	修复人	工作内容
2015.11.9– 2015.11.20	岳超红 郭正臣 张然	拍照、测量、记录、绘制病害图 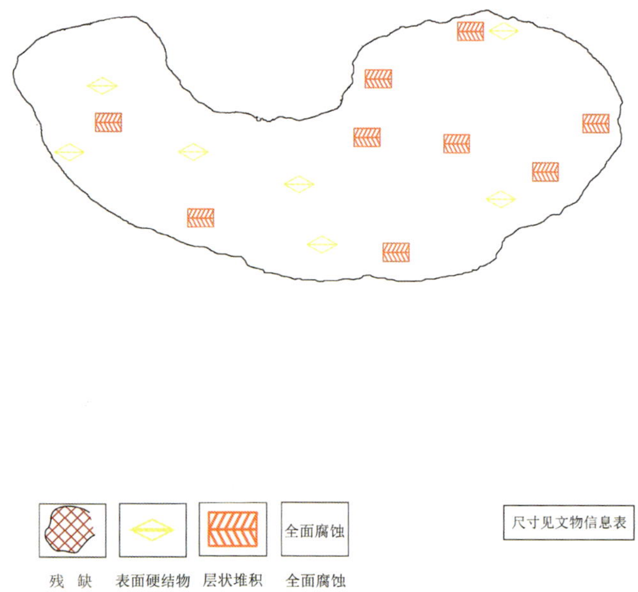
2016.1.8– 2016.1.11	高慧栋	用手术刀清除表面浮锈，脱脂棉敷在器物土锈严重处，其上滴 10% 六偏磷酸钠水溶液。待土锈软化后，将其清除。 锈蚀清除后，可见少量黄色金属光泽片状物 
2016.1.12	高慧栋	涂刷 2%B72 丙酮溶液封护

2–42　铜提梁卣M35：79

<table>
<tr><td>文物名称</td><td>铜提梁卣</td><td>文物编号</td><td>M35：79</td><td>序号</td><td>2–42</td></tr>
<tr><td rowspan="4">保护修复前状况</td><td>尺寸 /cm</td><td colspan="2">残高 43.5</td><td>重量 /g</td><td>600</td></tr>
<tr><td colspan="5">病害状况：灰绿色基体表面有较多黑色锈蚀，局部带少量较鲜艳蓝绿色锈蚀。器物外壁较薄，质地脆弱，残片断裂，残片连接不紧密，器物内部有泥土支撑以保持器形。口沿和足均有残缺、开裂。底部被泥土包裹并有大量裂隙。整体矿化严重。
病害：残缺、断裂、裂隙、层状堆积、表面硬结物、通体矿化、全面腐蚀</td></tr>
<tr><td colspan="5">原保护修复情况：无</td></tr>
<tr><td colspan="5">影像资料：
</td></tr>
<tr><td rowspan="4">保护修复后状况</td><td>尺寸 /cm</td><td colspan="2">口径长 14.4，宽 9.5；
高 22.98；宽 18.5</td><td>重量 /g</td><td>1660</td></tr>
<tr><td>完成日期</td><td colspan="2">2016.4.15</td><td rowspan="2">修复人员</td><td rowspan="2">王宇</td></tr>
<tr><td>审核</td><td colspan="2">王浩天</td></tr>
<tr><td colspan="5">影像资料：
</td></tr>
</table>

保护修复记录		
日期	修复人	工作内容
2015.11.9– 2015.11.20	岳超红 郭正臣 郭少宇	拍照、测量、记录、绘制病害图 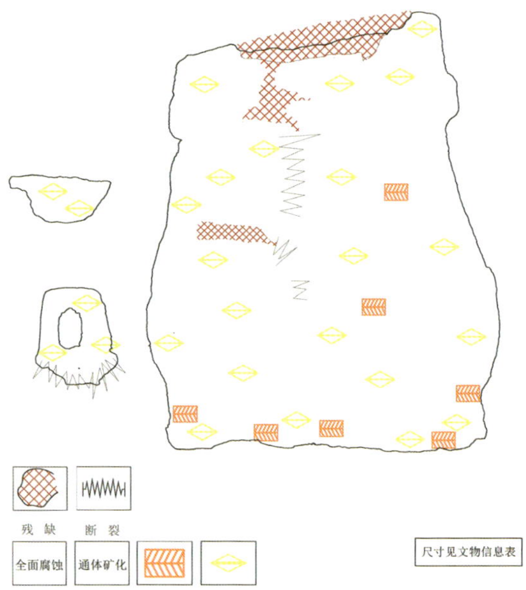
2016.3.2	王宇	机械除锈
2016.3.9	王宇	用 10% 六偏磷酸钠水溶液局部软化土锈，配合器械除锈
2016.3.15– 2016.3.24	王宇	914 胶粘接断裂的残片
2016.3.29– 2016.4.14	王宇	用铜胶棒对缺损部分补配
2016.4.15	王宇	虫胶清漆调和矿物颜料作色

2-43　铜戈M36：4

<table>
<tr><td>文物名称</td><td>铜戈</td><td>文物编号</td><td>M36：4</td><td>序号</td><td>2-43</td></tr>
<tr><td rowspan="4">保护修复前状况</td><td>尺寸 /cm</td><td colspan="2">长 17.7，宽 7</td><td>重量 /g</td><td>240</td></tr>
<tr><td colspan="5">病害状况：器物断裂，部分缺失。基本锈蚀成黑色，锈蚀膨胀，已有层状剥离，矿化严重，脆弱。残片边缘有裂隙。器表有黄色金属光泽片状物。残片局部带有少量较鲜艳蓝绿色锈。
病害：断裂、裂隙、残缺、层状剥离、通体矿化、全面腐蚀</td></tr>
<tr><td colspan="5">原保护修复情况：无</td></tr>
<tr><td colspan="5">影像资料：
</td></tr>
<tr><td rowspan="4">保护修复后状况</td><td>尺寸 /cm</td><td colspan="2">长 23，宽 7</td><td>重量 /g</td><td>211</td></tr>
<tr><td>完成日期</td><td colspan="2">2016.3.4</td><td rowspan="2">修复人员</td><td rowspan="2">孙予航
霍海峻
李汉召</td></tr>
<tr><td>审核</td><td colspan="2">王浩天</td></tr>
<tr><td colspan="5">影像资料：
</td></tr>
<tr><td colspan="6">保护修复记录</td></tr>
<tr><td>日期</td><td>修复人</td><td colspan="4">工作内容</td></tr>
<tr><td>2015.11.9–
2015.11.20</td><td>岳超红
郭正臣
郭少宇</td><td colspan="4">拍照、测量、记录、绘制病害图
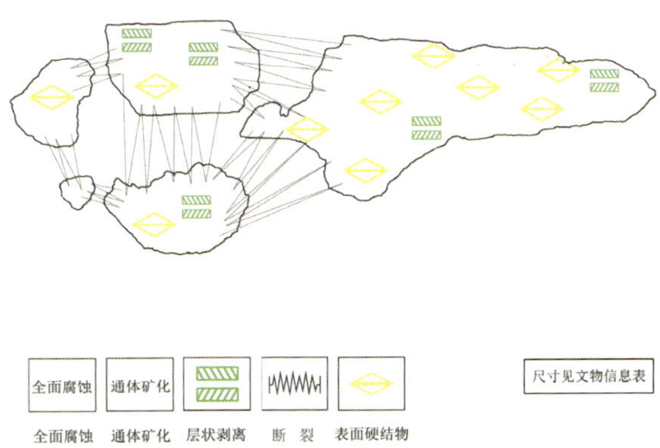
</td></tr>
</table>

<table>
<tr><td>2016.1.20</td><td>孙予航</td><td>拼对援部一小碎块，用 AAA 胶调和矿物颜料粘接。虫胶清漆调和矿物颜料对粘接处作色</td></tr>
<tr><td>2016.1.21</td><td>孙予航</td><td>用 5%EDTA 软化土锈，打磨机除锈。打磨机打磨露出星星点点金黄色片状物。2%B72 封护</td></tr>
<tr><td>2016.1.22</td><td>孙予航</td><td>拼对援和内部，中间残缺部分裁剪铜片补配。用热胶枪连接两根铁丝固定铜戈。粘接面涂 914 胶 + 颜料，立于沙盆，调整形状，将补配铜片粘接其上
</td></tr>
<tr><td>2016.1.25</td><td>孙予航</td><td>在补配的铜片处填 914 胶 + 颜料，增加厚度找平
 </td></tr>
<tr><td>2016.1.26</td><td>孙予航</td><td>虫胶清漆调和矿物颜料做色

</td></tr>
<tr><td>2016.3.4</td><td>霍海峻
李汉召</td><td>2%B72 丙酮溶液封护</td></tr>
</table>

2-44　铜簋M36：5

<table>
<tr><td>文物名称</td><td>铜簋</td><td>文物编号</td><td>M36：5</td><td>序号</td><td>2-44</td></tr>
<tr><td rowspan="4">保护修复前状况</td><td>尺寸 /cm</td><td colspan="2">高 12.1，宽 24.9</td><td>重量 /g</td><td>2326</td></tr>
<tr><td colspan="5">病害状况：器物破碎，残缺约 2/5，矿化严重，呈黑色，锈蚀疏松较厚，外表有泥土及大量灰黑色闪亮颗粒。
X 光探伤可见 7 枚芯撑，芯撑全部腐蚀严重；器物整体腐蚀较重；多铸造孔隙；不均匀腐蚀；残片边缘多微裂隙，较脆弱。
病害：断裂、裂隙、残缺、层状堆积、表面硬结物、通体矿化、全面腐蚀</td></tr>
<tr><td colspan="5">原保护修复情况：无</td></tr>
<tr><td colspan="5">影像资料：
</td></tr>
<tr><td rowspan="4">保护修复后状况</td><td>尺寸 /cm</td><td colspan="2">高 20.5，长 34，宽 17.5</td><td>重量 /g</td><td>2935</td></tr>
<tr><td>完成日期</td><td colspan="2">2016.1.24</td><td rowspan="2">修复人员</td><td rowspan="2">李其良</td></tr>
<tr><td>审核</td><td colspan="2">王浩天</td></tr>
<tr><td colspan="5">影像资料：

</td></tr>
</table>

保护修复记录		
日期	修复人	工作内容
2015.11.9–2015.11.20	岳超红 郭正臣 郭少宇	拍照、测量、记录、绘制病害图 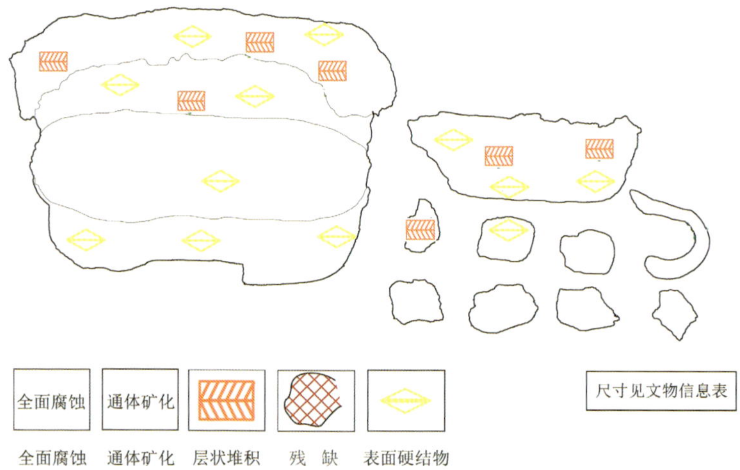
2016.1.5–2016.1.7	李其良	清理表面锈层，发现底内有铭文。剔除表面锈层  
2016.1.8–2016.1.11	李其良	拼对、粘接。铜胶棒补配残缺部位  

2016.1.12–2016.1.20	李其良	打磨补配处。参考同墓出土器物M36：9做残缺双耳的模型。做口沿部的花纹，并修补粘接 
2016.1.21–2016.1.24	李其良	将补配部位打磨平整。虫胶清漆调和矿物颜料对修复处做旧 

2–45 铜方壶M36：6

<table>
<tr><td>文物名称</td><td>铜方壶</td><td>文物编号</td><td>M36：6</td><td>序号</td><td>2–45</td></tr>
<tr><td rowspan="4">保护修复前状况</td><td>尺寸 /cm</td><td colspan="2"></td><td>重量 /g</td><td>6000</td></tr>
<tr><td colspan="5">病害状况：器物外形尚存，整体残缺约 1/3，残片若干，矿化严重，横断面出现分层现象。基本无铜质，器物表面包裹硬质锈块，基本腐蚀矿化成黑色，锈蚀疏松较厚，表面带有大量灰黑色闪亮颗粒，可见金黄色片状物。
病害：断裂、残缺、裂隙、层状剥离、表面硬结物、通体矿化、全面腐蚀、变形</td></tr>
<tr><td colspan="5">原保护修复情况：无</td></tr>
<tr><td colspan="5">影像资料：
</td></tr>
<tr><td rowspan="4">保护修复后状况</td><td>尺寸 /cm</td><td colspan="2">高 29.2；口径长 20.9，宽 9;
腹径长 19.8，宽 14.5; 圈足长 18.5，宽 13.5</td><td>重量 /g</td><td>3241</td></tr>
<tr><td>完成日期</td><td colspan="2">2016.1.9</td><td rowspan="2">修复人员</td><td rowspan="2">霍海峻
李汉召</td></tr>
<tr><td>审核</td><td colspan="2">王浩天</td></tr>
<tr><td colspan="5">影像资料：
</td></tr>
</table>

<table>
<tr><th colspan="3">保护修复记录</th></tr>
<tr><th>日期</th><th>修复人</th><th>工作内容</th></tr>
<tr><td>2015.11.9–
2015.11.20</td><td>岳超红
郭正臣
郭少宇</td><td>拍照、测量、记录、绘制病害图
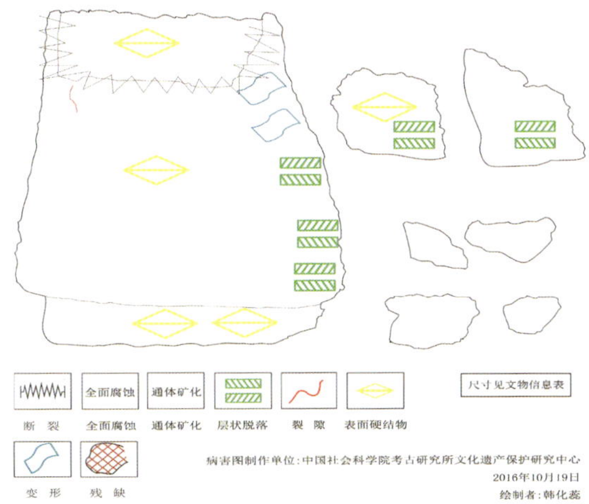
</td></tr>
<tr><td>2015.11.26–
2015.12.9</td><td>霍海峻</td><td>去锈
</td></tr>
<tr><td>2015.12.10–
2015.12.11</td><td>霍海峻</td><td>用 AAA 胶粘接壶口残片
</td></tr>
<tr><td>2015.12.14–
2015.12.15</td><td>霍海峻
李汉召</td><td>碴口处渗透 2%B72 丙酮溶液进行加固</td></tr>
</table>

<table>
<tr><td>2015.12.16–
2015.12.18</td><td>霍海峻
李汉召</td><td>AAA 胶粘接壶口残片。翻模做壶系。AAA 胶粘接一侧壶系残片

</td></tr>
<tr><td>2015.12.21–
2015.12.25</td><td>霍海峻
李汉召</td><td>补齐壶口，部分缝隙灌注 3A 树脂

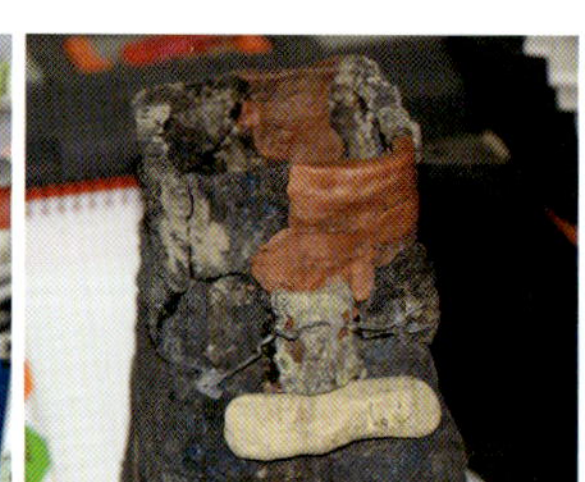</td></tr>
</table>

<table>
<tr><td></td><td></td><td> </td></tr>
<tr><td>2016.1.4–
2016.1.9</td><td>霍海峻
李汉召</td><td>做色
</td></tr>
</table>

2-46 铜方壶M36：7

<table>
<tr><td>文物名称</td><td>铜方壶</td><td>文物编号</td><td colspan="2">M36：7</td><td>序号</td><td>2-46</td></tr>
<tr><td rowspan="4">保护修复前状况</td><td>尺寸 /cm</td><td colspan="3"></td><td>重量 /g</td><td>4400</td></tr>
<tr><td colspan="6">病害状况：器物破碎，底部残破。残片边缘多裂隙。腐蚀矿化严重，基本无铜质，通体包裹硬质较厚土锈，基本腐蚀矿化成黑色，锈蚀疏松较厚，表面带有大量灰黑色闪亮颗粒，器表局部残留有似“金箔”状的贴片。
病害：断裂、裂隙、残缺、层状堆积、层状剥离、变形、表面硬结物、通体矿化、全面腐蚀</td></tr>
<tr><td colspan="6">原保护修复情况：无</td></tr>
<tr><td colspan="6">影像资料：
</td></tr>
<tr><td rowspan="4">保护修复后状况</td><td>尺寸 /cm</td><td colspan="3">口径长 13.2，宽 10；腹径长 20.5，宽 15；圈足长 18.3，宽 13.9；通高 35.6</td><td>重量 /g</td><td>4579</td></tr>
<tr><td>完成日期</td><td colspan="3">2016.3.4</td><td rowspan="2">修复人员</td><td rowspan="2">郭正臣
霍海峻
李汉召</td></tr>
<tr><td>审核</td><td colspan="3">王浩天</td></tr>
<tr><td colspan="6">影像资料：
</td></tr>
</table>

保护修复记录		
日期	修复人	工作内容
2015.11.9–2015.11.20	岳超红 郭正臣 孙予航	拍照、测量、记录、绘制病害图 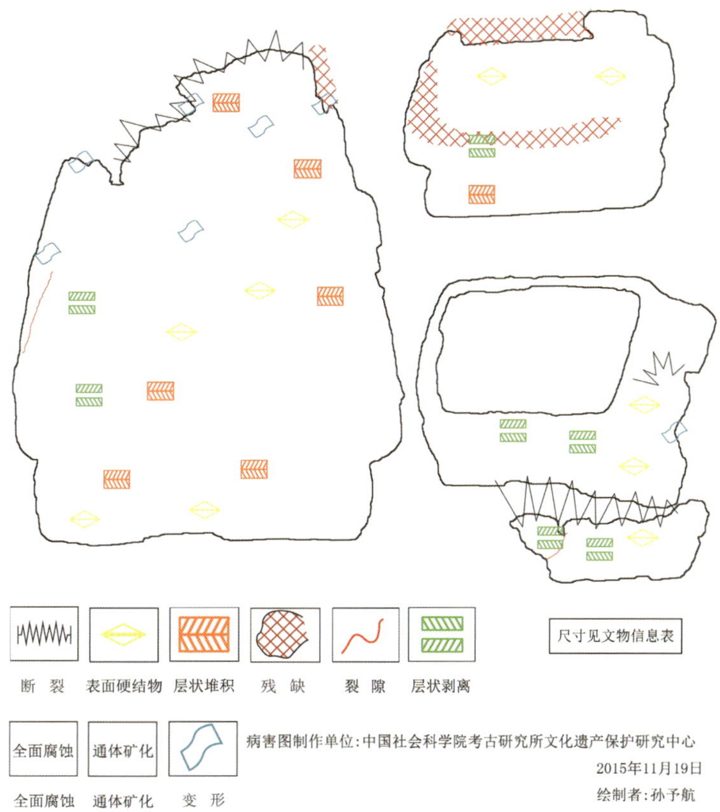
2015.12.23	郭正臣	用手术刀和刻刀去除表面的锈蚀
2015.12.24	郭正臣	2%B72 丙酮溶液渗透加固断茬处
2015.12.25–2015.12.27	郭正臣	用铜片修补壶盖的残缺处 
2015.12.28	郭正臣	用铜胶棒补配壶盖残缺的孔洞
2015.12.29	郭正臣	用 914 胶调和铜锈粉末渗入裂隙当中，加固，粘接，干燥后打磨平整

<table>
<tr><td>2015.12.31</td><td>郭正臣</td><td>壶盖整体修形之后，用 914 胶调和铜锈粉末抹在补配的铜片之上，厚度找平。待胶未干之际，将除下的锈粘贴于胶上，做锈</td></tr>
<tr><td>2016.1.4</td><td>郭正臣</td><td>用纸摹出壶身底部残缺之处，剪出铜片之后，用铜胶棒和 914 胶粘接补缺，将锈渣粘在铜片之抹胶之处做锈
 </td></tr>
<tr><td>2016.1.5–2016.1.10</td><td>郭正臣</td><td>用木块在里面支撑壶身一侧的变形处，用小台钳整形
 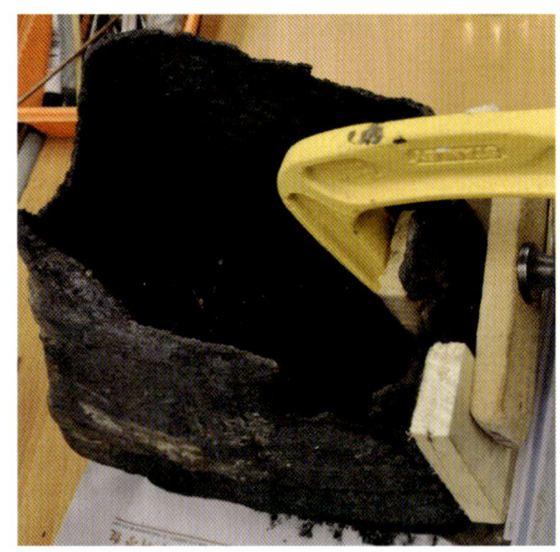</td></tr>
<tr><td>2016.1.11</td><td>郭正臣</td><td>用 914 胶粘接，器物整体合在一起
  </td></tr>
</table>

2016.1.15	郭正臣	用铜胶棒补缺 
2016.1.18	郭正臣	补配处干燥后打磨平整 
2016.1.19	郭正臣	做色 
2016.3.4	郭正臣	2%B72 丙酮溶液封护

2–47　铜环M36：8

文物名称	铜环	文物编号	M36：8	序号	2–47
保护修复前状况	尺寸 /cm	外径 6.3，内径 4		重量 /g	56
	病害状况：器物外形完整。外表带有较厚的黑色、褐色、绿色锈蚀，锈蚀较厚，凹凸不平，有开裂。X 光探伤可见铜环上有横断裂隙，铜质整体较好。 病害：裂隙、层状堆积、全面腐蚀				
	原保护修复情况：无				
	影像资料： 				
保护修复后状况	尺寸 /cm			重量 g	
	完成日期			修复人员	孙予航
	审核	王浩天			
	影像资料： 				

保护修复记录		
日期	修复人	工作内容
2015.11.9–2015.11.20	岳超红 郭正臣 郭少宇	拍照、测量、记录、绘制病害图 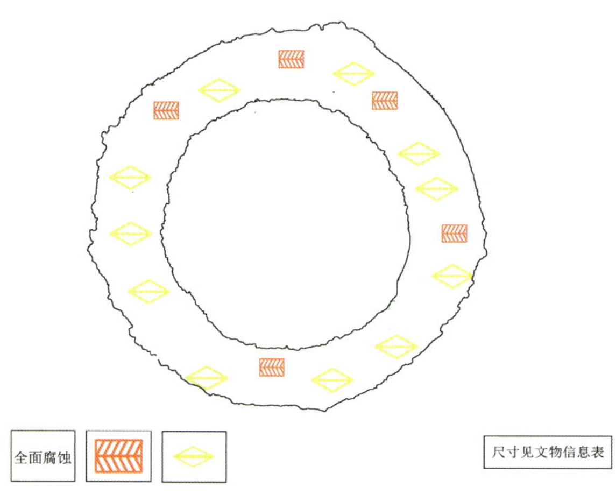

2015.11.24–2015.11.25	孙予航	用超声波清洗仪清洗。部分锈块脱落，用手术刀剔除松动的锈块 
2015.11.26	孙予航	铜环有裂缝处用 502 胶渗透加固，胶内加入铜锈粉末；铜环泛黄白处用铜锈粉做色
2016.3.4	李汉召	2%B72 丙酮溶液封护

2-48　铜簋M36：9

<table>
<tr><td>文物名称</td><td>铜簋</td><td>文物编号</td><td>M36：9</td><td>序号</td><td>2-48</td></tr>
<tr><td rowspan="4">保护修复前状况</td><td>尺寸 /cm</td><td colspan="2">高 10.4，宽 33.7，最大口径 21.5</td><td>重量 /g</td><td>2124</td></tr>
<tr><td colspan="5">病害状况：器物腹部及底部残缺，底部有开裂。器物基本呈黑色，锈蚀疏松较厚，表面带有大量灰黑色闪亮颗粒。部分残片上有较鲜艳的蓝绿色锈蚀。器物通体包裹硬质土锈，局部有白色腐蚀物附着。腐蚀矿化非常严重，基本无铜本体，质地脆弱。
病害：残缺、断裂、裂隙、层状堆积、表面硬结物、通体矿化、全面腐蚀</td></tr>
<tr><td colspan="5">原保护修复情况：无</td></tr>
<tr><td colspan="5">影像资料：
</td></tr>
<tr><td rowspan="4">保护修复后状况</td><td>尺寸 /cm</td><td colspan="2">总长 34，口径长 21.5，口径宽 15.9，高 12.5</td><td>重量 /g</td><td>1785</td></tr>
<tr><td>完成日期</td><td colspan="2"></td><td rowspan="2">修复人员</td><td rowspan="2">杨巍</td></tr>
<tr><td>审核</td><td colspan="2">王浩天</td></tr>
<tr><td colspan="5">影像资料：
 </td></tr>
<tr><td colspan="6">保护修复记录</td></tr>
<tr><td>日期</td><td>修复人</td><td colspan="4">工作内容</td></tr>
<tr><td>2015.11.9–2015.11.20</td><td>岳超红
郭正臣
李其良</td><td colspan="4">拍照、测量、记录、绘制病害图
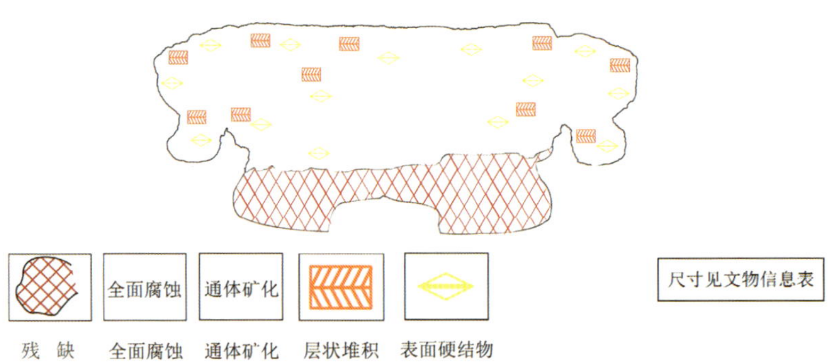</td></tr>
<tr><td>2016.1.4</td><td>杨巍</td><td colspan="4">竹签清理土锈</td></tr>
</table>

2016.1.6–2016.1.11	杨巍	铜胶棒补配  
2016.1.12–2016.1.15	杨巍	泥塑圈足。翻制圈足。打磨，914 胶粘接圈足       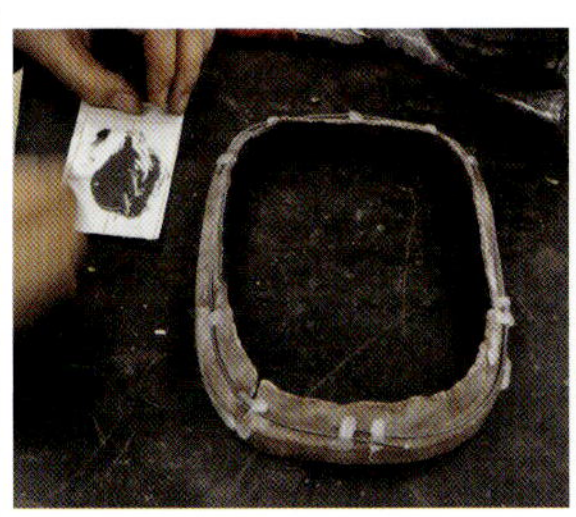 
2016.1.18	杨巍	914 胶粘  
2016.1.19	杨巍	补配处打磨平整
2016.1.25	杨巍	虫胶清漆调和矿物颜料做旧

2-49 铜簋盖M36：11

<table>
<tr><td>文物名称</td><td>铜簋盖</td><td>文物编号</td><td>M36：11</td><td>序号</td><td>2-49</td></tr>
<tr><td rowspan="4">保护修复前状况</td><td>尺寸 /cm</td><td colspan="2"></td><td>重量 /g</td><td>1160</td></tr>
<tr><td colspan="5">病害状况：严重残缺。破碎严重。矿化严重，质地脆弱。外形尚可辨认，残留碎片若干，且本体矿化严重，已无铜质存在。残片多微裂隙。基体表面黄绿色，其上为大量黑色疏松锈蚀物。黑色锈上有银灰色亮点状结晶物。闪亮颗粒泛蓝紫色。部分残片上有泥土。
病害：残缺、断裂、裂隙、层状堆积、层状剥离、表面硬结物、通体矿化、全面腐蚀</td></tr>
<tr><td colspan="5">原保护修复情况：无</td></tr>
<tr><td colspan="5">影像资料：
</td></tr>
<tr><td rowspan="5">保护修复后状况</td><td>尺寸 /cm</td><td colspan="2">长 21，宽 15.5，高 8</td><td>重量 /g</td><td>690</td></tr>
<tr><td>完成日期</td><td colspan="2"></td><td rowspan="2">修复人员</td><td rowspan="2">刘军</td></tr>
<tr><td>审核</td><td colspan="2">王浩天</td></tr>
<tr><td colspan="5">影像资料：
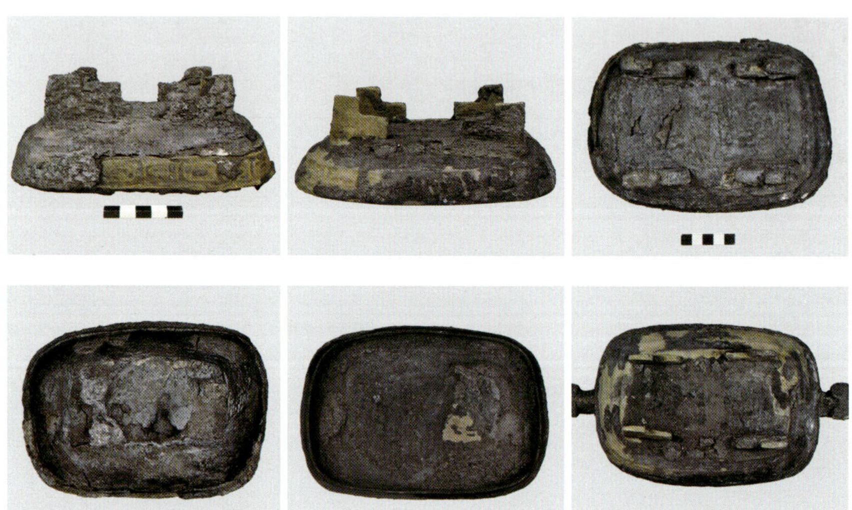</td></tr>
<tr><td colspan="5">备注：从该堆残片中修复出两件器盖</td></tr>
</table>

<table>
<tr><th colspan="3">保护修复记录</th></tr>
<tr><th>日期</th><th>修复人</th><th>工作内容</th></tr>
<tr><td>2015.11.9–
2015.11.20</td><td>岳超红
郭正臣
张然</td><td>拍照、测量、记录、绘制病害图
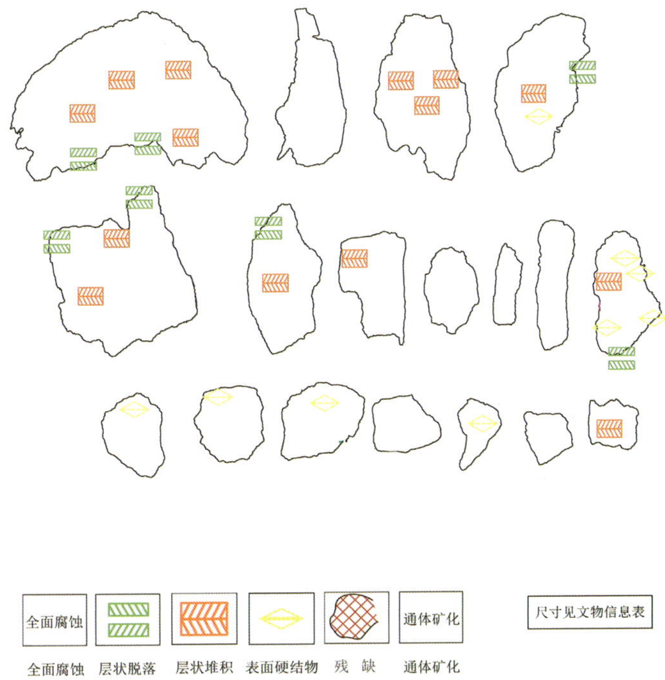
</td></tr>
<tr><td>2016.1.26–
2016.3.7</td><td>刘军</td><td>拼对、粘接</td></tr>
<tr><td>2016.3.8–
2016.3.10</td><td>刘军</td><td>残缺部位制蜡型。用石膏翻制补配块</td></tr>
<tr><td>2016.3.11</td><td>刘军</td><td>用铜胶棒压制补配块</td></tr>
<tr><td>2016.3.14–
2016.3.16</td><td>刘军</td><td>粘接补配块</td></tr>
<tr><td>2016.3.17–
2016.3.21</td><td>刘军</td><td>打磨补配块和接口</td></tr>
<tr><td>2016.3.22–
2016.3.26</td><td>刘军</td><td>虫胶清漆调和矿物颜料做色
</td></tr>
</table>

2-50 铜环M36：12

文物名称	铜环	文物编号	M36：12	序号	2-50
保护修复前状况	尺寸 /cm	外径 6.3，内径 4		重量 /g	56
	病害状况：器物残断，外表有大量黑色、砖红色疏松锈蚀。 X 光探伤可见铜环上有微裂隙，小残块腐蚀较重。 病害：断裂、裂隙、层状堆积、矿化、全面腐蚀				
	原保护修复情况：无				
	影像资料： 				
保护修复后状况	尺寸 /cm			重量 /g	
	完成日期			修复人员	孙予航
	审核	王浩天			
	影像资料： 				

保护修复记录

日期	修复人	工作内容
2015.11.9–2015.11.20	岳超红 郭正臣 韩化蕊	拍照、测量、记录、绘制病害图 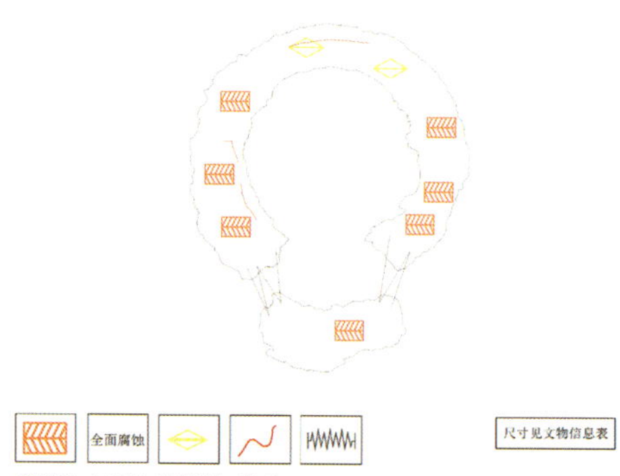
2015.11.26	孙予航	用手术刀剔除松动锈块
2015.11.27	孙予航	对铜环一处裂缝渗入 502 胶加固，再用 AAA 胶加铜锈粉粘接缝隙
2015.11.30	孙予航	用 AAA 胶加铜锈粉粘接铜环。对铜环冷浅黄处用铜锈粉做色
2016.3.7	李汉召	涂刷 2%B72 封护

2–51　铜件M36：13

<table>
<tr><td>文物名称</td><td>铜件</td><td>文物编号</td><td>M36：13</td><td>序号</td><td>2–51</td></tr>
<tr><td rowspan="4">保护修复前状况</td><td>尺寸 /cm</td><td colspan="2"></td><td>重量 /g</td><td>130</td></tr>
<tr><td colspan="5">病害状况：器物破碎、残缺，包裹较厚土锈，质地较硬。表面多绿色锈蚀。带少量黑色、红色锈。X 光探伤下可见局部腐蚀较重。
病害：断裂、残缺、裂隙、表面硬结物、层状堆积、矿化、全面腐蚀</td></tr>
<tr><td colspan="5">原保护修复情况：无</td></tr>
<tr><td colspan="5">影像资料：
</td></tr>
<tr><td rowspan="4">保护修复后状况</td><td>尺寸 /cm</td><td colspan="2"></td><td>重量 /g</td><td></td></tr>
<tr><td>完成日期</td><td colspan="2"></td><td rowspan="2">修复人员</td><td rowspan="2">霍海峻
李汉召</td></tr>
<tr><td>审核</td><td colspan="2">王浩天</td></tr>
<tr><td colspan="5">影像资料：
</td></tr>
<tr><td colspan="6">保护修复记录</td></tr>
<tr><td>日期</td><td>修复人</td><td colspan="4">工作内容</td></tr>
<tr><td>2015.11.9–
2015.11.20</td><td>岳超红
郭正臣
韩化蕊</td><td colspan="4">拍照、测量、记录、绘制病害图
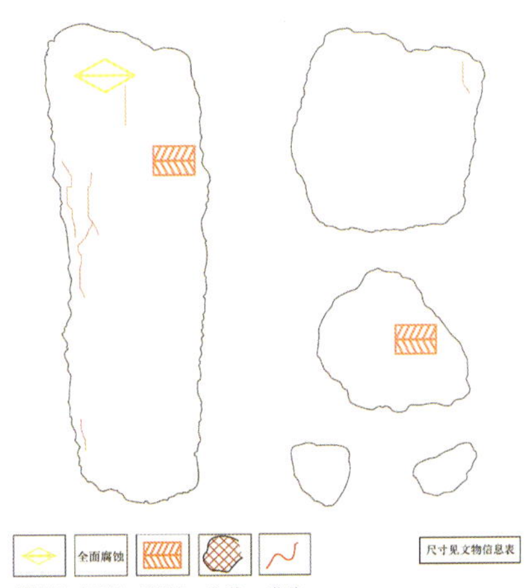
</td></tr>
<tr><td>2016.3.4</td><td>李汉召</td><td colspan="4">涂刷 2%B72 丙酮溶液封护</td></tr>
</table>

2–52 铜马衔M36：14

<table>
<tr><td>文物名称</td><td>铜马衔</td><td>文物编号</td><td>M36：14</td><td>序号</td><td>2–52</td></tr>
<tr><td rowspan="4">保护修复前状况</td><td>尺寸 /cm</td><td colspan="2"></td><td>重量 /g</td><td>256</td></tr>
<tr><td colspan="5">病害状况：严重残缺。器物呈碎块状，外形难辨。表面多为绿色锈蚀，部分残片上有黑色、褐色锈蚀。锈蚀疏松较厚。
X 光探伤下可见残片上有裂隙，腐蚀较重。
病害：断裂、残缺、裂隙、层状堆积、矿化、全面腐蚀、表面硬结物</td></tr>
<tr><td colspan="5">原保护修复情况：无</td></tr>
<tr><td colspan="5">影像资料：
</td></tr>
<tr><td rowspan="4">保护修复后状况</td><td>尺寸 /cm</td><td colspan="2"></td><td>重量 /g</td><td></td></tr>
<tr><td>完成日期</td><td colspan="2"></td><td rowspan="2">修复人员</td><td rowspan="2">霍海峻
李汉召</td></tr>
<tr><td>审核</td><td colspan="2">王浩天</td></tr>
<tr><td colspan="5">影像资料：
</td></tr>
<tr><td colspan="6">保护修复记录</td></tr>
<tr><td>日期</td><td>修复人</td><td colspan="4">工作内容</td></tr>
<tr><td>2015.11.9–2015.11.20</td><td>岳超红
郭正臣
李其良</td><td colspan="4">拍照、测量、记录、绘制病害图
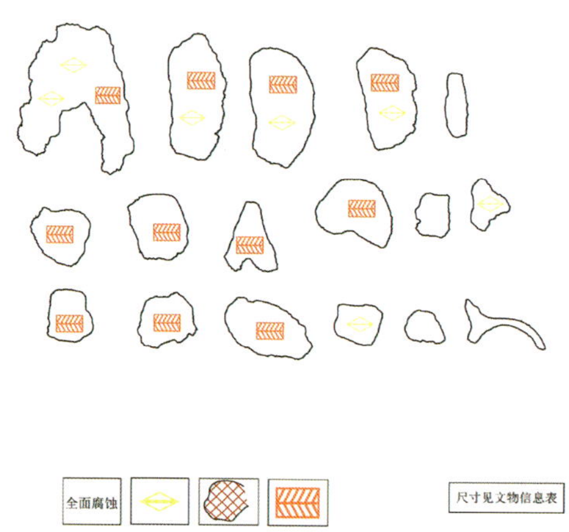</td></tr>
<tr><td>2016.3.4</td><td>李汉召</td><td colspan="4">2%B72 丙酮溶液封护</td></tr>
</table>

2-53　铜銮铃（4件）M36：15~M36：18

<table>
<tr><td>文物名称</td><td>铜銮铃（4 件）</td><td>文物编号</td><td>M36：15~M36：18</td><td>序号</td><td>2-53</td></tr>
<tr><td rowspan="4">保护修复前状况</td><td>尺寸 /cm</td><td colspan="2"></td><td>重量 /g</td><td></td></tr>
<tr><td colspan="5">病害状况：4 件器物残片混杂在一起。质地脆弱，保存状况差，只可辨出器物外形，通体包裹较厚的土锈和淤泥。基体表面灰绿色，其上有大量黑色锈蚀。部分残片上有较鲜艳的蓝绿色锈蚀。
X 光探伤可见器物矿化严重，多裂隙。
病害：断裂、残缺、裂隙、层状堆积、层状剥离、表面硬结物、通体矿化、全面腐蚀</td></tr>
<tr><td colspan="5">原保护修复情况：无</td></tr>
<tr><td colspan="5">影像资料：
</td></tr>
<tr><td rowspan="4">保护修复后状况</td><td>尺寸 /cm</td><td colspan="2">①高 17，宽 9
②高 16.7，宽 9.5
③高 18.1，宽 10.5
④高 16.7，宽 8.5</td><td>重量 /g</td><td>① 307
② 287
③ 271
④ 216</td></tr>
<tr><td>完成日期</td><td colspan="2"></td><td rowspan="2">修复人员</td><td rowspan="2">郭正臣
王欢
孙予航</td></tr>
<tr><td>审核</td><td colspan="2">王浩天</td></tr>
<tr><td colspan="5">影像资料：
 </td></tr>
</table>

保护修复记录		
日期	修复人	工作内容
2015.11.9– 2015.11.20	岳超红 郭正臣 孙予航	拍照、测量、记录、绘制病害图 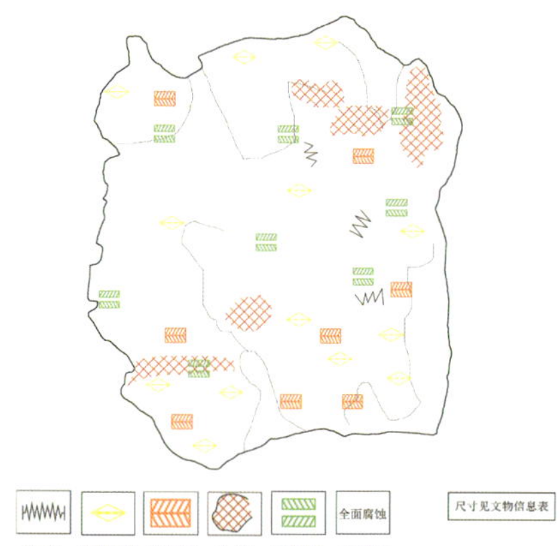
2016.3.15– 2016.4.7	郭正臣 王欢	拼对，分类拣选出 4 个銮铃。用手术刀去除表面锈蚀。 翻模。用速成铜胶棒补配缺失部位。用酒精灯加热手术刀来修整补配处的形状。打磨机打磨平整。 914 胶粘接残片和配体。用热熔胶暂时固定。 914 胶涂于配体表面，撒上铜锈进行表面处理。虫胶清漆调和矿物颜料做旧     

2-54　铜盘M36：19

<table>
<tr><td>文物名称</td><td>铜盘</td><td>文物编号</td><td colspan="2">M36：19</td><td>序号</td><td>2-54</td></tr>
<tr><td rowspan="4">保护修复前状况</td><td>尺寸 /cm</td><td colspan="3">口径 30.8，高 14.4</td><td>重量 /g</td><td>4408</td></tr>
<tr><td colspan="6">病害状况：器物破碎，残缺约 2/5，开裂。裂隙周边残片略错位。腐蚀矿化严重，多残片残渣。基本呈黑色，锈蚀疏松。其上有大量银灰色闪亮颗粒。外表有较多泥土。口沿局部略泛绿色。
X 光探伤可见盘底 4 枚芯撑，芯撑腐蚀较重，不均匀腐蚀，局部腐蚀较重，可见铸造缩孔。
病害：断裂、残缺、裂隙、变形、层状堆积、表面硬结物、矿化、全面腐蚀</td></tr>
<tr><td colspan="6">原保护修复情况：无</td></tr>
<tr><td colspan="6">影像资料：
</td></tr>
<tr><td rowspan="4">保护修复后状况</td><td>尺寸 /cm</td><td colspan="3">口径 31.8，高 14.2</td><td>重量 /g</td><td>3013</td></tr>
<tr><td>完成日期</td><td colspan="3"></td><td rowspan="2">修复人员</td><td rowspan="2">霍海峻
李汉召</td></tr>
<tr><td>审核</td><td colspan="3">王浩天</td></tr>
<tr><td colspan="6">影像资料：
 </td></tr>
<tr><td colspan="7">保护修复记录</td></tr>
<tr><td>日期</td><td>修复人</td><td colspan="5">工作内容</td></tr>
<tr><td>2015.11.9–
2015.11.20</td><td>岳超红
郭正臣
郭少宇</td><td colspan="5">拍照、测量、记录、绘制病害图
</td></tr>
</table>

<table>
<tr><td>2016.1.8</td><td>李汉召</td><td>去除表面硬结物及土锈
 </td></tr>
<tr><td>2016.1.11</td><td>霍海峻</td><td>整形。铜质劣化。变形部位原有裂隙。破损数块</td></tr>
<tr><td>2016.1.12</td><td>霍海峻</td><td>5%B72 减压渗透。旋片真空泵 2×Z–2 型。V220，抽空速率 2 升 / 秒，0.07 帕，10 分钟</td></tr>
<tr><td>2016.1.13–
2016.1.18</td><td>霍海峻
李汉召</td><td>用 914 胶、AAA 胶拼粘残片
 </td></tr>
<tr><td>2016.1.19–
2016.1.22</td><td>霍海峻
李汉召</td><td>修整补缺
</td></tr>
<tr><td>2016.1.25–
2016.3.1</td><td>霍海峻
李汉召</td><td>做色
 </td></tr>
</table>

2–55　铜壶盖M36：20

<table>
<tr><td>文物名称</td><td>铜壶盖</td><td>文物编号</td><td>M36：20</td><td>序号</td><td>2–55</td></tr>
<tr><td rowspan="4">保护修复前状况</td><td>尺寸 /cm</td><td colspan="2">长 14.5，宽 9.5，高 8.5</td><td>重量 /g</td><td>969</td></tr>
<tr><td colspan="5">病害状况：器物破碎、断裂、残缺、开裂。开裂的残片错位变形。器物底部边缘变形，顶部周围有一半残缺。腐蚀矿化非常严重，裂隙遍布，极其脆弱。器物通体包裹硬质土锈。基本呈黑色，锈蚀疏松。其上有大量银灰色闪亮颗粒。局部带有较鲜艳蓝绿色锈。
病害：断裂、残缺、裂隙、变形、层状堆积、层状剥离、表面硬结物、通体矿化、全面腐蚀</td></tr>
<tr><td colspan="5">原保护修复情况：无</td></tr>
<tr><td colspan="5">影像资料：
</td></tr>
<tr><td rowspan="4">保护修复后状况</td><td>尺寸 /cm</td><td colspan="2">高 8.2，长 13.2，宽 9.5</td><td>重量 /g</td><td>750</td></tr>
<tr><td>完成日期</td><td colspan="2">2016.3.4</td><td rowspan="2">修复人员</td><td rowspan="2">霍海峻
李汉召</td></tr>
<tr><td>审核</td><td colspan="2">王浩天</td></tr>
<tr><td colspan="5">影像资料：

</td></tr>
</table>

保护修复记录		
日期	修复人	工作内容
2015.11.9– 2015.11.20	岳超红 郭正臣 韩化蕊	拍照、测量、记录、绘制病害图 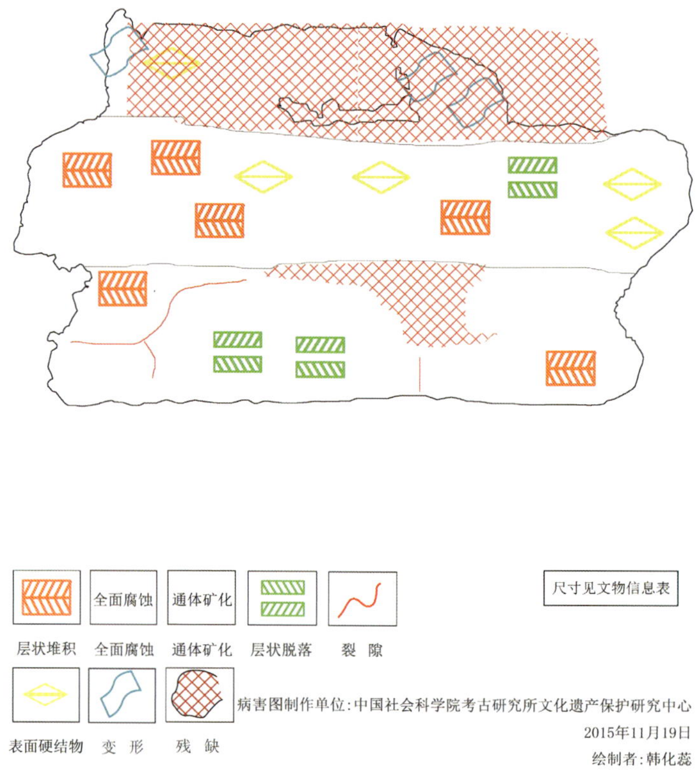
2015.12.22	霍海峻 李汉召	对捉手部位矫形，缺损处用铜胶棒补配
2015.12.23	霍海峻 李汉召	用 1mm 厚铜片配壶顶，AAA 胶粘接
2015.12.24– 2015.12.29	霍海峻 李汉召	用铜片、铜胶棒及 AAA 胶补齐壶内口
2015.12.30– 2015.12.31	霍海峻 李汉召	修整壶盖
2016.1.4– 2016.1.9	霍海峻 李汉召	做旧
2016.3.4	霍海峻 李汉召	涂刷 2%B72 溶液封护

附　录

附录Ⅰ　使用仪器及实验条件

一、离子色谱仪

（1）ICS-2100 型离子色谱仪

配带 CR-ATC 的 EGC Ⅲ氢氧化钾淋洗液自动发生罐，用来测定 Cl^-、NO^{3-}、$SO_4{}^{2-}$ 阴离子，色谱分离柱为 IonpacAS11 阴离子分离柱和 AG11 阴离子保护柱，ASRS300 连续自动再生电解微膜抑制器，流动相为 3mmol~35mmol 氢氧化钾，以 1.0ml/min 流速梯度淋洗。

仪器所属：北京师范大学分析测试中心。

用途：分析样品溶液中的阴离子。

（2）DX-600 型离子色谱仪

配带 ED50 电导检测器、GP50 梯度泵，LC20 色谱箱，用来测定 Na^+、NH^{4+}、K^+、Mg^{2+}、Ca^{2+} 阳离子，色谱分离柱为 IonpacCS12A 阳离子分离柱和 CG12A 阳离子保护柱，CSRS300 连续自动再生电解微膜抑制器，流动相为 20mmol 甲磺酸，以 1.0ml/min 流速等度淋洗。

仪器所属：北京师范大学分析测试中心。

用途：分析样品溶液中的阳离子。

二、便携式能量色散 X 荧光分析

仪器型号：NITON XLt3-800DPW。

测试条件：最大电压 50kV；电流：40μA。

测试模式：合金模式。

仪器所属：中国国家博物馆。

用途：器物原位元素分析。

三、显微式能量色散 X 荧光分析

仪器型号：HORIBA XGT-7000V 型 X 射线分析荧光显微镜。

测试条件：最大电压 30kV；电流：0.014mA；半真空气氛；测试光斑半径 1.2mm；采谱时间 100s。

仪器所属：北京大学考古文博学院科技考古实验室。

用途：样品显微部位元素分析。

四、X 射线衍射分析

仪器型号：Dmax 12kW X 射线衍射仪。

测试条件：X 射线：CuKa（0.15418nm）；管电压：40kV；管电流：100mA；石墨弯晶单色器；扫描方式：θ/2θ 扫描；扫描速度：8°（2θ）分；采数步宽：0.02°（2θ）；环境温度：25.0℃；湿度：58.0%。

依据方法：JY/T009-1996 转靶多晶 X 射线衍射方法通则、PDF2 粉末衍射数据库。

仪器所属：北京大学科技园微构分析测试中心。

用途：粉末样品物相分析。

五、单晶 X 射线衍射分析仪

仪器型号：Bruker SMART APEX。

仪器所属：中国地质大学（北京）。

用途：单个晶体的物相分析。

六、激光拉曼光谱分析

仪器型号：Thermo Nicolet Almega 型显微共聚焦激光拉曼光谱仪。

测试条件：激发波长 532nm，10 倍物镜，激光输出能量 10%，曝光时间 8~10s，曝光次数 10。

仪器所属：中国国家博物馆。

用途：锈蚀物物相分析。

七、扫描电镜

仪器型号：FEI Quanta 650 FEG。

仪器所属：北京大学考古文博学院。

用途：样品形貌观察、成分分析。

八、金相显微镜

仪器型号：Leica DM4000M 型金相显微镜。

仪器参数：目镜：10×25mm（视场直径）；放大倍数：1.25×~1000×（可根据需要拓展范围）；物镜位数：6 位 M32 物镜（带数据终端）；手动调焦：具有粗细两档调焦步进精度，细调焦精度 1μm；手动载物台：4"×4" 和 8"×4"；液晶显示屏：3.7×7.7 液晶显示屏显示显微镜当前状态；光源：12V 100W 卤素光源；全自动透射光反射光光强管理；全自动视场光阑和孔径光阑。

仪器所属：北京大学考古文博学院科技考古实验室。

用途：对金属基体剖面金相分析以检测工艺和腐蚀状况。

九、三维视频显微镜

仪器型号：Leica DVM6A 全自动超景深显微镜。

仪器参数：16∶1光学变倍比；中倍（16~675倍）物镜；环形光源。

用途：样品形貌观察。

十、X 光探伤透视分析

仪器型号：XXQ-2005 型携带式变频充气 X 射线探伤机。

仪器参数：电源容量：>2.0；辐射角度：40°；最大穿透 A3 钢：29mm；输出电压：80kV~200kV；X 射线发生器重量：16kg。

仪器所属：北京大学考古文博学院文物保护实验室。

用途：对文物进行 X 射线透射成像检测。

附录II　分析测试谱图

一、便携式能量色散X荧光分析仪原位分析

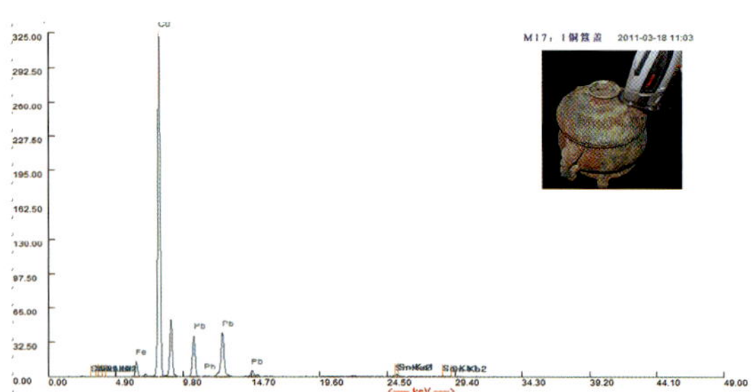

铜簋（M17：1）簋盖红色锈蚀部位

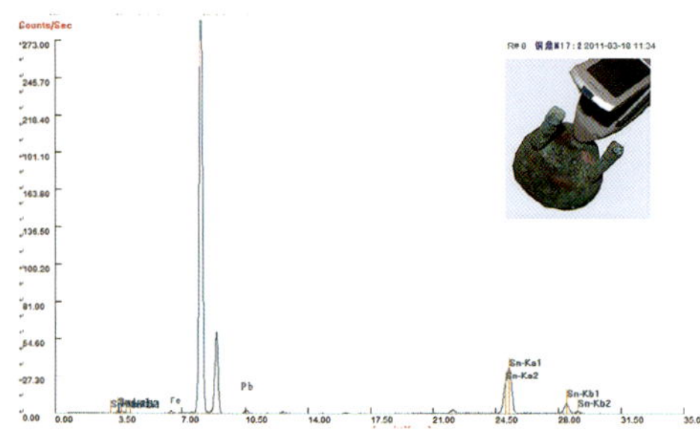

铜鼎（M17：2）鼎底部断腿处—鼎身基体

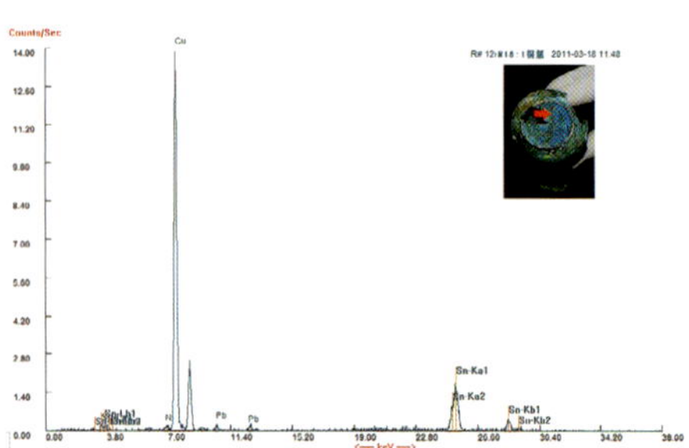

铜觚（M18：1）底部蓝绿色锈蚀处

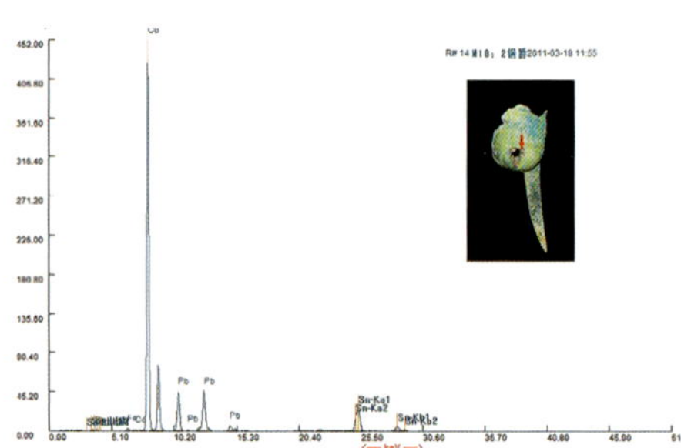

铜爵（M18：2）腿部断腿处露基体部位

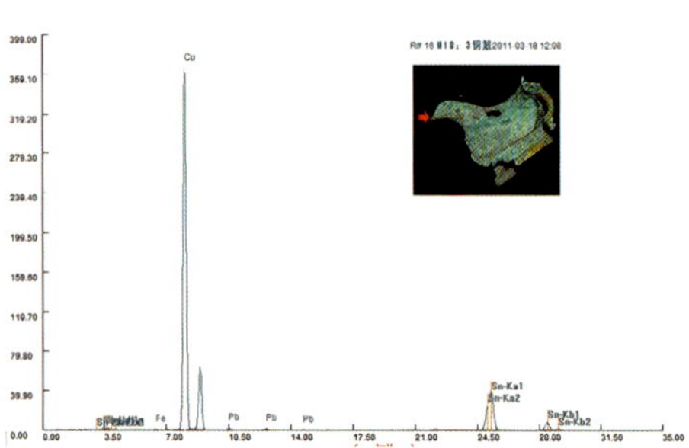

铜觥（M18：3）口沿残片断面

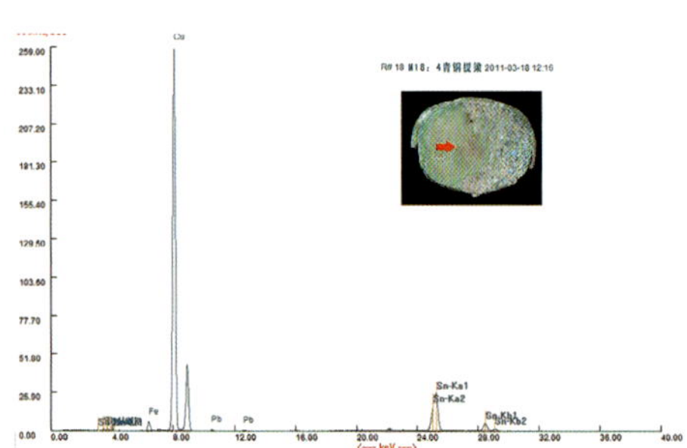

铜提梁卣（M18：4）内底铭文旁带锈基体

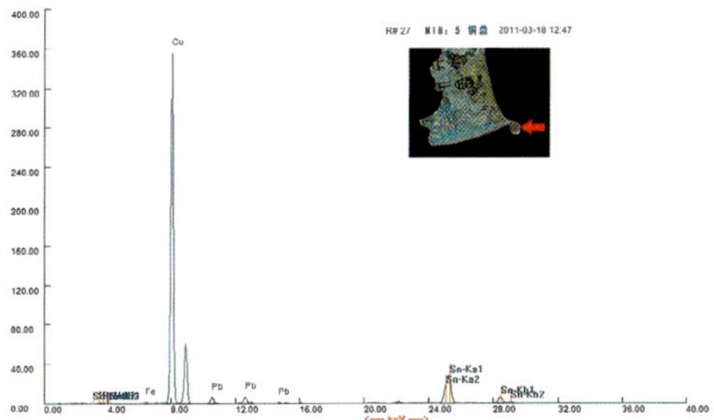

铜鼎（M18：5）口沿残片断面

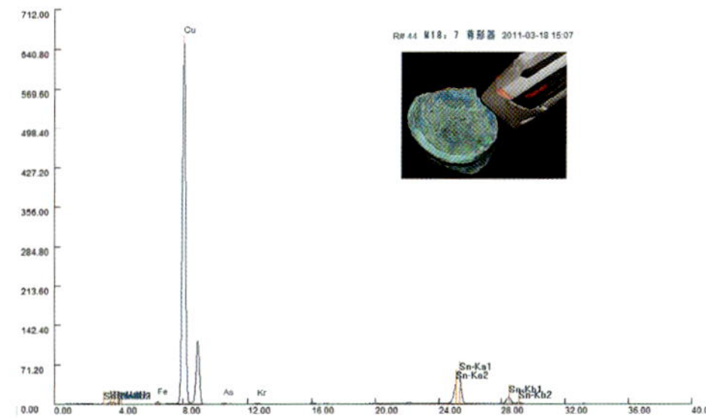

铜尊形器（M18：7）器底残片断面

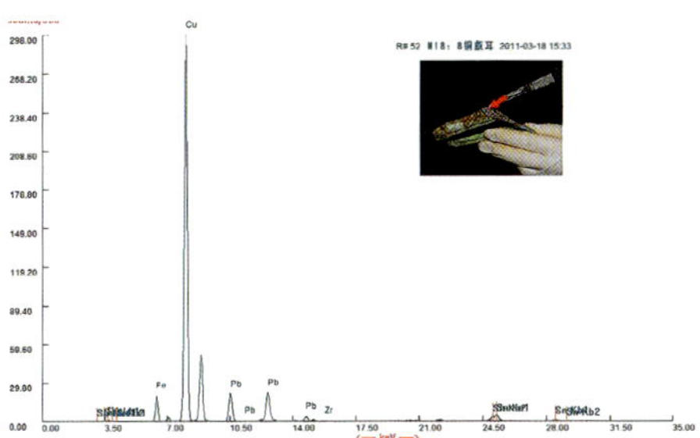

铜甗（M18：8）耳断面基体

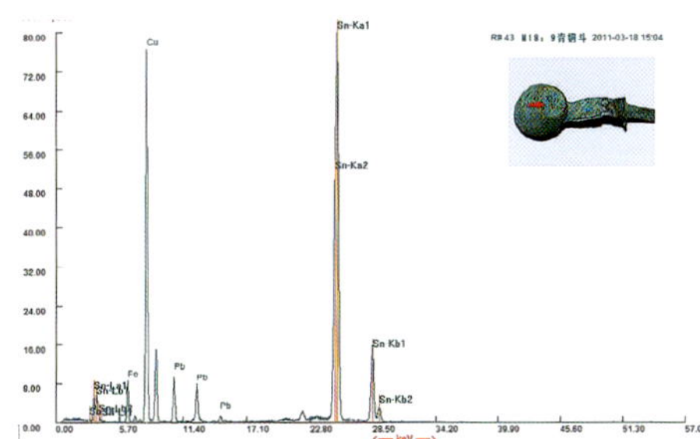

铜斗（M18：9）勺底表面（带锈）

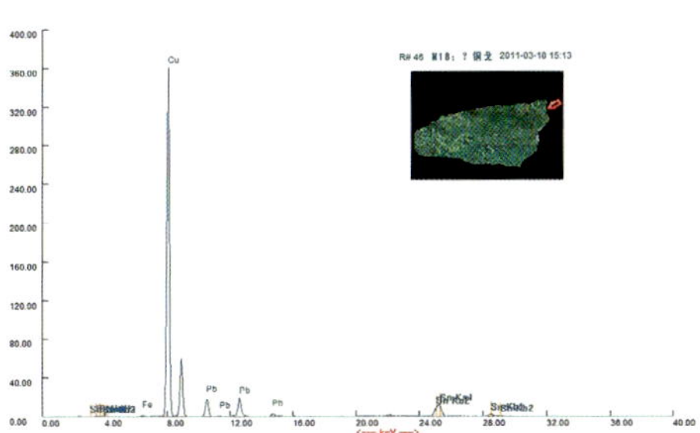

铜戈（M18：？ ）断茬露基体部位

二、扫描电镜分析

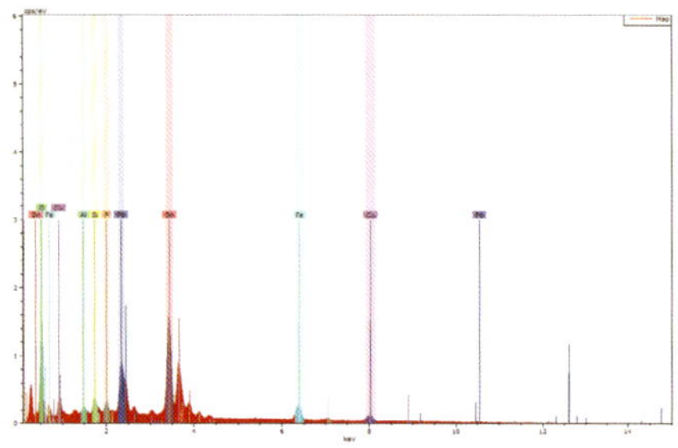

M17：1-8腹部残片表面漆古

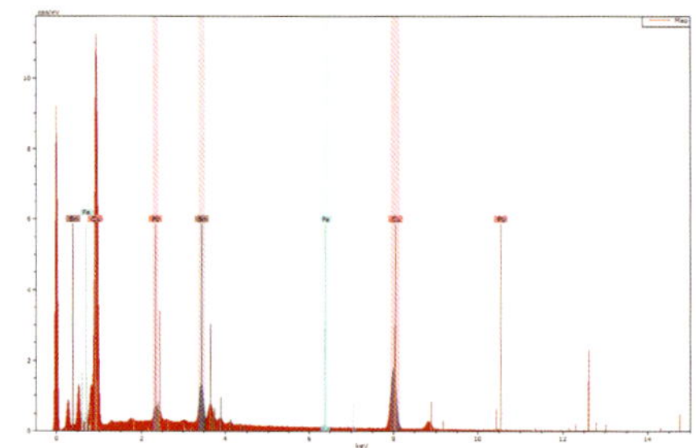

M17：1-8腹部残片断面金属基体

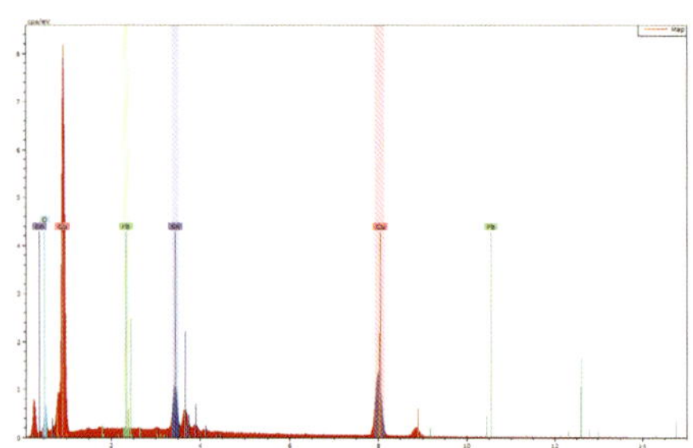

M18：4-3残块断面金属基体

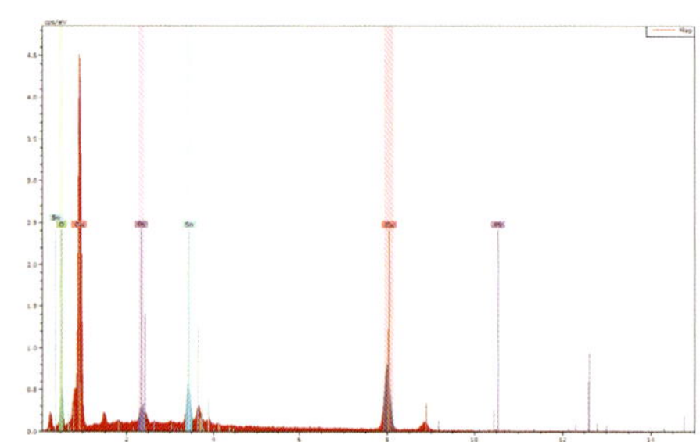

M18：6-4残块断面金属基体

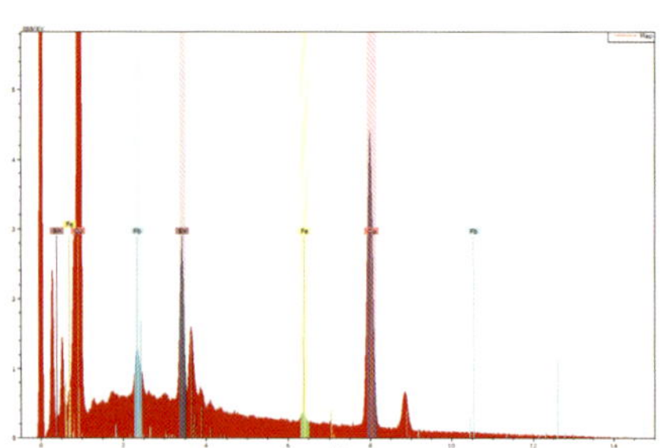

M27：1金属基体

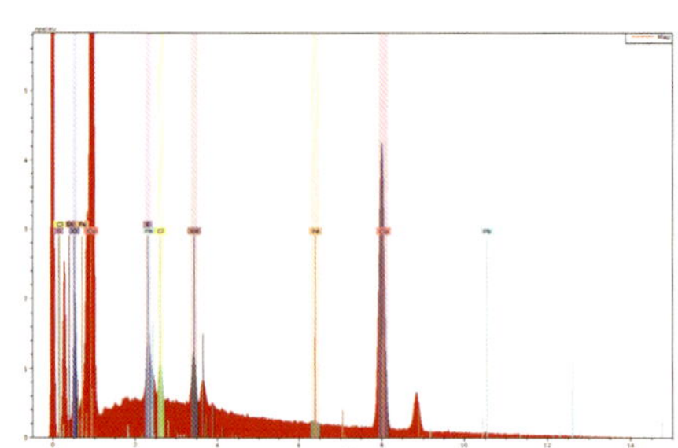

M35：34 鼎底残片金属基体

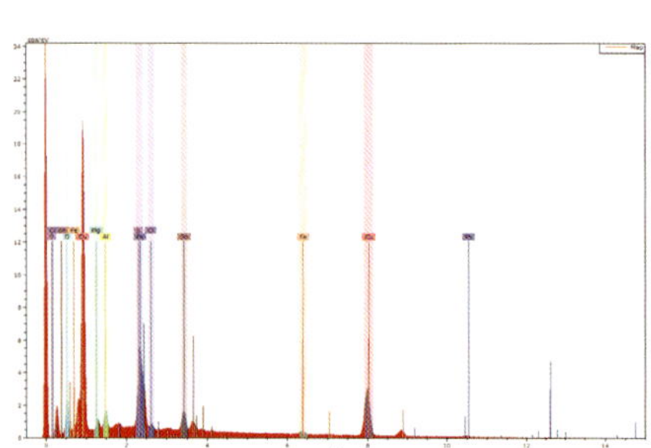

M35：40-2残渣处金属

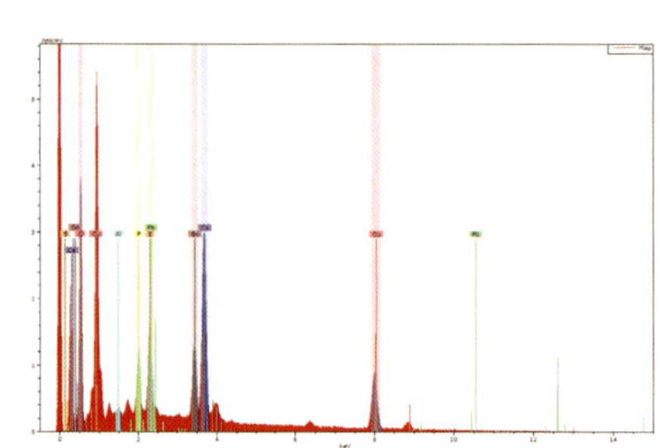

M35：47器身残块处金属

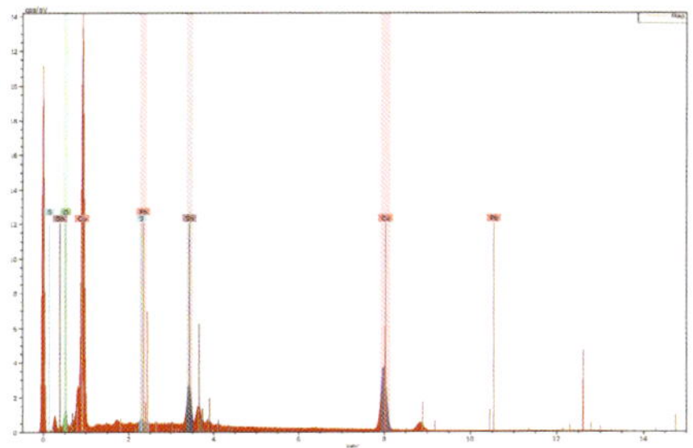

M35：49-2外圈处金属

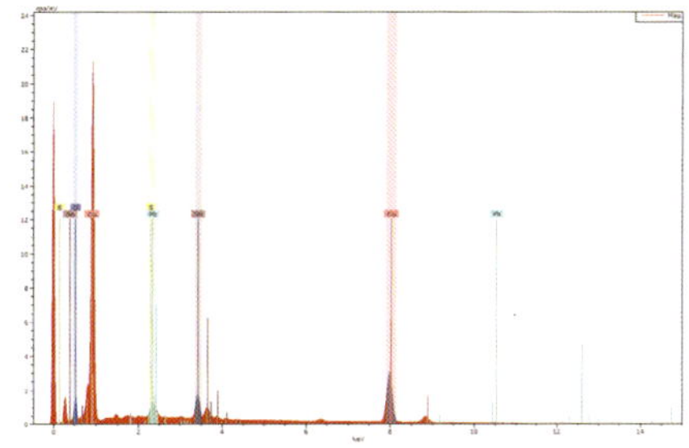

M35：51、M35：71残片处金属基体

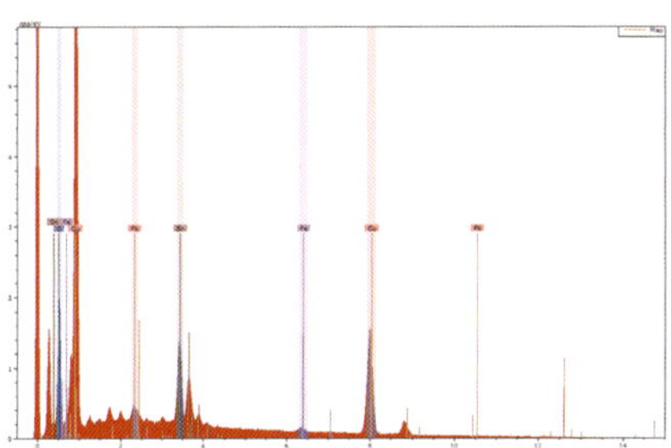

M35：64盘身圈足处金属

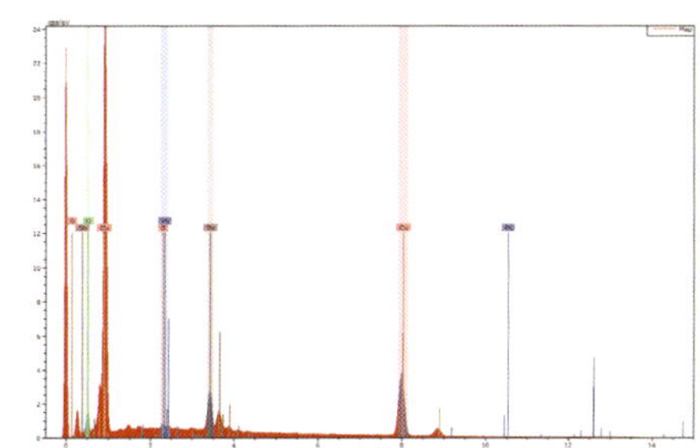

M35：79-1基体残块上金属

三、显微式能量色散X荧光分析

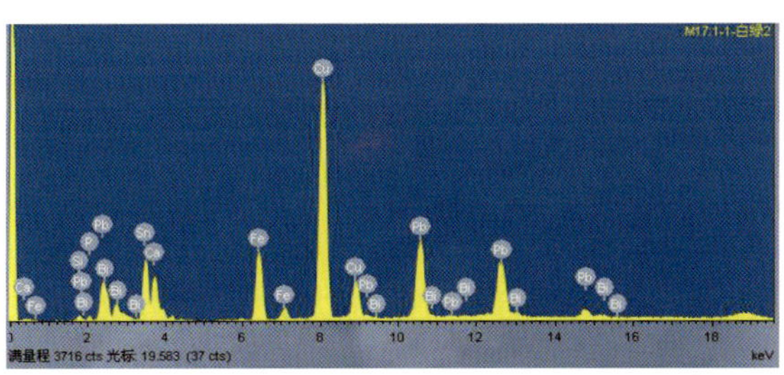

M17：1-1盖捉手顶部浅绿色平整光亮漆古处浅绿色粉末

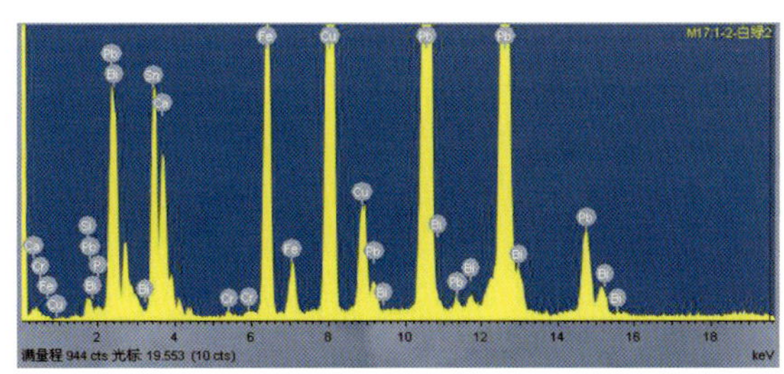

M17：1-2足部浅绿色粉状锈

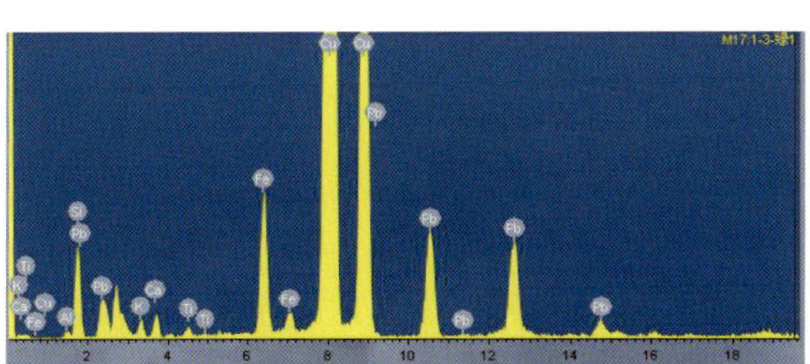

M17：1-3腹部背面大缺口上侧深绿色凸起锈

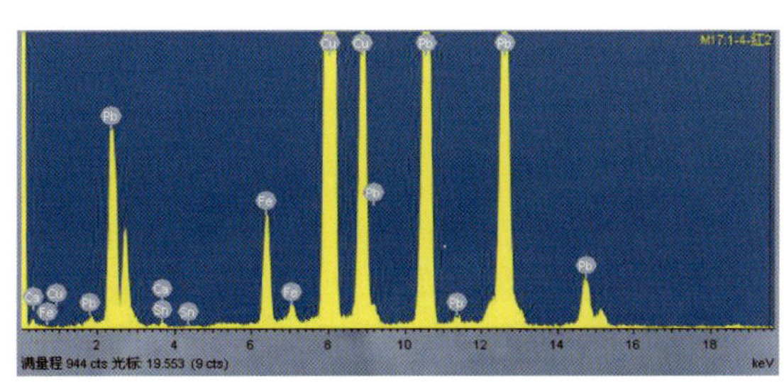

M17：1-4腹部背面大缺口上侧深绿色锈层之下的红色锈

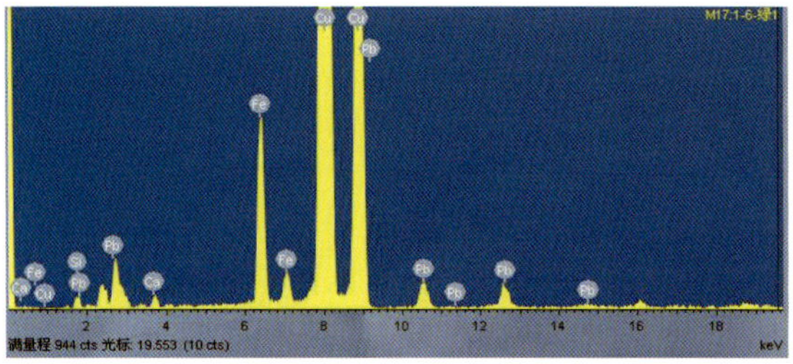

M17：1-6腹底部圈内侧绿色锈

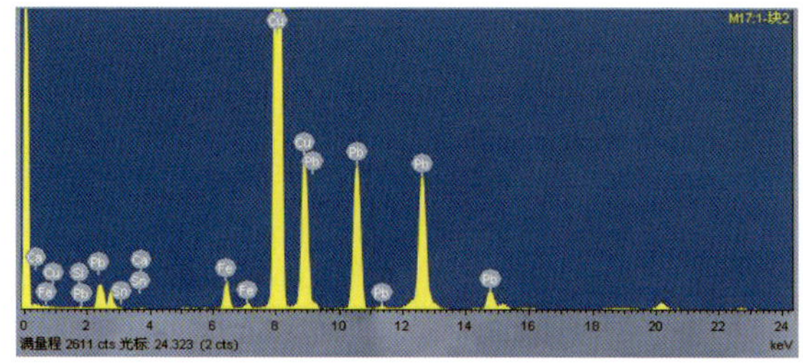

M17：1-10盖捉手处红色锈（很薄一层）

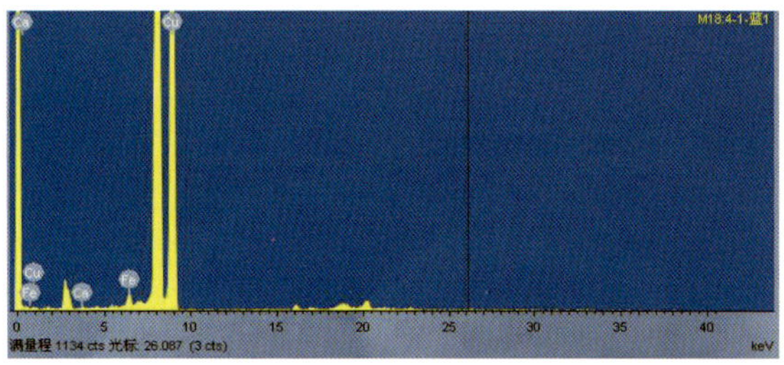

M18：4-1盖捉手上坚硬蓝绿色锈

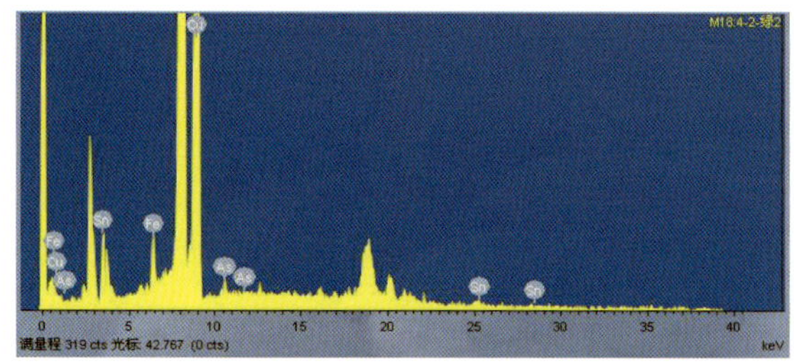

M18：4-2残片断面夹层内松软鲜绿色锈

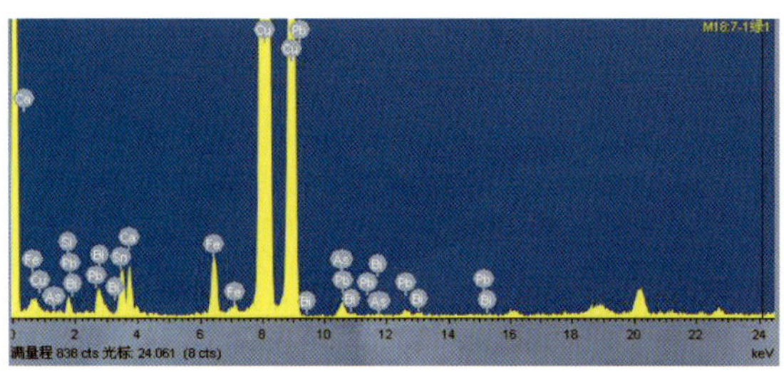

M18：7-1底部的瘤状锈块

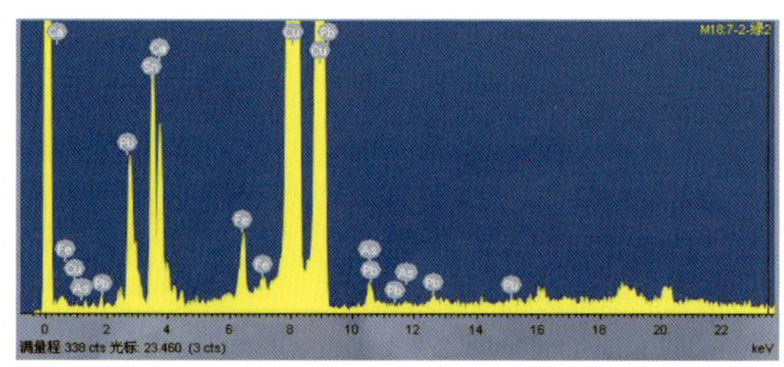

M18：7-2残片夹层内侧松软浅绿色锈

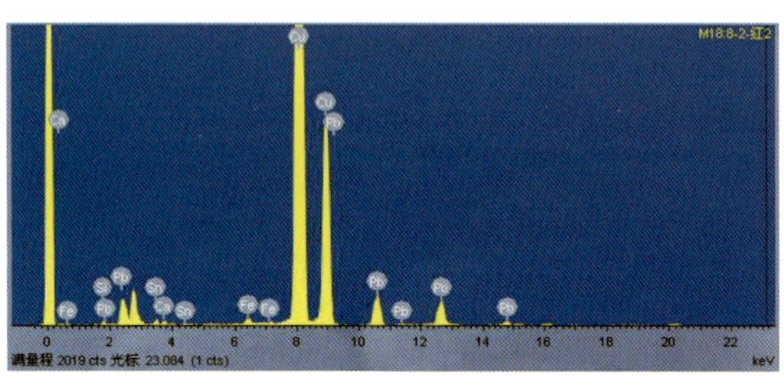

M18：8-2篦子表面上褐红色片状锈红色点

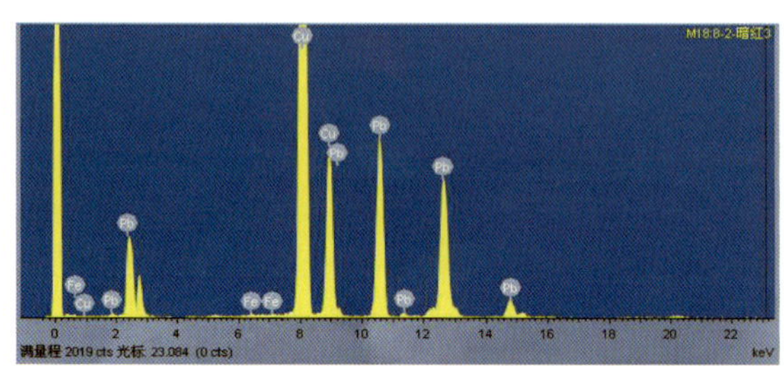

M18：8-2篦子表面上褐红色片状锈暗红色点

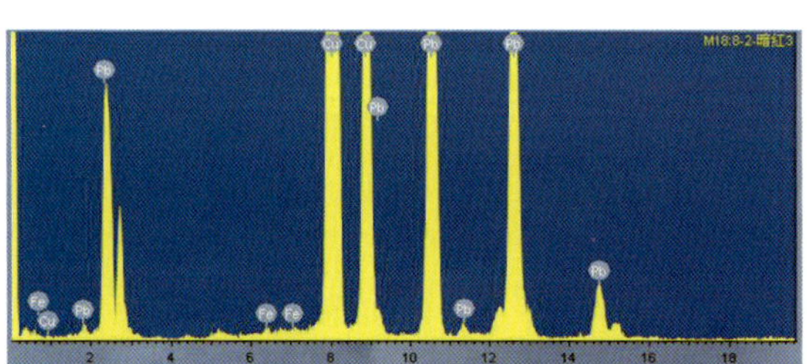

M18：8-2篦子表面上褐红色片状锈暗鲜红色点

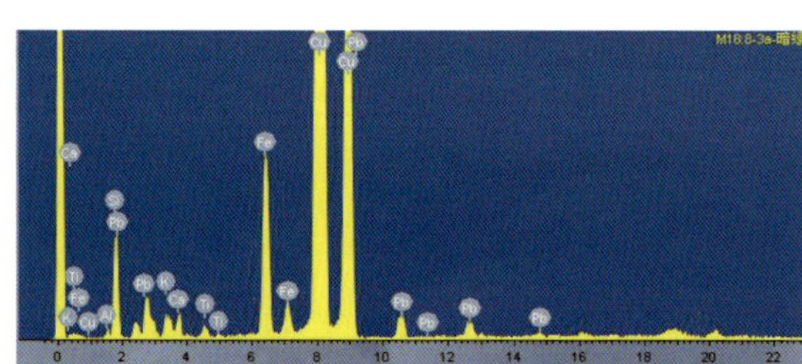

M18：8-3a器口沿残片外表面暗绿色锈层

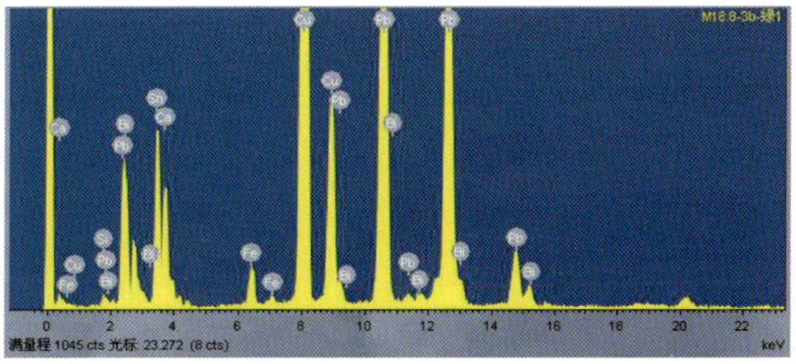

M18：8-3b器口沿残片3a处内层松软浅绿色锈

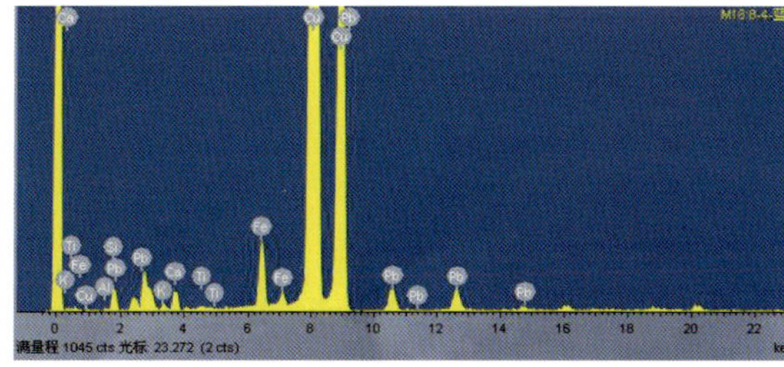

M18：8-4残片表面坚硬蓝色锈

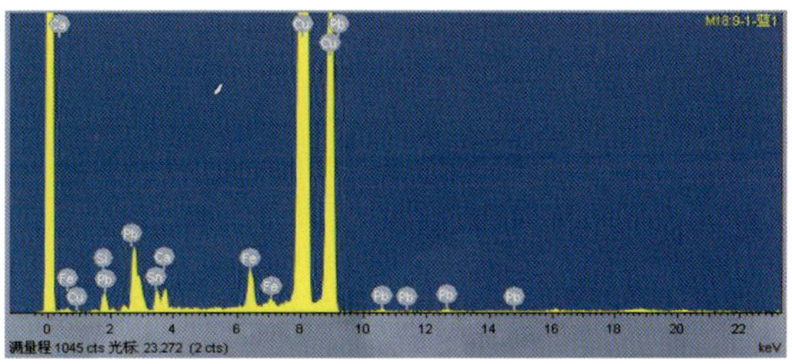

M18：9-1斗柄根处蓝色锈

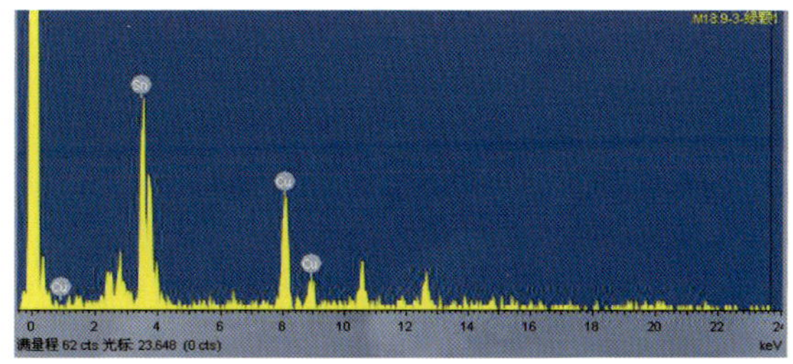

M18：9-3斗柄把头处夹层内松软白绿色锈

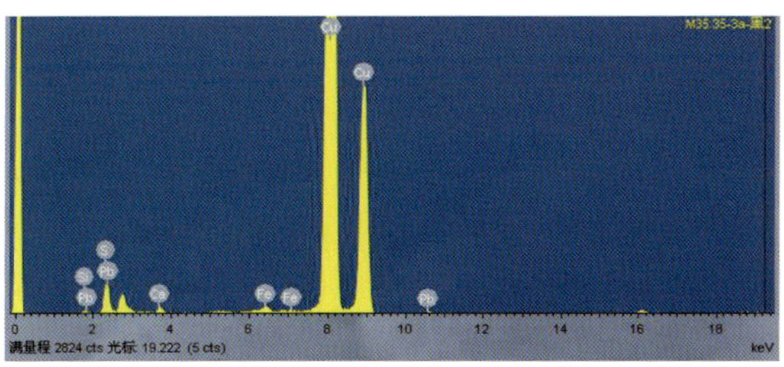

M35：35-3-a盖顶捉手内侧，黑色块状锈

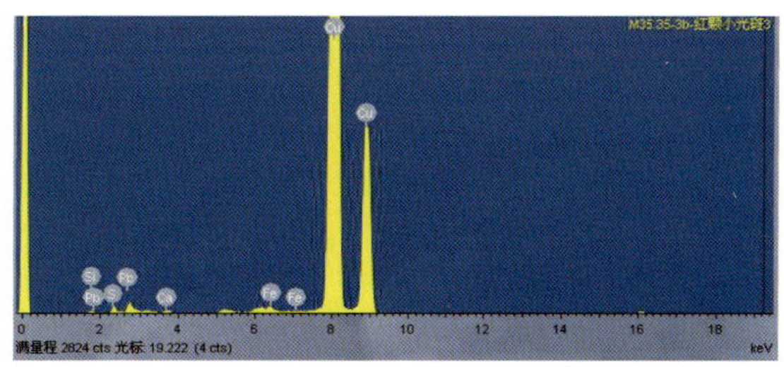

M35：35-3-b盖顶捉手内侧，砖红色锈（a之下侧）

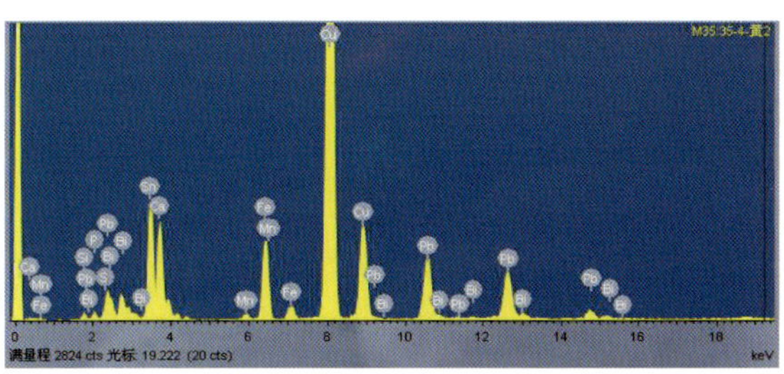

M35：35-4盖直纹下部，黄白色锈

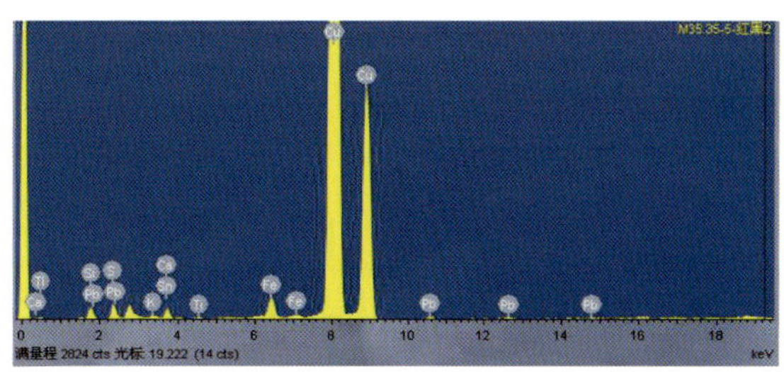

M35：35-5盖直纹下部，红黑相间锈蚀

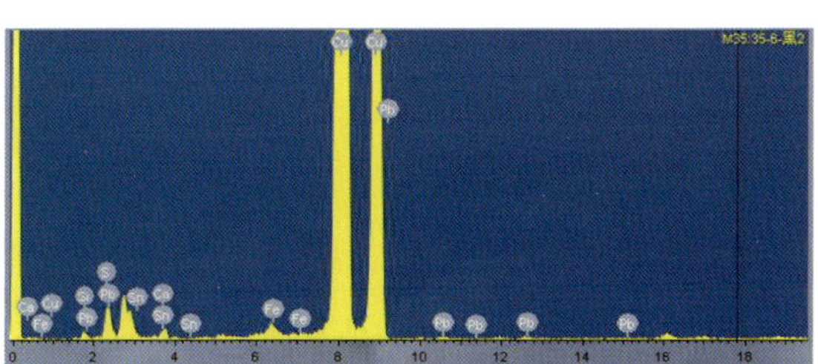

M35：35-6盖内侧边缘，黑色块状锈

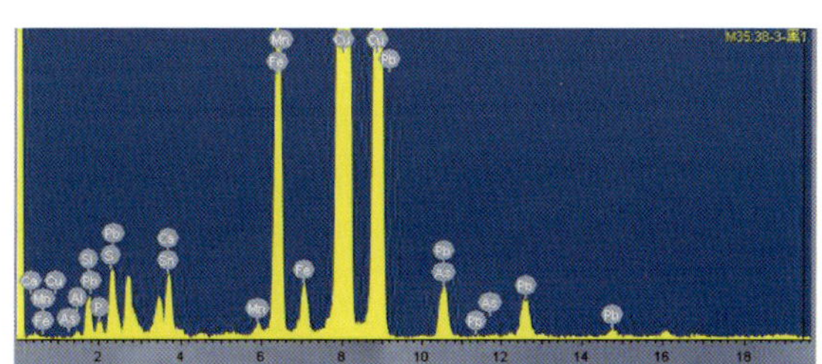

M35：38-3耳部周围器壁表面，黑色锈蚀

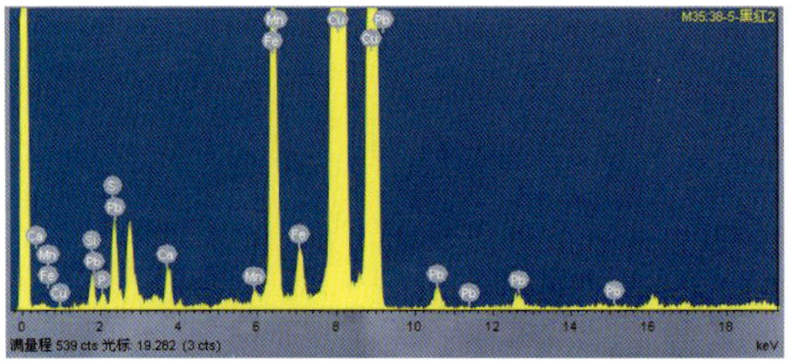

M35：38-5带耳部残片的外壁，灰黑色掺杂有砖红色锈

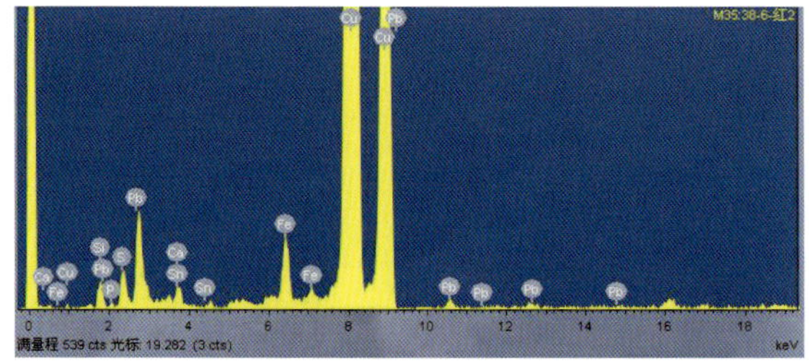

M35：38-6带耳部残片的内壁，砖红色锈蚀

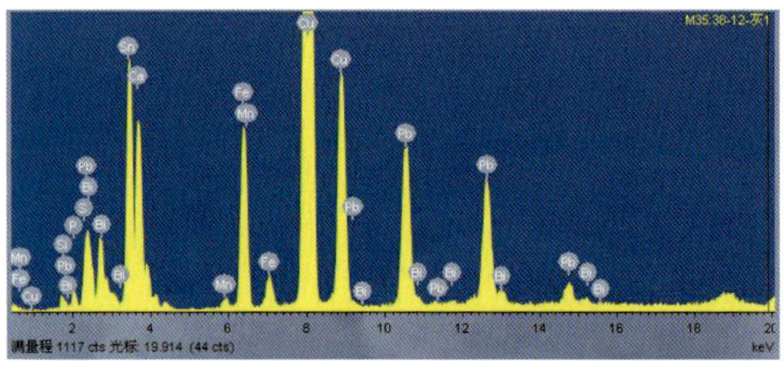

M35：38-12座下部外侧断裂部位周围有纹饰处，灰白色锈

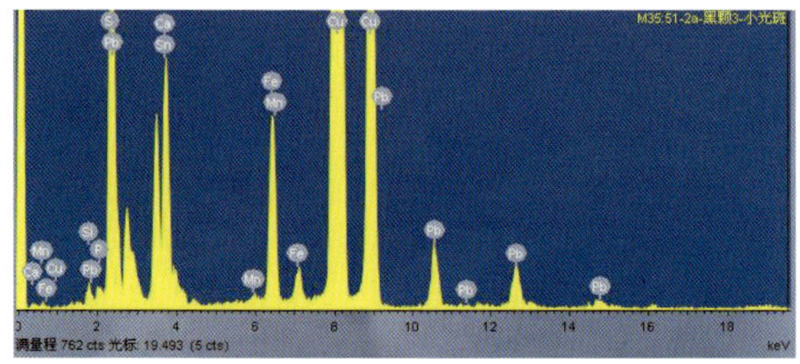

M35：51-2-a耳与器身结合部位残片最外层，黑色锈

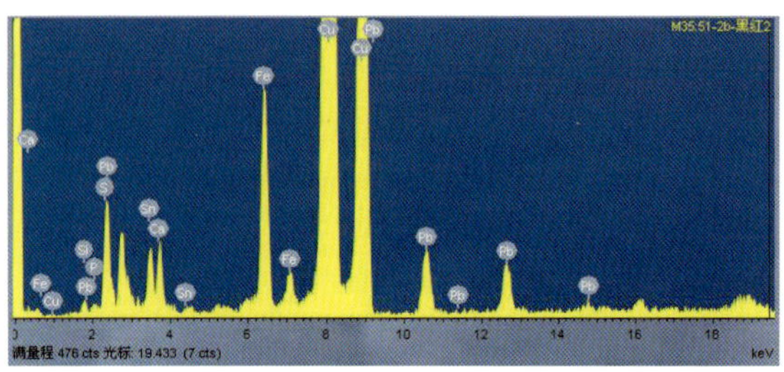

M35：51-2-b a之下层，砖红色锈

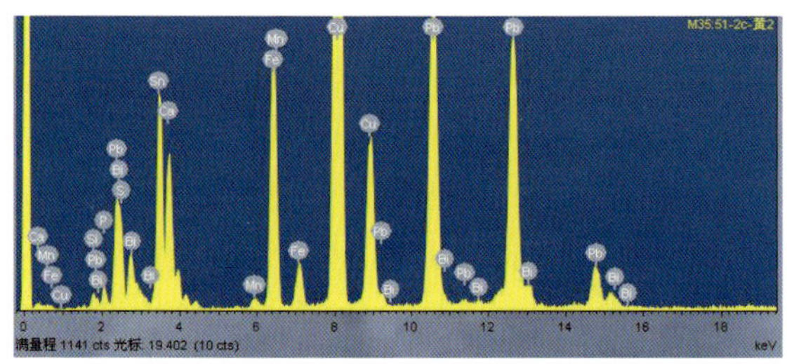

M35：51-2-c b之下层，黄白色锈

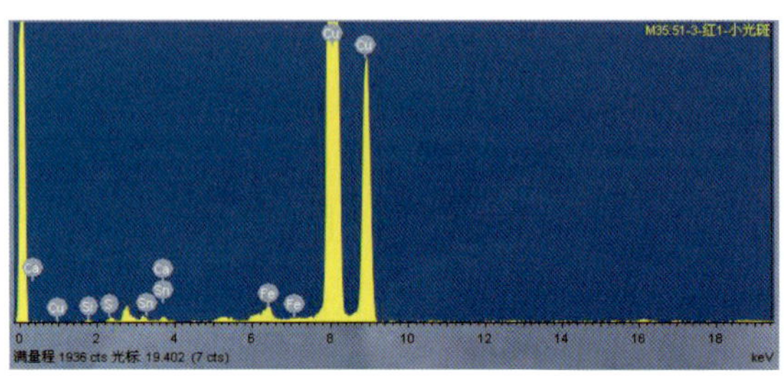

M35：51-3器腹外壁，砖红色锈

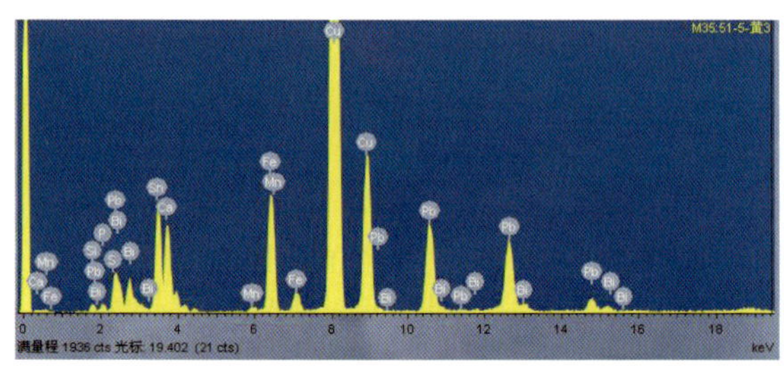

M35：51-5座外侧上边，黄白色锈

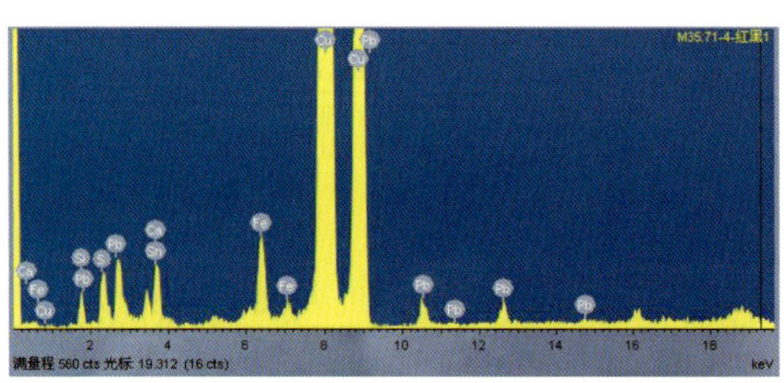

M35：71-4带耳残片耳外侧，砖红色锈

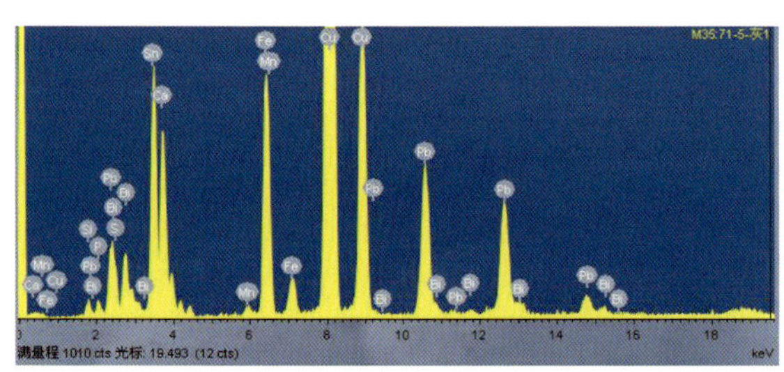

M35：71-5带耳残片耳部，灰绿色锈

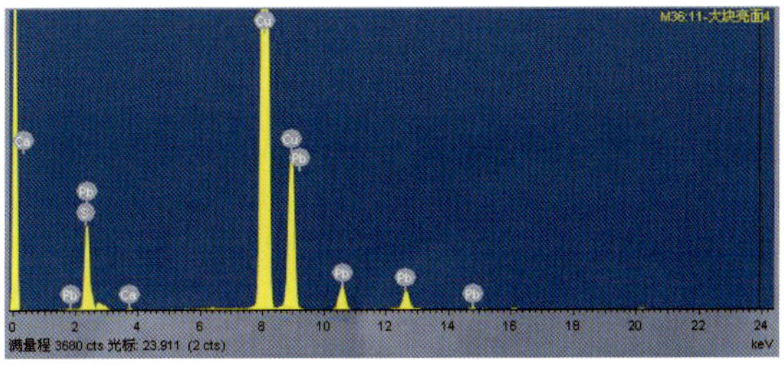

M36：11铜簋盖残片内里，带闪亮颗粒的黑色块状物

四、X射线衍射分析

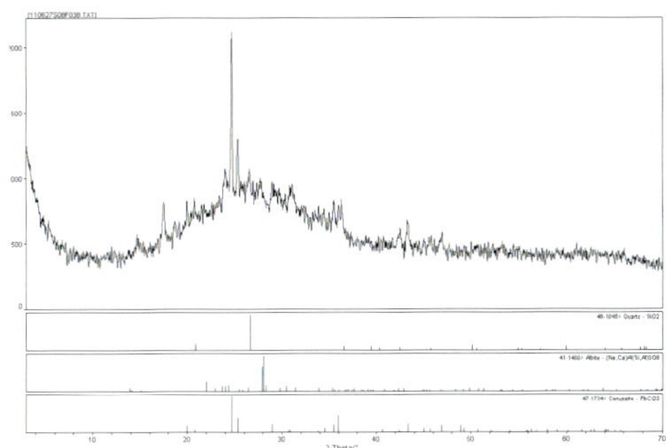

M17：1-2足部浅绿色粉状锈

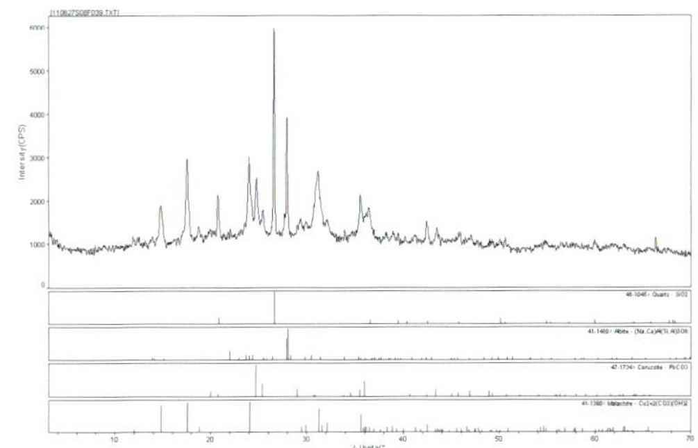

M17：1-3腹部背面大缺口上侧深绿色凸起锈

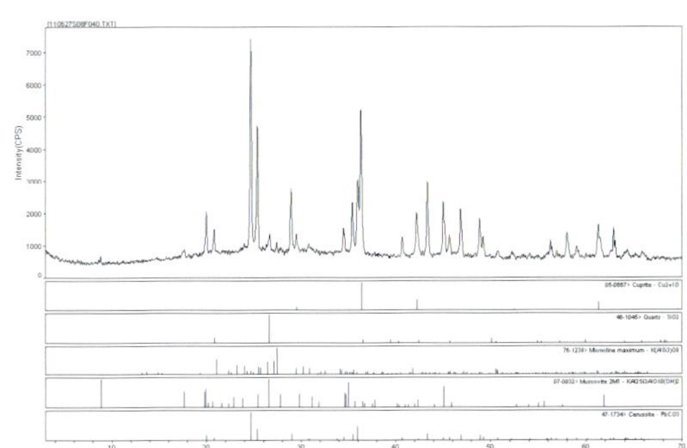

M17：1-4腹部背面大缺口上侧深绿色锈层之下的红色锈

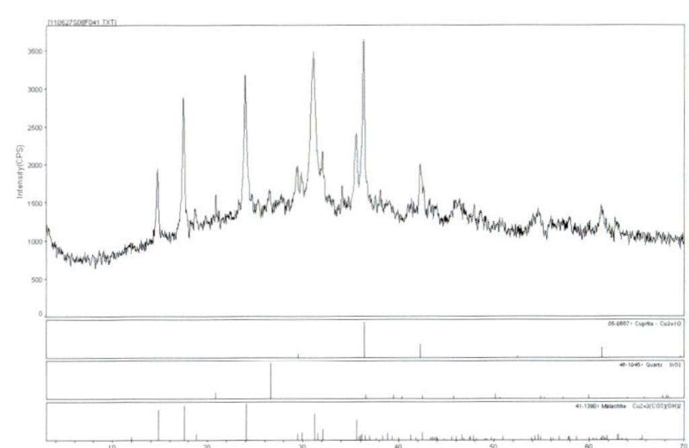

M17：1-6腹底部圈足内侧绿色锈

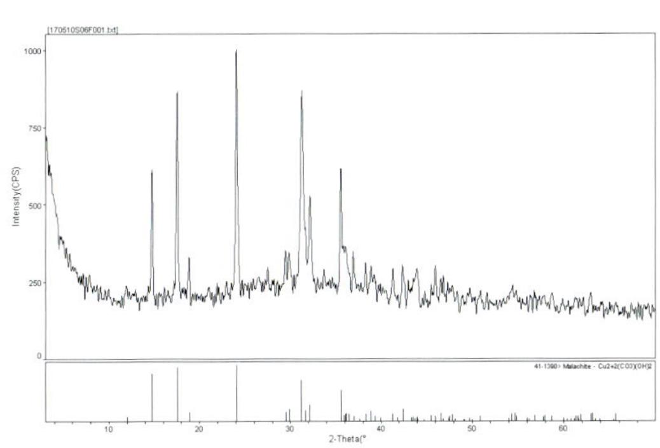

M18：7-2残片夹层内侧松软浅绿色锈

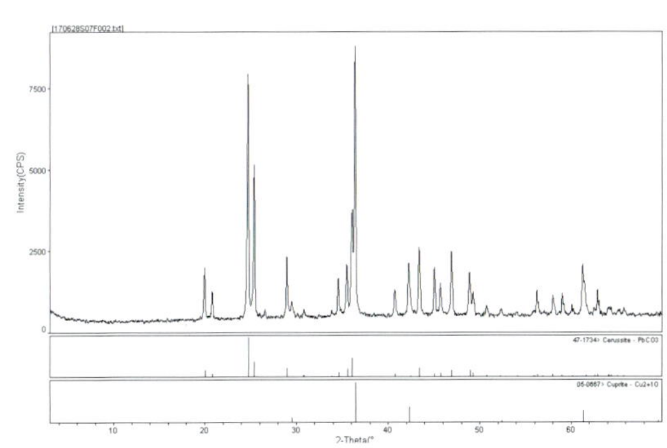

M18：8-2簋子表面上褐红色片状锈

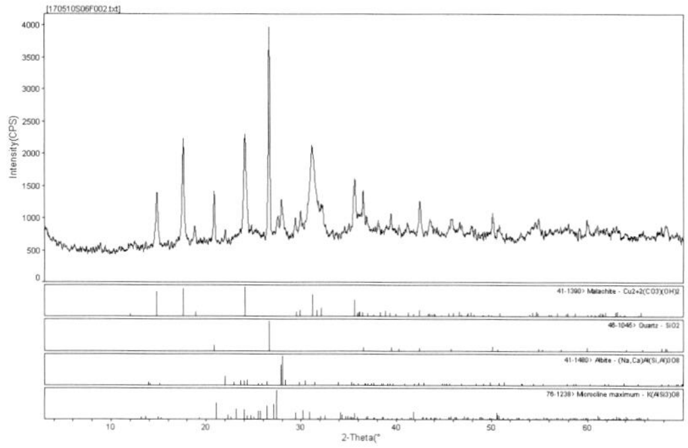

M18：8-3a器口沿残片外表面暗绿色锈层

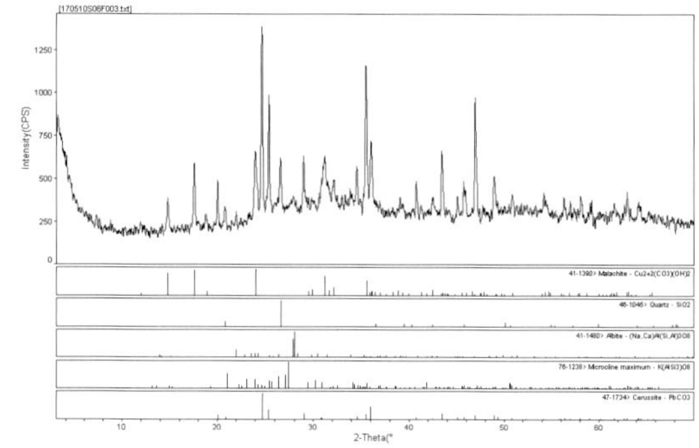

M18：8-3b器口沿残片3a处内层松软浅绿色锈

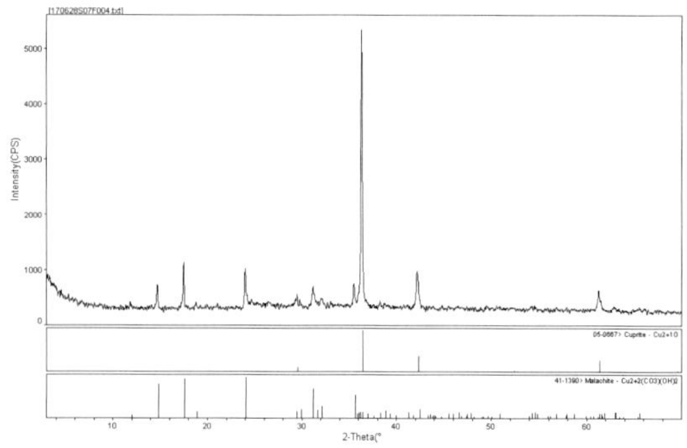

M18：9-2斗柄近根处绿色锈

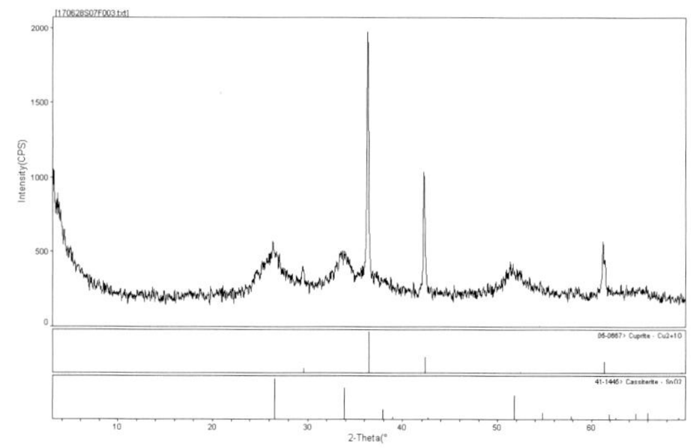

M18：9-3斗柄把头处夹层内松软白绿色锈

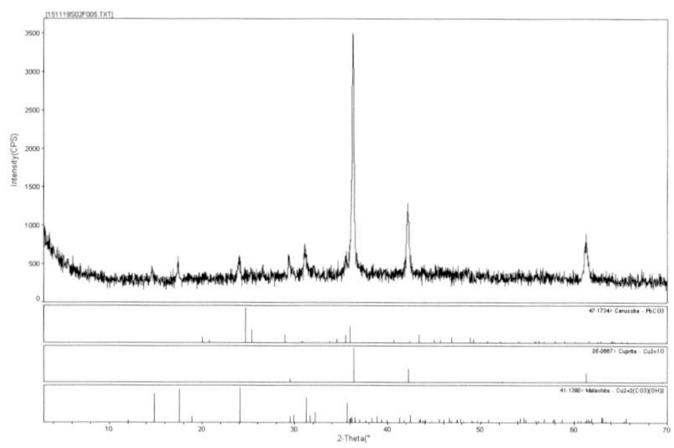

M18：?-2戈脊蓝绿色锈

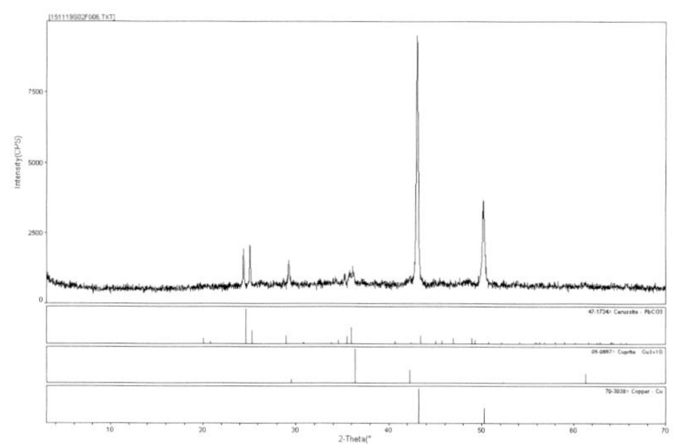

M27：5鼎底内部锈片

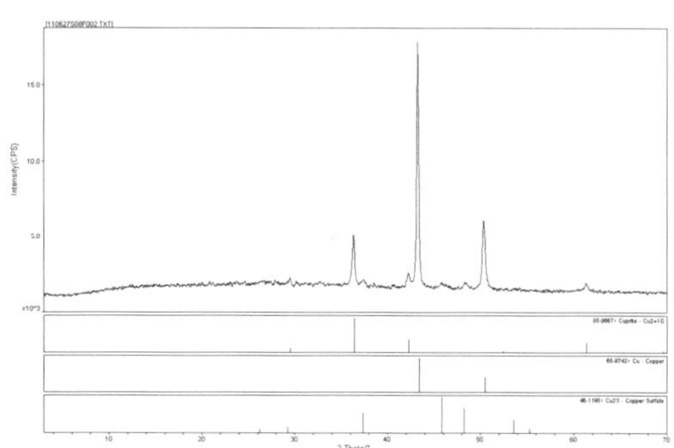

M35：35-3-a盖顶捉手内侧，黑色块状锈

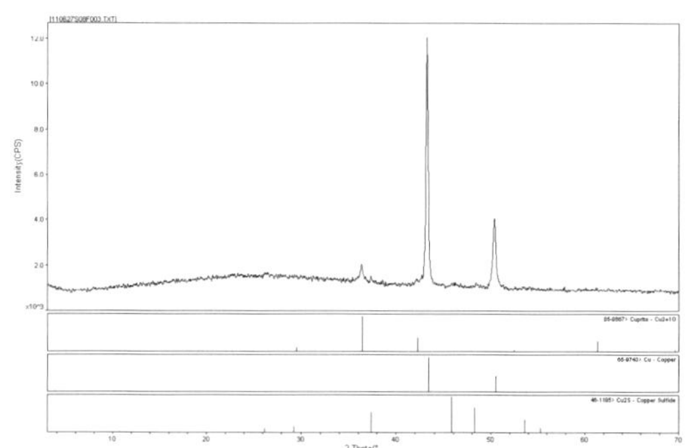

M35：35-3-b盖顶捉手内侧，砖红色锈（a之下侧）

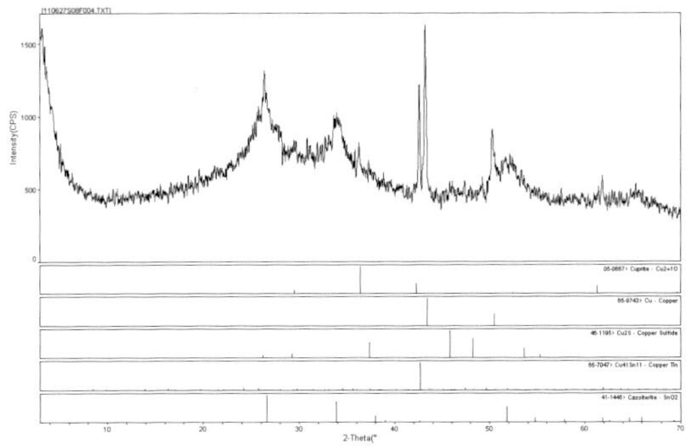

M35：35-4盖直纹下部，黄白色锈

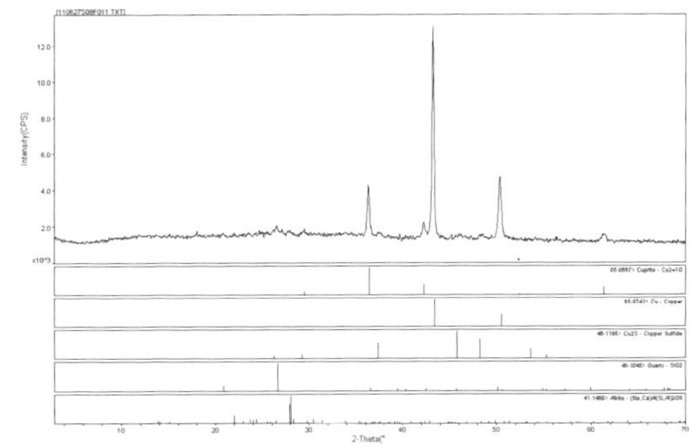

M35：38-3耳部周围器壁表面，黑色锈蚀

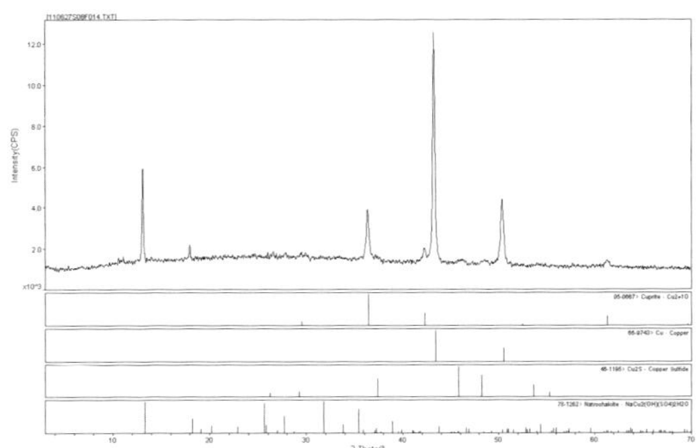

M35：38-5带耳部残片的外壁，灰黑色掺杂有砖红色锈

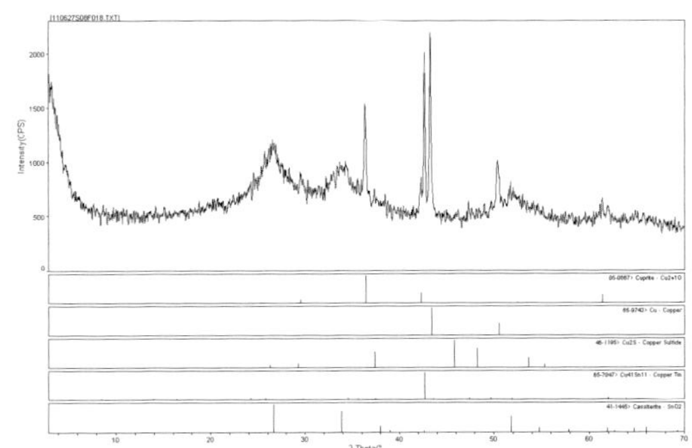

M35：38-12座下部外侧断裂部位周围有纹饰处，灰白色锈

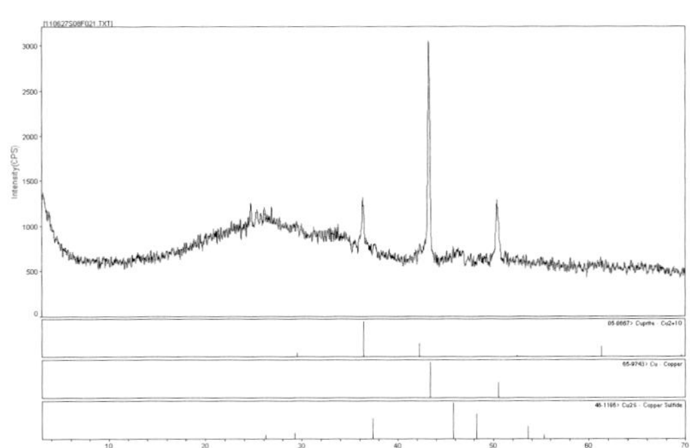

M35：51-2-a耳与器身结合部位残片最外层，黑色锈

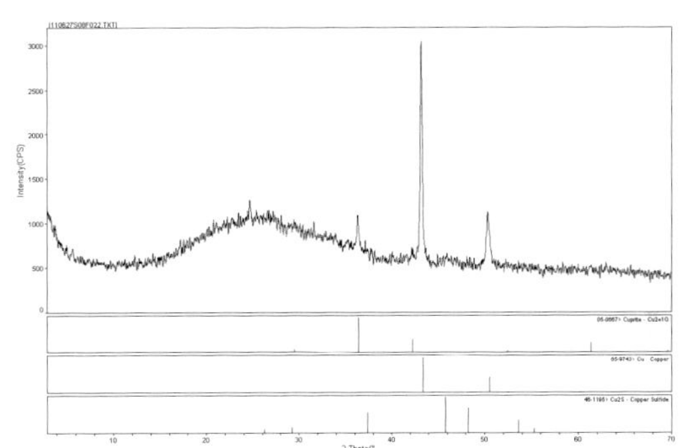

M35：51-2-b a之下层，砖红色锈

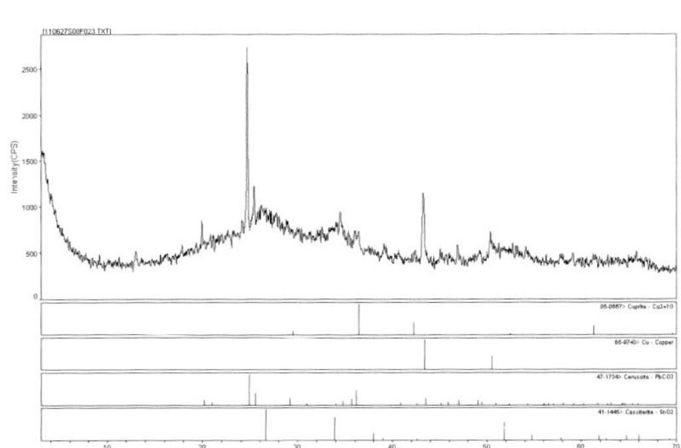

M35：51-2-c b之下层，黄白色锈

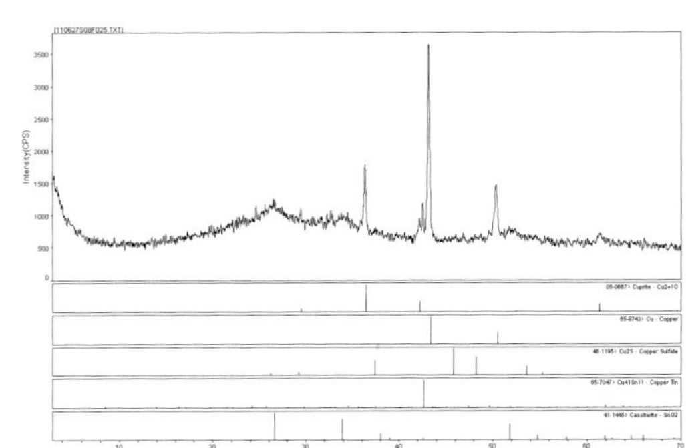

M35：51-5座外侧上边，黄白色锈

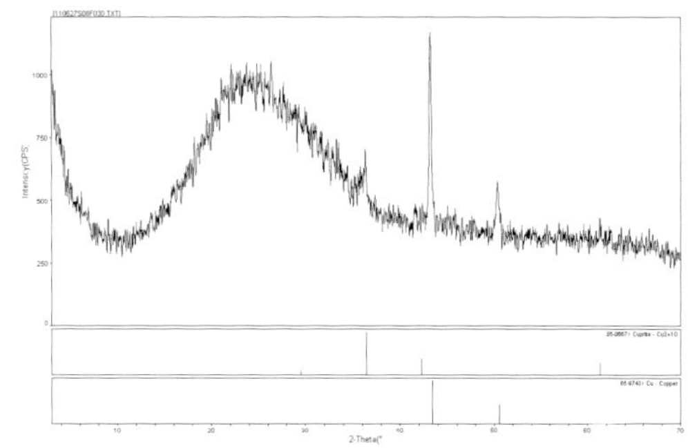

M35：71-4带耳残片耳外侧，砖红色锈

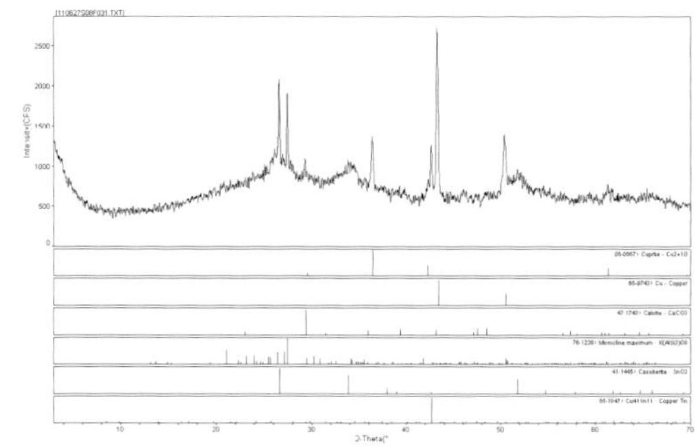

M35：71-5带耳残片耳部，灰绿色锈

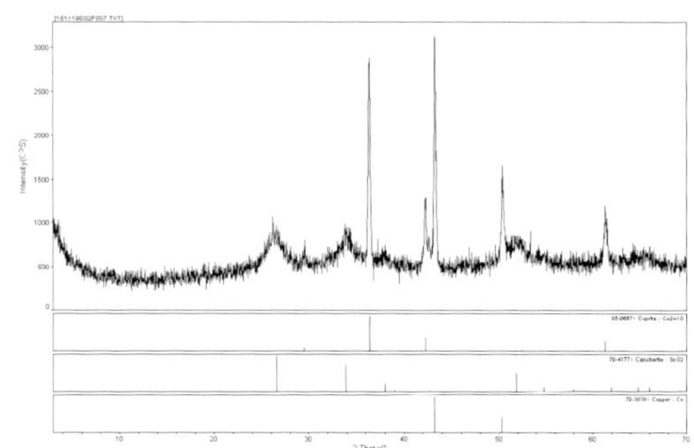

M35：44-1匜腹部，块状锈

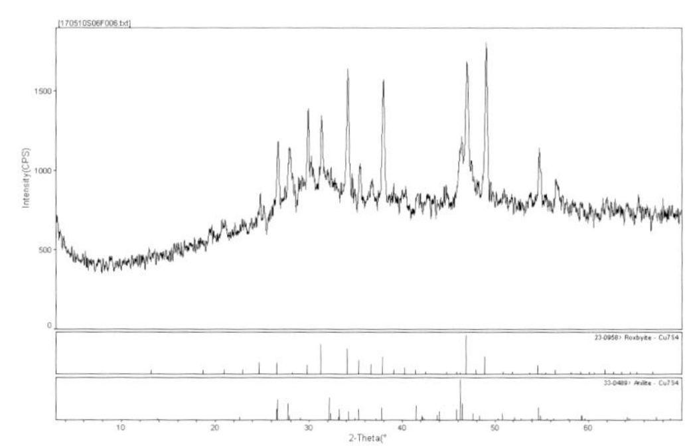

M35：44-2残片上，黑色锈

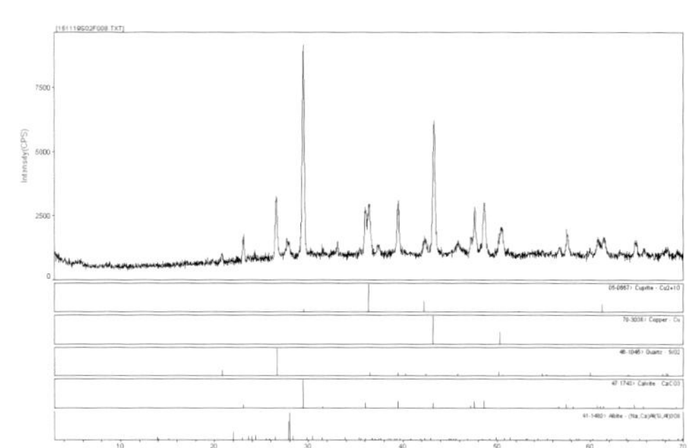

M35：45-1残块

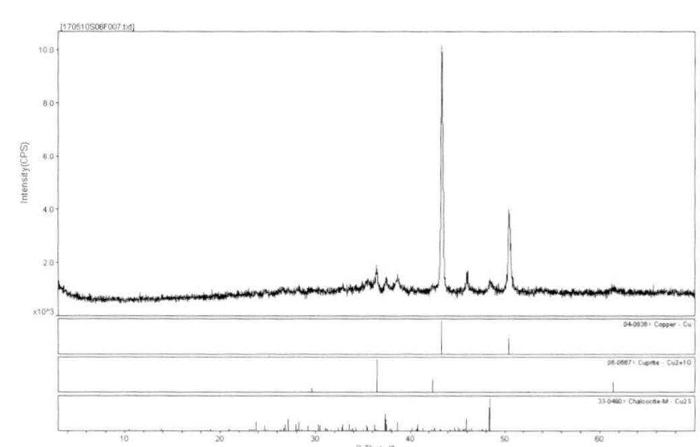

M35：52残渣

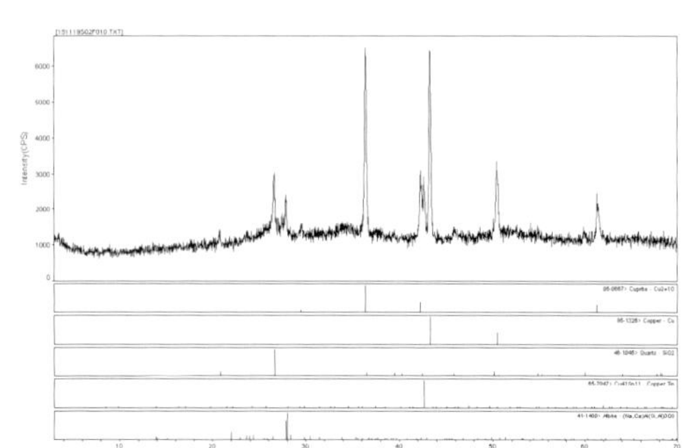

M35：79-1灰绿色残块

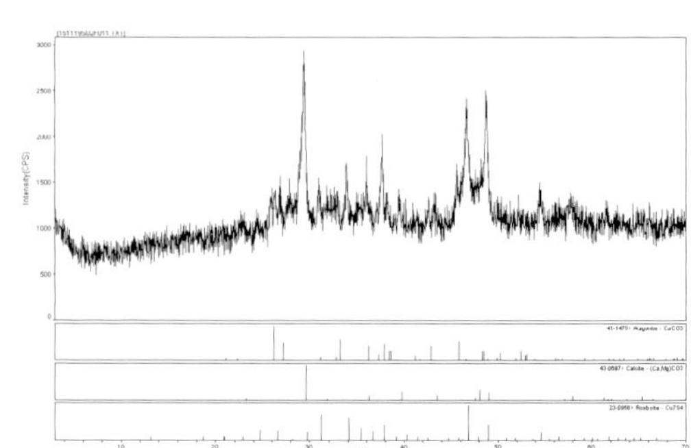

M36：5-1黑色锈块

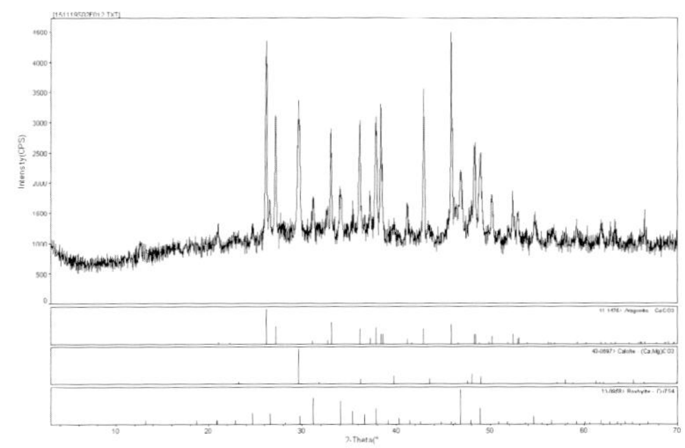

M36：5-2黑褐色泡状锈块，外褐色，内黑色

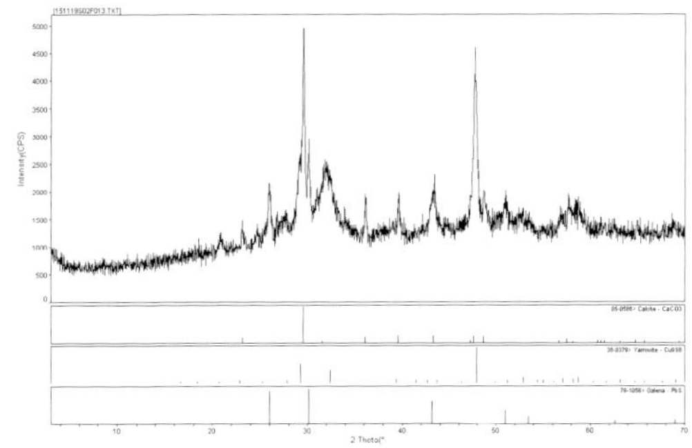

M36：6-1灰黑色片状锈

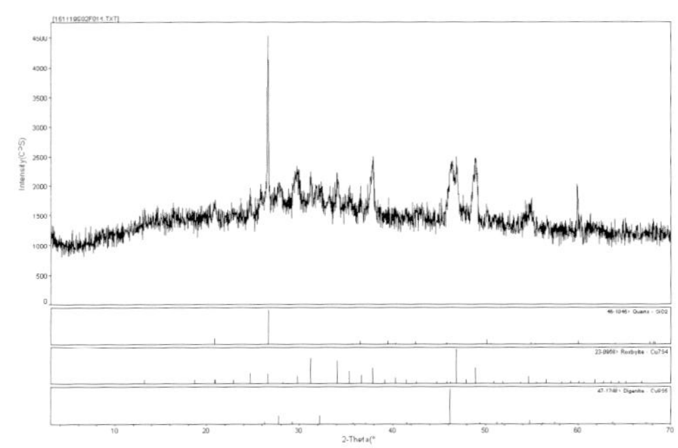

M36：7-4黑色锈渣

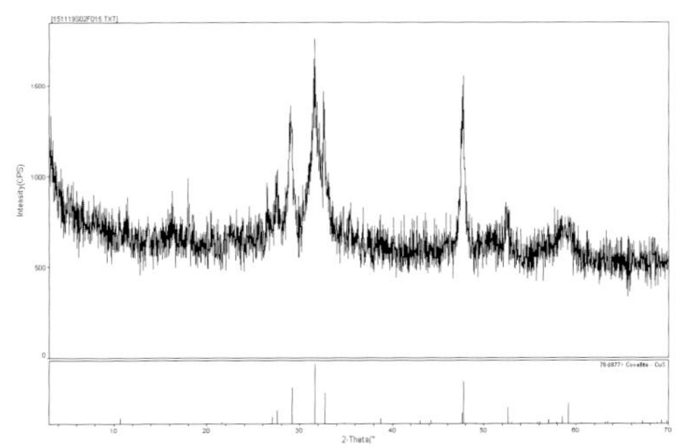

M36：8-1黑色锈渣

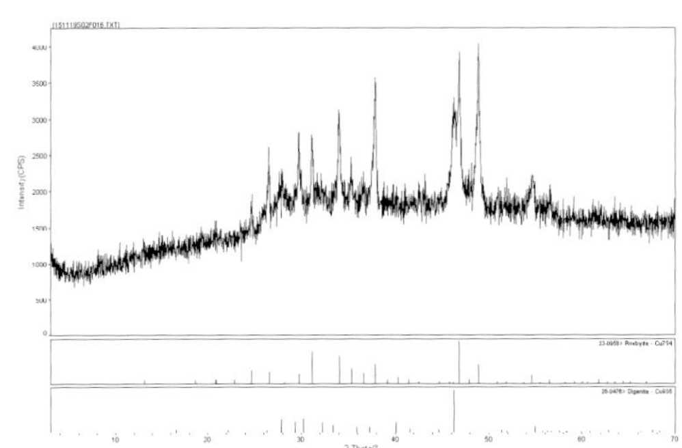

M36：9-1黑色锈块，带闪亮颗粒

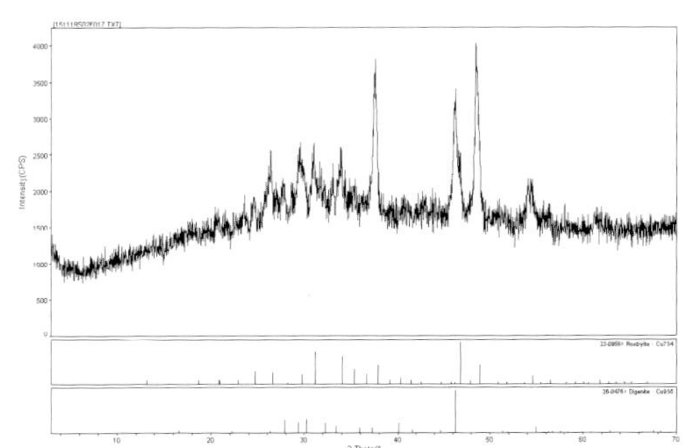

M36：11-2黑色锈渣，带闪亮颗粒

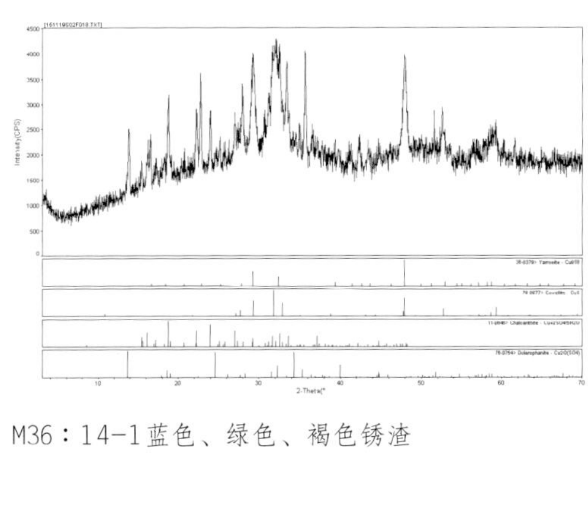

M36：14-1蓝色、绿色、褐色锈渣

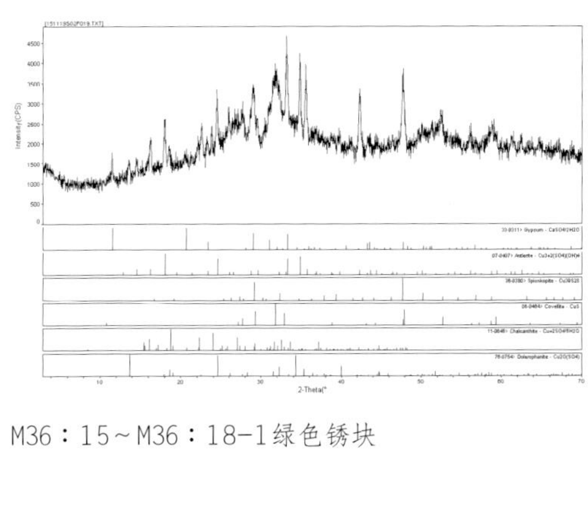

M36：15～M36：18-1绿色锈块

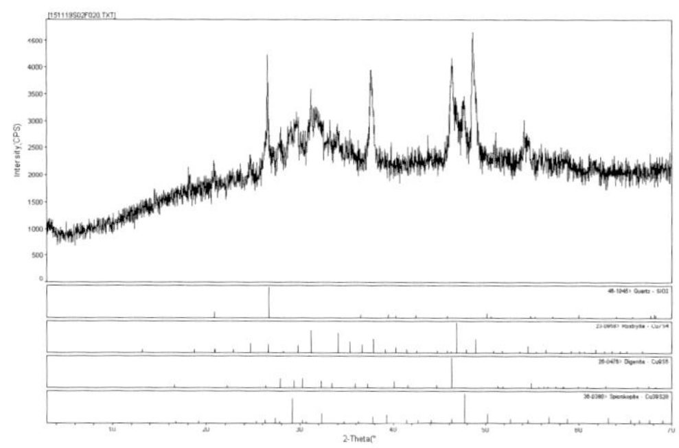

M36：19-1黑色锈块

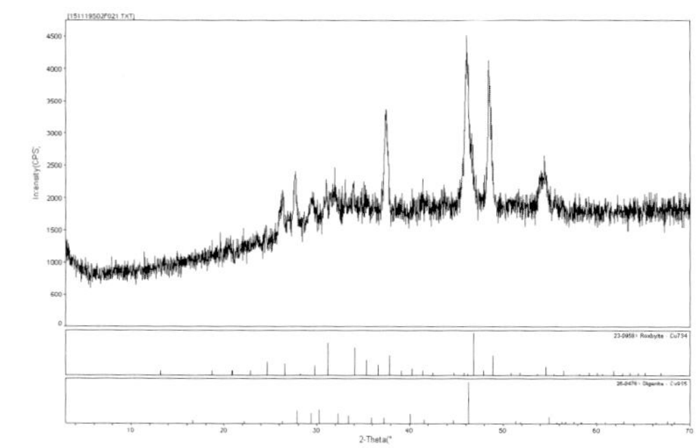

M36：19-2铜盘底内部，蓝黑色颗粒状闪亮锈渣

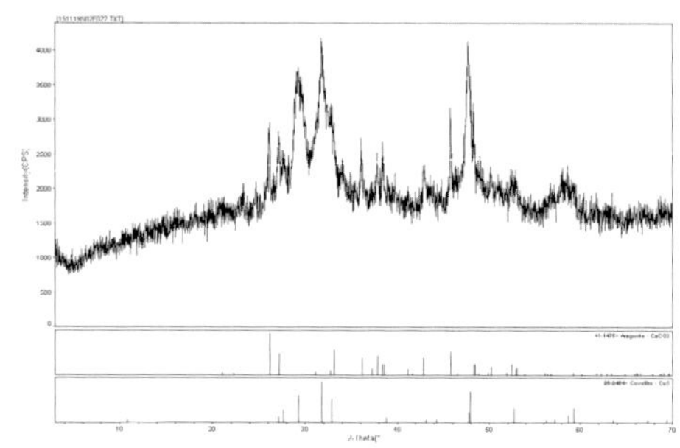

M36：19-3铜盘内壁锈片，外土褐色，内黑色

附录Ⅲ　立项批文

FROM :　　　FAX NO. :82611500　　　2011.04.15　11:41　P2

国家文物局

文物博函〔2011〕793号

关于山东高青陈庄遗址出土青铜器保护修复方案的批复

山东省文物局：

你局《关于呈报〈山东高青陈庄遗址出土青铜器保护修复方案〉的请示》（鲁文物〔2011〕111号）收悉。经研究，我局批复如下：

一、原则同意所报方案。

二、请你局组织有关单位绘制文物病害图，并建立详细的文物保护修复技术档案，撰写文物修复报告，于每年10月30日前向我局报送项目年度执行情况报告，并于项目结束后3个月内将文物修复报告报我局备案。

二〇一一年四月十一日

抄送：本局办公室预算处、财务处。

国家文物局办公室秘书处　　　2011年4月12日印发

初校：李珅　　　终校：施展艳

后　记

“山东高青陈庄遗址出土青铜器保护修复”项目，由山东省文物考古研究院委托中国社会科学院考古研究所文化遗产保护研究中心完成，项目负责人为中国社会科学院考古研究所王浩天研究馆员。该项目于 2011 年 9 月正式启动，第一期于 2014 年 4 月通过专家验收；第二期于 2015 年 11 月启动，2016 年 11 月结项并通过专家验收。

该项目研究由多家单位和众多工作人员合作共同完成。本批铜器的 X 光探伤由北京大学考古文博学院胡东波教授和杨宪伟、王鑫老师拍摄完成并给予解析指导。胡东波教授在本批铜器的保护修复工作中亦给予重要指导。本批铜器的样品采集、病害分析、样品测试等内容，由中国国家博物馆杨小林研究馆员指导完成。便携式 X 射线荧光能谱分析由中国国家博物馆马燕如研究馆员完成，显微式 X 射线荧光能谱分析、扫描电镜分析、金相分析在北京大学考古文博学院完成，离子色谱分析在北京师范大学完成，X 射线衍射分析在燕园微构分析测试中心和中国地质大学（北京）完成，硝酸银定性分析和视频显微镜分析由中国社会科学院考古研究所文化遗产保护研究中心工作人员自行完成。

本批铜器的保护与修复由中国社会科学院考古研究所文化遗产保护研究中心工作人员完成。参与人员有王浩天、霍海峻、李其良、张红燕、岳超红、郭正臣、韩化蕊、杨巍、王宇、刘军、王杰星、李汉召、郭少宇、孙予航、王欢、高慧栋、张云鸿、杨胜旭、张然等。本批铜器的保护与修复工作由王浩天研究馆员全程指导、负责，本批铜器的照片拍摄工作主要由岳超红、郭正臣、李其良完成，病害图主要由杨巍、郭少宇、孙予航、韩化蕊、李其良、张然绘制完成。铜器具体的保护修复实施工作由霍海峻老师、李其良老师指导工作人员完成，本文的全部资料由张红燕、王浩天整理、编纂完成。

在此，对大家表示衷心的感谢！

2018 年 5 月

图书在版编目（CIP）数据

山东高青陈庄遗址出土青铜器的保护修复 / 中国社会科学院考古研究所，山东省文物考古研究院编 . — 北京：故宫出版社，2019.8

ISBN 978-7-5134-1247-6

Ⅰ. ①山… Ⅱ. ①中… ②山… Ⅲ. ①青铜器（考古）—文物保护—研究—山东②青铜器（考古）—器物修复—研究—山东 Ⅳ. ① K876.41

中国版本图书馆 CIP 数据核字 (2019) 第 183275 号

山东高青陈庄遗址出土青铜器的保护修复

中国社会科学院考古研究所　山东省文物考古研究院◎编

出 版 人：王亚民
责任编辑：梅　婷　骆　艳
装帧设计：王　梓　杨　光
责任印制：顾从辉
出版发行：故宫出版社
地址：北京市东城区景山前街4号　邮编：100009
电话：010-85007808　010-85007816　传真：010-65129479
邮箱：ggcb@culturefc.cn
制　　版：北京印艺启航文化发展有限公司
印　　刷：北京启航东方印刷有限公司
开　　本：889毫米×1194毫米　1/16
印　　张：26.5
版　　次：2019年8月第1版
2019年8月第1次印刷
书　　号：ISBN 978-7-5134-1247-6
定　　价：460.00元